ARQUEOLOGIA

genética

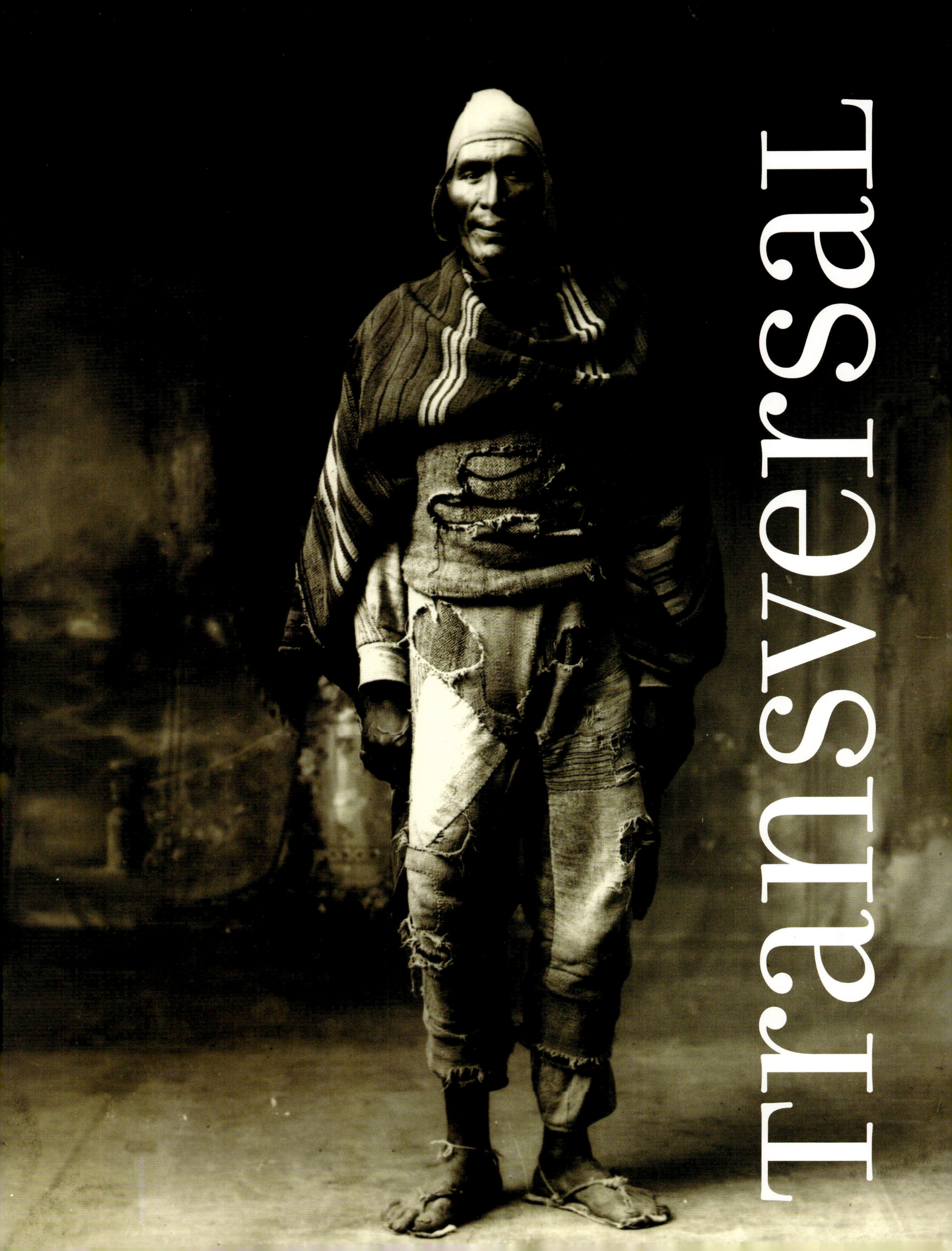
transversal

orozco

Berni

verger

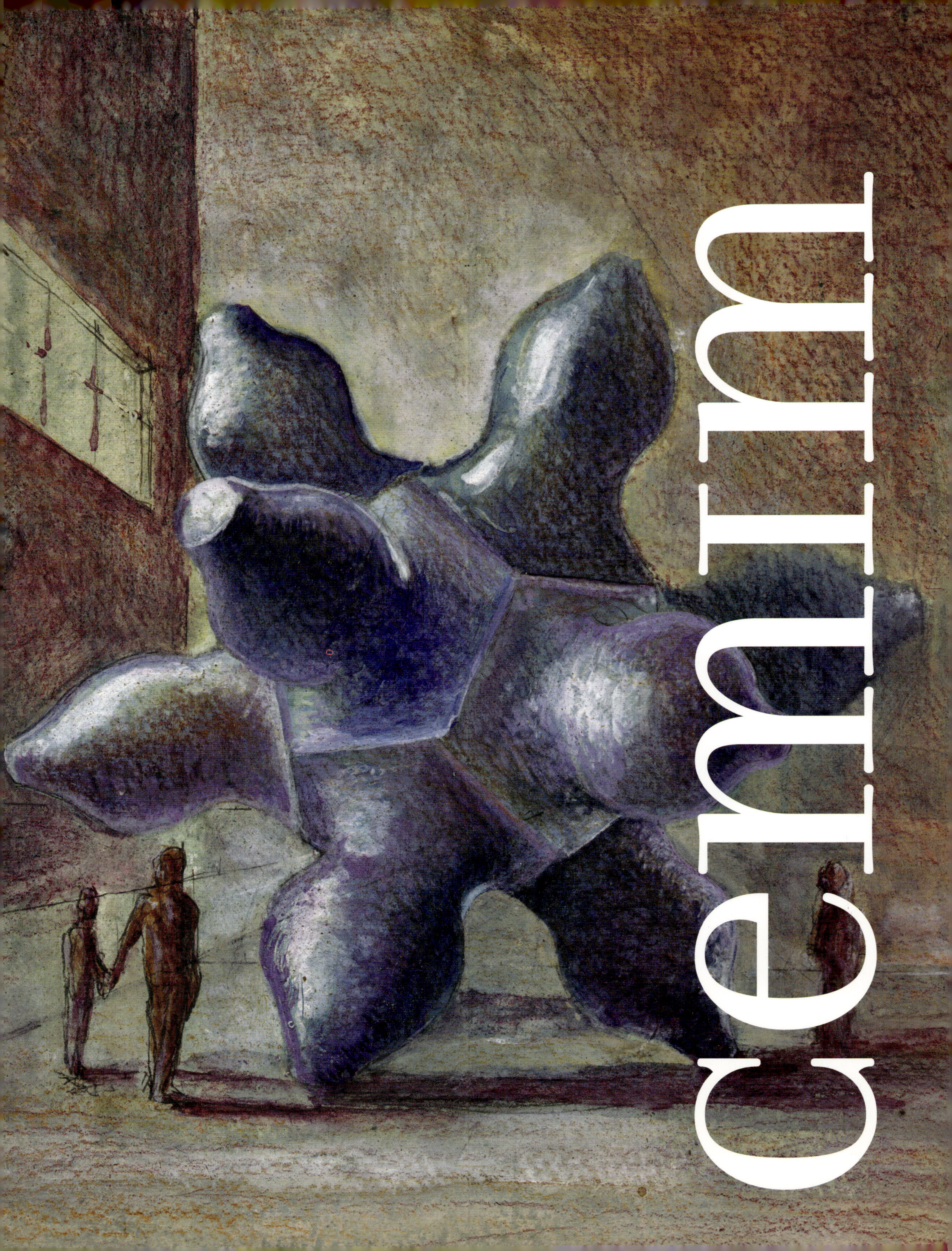
cemim

matta

ABramo

Freire

México

Argentina

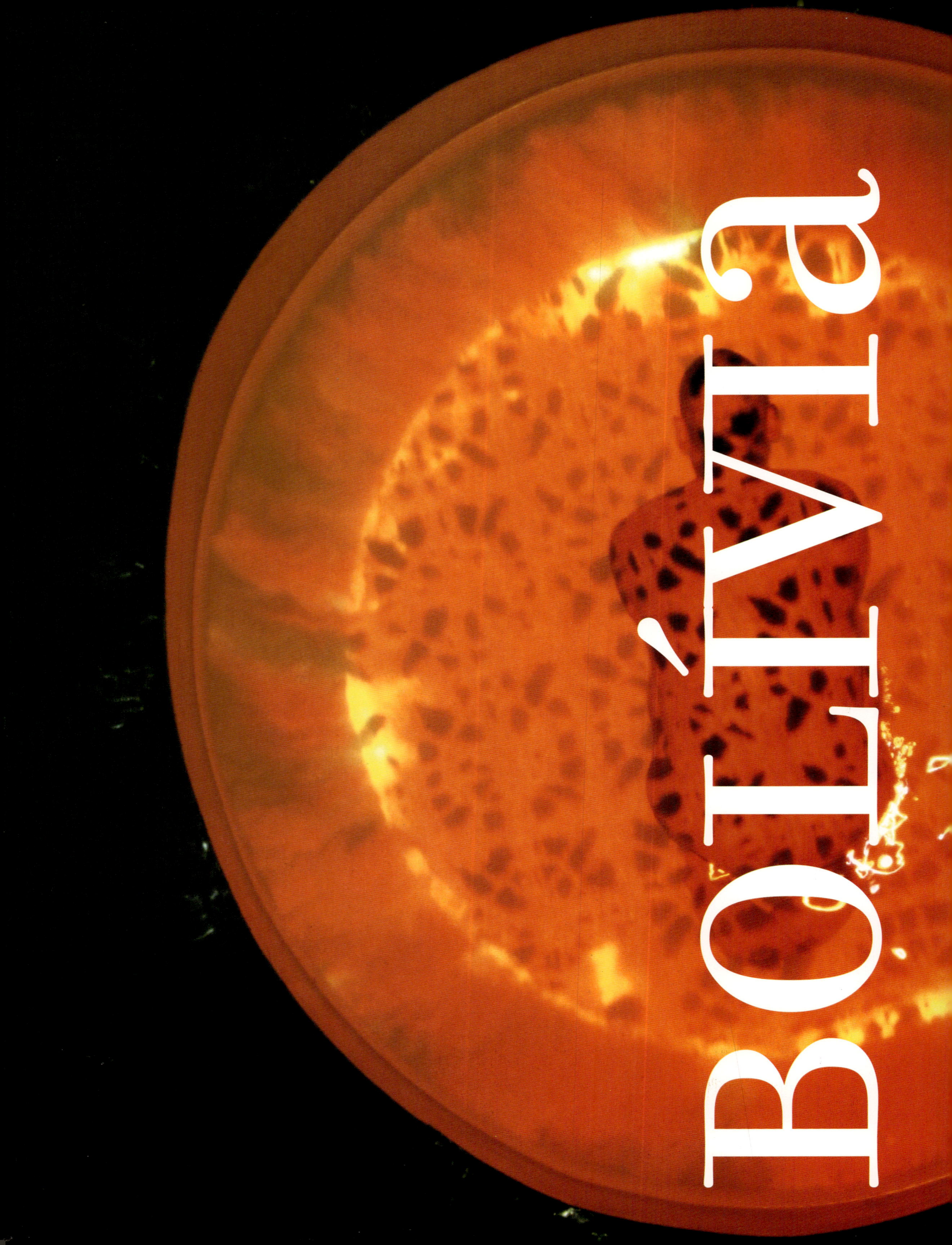
BOLÍVIa

Brasil

CHILE

Paraguai

Uruguai

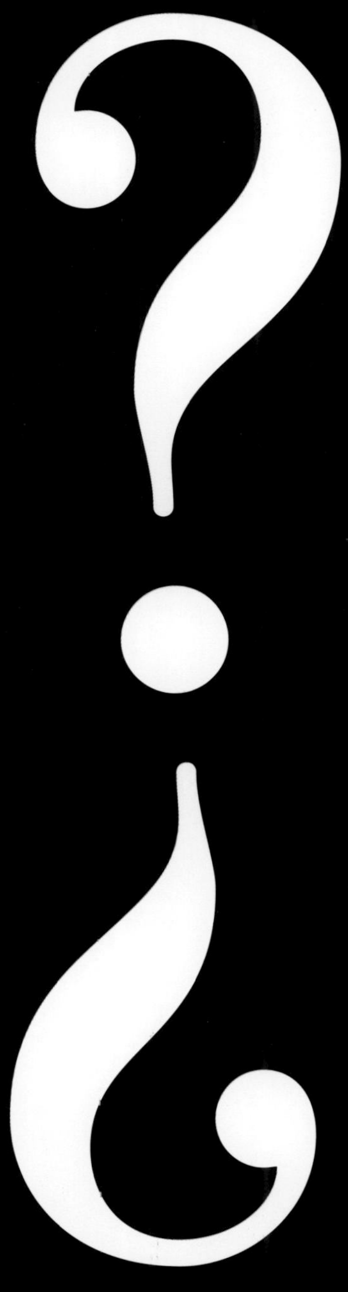

BienalMercosul

Fundação Bienal
de Artes Visuais do Mercosul

Realização

GERDAU

Santander
cultural

BR

PETROBRAS

Patrocinadores Masters

Patrocinador da Mostra Transversal

Patrocinador da Representação Nacional do Brasil

Patrocinador da Mostra de Orozco

Patrocinador da Mostra de Saint Clair Cemin

Patrocinador da Mostra de Antonio Berni

Patrocinador da Mostra de Pierre Verger

Companhia Aérea Oficial da 4ª Bienal do Mercosul

Patrocinadores da Ação Educativa

Apoiadores da Ação Educativa

Apoiadores da 4ª Bienal do Mercosul

LEI DE
INCENTIVO
À CULTURA
MINISTÉRIO
DA CULTURA

Governo do
Rio Grande do Sul
ESTADO QUE TRABALHA UNIDO
SECRETARIA DA CULTURA

LIC Lei de Incentivo à Cultura
Estado do Rio Grande do Sul

Apoio institucional

BienalMercosul
Fundação Bienal de Artes Visuais do Mercosul

¿? 4ª Bienal do Mercosul

Conselho de Administração
Administrative Board

Renato Malcon
Presidente
President

Adelino Raymundo Colombo
Elvaristo Teixeira do Amaral
Eva Sopher
Hélio da Conceição Fernandes Costa
Horst Ernst Volk
Ivo A. Nesralla
Jayme Sirotsky
João Jacob Vontobel
Jorge Gerdau Johannpeter
Jorge Polydoro
Júlio Ricardo Andrighetto Mottin
Justo Werlang
Liliana Magalhães
Luiz Carlos Mandelli
Luiz Fernando Cirne Lima
Michael Ceitlin
Paulo César Brasil do Amaral
Péricles de Freitas Druck
Raul Anselmo Randon
Roque Jacoby
Sérgio Silveira Saraiva
Willian Ling

Conselho Fiscal
Financial Board

Geraldo Hess
Jairo Coelho da Silva
José Benedicto Ledur
Mário Espíndola
Ricardo Russowsky
Wilson Ling

Diretoria
Board of Directors

Renato Malcon
Presidente
President

Justo Werlang
Vice-Presidente
Vice president

Diretores
Directors

Alfredo Lisboa Ribeiro Tellechea
André Jobim de Azevedo
Carlos Henrique Coutinho Schmidt
Eduardo de Lacerda Mancuso
Gilberto Soares Machado
José Paulo Soares Martins
Luiz Flaviano Girardi Feijó
Maria Beatriz Brandão Aguirre
Renato Nunes Vieira Rizzo
Ricardo Menna Barreto Felizzola
Roberto André Dreifuss
Rodrigo Vontobel

Comitê Superior de Planejamento Estratégico
Committee of Strategic Planning

Abe Thomas Hughes
André Loiferman
Carmen Luiza Conter Ferrão
Eduardo Bier Corrêa
Eduardo Silva Logemann
Geraldo Hess
Jones Paulo Bergamin
Jorge Carlos Ribeiro
Jorge Luiz Buneder
José Galló
José Portella Nunes
Lauro Schirmer
Luís Carlos Echeverria Piva
Mário Espíndola
Meyer Joseph Nigri
Paulo Raymundo Gasparotto
Roger Wright
Vera Regina Pellin
Vicente José Rauber
Wrana Maria Panizzi

Curadoria

Curatorial Design

Nelson Aguilar
Curador Geral
Chief Curator

Franklin Espath Pedroso
Curador Adjunto
Assistant Curator

Eduardo Góes Neves
Curadoria Arqueologia das Terras Altas e Baixas
Curator for Archaeoloy of the South American Highlands and Lowlands

Adriana Schmidt Dias
Curadoria Adjunta Arquelogia das Terras Altas e Baixas
Assistant Curator for Archaeoloy of the South American Highlands and Lowlands

Ary Perez
Concepção Arqueologia Genética
Concept of Genetic Archaeology

Sergio Danilo Pena
Coordenação Científica Arqueologia Genética
Scientific Coordinator, Genetic Archaeology

Alfons Hug
Curadoria O Delírio de Chimborazo
Curator for The Delirium of Chimborazo

Agustin Arteaga
Curadoria José Clemente Orozco
Curator for José Clemente Orozco

Nelson Aguilar
Curadoria Antonio Berni
Curator for Antonio Berni
Curadoria Saint Clair Cemin
Curator for Saint Clair Cemin

Alex Baradel
Curadoria Pierre Verger
Curator for Pierre Verger

Francisco Brugnoli
Curadoria Roberto Matta
Curator for Roberto Matta

Javier Rodríguez Alcalá
Curadoria Lívio Abramo
Curator for Lívio Abramo

Gabriel Peluffo Linari
Curadoria María Freire
Curator for María Freire

Edgardo Ganado Kim
Curadoria México (país convidado)
Curator for Mexico (guest country)

Adriana Rosenberg
Curadoria Argentina
Curator for Argentina

Cecilia Bayá Botti
Curadoria Bolívia
Curator for Bolivia

Franklin Espath Pedroso
Curadoria Brasil
Curator for Brazil

Francisco Brugnoli
Curadoria Chile
Curator for Chile

Javier Rodríguez Alcalá
Curadoria Paraguai
Curator for Paraguay

Gabriel Peluffo Linari
Curadoria Uruguai
Curator for Uruguay

sumário

Representações Nacionais

A 4ª *Bienal de Artes Visuais do Mercosul* já se tornou referência no circuito cultural internacional. O sucesso alcançado pelas edições anteriores garante que Porto Alegre vai projetar-se mais ainda como centro artístico no plano latino-americano. O projeto pedagógico de facilitar a compreensão do fenômeno artístico pelo espectador comum, com destaque ao público estudantil, é um dos atributos mais eminentes desse evento. Ele revela a intensa preocupação com a melhor qualificação da nossa juventude – e com a constante luta pela ampliação da nossa cidadania.

O meu governo vislumbra, nesta Bienal, um importante movimento cultural de integração dos povos latino-americanos. Em especial, no contexto do Mercosul, no qual precisamos – todos – resgatar a nossa história e valores comuns. É assim que vamos construir sociedades nacionais prósperas e justas, numa comunidade solidária de povos irmãos.

Congratulo-me com os dirigentes da Fundação Bienal de Artes Visuais do Mercosul, curadores e artistas, que estão valorizando a formação e a difusão da cultura e da cidadania, projetando a cidade, o estado e o país no concerto de todas as nações.

Luiz Inácio Lula da Silva

Presidente da República

Arte e cultura para todos

A cada dois anos, o Rio Grande do Sul tem a oportunidade ímpar de apresentar um dos mais importantes eventos culturais do nosso país. A *Bienal de Artes Visuais do Mercosul*, que ora chega a sua quarta edição, nos dá motivo de orgulho pelas suas diferentes qualidades. A primeira, sempre, é a qualidade dos trabalhos trazidos para o público. Mas, por trás de tudo, está a competência daquelas pessoas que trabalham com perseverança e obstinação para oportunizar a milhares de pessoas a possibilidade de conhecer um pouco mais do espírito artístico mundial.

Durante mais de dois meses, os gaúchos e aqueles que visitam a nossa capital têm a chance de não apenas observar, mas muitas vezes interagir com os mais diferentes tipos de arte. A *4ª Bienal de Artes Visuais do Mercosul* é, por isso, um momento particular de encontros culturais e de ensinamento sobre o valor social do conhecimento artístico. É essa extraordinária capacidade de impressionar e, também, de emocionar a tantos uma das peculiaridades mais notáveis deste grande evento. O Governo do Estado reconhece a importância de participar deste momento tão grandioso, onde a cultura e a arte são para todos.

Germano Rigotto
Governador do Rio Grande do Sul

A prefeitura de Porto Alegre, mais uma vez, apóia a *Bienal de Artes Visuais do Mercosul*, que tem um grande significado econômico, social e cultural para a cidade. A exposição, que constitui o mais extraordinário acontecimento latino-americano de artes visuais, projeta a cidade entre as grandes metrópoles mundiais, reforçando seu potencial turístico e sua vocação para a produção de cultura. Além do que, esta é uma oportunidade ímpar para estimular a sensibilidade estética da população como um todo, qualificando o processo educativo da cidadania.

Segundo a organização da mostra, cerca de um milhão de pessoas, entre os moradores e visitantes, participarão da Bienal, e Porto Alegre se orgulha de acolher este evento que se afirma não apenas como um espaço para exposição de trabalhos artísticos, mas, sobretudo, como um pólo de divulgação e discussão das artes, de crítica e inovação.

O caráter pedagógico da *4ª Bienal*, com a participação de estudantes, insere-se na agenda de prioridades da Administração Popular, que prestigia os movimentos culturais, com destaque aos países que compõem o Mercosul. Reafirmamos nossa disposição de alcançar tanto a integração econômica quanto a cultural entre os países do bloco, assim com a continuidade da Bienal, contribuindo para a consolidação do Mercosul cultural.

Além de aproximar a arte e a cidadania, a Bienal este ano devolverá aos porto-alegrenses quatro armazéns do cais do porto reformados. Por iniciativa da Fundação Bienal de Artes Visuais do Mercosul, a área de 7 500 m^2 foi recuperada, estabelecendo uma nova relação entre o centro, a área histórica e a Usina do Gasômetro.

Cumprimentamos os diretores da Fundação Bienal pelo empenho e planejamento da mostra, assim como parabenizamos seus curadores e todos os artistas que lhe dão vida e sentido. Temos certeza de que nossa população será a grande beneficiada de toda a efervescência cultural desse evento democrático para o qual a cidade abre inteiramente as suas portas.

João Verle

Prefeito de Porto Alegre, RS

Quando assumimos a Presidência da Fundação Bienal, com a tarefa de organizar e levar a bom termo a *4ª Bienal de Artes Visuais do Mercosul*, sabíamos perfeitamente que seria preciso enfrentar um duplo desafio. Primeiramente, o de corresponder a uma tradição bem-sucedida do evento, tão magnificamente concebido e implementado pelos fundadores da nossa Fundação. Depois, o de consolidar a exposição como o maior acontecimento latino-americano no mundo das artes visuais.

Portanto, impunha-se mobilizar talentos, dedicação, apoios, interesses e capitais, na órbita particular e pública, no plano nacional e externo, como nunca antes tivemos de fazer. Além disso, em face do panorama nacional e internacional dos novos tempos, tornava-se imprescindível inserir a mostra, de forma inequívoca, dentro de um contexto político e cultural de integração dos povos latino-americanos, especialmente das nações do Mercosul, no seu mais amplo conceito de bloco sul-americano. Assim, a *4ª Bienal* pretende assumir o papel de agente catalisador dos movimentos e das aspirações latino-americanos que se expressam pelas artes visuais.

A temática da arqueologia contemporânea encerra, justamente, uma proposta para o resgate da identidade comum dos nossos povos, na busca de um horizonte histórico, que, respeitando a individualidade das nações, signifique a construção de uma comunidade continental harmônica e equilibradamente desenvolvida.

Nosso trabalho foi incansável na procura de parceiros na iniciativa privada e junto aos poderes públicos, pois a estimativa de receber centenas de milhares de espectadores para as dezessete mostras que compõem a exposição, por si só, revela o tamanho e a ambição do empreendimento. Jamais nos faltou o apoio das autoridades públicas municipais, estaduais e federais, assim como respaldo de diversos segmentos da nossa comunidade empresarial. Nossos conselheiros, diretores e colaboradores diversos, diretos ou mais distantes, foram inexcedíveis para que pudéssemos construir mais este legado cultural tão importante, sobretudo, às novas gerações. É preciso enfatizar a relevância do trabalho competente e dedicado dos nossos curadores, sob a coordenação do consagrado Nelson Aguilar, que comprovou sobejamente o acerto de nossos esforços no sentido de escolhê-lo como curador-geral desta quarta edição. Permitimo-nos mencionar, ainda, dois ilustres homens públicos rio-grandenses que muito contribuíram para a grandeza deste empreendimento: governador Germano Rigotto e ministro Tarso Genro.

Fiéis à tradição das edições anteriores, incrementamos uma política de Ação Educativa, preparando mediadores capazes de estabelecer uma adequada aproximação do público com a obra de arte. Na expectativa de receber a visita de cerca de 300 mil alunos, especialmente das escolas públicas, a nossa Fundação esmerou-se em reunir e preparar professores, estudantes e interessados em arte, orientando-os para um trabalho pedagógico dirigido ao público apreciador menos afeito às atividades artísticas, de modo a facilitar-lhe o pleno desfrute da exposição e a melhor compreensão do fenômeno artístico como história que se renova.

A preocupação com a democratização dos bens estéticos esteve constantemente presente em cada medida que adotamos. Sempre tivemos a convicção de que o desenvolvimento da sensibilidade artística, em todos os segmentos da população, significa uma conquista de cidadania e é fator decisivo no processo de amadurecimento político e cultural dos povos.

Se quisermos um país próspero e socialmente justo, um continente americano integrado e um mundo mais fraterno e evoluído, temos de investir na formação e na difusão dos bens de cultura, colocando-os ao alcance de todas as pessoas, que, por sua vez, devem ser estimuladas a mergulhar nesse rico universo de intercâmbio de emoções e idéias.

Congregando Argentina, Bolívia, Brasil, Chile, Paraguai e Uruguai, a *4ª Bienal de Artes Visuais do Mercosul* deu mais um passo na direção de uma integração ainda maior do continente americano, convidando o México para fazer-se presente. Este gesto encontrou a maior ressonância e aceitação por parte daquele país norte-americano, cujo Governo, especialmente por meio do Conselho Nacional para a Cultura e as Artes, e da Embaixadora Cecília Soto Gonzalez, soube emprestar-nos especial atenção e apoio. A mostra transversal *O delírio do Chimborazo*, voltada a um tema latino-americano por excelência, qual seja, a recepção criativa da obra do construtor do continente Símon Bolívar, e aberta a todos os países, atesta a universalidade de nossas preocupações.

Enfim, a solidariedade encontrada nos mais diversos planos, desde países até o cidadão comum, demonstra, desde logo, como é importante fomentar a cultura artística para vencer barreiras geográficas e aproximar pessoas dos mais diversos recantos e condições. Com isso, ganhamos todos, especialmente o artista, grande intérprete e cultor da alma humana, a quem dirigimos uma palavra especial de incentivo e agradecimento, porque é da centelha do seu gênio criativo que descortina a grandeza do amanhã.

Porto Alegre, por seu turno, logra alcançar novos patamares no circuito internacional de artes, reafirmando-se como centro cultural do Mercosul. Esta condição geopolítica e estratégica multiplica as funções e os espaços culturais da cidade, motivando a comunidade a qualificar-se pelas oportunidades de conhecimento e de interação com a contemporaneidade que eventos como este propiciam.

Renato Malcon

Presidente da Fundação
Bienal de Artes Visuais do Mercosul

Como si tomara la mano extendida de tantos personajes que pueblan la obra de los muralistas mexicanos, la Fundación de la Bienal del Mercosur ha tenido la generosidad de invitar a México como país homenajeado de su IV edición. Para México no es sólo un honor participar de la gran celebración al arte, la innovación y la osadía en la que se ha convertido en tan poco tiempo la *Bienal*, sino que representa también una gran oportunidad de aprendizaje.

En apenas cuatro ediciones, la *Bienal* ya es uno de los mejores frutos del proceso de integración iniciado en el sur del continente hace diez años. La Fundación de la Bienal, encabezada este año por los queridos amigos Renato Malcón en la presidencia y Justo Werlang en la vicepresidencia, moviliza a la sociedad civil, a empresarios y al gobierno para densificar la obra de la integración con la energía de los artistas contemporáneos de la región e incluye, en esta ocasión, a artistas del país más al norte del sur latino de nuestra América: México.

México se percibe tanto del norte como del sur. La geografía nos puso en el norte del continente pero nuestra cultura, que hunde sus raíces en treinta siglos de una compleja amalgama de civilizaciones y de intenso mestizaje, se identifica culturalmente con el sur. Nuestro corazón está en el sur.

Y al sur venimos, al sur del sur, a la hospitalaria ciudad de Porto Alegre, en el sur profundo de Brasil, donde la cadencia musical del hermoso portugués brasileño cambia acentos con el español que cantan sus vecinos y así gaucho deviene *gaúcho*. Venimos con el pincel apasionado y fiero de José Clemente Orozco, cuya obra fue tan bien descrita por Pablo Neruda cuando dijo al pie de la tumba de Orozco: "Su obra es un combate".

Gracias a la Fundación de la Bienal por recordarnos que la cultura es el verdadero y más durable motor de la integración y gracias por recibir a México y a sus artistas en el corazón de Mercosur.

Cecilia Soto González
Embajadora de México en Brasil

Embaixada do México
Brasil

CONACULTA · INBA

4ª Bienal do Mercosul

Cânticos da origem

Nelson Aguilar
Curador-geral

A pergunta pelas origens permanece incandescente entre os povos da América Latina, a tal ponto que se torna a marca da *4ª Bienal de Artes Visuais do Mercosul*. Não importa que seus indagadores sejam descendentes de africanos, ameríndios, asiáticos, europeus. Tudo conflui aos tempos míticos do engendramento, aos vestígios materiais das primeiras culturas, à aferição científica que a biologia molecular lança à chegada do homem no continente americano, à agilidade com que os artistas contemporâneos averiguam o começo.

Quando a velocidade em que se processa a informação cresce em uma escala vertiginosa, cabe à curadoria de uma mostra artística inquirir a respeito dos primórdios e compor um mosaico que repertoria a arqueologia vista a partir de hoje.

A iniciativa de organizar uma exposição consagrada à arqueologia andina, amazônica e do litoral atlântico no cerne de uma bienal de arte contemporânea constitui uma primeira consulta ao oráculo dos tempos. A arte moderna, ao longo de seu desenrolar, sempre atesta saltos inesperados à geografia e à história. O impressionismo sonda as gravuras japonesas, o cubismo, a arte africana, o expressionismo, a produção oceânica; o pós-guerra considera a arte bruta, os despojos do cotidiano, revela o extremamente próximo como extremamente distante, encampa a paisagem como território, não mais como motivo. As relações entre os objetos, a consciência do intervalo, a maneira de aproximar e afastar as coisas tornam o imaterial tangível. Promover arqueologia em um evento contemporâneo não visa ao paradoxo pelo paradoxo, mas questiona a concepção linear da história e confirma que a arte toma o elã de tempos e lugares diversos.

Cabe aqui prestar homenagem à arqueóloga norte-americana Anna C. Roosevelt, que apontou as limitações da teoria do determinismo ecológico, o qual sustentava que os povos das Terras Baixas tropicais, não tendo convivido com um meio adaptativo favorável, conotado pela pobreza dos solos, "recebeu a 'civilização' das Terras Altas áridas e temperadas dos Andes e da Mesoamérica, os centros da civilização americana". A riqueza dos achados arqueológicos, a reavaliação da análise ambiental, a datação dos sítios arqueológicos por radiocarbono "documentam, conclusivamente, uma transição amazônica para uma vida ceramista tribal que antecede todos os outros exemplos no Novo Mundo em mais de 1200 anos e que é mais antiga que a cerâmica andina e mesoamericana em mais de 3000 anos".

Ainda na década passada, entendia-se que arte pré-colombiana abrangia apenas a produção plástica do altiplano. Os arqueólogos Eduardo Neves e Adriana Schmidt Dias acabam com essa hierarquia e examinam o continente antes da chegada dos brancos como um trânsito ininterrupto de trocas em todas as direções.

Um dos grandes privilégios da *4ª Bienal de Artes Visuais do Mercosul* é estabelecer um elo concreto com a *26ª Bienal de São Paulo* por meio da convocação de seu curador, Alfons Hug, para organizar a mostra transversal, que tem a finalidade de angariar a participação de outros países que não os integrantes do Mercado Comum do Sul e do país convidado. O tema proposto diz respeito a um enredo latino-americano, no caso, a recepção poética da obra de Simón Bolívar.

A instituição paulista tem 52 anos de existência, 25 bienais realizadas, recebe cerca de 70 países em cada edição. Esse crédito é transferido para sua jovem congênere que pretende chamar a atenção não para o circuito artístico internacional, mas para um pólo regional que pretende atingir sua autonomia e contribuir para "o equilíbrio do universo", usando a linguagem do grande libertador.

O sopro da utopia que assola a América no início do século XIX atravessa a peça oratória de Bolívar, *O delírio do Chimborazo*, que inspira a exposição transcontinental. A mostra pode ser explicitada por dois entre os participantes: o peruano Martin Chambi e o alemão Michael Wesely, mestres da luz.

O que dizer de um fotógrafo que tem a desenvoltura de Cartier-Bresson e necessidade alguma senão a de percorrer seu mundo próprio, o universo inca andino, dirigindo-se a seus companheiros na língua dos vencidos, o quíchua? O registro por quem está dentro da pele de seus modelos distingue o trabalho de Chambi do dos viajantes europeus. Em retratos de grupo, cada membro se sente acolhido pela mesma ancestralidade que dirige o coração de todos. Um só fôlego articula centenas de pulmões, um só olhar recorre à objetiva em busca de uma cumplicidade sem rosto.

Wesely elege a região dos *llanos*, das planícies da bacia do rio Orinoco, de onde Bolívar recebeu o apoio da população mestiça para sua campanha de libertação, como paisagem. O fotógrafo alemão trabalha com um tempo de exposição à luz extremamente longo. Define as constantes do visível. Quando documenta um cenário urbano, como foi o caso na *25ª Bienal de São Paulo*, por meio da escolha de Berlim como canteiro de obras, os fantasmas das gruas, das novas e antigas edificações, da translação do sol varrem a imagem. Ao lidar com a natureza, o tempo de longa duração da geologia colabora para mostrar camadas horizontais sobrepujadas pelo azul eterno do rio.

Artistas brasileiros foram convidados para discorrer sobre o rastro do herói sul-americano. Bolívar olhava a monarquia tropical como um braço da Santa Aliança, um cordão sanitário que protegia a velha ordem dos anseios libertários das novas repúblicas. Por conseqüência, o libertador recebeu de braços abertos guerreiros que escaparam dos levantes antilusitanos, especialmente os de Pernambuco. Os insubmissos levaram o ardor das reivindicações de uma América autônoma e respeitadora dos direitos do homem até as últimas conseqüências, não deixando de reconhecer, no entanto, vantagens da continuidade imperial para a unidade do país. Artur Barrio, Maurício Dias e Walther Riedweg, além de Tato Taborda, discorrem sobre os grandes paradoxos do continente Brasil.

O curador Hug traz da pátria a abertura de espírito, o universalismo, já incorporados no mais antigo programa sistemático do idealismo alemão, que proclama: "temos de ter uma nova mitologia, mas essa mitologia tem de estar a serviço das idéias, tem de se tornar uma mitologia da razão". Convida a *O delírio do Chimborazo* a artista norte-americana Rachel Berwick, que reconstitui a façanha do naturalista Alexander von Humboldt, o qual aprendeu a língua *maipure* a partir de um papagaio que sobreviveu ao massacre da etnia. Em sua instalação, duas aves recitam palavras extintas. Não há talvez aqui a ambição de Hölderlin, que recriou na língua natal odes e tragédias da Grécia clássica sem reduzi-las a nenhum esquema de interpretação existente? Berwick transforma a história em memória de genocídio ou, mais radicalmente, a espécie animal se metamorfoseia em um Heródoto da humana. Um dos intuitos de Mário de Andrade, fundador do modernismo brasileiro, ao aprender alemão, foi o de ler naturalistas como Theodor Koch-Grünberg, Karl von den Steinen. *Macunaíma* deve muito à coleta das sagas indígenas realizadas por esses humanistas.

A fim de veicular corretamente os países do Mercosul e também o país convidado – nesta edição, o México –, cada um tem, além de sua representação nacional de arte contemporânea, uma mostra que homenageia um artista consagrado. Trata-se de uma iniciativa que reforça o caráter da Bienal como o pórtico para a arte da América Latina.

José Clemente Orozco não se beneficiou do prestígio recente de seus colegas David Alfaro Siqueiros e Diego Rivera, para não dizer da curiosidade despertada pela vida e obra (nessa ordem) de Frida Kahlo. Sua produção parece emergida intacta da noite dos tempos, como se fosse subitamente revelada por uma escavação arqueológica bem-sucedida. O artista inscreve-se desde o princípio contra o bom gosto perpetuado pelas academias. Percebe a extrema singularidade das gravuras de José Guadalupe Posada que parecem germinadas diretamente da terra. O curador Agustín Arteaga, a quem coube a alta responsabilidade de organizar a mostra, conhece bem os fluxos e refluxos da recepção orozquiana. Se há um lado pelo qual norte-americanos e latinos não se distanciam, ocorre paralelo à obra de Jackson Pollock, que sentiu o impacto dos murais do Pomona College, na Califórnia, onde reina a figura de Prometeu. O titã favorece a homologia da tarefa da arte em um mundo agreste.

O artista desdenha o beneplácito das ideologias, tem uma concepção límpida da história: um mar de sangue, de injustiça, repleta de som e fúria. Por esse motivo, o cataclismo lhe é familiar: *Los muertos* funciona como uma paisagem bucólica às avessas, prédios desmoronando, sólidos em turbilhão. Nessa distorção universal, brotam elementos robustos ao lado de ectoplasmas como em *La casa blanca*, que inspira um conterrâneo, o arquiteto jalisquenho Luis Barragán, a afirmar a geometria severa de suas construções, onde luz e cor estão clivadas, vivendo em um tempo próprio. O governo mexicano, por meio do Conselho Nacional para a Cultura e as Artes, que permite a saída das obras-primas para o exterior, lança o espanto da descoberta a um grau nunca imaginado ao autorizar a viagem do painel *Piel en azul*, da coleção do Instituto Cultural Cabañas, em Guadalajara. A tinta sintética obedece à ordem da decomposição do corpo humano, pelo pecado de não se submeter à forma retangular do suporte. O tronco e os membros resplandecem em uma pintura corporal digna da cerâmica asteca, a cabeça decepada duplamente, de face e de perfil, pertence a um universo onde os cultos sacrificiais permeiam o cotidiano. Tudo é feito levando-se em conta os vazios intervalares que mobilizam a figura retalhada da integridade física e, no entanto, resplandecente pelo emblema tribal.

A Argentina comparece na constelação dos desbravadores com Antonio Berni. Não se trata de promover uma mostra monográfica, mais do que necessária, pois Berni representa o processo de transculturação da arte moderna na América Latina como nenhum outro artista. Recebe na Europa dos anos 1930 o estigma da pintura metafísica e dos surrealistas. Milita ao lado de Siqueiros, desenvolvendo um realismo social com desempregados, camponeses e outros mártires anônimos, sendo um militante das artes plásticas como Portinari, por quem tinha admiração. Nos anos 1950, deixa de ser coadjuvante e se transforma em autor de si mesmo, produzindo obras que são pura pintura, em que o óleo se aglutina e coagula para formar uma natureza-morta como *La olla e la carne*, e de tão forte densidade que resume a história passada e futura, pois lá estão a concha, a panela e a presença fantasmática da carne, o que congrega todos os elementos dos "panelaços". Não existe mais a intermediação de uma imagem para recriar a pintura, ele expõe diretamente a textura, o dado bruto como matéria-prima. Na pintura como tal, todos os conflitos estão presentes, ao contrário do que acontece em um cenário onde os protagonistas se dão ares.

Berni conquistou em 1962 o prêmio internacional de gravura e desenho da *31ª Bienal de Veneza*, sendo o primeiro artista latino-americano aquinhoado. Para se fazer uma idéia da importância do fato, basta lembrar que Nova York foi reconhecida como meca da arte por ocasião da Bienal de 1964, com a atribuição a Robert Rauschenberg do prêmio de pintura. Berni dominava muitas linguagens, mas, em uma época e em um continente que primavam pelo etnocentrismo, receber homenagem pelas xilocolagens era um feito. Usa o lixo como meio de comunicação. Isso fica patente nos dois habitantes ficcionais de subúrbio que obcecam essa fase: o moleque de rua, Juanito Laguna, e sua namorada, a prostituta Ramona Montiel. Duas obras-primas são o incêndio e a inundação no bairro de Juanito, onde lâminas de ferro oxidado disputam espaço com tabuletas e ornamentos para contar as catástrofes "naturais" que espreitam os marginalizados. Essa intensidade não existe nas obras do realismo social e como tema continua na ordem do dia. Nesse sentido, Berni marca o novo realismo europeu. O grande expoente desse movimento, Pierre Restany, esteve envolvido no projeto de nossa exibição, a qual está dedicada a ele.

Pierre Verger dirigiu-se três vezes à Bolívia entre 1939 e 1946, dedicando-se a registrar as festas andinas, entre as quais se destaca o carnaval de Oruro, atualmente considerado pela Unesco patrimônio vivo da humanidade. Naquele momento, Verger tinha somente a fotografia por ofício, vivendo dos direitos autorais de imagens postas em agência ou ilustrando álbuns de países exóticos e eventos especiais. Segundo Alex Baradel, coordenador do acervo fotográfico da Fundação Pierre Verger em Salvador, os anos entre as duas grandes guerras marcam o ápice da riqueza visual, perdendo o fulgor a partir dos anos 1950 pelo envolvimento sistemático com a etnografia orientada ao Atlântico negro, notadamente às questões do tráfico de escravos e ao culto dos orixás. Reconhece-se pela própria escolha temática da festa, animada pelo cortejo de anjos e demônios, a extração surrealista do inventor do fotojornalismo poético. A disponibilidade com que se lança a cada viagem pelo mundo tem algo da insubmissão à ordem burguesa adquirida na casa dos pais. O desterro é a vocação natural para quem não aceita a escala de valores que resulta nos morticínios europeus. O Ocidente não tem lições a dar a ninguém. Os incas foram vencidos pelos espanhóis, mas permanecem despertos, reavivando a paisagem monocromática dos Andes com as luzes da indumentária, deambulando pelos mercados onde tecidos, gêneros e utensílios atravessam as barracas e as eras. O festim carnavalesco agrega carro alegórico, máscaras, fantasias, copos de *chicha*. A diferença entre as cordilheiras peruana e boliviana pertence mais à política que à cultura, o que permite ver nos *corpora* iconográficos de Verger e Chambi duas atitudes: o etnógrafo em germe e o autóctone. Verger por vezes sobe no alto de uma casa para flagrar o desfile carnavalesco, conduta inimaginável para Chambi, que fixa em plano médio a verdade dos irmãos. Na objetiva do francês, a sombra desempenha o papel de testemunho incorpóreo, um estado avançado de desmaterialização, em que o étimo da luz recita suas orações. Essa espiritualização marca de dentro a luta entre o anjo, a luz e o demônio ctônico, marcado por uma maquiagem rica, quase *kabuki*.

Saint Clair Cemin assume o desígnio de configurar artisticamente o Brasil e opera a passagem da arte moderna à contemporânea. Suas peças desfrutam de uma liberdade inigualável na história da escultura. Rompem com o encadeamento genético do modernismo que exige uma postura econômica, de teor abstratizante, de cada um de seus descendentes. Os títulos também escapam à dieta austera dos pioneiros, despertam associações ricas que abrem novas perspectivas aos objetos, povoam de fábulas seu conteúdo.

O dilema entre figuração e abstração perde o sentido, uma vez que Saint Clair se move em um campo onde o objeto não é uma autarquia nem ostenta uma finalidade em si mesmo, mas se resume a um resquício de uma rede imaginária vasta. O meio ambiente é tão sensível quanto o mundo cultural. Talvez por esse motivo, antropólogos e escritores debruçam-se sobre suas produções. Algumas parecem ter saído há pouco de uma escavação arqueológica.

Materiais condenados ao passado, como o bronze, o mármore, a madeira, ressurgem de maneira surpreendente. A policromia incendeia algumas peças, o contraste colorístico anima outras. Por vezes, a cor dos componentes, os vetores internos ondulantes, a concisa sintaxe expressiva coincidem mais com a sensibilidade barroca do que com a neoclássica. A tensão entre o vazio e o cheio, a consciência apurada da escala, o desdobramento espacial de suas produções destinam-no à obra pública. O escultor intui que o universo provém de um módulo e está constantemente em busca desse fonema material. *Hipercuia* enuncia em suas facetas o modo cósmico de ser gaúcho.

Roberto Matta une-se jovem aos surrealistas, cônscio de que trataria daí para frente com o estado mais radical do conhecimento poético e político. As experiências ligadas ao estudo da quarta dimensão, da topologia, à "descoberta de regiões do espaço até então inexploradas no domínio da arte" (Marcel Duchamp) são simétricas ao anticonformismo, à desconfiança das virtudes propaladas pelo *establishment*, à reivindicação de um planeta sem visa. Milita pela América Latina pelo menos em duas ocasiões: para render homenagem à revolução cubana e para apoiar o governo chileno de Salvador Allende. As telas delineiam um campo de pouso ao desconhecido, ao evento inesperado, ao instante de mutação. O exílio de guerra em Nova York coloca em xeque suas primeiras admirações – Yves Tanguy, por exemplo. A atividade colorista entra em crise pelo contato direto com as expressões pré-colombianas hauridas ao vivo em sua passagem pelo México. A partir desse momento, a linha retoma a ascendência e formas totêmicas povoam o horizonte sem referência à malha infinita de suas tentativas anteriores. Matta afirma-se o piloto de prova dos exilados mais exigentes como André Breton, Claude Lévi-Strauss, Georges Duthuit, Max Ernst. Do lado do ofício, freqüenta os companheiros de geração Arshile Gorky, Jackson Pollock, Mark Rothko, Robert Motherwell. As paisagens interiores (*inscapes*) abolem indícios do plano de fundo, impossibilitam qualquer localização, inspiram os ensaios subseqüentes da *action painting*. O curador Francisco Brugnoli pergunta ao artista onde está seu atestado de nascimento e o qualifica entre os irrecuperáveis pelos nacionalismos, como o poeta Vicente Huidobro. Matta desaparece no final do ano passado. Uma gravação foi encontrada no espólio. A expectativa foi grande. Reiteradas vezes o pintor pronunciava: "Me morí" (estou morto).

Lívio Abramo comparece como mestre da arte paraguaia. O fato sustenta o orgulho dos conterrâneos novos e antigos. Deveria ser chamado *brasiguaio*, uma vez que se instala em Assunção em 1962, depois de seis anos de namoro. Há uma afinidade profunda entre sua arte e o espaço de convivência. O país adotado foi definido certa vez pelo nativo Augusto Roa Bastos como uma ilha cercada de terra. A situação centrípeta da nação implantada no centro do continente não escapa ao destino colonial quando os jesuítas cobraram dos metropolitanos um espaço delimitado, encerrado, para as ovelhas guaranis, nomeado redução. A gravura em sua manifestação nasce ciente do invólucro gerativo e o obstinado lavrador zela cuidadosamente por esse envoltório. Acontecem paisagens por assim dizer pré-paraguaias em várias séries brasileiras de Lívio, pela elaboração constante das dominantes lineares horizontais e verticais que ecoam o suporte, enriquecidas por tensões diagonais que iriam encontrar o apogeu com o ciclo das *Chuvas*. Paradoxalmente, sua gravura está entre os espaços embrionário e público por força de sua reprodutibilidade. Ora, na história do artista, um aspecto se alterna com o outro. No início, o político impera sobre o artístico. Lívio milita primeiro na esquerda ortodoxa e, a seguir, na dissidência, tendo nesse percurso a companhia do maior crítico de arte brasileira do século XX, Mário Pedrosa. Ao assumir a direção artística da *6ª Bienal de São Paulo*, Pedrosa confia a Abramo a tarefa de realizar uma exposição celebrando a escultura missioneira guarani. A iniciativa, pioneira, alcança repercussão notável. Revela que o amor do artista pela nova terra leva em conta o legado histórico como magma da própria atividade artística. O curador Javier Rodríguez Alcalá pretende assinalar que a obra do artista icônico assume a história da arte como força irradiativa e não como acervo oficial, passivo, ansioso pela canonização museológica. Os tecidos *ñandutís* convertem-se em um filtro que enxerga a terra, aguarda acontecimentos.

María Freire garante a primazia da arte concreta platina no continente sul-americano. Ignorando as querelas ideológicas dos colegas argentinos, cuida da limpidez do desenho das pinturas e esculturas como motivo maior de sua ação. A chegada precoce do construtivismo nos países austrais assinala que o modernismo brasileiro funcionou como entrave à entrada de um movimento menos figurativo e mais voltado à formulação de linguagem universal. Somente em 1952, o grupo Frente de São Paulo e, em 1953, o Ruptura do Rio de Janeiro organizam-se para exercer a abertura e a concisão da arte parageométrica, enquanto que argentinos e uruguaios desde 1945 enveredam-se por essa vertente, distanciando-se mesmo de posições como as de Joaquín Torres-García que ainda conjuga formas, imagens e signos em seu cadinho. María não se identifica com nenhuma palavra de ordem realista, a seu ver, comprometida pelos atos anti-humanitários da última guerra. A arte exige agora tábula rasa, ponto zero, transparência, agilidade. A proposta de erigir uma capital no centro da América declinada pela matemática mágica de Lucio Costa e Oscar Niemeyer sacode os artistas brasileiros que liquidam o atraso, transformando o laboratório platino em praça cultural de desenvolvimento público. O conceito concretista é aferido ao vivo. Isso empresta conteúdo épico a peças de Luís Sacilotto, Lygia Clark, Waldemar Cordeiro e, em contrapartida, faz perceber uma conduta mais lírica, reservada à poética de María Freire e de seu marido, o artista plástico José Pedro Costigliolo. As idas e vindas entre Brasília e Montevidéu permitem captar com mais pertinência a singularidade de cada contribuinte na formação do painel sul-americano. O curador Gabriel Peluffo Linari deixa entrever como as paixões se cruzam e aproximam três amigos e praticantes da plenitude formal – María Freire, Lívio Abramo e Lygia Pape –, instaurando um dos grandes colóquios da *4ª Bienal*. Outra lição inesquecível da mestra uruguaia indica como a arte cinética, que mobiliza sul-americanos em Paris, adquire um estatuto tão próprio nos *Radiantes* e *Vibrantes*.

As representações nacionais retomam o exercício da arte no calor da hora. A qualidade insuperável da arte pré-colombiana mexicana não inibe o questionamento dos artistas-arqueólogos reunidos pelo curador Edgardo Ganado Kim. A equipe dissemina-se por diferentes paisagens urbanas a fim de desvendar sentidos que afloram e, no entanto, não são reparados pela coletividade. Francis Alÿs faz figura de pioneiro desde que participou da

5ª Bienal de Havana, em 1994, com o par de sapatos magnéticos que colhem resíduos metálicos esparsos pelas ruas da capital cubana. Conferir o papel de protagonista ao descartável, ao invisível por conveniência, funciona como relâmpago na noite escura. A faina dos pesquisadores atinge o lixo, a variedade das fachadas, os dispositivos de segurança, o barraco baleado, a água que serve à lavagem dos cadáveres, os ruídos e as imagens incompatíveis de três cidades, as noções limitadas da funcionalidade.

Pedimos à curadora Adriana Rosenberg para desenvolver uma proposta precisa dentro do campo poético latino-americano: Buenos Aires, capital psicanalítica. A maneira como a doutrina freudiana pega, expande-se e amadurece na Argentina é motivo de admiração para todos. Componentes químicos atuantes no solo austral possibilitam a criação do gado, o cultivo do trigo e das vinhas e... o diálogo eficaz. León Ferrari, muito prezado pelos brasileiros que o receberam em São Paulo durante os anos de chumbo, profere um *ready-made* sobre a triangulação edipiana. Em um dos vértices, está a obra do pai, Augusto Ferrari, que trouxe da Itália, em 1914, um augúrio terrível dos novos tempos, o panorama fotográfico sobre os efeitos do terremoto na cidade siciliana de Messina. Na Argentina, estabelece sua estirpe, casando-se com Susana Celia Del Pardo, modelo amoroso de sua câmera. León, por sua vez, pratica uma arte anti-hegemônica, dirigida contra os poderosos do mundo, produzindo gravuras cuja tiragem rigorosamente indicada ao pé do desenho indica o número da prova seguido pelo símbolo de infinito.

Gastón Ugalde realiza na cordilheira um projeto artístico confederativo homólogo a um trabalho de Lygia Pape, em que um mesmo pano cobria muitas cabeças. O artista boliviano viaja pelo país em busca do trabalho têxtil urdido por cada comunidade. O resultado global configura-se em uma imensa vela capaz de receber o vento para impelir a nação guiada por sua sensibilidade. Resulta em uma operação coletiva e conceitual que se apropria carinhosamente do país, sem deixar nenhum resto. A curadora Cecília Bayá organiza o envio nacional.

A genética no Brasil conhece um desenvolvimento notável pelo seqüenciamento do genoma de uma bactéria causadora de praga na agricultura e pelas pesquisas visando a esclarecer a origem, a composição e os movimentos migratórios da população brasileira e mundial. O professor Sérgio Danilo Pena, da Universidade Federal de Minas Gerais, analisou a formação genética da população a partir do DNA de 200 brasileiros brancos, usando como marcadores biológicos a variação do cromossomo Y, exclusivamente masculino, e do DNA mitocondrial, que assinala a linhagem materna. Os resultados mostraram que 60% da linhagem materna são de ascendência ameríndia ou africana e 90% da paterna, européia, configurando a sociabilidade de Adão e Eva tropicais. Neste ano, o cientista mineiro solicitou material genético aos artistas e agentes culturais participantes da *4ª Bienal* para realizar o teste de ancestralidade. O engenheiro Ary Perez desenha o invólucro espacial que exibe o caleidoscópio de procedências ativas no evento latino-americano.

A partir desse horizonte, o curador Franklin Pedroso solicita aos artistas brasileiros que conduzam seus trabalhos. Lygia Pape sempre manteve uma atenção afinada com as origens, seja no *Livro da criação*, seja no *Manto tupinambá*. Sua arte sempre infunde à ciência uma dimensão poética. A reunião de bacias de líquidos coloridos tem algo a ver com a programação visual de um seqüenciamento genético e os grãos de arroz e feijão espalhados pelo solo reconstituem uma dimensão do povo brasileiro mais forte que os genótipos e fenótipos. Cada integrante da representação nacional declina um caso com o DNA confirmando o mote de Georges Braque: "A arte é feita para perturbar, a ciência tranqüiliza."

O curador Francisco Brugnoli interpreta o tema da exposição a partir das condições peculiares do circuito artístico chileno, cuja riqueza da produção contemporânea rivaliza com a ausência da arte entendida como culto da memória cultural que supõe acervos, conhecimento em primeira mão de obras-primas. Diante da vitória da reprodução sobre a peça única, da ilustração sobre o original, a arte pede os préstimos dos recursos dos grandes veículos de comunicação. Nasce, por assim dizer, *pop*, sem tradição. Marcel Duchamp é seu antepassado mais remoto. Deste Alphaville, nasce a inquietação que dá a tonalidade exasperada ao imediatamente presente, à capacidade lúdica oferecida pela realidade virtual.

O curador Javier Rodríguez Alcalá opta por mostrar artistas que trabalham com a imagem fotográfica e se interessam em proceder a uma interpretação arqueológica da atualidade. Em vários cultores desse suporte artístico, transparece o desejo de desmanchar a identidade cultural imposta pelos regimes autoritários. A crítica penetra os temas mais poéticos, como a chuva. A abundância das precipitações toma proporções alarmantes no centro da América do Sul devido à situação orográfica, aos rios caudalosos, e o produto maior de exportação está na energia hidrelétrica. A fotossensibilidade da representação nacional capta as conseqüências físicas para a comunidade desamparada, escapando à sobredeterminação pragmática do veículo postulada pelos universalismos hegemônicos. A mera focalização no cerrado adquire sentido político inesperado, uma vez que a própria noção ocidental de paisagem é questionada pelo idioma guarani.

O curador uruguaio Gabriel Peluffo Linari liga a arqueologia contemporânea à escavação virtual da memória. A proposta tem o ponto de partida na evocação lírica do aparecer e desaparecer de objetos, de pessoas incidentalmente eliminadas pelas ditaduras. O artista Ricardo Lanzarini colide com imagens canonizadas pelo Gotha da arte internacional ao lidar com latas de sopa. Fornece aos simulacros de Andy Warhol uma dimensão quase alucinada da realidade ao remeter suas embalagens artesanais às sopas populares. Não se trata de cultivar o naturalismo na instalação por exercício estilístico, mas por opção de sobrevivência. Walter Benjamin torna-se uma referência forte para o dia-a-dia cultural de nossos países que lidam com a desvalorização constante da experiência e a alta da pobreza.

Arqueologia

Mostra Histórica

A identidade na mudança: transformação e reprodução na arte pré-colombiana das Terras Altas e Terras Baixas da América do Sul

Eduardo Góes Neves
Curador
Adriana Schmidt Dias
Curador adjunto

"A concepção ameríndia suporia, ao contrário, uma unidade de espírito e uma diversidade dos corpos."

E. Viveiros de Castro, 2002

A conquista européia marcou o fim abrupto de uma trajetória histórica iniciada há pelo menos 15 mil anos. A partir do século XVI, as fontes orais, escritas e materiais da história americana pré-cristã foram esquecidas em função do extermínio físico das populações nativas, da submissão das culturas remanescentes à visão de mundo dos novos senhores da terra e da pilhagem de suas edificações e seus objetos. Foi somente em meados do século XIX que a diversidade cultural anterior à conquista passou a ser objeto de interesse científico, estando seu estudo associado ao nascimento da arqueologia acadêmica.

A redescoberta dos grandes centros urbanos Maias "perdidos" nas selvas da América Central, em 1841, impulsionou o desenvolvimento de estudos arqueológicos em todo o continente voltados à localização, documentação e classificação cronológica de registros arquitetônicos e artísticos deixados pelos povos pré-colombianos. As fontes escritas da época da conquista e as tradições orais nativas também foram retomadas como testemunhos dos modos de vida anteriores à presença européia. Trabalhos pioneiros nesse campo foram realizados por Max Uhle, entre 1892 e 1920, no Peru, na Bolívia, no Chile e no Equador. No fim do século XIX e início do século XX, o interesse pelo passado indígena brasileiro motivou o desenvolvimento das primeiras escavações arqueológicas na Amazônia, realizadas por Ferreira Penna, Charles Hartt, Barbosa Rodrigues, Orville Derby, Lima Guedes e Emílio Goeldi, entre outros. Parte desse esforço resultou na grande *Exposição Antropológica* organizada por Ladislau Netto no Museu Nacional, em 1885. No sul do Brasil, os sambaquis foram também estudados na mesma época por Hermann von Ihering, Karl von den Steinen e Carlos Wiener. Os estudos arqueológicos e etno-históricos desenvolvidos nestes últimos cem anos permitem hoje reconstruir a história das culturas pré-colombianas que, partindo de uma origem comum, seguiram trajetórias particulares ao longo de milênios.

Os primeiros grupos humanos que se estabeleceram na América são originários da Eurásia, e iniciaram a colonização provavelmente entre 18 mil e 10 mil anos atrás. Vivia-se então o auge do último período glacial, quando o mar esteve até cem metros abaixo do nível atual. O acesso dos primeiros colonizadores foi através do Estreito de Behring, então uma faixa de terra com mais de mil quilômetros de largura que ligava a Ásia à América. Ela desapareceu há 10 mil anos, quando o clima tornou-se cada vez mais ameno e as geleiras que cobriam o Hemisfério Norte derreteram, aumentando progressivamente o nível do mar.

Ao sul das geleiras que cobriam o que hoje corresponde ao território canadense, esses primeiros povoadores encontraram um ambiente favorável e abundante em recursos para caça e coleta, cuja exploração intensiva contribuiu para uma expansão demográfica e territorial muito rápida. Há 9 mil anos, todo o continente americano, do Alasca à Patagônia, encontrava-se ocupado por populações nômades e igualitárias que, ao longo do tempo, se diversificaram culturalmente e se adaptaram às características ambientais de cada local. Na América do Sul, os grupos que ocuparam as faixas costeiras do Pacífico, do Atlântico e do Caribe se especializaram em uma economia voltada à pesca e à coleta de moluscos marinhos, cujas carapaças eram acumuladas em determinados pontos. No Brasil, esses depósitos de conchas, chamados sambaquis, começaram a ser erigidos há 6 mil anos, distribuindo-se principalmente entre o Rio de Janeiro e o Rio Grande do Sul, mas também com presença importante na Amazônia. Os sambaquis brasileiros podem atingir até 30 metros de altura e estão geralmente associados ao comportamento ritual de seus construtores, sendo utilizados para sepultar os mortos. Por vezes, são acompanhados de esculturas de pedra polida representando animais (zoólitos) ou figuras humanas.

A coleta de plantas desempenhava um papel fundamental na economia desses grupos, que desenvolveram técnicas de manipulação das espécies vegetais a fim de aumentar sua produtividade. Essas estratégias de manejo ambiental conduziram a processos de domesticação de várias espécies vegetais entre 9 mil e 7 mil anos atrás. Por volta de 7000 a.C. há evidências na Mesoamérica da domesticação de milho, feijão, pimenta, cabaça e cacau. Nos Andes Centrais, a partir de 5000 a.C., iniciou-se a domesticação de variadas espécies de tubérculos, além de feijão e milho. É provável que a mandioca tenha sido domesticada nas Terras Baixas nesse mesmo período, e seu cultivo foi difundindo pelas regiões tropicais do Brasil, da Colômbia, da Venezuela e do Equador. Além desses, destacam-se também abóbora, tomate, abacate, girassol, algodão, coca e tabaco.

A partir de 4 mil anos atrás, o aumento populacional em diferentes regiões do continente americano conduziu a mudanças dos modos de vida, dando origem a formas de organização social hierárquicas, sustentadas pela produção intensiva de alimentos e caracterizadas por assentamentos sedentários e pela especialização artesanal. Dentre as inovações tecnológicas que caracterizam esse período, destaca-se a produção de cerâmica, que apresenta estilos regionais distintos desde as fases iniciais.[1]

Essas sociedades organizavam-se em torno de chefaturas que exerciam o controle econômico, socioideológico e político sobre vastas áreas, organizando a vida religiosa, a produção, os trabalhos coletivos e especializados e as redes de troca a longa distância.

Nas Terras Baixas sul-americanas, o aumento demográfico entre as populações do baixo Rio Amazonas deu origem a um processo de expansão territorial e complexificação social que só se estabilizou no fim do primeiro milênio da Era Cristã. Também a partir da Amazônia populações migraram em direção ao Sul e à costa atlântica, ocupando as terras tradicionalmente habitadas por caçadores/coletores que ficaram restritos, até a época da conquista, à porção mais meridional do continente. Essas sociedades agricultoras e sedentárias representam os antepassados dos grupos indígenas que ocupavam a maior parte do território brasileiro até o século XVI. Por sua vez, aquelas populações que permaneceram junto aos rios Amazonas e Orinoco desenvolveram formas de organização social complexas, que se expandiram até os contrafortes andinos e a costa caribenha. Exemplos desse tipo de sociedade para a Amazônia brasileira são as culturas Marajoara (400 d.C -1300 d.C), associada à foz do Amazonas; Guarita (900d.C -1500 d.C), distribuída entre a confluência dos rios Solimões e Negro, e Santarém (1000 d.C-1500 d.C.), relacionada à confluência dos rios Amazonas e Tapajós.

A população de uma aldeia marajoara podia chegar a 2 mil habitantes. Essa cultura é caracterizada por sítios arqueológicos associados às áreas alagadiças do leste da Ilha de Marajó, formados por um ou vários aterros artificiais de planta circular ou alongada, com comprimento entre 10 e 70 metros e altura entre meio metro e 5 metros. As pesquisas arqueológicas evidenciaram que vários foram ocupados de forma simultânea para distintas funções. Os aterros menores geralmente abrigavam casas alongadas, construídas em materiais perecíveis, que se distribuíam em torno de uma praça central e eram habitadas por famílias aparentadas, sendo comum estarem associadas à presença de cerâmica simples, de função utilitária. Os maiores aterros eram utilizados para fins cerimoniais, comportando vários sepultamentos primários ou secundários associados a urnas pintadas com motivos geométricos em vermelho e preto sobre fundo branco, cuja composição evoca figuras femininas associadas a representações zoomorfas. Outros artefatos cerâmicos ligados a esses contextos rituais são representados por tangas, estatuetas fálicas, bancos, fusos, apitos e chocalhos.

Parte da tradição policrômica da Amazônia, as cerâmicas Guarita foram produzidas na Amazônia central desde o fim do primeiro milênio da Era Cristã até o século XVI. Os sítios Guarita têm grandes dimensões, em alguns casos chegando a 90 hectares. Dentre as características decorativas dessas cerâmicas encontram-se o uso da pintura policrômica em vermelho, preto e branco, e da decoração plástica por meio da modelagem, da incisão e do acanalado. As urnas funerárias incluem motivos antropomorfos e zoomorfos. As populações que produziam essas cerâmicas foram provavelmente aquelas descritas pelos primeiros cronistas europeus no médio Rio Amazonas. Gaspar de Carvajal, cronista da viagem de Francisco de Orellana no século XVI, comparou-a à mais bela louça de Sevilha.

Os sítios da cultura Santarém distribuem-se ao longo da margem direita do Rio Amazonas na confluência com o Tapajós, no limite entre a terra firme e a várzea. Correspondem, possivelmente, a federações de aldeias de grande porte que abrigavam em média 500 famílias e obedeciam a uma chefia centralizada, sendo sustentadas por uma agricultura intensiva baseada na produção de milho e mandioca. São características desses sítios as concentrações de terra preta decorrentes da decomposição de material orgânico associado à construção das casas e à formação das lixeiras comunitárias dessas grandes aldeias. A cerâmica Santarém possui formas elaboradas: vasilhas fechadas com gargalos cônicos verticais, pedestais e apêndices, além de tigelas abertas sustentadas por cariátides. A decoração em geral é plástica, associada a padrões de pontos, incisões e apliques de elementos modelados zoomorfos, antropomorfos ou antropo-zoomorfos. Dentre as representações de animais, distinguem-se o jacaré, a cotia, o macaco, o morcego, o gavião e o urubu. Essa cultura também se caracteriza pela produção de estatuetas cerâmicas antropomorfas e de pequenos amuletos zoomorfos de pedra polida, os muiraquitãs.

Processos similares de ocupação do território e de arranjamento social são identificados nas Terras Altas sul-americanas ao longo do primeiro milênio que antecede a Era Cristã.[2] As formas de organização social que surgiram então perduraram até a conquista, baseadas em comunidades aldeãs que se sustentavam por meio do acesso coletivo à produção de diferentes pisos ecológicos, sendo o altiplano utilizado para o cultivo de tubérculos e pastoreio e as encostas associadas à produção de milho. Em geral, cada aldeia também possuia "colônias" para a realização de atividades extrativas em outros ambientes, como a coleta de sal no litoral ou de folhas de coca na floresta tropical. A produção era controlada por lideranças locais que possuíam um papel central na vida religiosa e socioeconômica, organizando a circulação de bens e os trabalhos coletivos investidos na ampliação das áreas de cultivo e na construção e manutenção de centros urbanos de caráter ritual. Na região andina central surgiram centros cerimoniais que apresentavam estilo arquitetônico e produção artesanal unificada de cerâmica e tecidos, destacando-se Chavín de Huantar. Situada a 3.177 metros de altitude, no vale do Rio Mosna, no Peru, possuía a função de centro religioso e ponto estratégico de controle de trocas entre o litoral e a floresta. A principal construção religiosa é uma pirâmide de plataforma de 12 metros de altura cujo interior apresenta galerias utilizadas como depósitos de oferendas votivas, além de estelas com representações em baixo-relevo de deidades antropo-zoomorfas. As paredes externas são decoradas com baixos-relevos com figuras míticas antropormofas e zoomorfas, principalmente representações de jaguares, jacarés e pássaros marcando a influência das culturas amazônicas em seu sistema religioso. Outros centros urbano-cerimoniais importantes do período são representados no altiplano por Cajamarca e, na área costeira, por Serro Sechín, Serro Blanco, Maqeke e Pukunkín.

No milênio seguinte, esses centros do período anterior assumiram características de cidades-estados, com amplos territórios unificados por sistemas ideológicos comuns voltados a justificar e sustentar o poder das elites locais. Ocorreu um marcado desenvolvimento da produção econômica, estimulado por obras públicas de irrigação que levaram à produção de excedentes e ao crescimento populacional. Processos históricos similares ao longo do primeiro milênio da Era Cristã foram observados na Mesoamérica, estando relacionados à emergência de Teotihuacan (100-750 d.C.), no México central, e das cidades-estado Maia (250-900 d.C.) distribuídas pelos atuais territórios do México, da Guatemala, de El Salvador, de Belize e de Honduras. As cidades possuíam áreas urbanas pequenas, nas quais habitavam a elite militar, administrativa e religiosa, distribuindo-se em torno dessas as comunidades campesinas. A identidade destes Estados regionais se materializou em estilos artísticos refletidos na arquitetura e na produção especializada de cerâmica, bem como na tecelagem e na metalurgia. Destaca-se a cultura Moche (200 a.C.-700 d.C.), cuja área de domínio abrange a porção norte da costa peruana, e a cultura Nazca (200-1100 d.C.), associada ao litoral meridional do Peru.

A capital da cultura Moche reúne um conjunto de construções monumentais de adobe, e destacam-se duas pirâmides em plataforma denominadas *Huaca del Sol* e *Huaca de la Luna*, com 41 metros e 23 metros de altura, respectivamente. Ambas estão associadas a uma grande praça central, em torno da qual foi construída uma extensa zona residencial relacionada à manutenção das elites dirigentes. As comunidades aldeãs concentravam-se em torno desses centros urbanos, e estima-se que cada vale fértil abrigava até 25 mil habitantes. A economia baseava-se em uma agricultura irrigada por sistemas extensos de canais e aquedutos. A alta especialização artesanal é evidenciada pela metalurgia do ouro, da prata e do cobre, que eram trabalhados por técnicas variadas (martelado, repuxado, modelado, soldado ou com cera perdida) e utilizados na produção de ornamentos, armas e instrumentos agrícolas. A cerâmica Moche era produzida em série por meio de moldes, e é caracterizada pelo alto realismo dos temas decorativos retratando cenas de sexo, guerra e rituais religiosos.

O padrão de assentamento característico da cultura Nazca é representado por aldeias de pequeno a médio porte dispersas nos vales da costa sul peruana, não havendo aí evidências de restos arquitetônicos monumentais relacionados aos cultos religiosos e ao trabalho coletivo. A única exceção está representada pelos geoglifos ou linhas de Nazca, localizados no Deserto de Ingênio, que provavelmente demarcavam um centro religioso. As linhas são formadas pelo acúmulo de pedras representando desenhos geométricos ou zoomorfos, em escala monumental, que evocam figuras de macacos, beija-flores, aranhas e peixes. A tecelagem e a cerâmica Nazca apresentam alta especialização, sendo a última também produzida em série com o uso de moldes. Na decoração, sobressae a pintura de motivos zoomorfos e de figuras antropomorfas relacionados ao sistema de culto.

Culturas com pequena extensão territorial, como a Recuay e a Huarpa, distribuíam-se ao longo dos vales dos rios do litoral central peruano, apresentando manifestações de estilo distintivas ligadas à produção de cerâmica. Outros exemplos de Estados regionais desse período são representados pela cultura Tiahuanaco (200 a.C.- 900 d.C.), na Bolívia, e a cultura Quimbaya (800-1000 d.C.), na Colômbia. As principais cidades do primeiro são Tiahuanaco e Pukara, situadas às margens do Lago Titicaca, a 3.800 metros de altitude. A área central de Tiahuanaco possui 4 quilômetros quadrados, cercada por uma zona residencial dispersa em torno de 50 hectares. A população, estimada em 20 mil habitantes, sustentava-se por uma economia agrícola baseada em trabalhos coletivos investidos na drenagem de áreas pantanosas. As principais construções religiosas correspondem a três templos em plataforma, construídos em pedra e distribuídos em torno de duas grandes avenidas. Suas paredes estão decoradas com baixos-relevos representando felinos e deidades antropomorfas que guardam semelhança de estilo com as de Chavín de Huantar. A cerâmica votiva característica é o *kero* (copo), com decoração pintada que apresenta geralmente a figura do deus-jaguar.

As culturas Quimbaya e Calima, que se desenvolveram junto ao vale do Rio Cauca, na Colômbia central, distinguem-se pela produção de estatuetas cerâmicas representando figuras humanas de perfil achatado, geralmente sentadas em bancos, além de uma grande variedade de vasilhas, pratos e urnas. Os sítios arqueológicos caracterizam-se como grandes aldeias que possuem ligação com complexos sistemas de drenagem de terras para cultivo, estando também presentes numerosas tumbas com associação de artefatos de metal. A metalurgia do ouro, um dos principais destaques da cultura Quimbaya, é utilizada na produção de ornamentos e na confecção de pequenas estatuetas que representam governantes locais ou líderes religiosos.

Os 500 anos que antecederam a conquista européia marcaram a emergência de estados centralizados e militaristas, tanto na Mesoamérica quanto na América andina. Na primeira, esse período caracterizava-se pela existência de várias cidades-estado rivais associadas às culturas Tolteca, Tepaneca, Mixteca, Zapoteca e Asteca. O tipo de organização política predominante entre 1200 e 1438 era descentralizado, próximo ao modelo Maia. Contudo, as reformas administrativas implementadas pelos Astecas em 1438 acabaram por submeter as elites locais a um poder centralizado, e surgiu pela primeira vez ali um estado de caráter imperial, semelhante ao modelo comum na região andina de então. Essa experiência, contudo, foi de curta duração. O império Asteca entrou em colapso com a conquista espanhola, em 1519.

As capitais desses Estados imperiais, além de centros religiosos, passaram também a desempenhar a função ordenadora de um sistema político composto de múltiplos centros urbanos, exercendo o controle burocrático e militar sobre as áreas conquistadas. Na região andina, esses períodos de unificação política estão representados pelos impérios Huari (600-1200 d.C.) e Inca (1438-1532 d.C.), intercalados por momentos de descentralização do poder, disseminados entre os estados regionais Chimu, Chancai e Cuzco.

Dentre os Estados regionais independentes, o mais importante era Chimu, que floresceu entre 1200 e 1438, abrangendo a costa norte do Peru e o sul do Equador. A capital, Chan Chan, correspondia ao maior centro urbano da época, e possuía em média 22 quilômetros quadrados e uma população estimada de 80 mil habitantes, dispersos perifericamente em povoados dependentes das redes de comércio da cidade, dos canais de irrigação e das plataformas associadas ao cultivo do milho.

O império Huari foi responsável pelo desenvolvimento da urbanização nos Andes, criando um modelo de centros administrativos planificados e fortificados em substituição às cidades de caráter real-ritual que marcaram o período anterior. Também foi responsável pela implantação de um sistema de estradas nos Andes e pela expansão da produção de excedentes por meio de investimentos sistemáticos na construção de plataformas de cultivo e de intrincados sistemas de irrigação.

O império Inca representa o período terminal de um modelo estatal implantado nos Andes pelo império Huari, conhecido apenas arqueologicamente. Sua maior importância na história da região é fruto da grande quantidade de relatos disponíveis do século XVI.

•

O conhecimento das diferentes sociedades que floresceram na América pré-colombiana baseia-se nos vestígios materiais por elas produzidos, consumidos e descartados. Dentre eles, destaca-se a cerâmica. O trabalho com argila é praticamente livre de restrições à forma ou à decoração impostas por outros tipos de matérias-primas, como a rocha. Sendo assim, suas possibilidades formais e decorativas são praticamente infinitas. No entanto, a observação dos objetos selecionados para a exposição revela um fenômeno interessante: sob a grande diversidade formal e decorativa das cerâmicas produzidas na América do Sul pré-colombiana, há uma série de referências comuns subjacentes que se manifestam em diferentes formas, conforme o contexto histórico no qual foram produzidos os objetos. Tais referências são baseadas em dois princípios recorrentes na arte pré-colombiana daquele continente: objetos com iconografia de transformação e objetos com iconografia de reprodução.

Iconografias de transformação são caracterizadas por figuras com feições combinadas de humanos e animais. A combinação pode variar. Tipicamente, objetos com tais representações são compostos de figuras com corpo humano e cabeça de animal. Em alguns casos, a representação pode ser metonímica: feições de animais indicadas apenas por presas pontiagudas de felinos, modeladas ou pintadas sobre faces humanas. Em outros casos, como na cerâmica tapajônica, as transformações se manifestam através das chamadas "figuras duais", visualizadas pela manipulação dos artefatos, em que figurinos humanos assumem forma de pássaro e vice-versa. Além da cerâmica, essas iconografias são encontradas em grupos de artefatos de madeira, metal e têxteis, provenientes tanto das Terras Altas como das Terras Baixas. Tais representações tornaram-se inicialmente visíveis nos Andes peruanos no primeiro milênio antes de Cristo por meio da cultura de Chavin, manifestando-se posteriormente, de maneira quase contínua, em diferentes contextos, até em casos como o da cerâmica tapajônica datada da época da chegada dos europeus na Amazônia, nos séculos XVI e XVII.

Objetos com iconografia de reprodução são aqueles que representam indivíduos, gestos, órgãos ou artefatos ligados à gravidez, ao ato sexual, à genitália. Do mesmo modo que aqueles com iconografia de transformação, esses de reprodução têm ampla distribuição pela América do Sul pré-colombiana. Alguns dos exemplos mais típicos são as urnas funerárias pintadas da fase marajoara, representando mulheres grávidas, ou os chamados vasos em estribo da cultura Moche, com representações naturalistas de diferentes cenas de coito. Na cerâmica marajoara, muitas urnas funerárias são decoradas com motivos antropomorfos femininos com iconografias que remetem explicitamente à gravidez (nesse sentido, o termo mais adequado seria ginecomorfo). Tal relação indica uma concepção cíclica da existência, em que nascimento e morte se combinam em uma mesma categoria de objetos por meio de seu conteúdo e sua decoração.

A ampla distribuição geográfica e cronológica de objetos com iconografia de transformação pode ser creditada a uma série de princípios religiosos básicos difundidos pela América pré-colombiana. Essa difusão atesta a extensão, a amplitude e a antiguidade das redes de intercâmbio que cortavam o continente. Tais princípios podem estar intimamente associados às experiências e sensações induzidas pelo consumo de alucinógenos ou substâncias tóxicas extraídos de plantas como *Banisteriopsis caapi* (*ayahuasca*, caapi ou daime), *Virola sp.* (ebene), *Anadenanthera peregrina* (yopo) e *Erythroxylon sp.* (coca). Evidências arqueológicas indicam que essas plantas estão entre as espécies de domesticação mais antiga no continente, sendo ainda consumidas por diferentes grupos indígenas dos Andes e da Amazônia.

Relatos de antropólogos e viajantes mostram que, em diferentes contextos, o consumo de um ou mais desses alucinógenos é realizado por xamãs que, durante as alucinações, narram sua passagem por um processo de transformação da forma humana à de animais, principalmente a onça-pintada e o urubu-rei. Os objetos com iconografia de transformação são, portanto, a representação material dessas experiências. Seria limitante, contudo, conferir às iconografias de transformação apenas a manifestação desse transe. De fato, elas podem representar a manifestação de um princípio básico, comum a diferentes povos da América do Sul, que o antropólogo Eduardo Viveiros de Castro chama de "perspectivismo ameríndio". Tal princípio seria relacionado a uma visão de mundo marcada por uma espécie de multinaturalismo, caracterizado por uma ontologia radicalmente diferente da visão de mundo ocidental contemporânea. Enquanto essa última é constituída pela concepção da existência de diferentes formas de cultura em contraposição a uma natureza única, o perspectivismo inverte tal relação ao propor a existência de diferentes formas de natureza em contraposição a uma forma básica de existência, dividida por humanos e animais. Assim, "os animais são gente ou se vêem como pessoas. Tal concepção está quase sempre associada à idéia de que a forma manifesta de cada espécie é um envoltório ('uma roupa') a esconder uma forma interna humana, normalmente visível apenas aos olhos da própria espécie ou de certos seres transespecíficos como os xamãs".[3]

A seleção de objetos desta exposição capta humanos e animais em diferentes estágios do processo de transformação. Eles indicam que os princípios do perspectivismo não se aplicam apenas às sociedades indígenas contemporâneas da Amazônia, mas também às sociedades complexas que ali floresceram no passado pré-colonial. O mais interessante, no entanto, é a possibilidade de extrapolação desses princípios para o entendimento da iconografia produzida por diferentes sociedades andinas pré-colombianas. Trata-se, assim, de mais um elemento para superar a divisão artificial entre Terras Altas e Terras Baixas que tem caracterizado parte da arqueologia sul-americana desde o segundo pós-guerra.

Os objetos apresentados indicam uma noção distinta de identidade, em que a essência está na transformação, na reprodução, na mudança, e não na permanência. Tal noção mantém-se viva na América Latina e normalmente causa estranheza e repúdio ao olhar a ela não acostumado. Por aqui as coisas não terminam; as obras decaem antes de envelhecer. Àqueles que procuram na América Latina imagens acabadas, ela oferece um espelho partido.

bibliografia

BOOMERT, A. *Trinidad, Tobago and the Lower Orinoco Interaction. Sphere; An Archaeological/Ethnohistorical Study*. Alkmaar, Cairi Publications.

BRUHNS, K. *Ancient South America*. Nova York, Cambridge University Press, 1996.

BURGER, R. *Chavin and the Origins of Andean Civilization*. Londres, Thames and Hudson, 1992.

CASTRO, E.V. *A Inconstância da Alma Selvagem – e outros ensaios de antropologia*. São Paulo, Cosac & Naify, 2002.

DILLEHAY, T. *The Settlement of the Americas: a New Prehistory*. Nova York, Basic Books, 2000.

FAGAN, B. *Precursores de la arqueologia en America*. México, Fondo de Cultura Económica, 1984.

FIEDEL, S. *Prehistoria de América*. Barcelona, Editorial Crítica, 1996.

LAVALLÉE, D. *The First South Americans: the Peopling of a Continent from the Earliest Evidence to High Culture*. Salt Lake City, The University of Utah Press, 2000.

McEWAN, C., BARRETO, C. & NEVES, E. G. *Unknown Amazon*. Londres, British Museum Press, 2001.

MURRA, J. *La organización económica del estado Inca*. México, Siglo XXI, 1983.

PROUS, A. *Arqueologia Brasileira*. Brasília, Editora UnB, 1991.

RICHARDSON III, J. *People of the Andes*. Montreal, St. Remy Press/ Washington, Smithsonian Books, 1994.

ROSTWOROWSKI, M. *Historia del Tahuantinsuyu*. Lima, Instituto de Estudios Peruanos, 1988.

VON HAGEN, A. & MORRIS, C. *The Cities of the Ancient Andes*. Londres, Thames and Hudson, 1998.

WILLEY, G. & SABLOFF, J. *A History of American Archaeology*. Nova York, W. H. Freeman and Cia, 1993.

notas

1 As datações mais recuadas estão associadas ao sambaqui de Taperinha (PA), estimada em torno de 5000 a.C. Na região andina, as cerâmicas mais antigas (4000 a.C) foram encontradas em San Jacinto, norte da Colômbia, e no litoral do Equador (3200 a.C.). Na Mesoamérica, as primeiras evidências datam de 2400 a.C.

2 Estes encontram correlação cronológica na Mesoamérica com a emergência da cultura Olmeca.

3 VIVEIROS DE CASTRO, Eduardo. *A Inconstância da Alma Selvagem – e outros ensaios de antropologia*. São Paulo, Cosac & Naify, 2002, p. 351

Estatueta de cerâmica representando figura feminina, provavelmente grávida, com as mãos na barriga. A base, em forma de meia-lua, é típica da cultura tapajônica que floresceu ao redor da atual cidade de Santarém. A figura está nua, tem os olhos fechados, e pode-se ver vários adornos na cabeça, incluindo uma tiara ornada por muiraquitãs que prende os cabelos penteados. Nos dois lóbulos há grandes perfurações, um padrão verificado entre alguns grupos indígenas contemporâneos da Amazônia. A peça é coberta por uma espessa camada de pintura branca.

› *Estátua antropomorfa* › Cultura Tapajônica › Região de Santarém (PA) › Ca. 1000-1600 d.C. › Museu de Arqueologia e Etnologia da USP › Foto: Wagner Souza e Silva

‹ *Estatueta de base semilunar* › Cultura Tapajônica › Região de Santarém (PA) › Ca. 1000-1600 d.C. › Museu de Arqueologia e Etnologia da USP › Foto: Wagner Souza e Silva

Estátua de cerâmica representando figura masculina sentada, com os olhos cerrados, em aparente posição de contemplação. Como no caso da estatueta de base semilunar, a figura está nua, mas tem as orelhas decoradas por grandes brincos arredondados e os cabelos penteados para trás, presos por uma tiara amarrada também por trás da cabeça.

> *Muiraquitã batraquiforme* > Cultura Tapajônica > Região de Santarém (PA) > Ca. 1000-1600 d.C. > Museu de Arqueologia e Etnologia da USP > Foto: Wagner Souza e Silva

< *Estatueta antropomorfa de pedra* > Rio Trombetas, baixo Amazonas > Ca. 1000-1600 d.C. > Museu de Arqueologia e Etnologia da USP > Foto: Wagner Souza e Silva

Estatuetas de pedra são bastante raras na Amazônia. A maioria das peças conhecidas foi comprada de colecionadores. A área de maior ocorrência destes artefatos é a região do Rio Trombetas, no baixo Amazonas. Este exemplar está fragmentado. A parte que falta provavelmente representava um animal recobrindo a figura antropomorfa, um padrão comum neste tipo de estatueta. Os espaços dentro dos olhos e da boca eram preenchidos por outros materiais, talvez madrepérola. A decoração é bastante semelhante a de culturas andinas como a de San Augustin, do sul da Colômbia.

Muiraquitãs são pequenos adornos de pedra polida representando figuras humanas e de animais com duas perfurações, o que indica que eram usados como amuletos. Os animais mais comumente representados são sapos, mas há também muiraquitãs representando peixes, pássaros e morcegos. Embora um de seus centros de produção tenha sido a região do Rio Trombetas, são encontrados em uma ampla região que vai da Amazônia central, Rio Orinoco, baixo Amazonas, foz do Amazonas e ilhas do Caribe. A ampla circulação destes artefatos atesta a extensão das redes de troca na região nos últimos séculos antes do descobrimento.

Vaso zoomorfo com pedestal representando jacaré-açu. Sobre a cauda há uma figura humana, modelada, semelhante às que compõem os vasos de cariátides.

› *Vaso de cariátides* › Cultura Tapajônica › Região de Santarém (PA) › Ca. 1000-1600 d.C. › Museu de Arqueologia e Etnologia da USP › Foto: Wagner Souza e Silva

‹ *Vaso zoomorfo com pedestal* › Cultura Tapajônica › Região de Santarém (PA) › Ca. 1000-1600 d.C. › Museu de Arqueologia e Etnologia da USP › Foto: Wagner Souza e Silva

Vasos de cariátides são típicos da cultura tapajônica. Têm uma construção complexa, composta por três partes distintas: uma base formada por dois cones truncados, uma parte mesial formada por três figuras humanas e as cariátides, que sustentam a parte superior. A parte superior é um vaso com flange sobre a qual são colocados apliques modelados em forma de animais e humanos. Devido a sua complexidade, há poucos vasos inteiros deste tipo.

Tanga › Cultura Marajoara › Ilha de Marajó (PA) › Ca. 400-1400 d.C. › Museu de Arqueologia e Etnologia da USP › Foto: Wagner Souza e Silva

Estatueta faliforme › Cultura Marajoara › Ilha de Marajó (PA) › Ca. 400-1400 d.C. › Museu de Arqueologia e Etnologia da USP › Foto: Wagner Souza e Silva

Estatueta de cerâmica em forma de falo, representando figura antropomorfa. A peça apresenta padrões decorativos típicos da cultura Marajoara, incluindo a pintura bicrômica em vermelho sobre branco. Na cultura Marajoara é também comum que estatuetas faliformes como esta representem figuras femininas. Os motivos decorativos pintados em espiral são visíveis em outros tipos de suporte, como tangas e pratos. Estatuetas deste tipo são normalmente encontradas com as cabeças quebradas. Este caso representa uma exceção.

Tanga triangular de cerâmica com decoração bicrômica em vermelho sobre branco. Tangas são normalmente encontradas em contextos funerários dentro de urnas, e perfurações em suas extremidades indicam que eram utilizadas de fato, talvez em contextos rituais. A variação no tamanho e forma das peças indica que cada uma era utilizada individualmente. Os motivos decorativos desta tanga são muito semelhantes aos da estatueta faliforme anterior.

Vaso antropozoomorfo em estribo › Cultura Mochica › Peru › 1-700 d.C. › Coleção particular › Foto: Romulo Fialdini

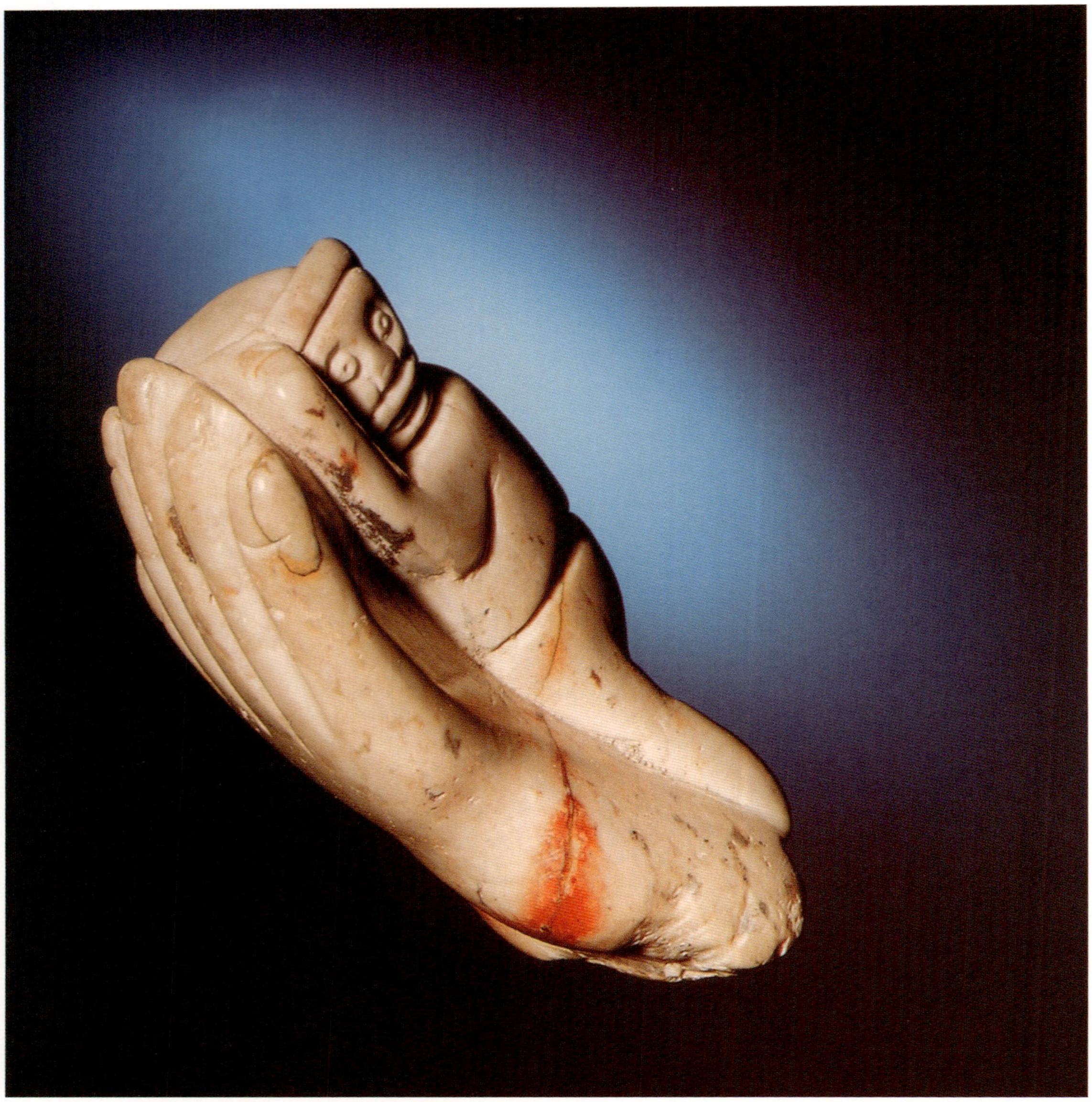

Fragmento de estatueta antropomorfa › Cultura Chimu › Peru › Ca. 900-1470 d.C. › Coleção particular › Foto: Romulo Fialdini

Vaso zoomorfo em estribo › Cultura Mochica › Peru › 1-700 d.C. › Coleção particular › Foto: Romulo Fialdini

Chimu foi o maior Estado que controlou o litoral do Peru antes da ascensão do império Inca. Sua capital, a cidade de Chan Chan, tinha uma área de cerca de vinte quilômetros quadrados e era composta por diferentes bairros, centros cerimoniais e cidadelas. Este fragmento mostra uma pequena figura humana repousada sobre uma mão.

O vaso zoomorfo abaixo, pintado em vermelho e bege, mostra serpentes enrodilhadas, provavelmente cascavéis (gênero *Crotalus*) por causa dos guizos. Ao contrário daquela da região amazônica, a cerâmica era feita por moldes. Note-se os grandes caninos na boca das serpentes, um elemento decorativo comum na cerâmica Mochica.

A cultura Mochica ou Moche floresceu ao longo dos vales do litoral norte do Peru. Essa cultura foi caracterizada pela construção de grandes pirâmides, tais como Huaca del Sol, Huaca de la Luna e Sipán. A cultura Mochica produziu alguns dos mais belos exemplares de cerâmica e ourivesaria na América pré-colombiana. Este vaso, pintado em vermelho e bege, mostra uma figura sentada com corpo humano e cabeça de animal, provavelmente um felino, o que é indicado pelos grandes caninos.

Vaso antropomorfo em estribo › Cultura Mochica, Peru › Ca. 1-700 d.C. › Coleção particular › Foto: Romulo Fialdini

Vaso zoomorfo em estribo › Cultura Chavín, Peru › Ca. 900-200 a.C. › Coleção particular › Foto: Romulo Fialdini

Vaso antropozoomorfo em estribo › Cultura Nazca › Peru › 100 a.C.-700 d.C. › Coleção particular › Foto: Romulo Fialdini

A cultura Nazca floresceu no árido litoral sul do Peru. Seus monumentos mais conhecidos são as famosas linhas em formas geométricas e de animais (pássaros, aranhas e macacos), mas há também grandes centros cerimoniais, como Cahuachi. Este vaso, decorado com pintura policrômica, representa um indivíduo carregando com as duas mãos uma cabeça humana cortada, de onde saem três gotas. O indivíduo veste cinto e avental e tem sobre sua cabeça um grande peixe, também decorado com pintura policrômica.

Abaixo, vaso zoomorfo com decoração policrômica e representação de grandes caninos na boca, uma característica típica da cultura Chavín.

Vaso decorado com a técnica de pintura resistiva em vermelho sobre bege representando indivíduo com as bochechas estufadas, indicando a mastigação de coca.

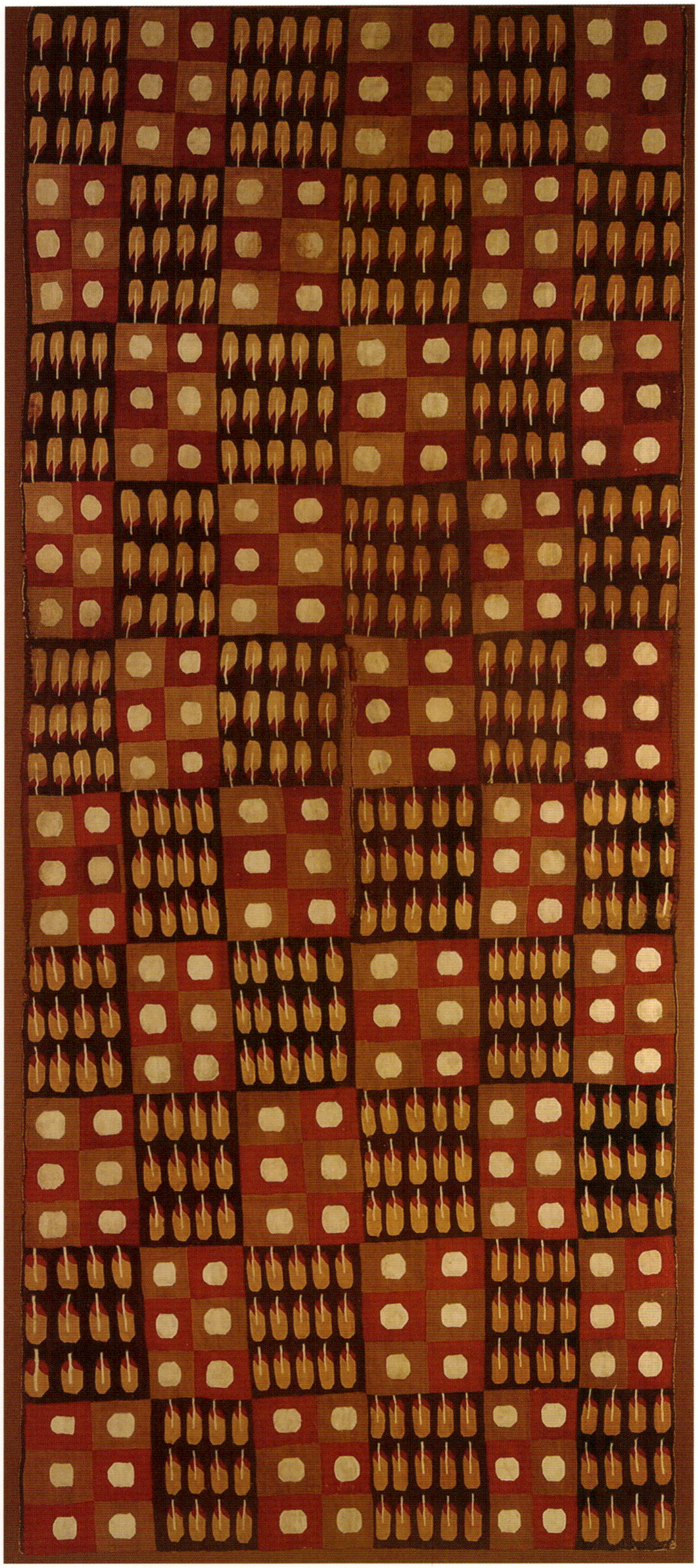

› *Tecido trançado* › Cultura Paracas, Peru › Ca. 300 a.C.-200 d.C. › Coleção particular › Foto: Romulo Fialdini

‹ *Tecido com decoração policrômica em motivos geométricos e zoomorfos* › Cultura Inca, Peru › Ca. 1450-1532 d.C. › Coleção particular › Foto: Romulo Fialdini

A civilização incaica é bastante conhecida por ter tido contato com os primeiros conquistadores espanhóis na América do Sul no início do século XVI. Entre os vários monumentos deixados por essa civilização estão as cidades de Cuzco, Ollantaytambo, Huánuco Pampa e Machu Picchu, além de um amplo sistema de estradas que ia do Equador até o centro do Chile. Esta peça inteira de tecido tem belíssimo padrão decorativo com motivos geométricos (quadrados vermelhos e beges com círculos brancos) e zoomorfos (séries de penas vermelhas e beges desenhadas sobre retângulos escuros).

A cultura Paracas floresceu no litoral do centro-sul do Peru, próximo à atual cidade de Pisco. Os têxteis ali produzidos encontram-se entre os mais conhecidos da América pré-colombiana. Eram confeccionados com algodão e lã e são caracterizados pelo seu colorido e apuro técnico. Este exemplar foi fabricado por meio do trançado de três duplas de cordões vermelhos, verdes e amarelos.

Urna funerária antropomorfa com decoração policrômica – em vermelho e preto sobre branco – típica da cerâmica marajoara. Há também vários detalhes modelados na face e ombros da urna. A decoração pintada tem motivos geométricos e antropomorfos, incluindo uma figura na parte central sugerindo que a urna representa uma mulher grávida. Os padrões modelados em forma de ondas nos ombros desta urna são bastante raros, fazendo desta peça um exemplo único.

> *Vaso antropomorfo em forma de falo* > Cultura Marajoara > Ilha de Marajó (PA) > Ca. 400-1400 d.C. > Coleção Instituto Cultural Banco Santos > Foto: Romulo Fialdini

< *Urna funerária policrômica* > Cultura Marajoara > Ilha de Marajó (PA) > Ca. 400-1400 d.C. > Coleção Instituto Cultural Banco Santos > Foto: Romulo Fialdini

Apesar da forma atípica, este vaso tem decoração típica da fase marajoara, incluindo a pintura vermelha sobre branco e incisões. As orelhas e nariz são caracterizados por apliques modelados. A glande, na base do vaso, é delimitada e desenhada por profundas incisões.

Vaso antropomorfo com decoração policrômica típica da cultura Marajoara. As feições antropomorfas são delineadas na parte superior do vaso por meio de apliques modelados pintados em preto. Na parte central, a pintura é executada em motivos espirais e geométricos. A forma da peça, com o diâmetro da boca e da base com quase as mesmas dimensões, é atípica na cultura Marajoara.

› *Muiraquitã em forma de morcego* › Cultura Marajoara › Ilha de Marajó (PA) › Ca. 400-1400 d.C. › Coleção Instituto Cultural Banco Santos › Foto: Romulo Fialdini

‹ *Vaso antropomorfo policrômico* › Cultura Marajoara › Ilha de Marajó (PA) › Ca. 400-1400 d.C. › Coleção Instituto Cultural Banco Santos › Foto: Romulo Fialdini

Raro espécime de muiraquitã em forma de morcego com asas abertas, encontrado dentro de urna funerária na Ilha de Marajó. A ausência na Ilha do tipo de rocha que constitui a matéria prima desta jóia indica que ela chegou ali através de extensas redes de troca.

Arqueologia Genética

Mostra Especial

Uma fotografia gênica

Ary Perez

Estamos falando em *genetic-art*, ou outra expressão que designe a fusão das ciências genéticas com os fazeres da arte. A ciência tem que ser provada, a arte não. Sempre juntas, contemporaneamente tão separadas. Alimentaram-se historicamente, e agora se anulam na disputa pela supremacia de um discurso único.

A mecânica quântica introduziu, desde o século passado, o acaso na evolução do pensamento em complementação ao determinismo da mecânica newtoniana. O acaso garante o desenvolvimento das espécies e o processo de adaptação do homem ao meio ambiente. Está na base da ciência e da arte, da criação e da vida. A arte faz dele o seu caminho, transforma o erro em acerto e em lógica da criação.

A revolução biotecnológica em curso já estabelece como novo código não mais uma seqüência de uns e zeros, e sim de citosinas, adeninas, timinas e guaninas (C, A, T e G), formando nova base poderosa de comunicação. Tal revolução está criando uma outra hierarquia entre as nações e regiões do planeta, "aquelas que são bioalfabetizadas e as que são bioanalfabetas" (Rodrigo Martinez, Harvard Business School, 2003).

A fotografia genética de cada um dos artistas e de outros agentes culturais participantes da *4ª Bienal de Artes Visuais do Mercosul* é exibida como um conjunto de todos os resultados, formando assim um mapa da ancestralidade dos artistas sul-americanos. Permite contar um pouco da história destes e da arte latino-americana do ponto de vista da gen-ética.

Este projeto apresenta também os sistemas complexos que manipulamos, com diversas redes de comunicação e de conhecimento superpostas, onde não existe mais um centro único difusor, mas milhares, formando uma estrutura rizomática. Pegamos um fragmento desse rizoma, com dois pólos fluindo códigos genéticos entre eles. O público interage, passando por uma ponte que une esses pólos.

A instalação desdobra-se em três partes físicas principais: a ponte pênsil, a membrana e a estrutura de reação.

A ponte pênsil é como a que eu atravessava sobre a baía de São Vicente, no litoral do estado de São Paulo. Faz com que as pessoas flutuem sobre os códigos, permite a passagem, a transformação da percepção, como o momento da criação dentro da trompa de Falópio.

Uma grande membrana tensionada, estampando os códigos genéticos de cada participante, assemelha-se à trompa de Falópio do aparelho reprodutor feminino. É nela, e não no útero, que ocorre a fecundação do óvulo. Em forma de turbina que também é um Venturi, onde os fluxos são acelerados. Pela Lei da Conservação das Massas, na mecânica dos fluidos, tem em nosso caso o papel de acelerar a percepção dos códigos genéticos. Códigos cada vez mais complexos, intensos e virtuais. Invisíveis em nosso dia-a-dia, estão presentes e determinam a dinâmica da vida, na arte e no proteoma, tornando-se evidentes nesta intervenção.

A membrana, como uma camisa-de-vênus com dupla acoplagem, é suave. Nela encontram-se impressos os códigos da vida que resultam em outras membranas – metaboloma. Utilizamos estruturas leves e delgadas para sustentá-la, como as de um balão de gás hélio ou de um dirigível, criações de épocas passadas que agora apontam tendências tecnológicas. Rendo aqui minha homenagem ao criador das tensoestruturas, o arquiteto e pesquisador alemão Frei Otto.

Procuramos abolir o limite entre arte e ciência nesse projeto. Fica a critério do público fazer o julgamento e a reflexão necessários sobre o que é uma coisa, outra ou ambas.

Arqueologia genética

Sergio Danilo Pena

A atual população dos países latino-americanos foi gerada por um complexo processo de miscigenação entre ameríndios, europeus e africanos. As porcentagens relativas destas três ancestralidades variam de país para país. Por exemplo, os nossos estudos genéticos com DNA de brasileiros brancos revelam que a esmagadora maioria das linhagens paternas da população branca do país veio da Europa, mas que 60% das linhagens maternas são ameríndias ou africanas. Assim, as linhagens maternas são mais heterogêneas e mais informativas quanto ao nosso passado histórico, e foram escolhidas para a caracterização da diversidade genética dos artistas latino-americanos na *4ª Bienal de Artes Visuais do Mercosul*.

A exploração do DNA das células humanas revelou uma abundante quantidade de variações entre indivíduos normais, que são chamadas de polimorfismos. Há diferentes tipos de polimorfismo de DNA, que podem ser classificados de acordo com sua natureza molecular e sua localização no genoma. O polimorfismo do DNA mitocondrial apresenta propriedades únicas, que o tornam especialmente útil para reconstruções genealógicas. Em primeiro lugar, é herdado exclusivamente do óvulo materno, tendo assim herança matrilínea. Há milhares de cópias do DNA mitocondrial em cada célula, todas idênticas. Em segundo lugar, não troca genes com nenhum outro segmento genômico, não se "recombina", sendo transmitido às gerações seguintes como blocos de genes denominados haplótipos. Estes blocos de DNA mitocondrial permanecem inalterados em matrilinhagens até que ocorra uma mutação.

As mutações ocorridas durante a evolução humana geram variações (polimorfismos) dos haplótipos, que assim servem como marcadores das linhagens. O DNA mitocondrial fornece informações que permitem traçar matrilinhagens que alcançam dezenas de gerações no passado. Deve ser ressaltado que, embora os haplótipos de DNA mitocondrial nos proporcionem informação genealógica muito preciosa, eles constituem uma parcela muito pequena da contribuição genética global dos antepassados de um indivíduo, porque este tem quatro avós, oito bisavós, 16 trisavós, e assim por diante. O estudo do DNA mitocondrial revela informações sobre uma única antepassada, não fornecendo nenhum dado sobre todos os outros, com seus milhares de genes.

O DNA mitocondrial humano é circular, muito pequeno e situa-se no citoplasma, dentro das mitocôndrias, as usinas energéticas das células. Ele possui duas regiões com propriedades evolutivas diferentes. A maior, mais de 90% do total, é a codificadora, usada como molde para síntese de genes mitocondriais. A taxa de mutação nesta região é de aproximadamente cinco vezes maior do que a do DNA nuclear. A segunda região, chamada de "região controle", não é codificante e evolui cinco vezes mais rápido que o resto da molécula (portanto, 25 vezes mais rápido que o DNA nuclear). Em geral, estudam-se ambas as regiões, seqüenciando a região controle e procurando polimorfismos de seqüência em posições específicas da região codificadora. A busca de polimorfismos é feita com enzimas de restrição, que cortam o DNA em seqüências específicas — alterações na seqüência do DNA mitocondrial podem eliminar sítios de restrição ou criar um novo onde não havia nenhum. Polimorfismos estudados com enzimas de restrição recebem o nome especial de RFLPs (do inglês *restriction fragment length polymorphisms)*.

O melhor exemplo de reconstrução da evolução a partir do DNA mitocondrial foi feito em 1987 pelo grupo de Allan Wilson, na Universidade da Califórnia, em Berkeley. Eles estudaram RFLPs no DNA mitocondrial de 147 indivíduos de várias origens geográficas e elaboraram uma árvore filogenética que apontava apenas um ancestral comum: o DNA mitocondrial de uma mulher que viveu na África, há cerca de 200 mil anos. Embora a metodologia estatística desses estudos tenha sido posteriormente criticada e a estimativa de idade reduzida para 150 mil anos, a conclusão básica de que o homem moderno emergiu em época recente na África foi amplamente corroborada por outros estudos genéticos e, em junho de 2003, ratificada pela descoberta na Etiópia de três crânios datados de 160 mil anos atrás, apresentando toda a morfologia do homem moderno.

À medida que a espécie humana emigrou da África e ocupou progressivamente as várias regiões da terra, ocorreram mutações sucessivas no DNA mitocondrial. Mutações ocorridas em determinada região geográfica passam, assim, a ser marcadores da origem da matrilinhagem naquela região específica. Embora cada matrilinhagem seja caracterizada por um haplótipo diferente, elas apresentam características e distribuições geográficas em comum, podendo então ser agregadas em grupos de haplótipos que recebem o nome de haplogrupos. Desta maneira, as linhagens de DNA mitocondrial de todo o mundo dividem-se em três grandes conjuntos, os chamados super-haplogrupos L1, L2 e L3. Os dois primeiros são especificamente africanos, enquanto o último ocorre em todos os continentes, mas pode ser subdividido em haplogrupos típicos de populações africanas, européias, asiáticas e ameríndias.

Estudo preliminar da instalação

MOSTRA TRANSVERSAL

Eu vinha envolto num manto da íris, desde o lugar onde o caudaloso Orinoco paga o seu tributo ao deus das águas. Visitara as fontes encantadas da Amazônia e dispus-me a subir ao atalaia do Universo. Procurei os rastros de la Condamine e Humboldt; segui-as com destemor, nada me deteve; cheguei à região glacial; o éter me sufocava a respiração. Nenhuma planta humana pisara a coroa adamantina que pôs as mãos da eternidade sobre as fontes excelsas do denominador dos Andes. Disse para mim mesmo: nas minhas mãos, este manto da íris que me serviu de estandarte percorreu regiões infernais, sulcou os rios e os mares e subiu sobre os ombros dos Andes; a Terra se aplainou aos pés da Colômbia e o tempo não logrou deter o avanço da liberdade. Belona foi humilhada pelo resplendor da íris. E não poderia eu subir sobre as cãs do gigante da Terra? Poderia, sim; e arrebatado pela violência de um espírito desconhecido para mim que me parecia divino, deixei atrás os rastros de Humboldt e os cristais eternos que circundam o Chimborazo. Chegou como impelido pelo gênio que me animava, e desfaleço ao tocar com a cabeça a copa do firmamento; aos meus pés estavam os umbrais do abismo."

Simón Bolívar, 1823

O título da exposição, *O delírio do Chimborazo*, refere-se ao poema homônimo do herói libertador venezuelano, Simón Bolívar, que no início do século XIX escalou o vulcão de 6.300 metros de altitude no Equador e foi vítima do *soroche*, o "mal da altitude", que faz o espírito cambalear rumo ao delírio. Tema do poema de Bolívar, não é apenas uma experiência intensa da natureza, mas também os altos e baixos do espírito humano. Nesse sentido, o poema presta-se como ponto de partida de uma exposição que rastreia a condição humana. O componente histórico do texto acrescenta uma dimensão adicional ao tema da Bienal, "Arqueologia Contemporânea", mas enseja também uma refração contemporânea de materiais antigos.

A arte é uma máquina do tempo, igualmente ambientada no passado imemorial e no presente. E um de seus paradoxos afirma que o mais antigo e o mais recente inesperadamente descobrem a sua maior proximidade. Se a modernidade vive às turras com determinadas formas do classicismo, chegando mesmo a negá-las por uma questão de coerência, ela recebe de braços abertos a arte antiga, primitiva, eventualmente dos tempos pré-colombianos, para deixar-se seduzir por sua riqueza de formas e seu teor humanista.

Comparada com Bolívar, que dá livre curso à sua veia poética nesse poema e medita sobre princípios intemporais da vida e da morte, a atual *realpolitik* promovida em escala mundial, que se desgasta na permanente superação de crises, afigura-se francamente banal. Por outro lado, as estrofes do Libertador, que parecem insculpidas em gelo eterno, permitem à arte o esclarecimento de posições estéticas. Até onde a arte pode aproximar-se do cotidiano, quanto ela pode afastar-se dos problemas candentes da atualidade? Onde a história barra o caminho e onde ela pode ser o fio de prumo?

Em sua famosa *Carta da Jamaica*, o Libertador — que conquistou metade do continente sul-americano e é considerado o maior político latino-americano de todos os tempos — postula a união entre os povos americanos, mais especificamente do continente austral. De certo modo, o legado de Bolívar ainda não foi assumido. O Brasil e o mundo hispânico ainda vivem de costas um para o outro. Para os habitantes do Atlântico, o Chimborazo é tão estranho como, inversamente, o Pão de Açúcar para os povos andinos.

Se hoje existe uma verdadeira possibilidade de união do continente, uma moderna *Carta da Jamaica*, ela se exprime melhor nos eventos culturais e, sobretudo, nas bienais de arte, que contêm uma mensagem não só de união política, mas de emancipação por meio da estética. A *Bienal do Mercosul*, uma das mais recentes — porém, não a menos importante das 50 que existem no mundo —, é um parágrafo crucial nesta nova Carta. Inicialmente pensada como pólo aglutinador do Cone Sul, ela é cada vez mais chamada a refletir sobre o destino do continente inteiro e seus vínculos com o restante do mundo. Deste modo, libera as energias criativas da América e dos outros continentes.

A ênfase da *4ª Bienal do Mercosul* continua recaindo na região meridional da América do Sul, mas ela se permite, pela primeira vez, uma pequena digressão sobre todo o continente e até sobre a Europa. *O delírio do Chimborazo* apresenta 12 posições artísticas: do Brasil, da Venezuela, da Colômbia, de Cuba, do Peru, dos EUA e da Alemanha. A Alemanha não comparece apenas por terem os imigrantes desempenhado um grande papel no Rio Grande do Sul e cunharem até hoje a cultura do estado, mas também porque a teoria da libertação de Bolívar remonta, e não em último lugar, a sugestões do grande humanista Alexander von Humboldt. Uma leitura atual da obra bolivariana deverá levar em consideração as posições artísticas que estão abertas às incisivas e profundas transformações sociais e culturais sofridas pelos países da América nos dias de hoje.

Aqui não deixaremos de formular a pergunta se os ideais de Bolívar devem ser enterrados de uma vez para sempre em uma América neoliberal, ou se os distúrbios sociais que se manifestam periodicamente — a última vez na Argentina, antes em Chiapas e agora, sobretudo, em Caracas, cidade natal de Bolívar — não recomendam trilhar novos caminhos. Naturalmente, não se espera dos artistas que forneçam receitas para a política do dia-a-dia, nem um "*design* político"; muito pelo contrário, eles reinterpretarão ou talvez até continuarão o projeto utópico de Bolívar, com recursos estéticos e de modo inteiramente subjetivo. Deixarão conduzir-se nesse empenho por essa inquietação interior que inflamou o venezuelano sonhador e transformador do mundo, que durante toda a sua vida desincumbiu-se da sua grande missão como de um sacerdócio e experimentou, da sua entrada triunfal em Caracas ao seu fim ignominioso na Colômbia, todas as venturas e desventuras de uma vida de revolucionário. O fracasso pode ser fatal para políticos e cientistas, mas artistas recolhem esperanças sempre renovadas dessa experiência dolorosa.

Terra virgem, estranha

"*Simultaneamente, ao abrir-se a época terciária, se realiza o fato prodigioso do alevantamento dos Andes; novas terras afloram nas águas, tranca-se, num extremo, o canal amazônico, transmudando-se no maior dos rios; ampliam-se os arquipélagos esparsos, e ganglionam-se em istmos, e fundem-se; arredondam-se, maiores, os contornos das costas; e integra-se, lentamente, a América.*"

Euclides da Cunha, *Os sertões*

No princípio foi o Verbo e nada além da natureza pura. Outrora a América fora um continente vazio. Todos os americanos, mesmos os aborígines, vieram como estranhos. Desde sempre valeu, no Hemisfério Ocidental, a frase de Octavio Paz: "Nós latino-americanos estamos condenados a procurar em nosso próprio país o país estrangeiro, e no estrangeiro, o nosso país."

Quando o *homo sapiens* iniciou, há mais de cem mil anos, a sua conquista do mundo a partir da África Oriental, o continente americano ainda ficaria imerso durante muito tempo no sono da Bela Adormecida, isolado do restante do mundo por correntes marítimas desfavoráveis e cadeias montanhosas intransponíveis.

Como um baluarte glacial de vários quilômetros de altura, o Pico Córdova invade o céu invernal azul do Alasca, enquanto última barreira para os intrépidos imigrantes da Ásia Setentrional que ousaram transpor, há 15.000 anos, o Estreito de Behring, a separar a Sibéria da América. No vídeo *Summit*, de Ari Marcopoulos, a montanha aparece como milagre da natureza: por um lado, obstáculo físico para altos vôos da humanidade; por outro, emblema de um ambiente não-devastado e de paz eterna. O flanco meridional estende-se como um lençol de brancura imaculada sob a luz cintilante do sol. No cume, um *snowboarder* apresta-se para uma descida com riscos: do tamanho de uma ponta de agulha, inscreve seus lances como desenhos sobre uma tela branca, monocromática, num primeiro momento hesitante, depois cada vez mais temerário. Eis uma bela parábola para a primeira aparição inocente do homem e para o descobrimento da América, não por Colombo, mas o descobrimento propriamente dito pela população indígena.

O esquiador provoca intencionalmente uma avalanche que o persegue a poucos metros de distância na sua alucinada descida para as profundezas. São duas as mortes que esperam o esportista intimorato: a avalanche torrencial às suas costas e o abismo ameaçador à frente. A aventura e o risco parecem ser os companheiros constantes de quem ousa ir à América. Ou será que a montanha cenográfica inverossímil de Marcopoulos seria uma metáfora de uma América ingovernável, na qual, segundo Bolívar, cada pessoa que empreende uma revolução "ara no mar"?

Em uma exposição que leva por título o nome da montanha mais elevada junto ao Equador, uma fotografia do Chimborazo não pode faltar. Frank Thiel segue os rastros de Frederic Edwin Church, paisagista norte-americano que já retratara, em 1864, o Chimborazo, embora de forma não inteiramente consentânea com a verdade topográfica. Muito pelo contrário, Church encaixou, num único quadro, todas as formas paisagísticas do Equador: os altiplanos, a floresta tropical e as montanhas. Thiel aproxima-se do trono da América do Sul até poucos quilômetros e revela todo o resplendor e a imponência da montanha que, no seu quadro, produz o efeito de uma plataforma de bela vista, da qual o olhar percorre livremente o globo inteiro. Eis a montanha como símbolo da inexpugnabilidade e refúgio da sublimidade.

O poema paisagístico de Bolívar e a fotografia de Thiel formulam, de modo irrecusável, a pergunta sobre a beleza na natureza e na arte. No século XVIII e no início do XIX, a natureza e o Belo Natural pertencem aos conceitos fundamentais da estética. Kant ainda colocara o Belo Natural acima do Belo Artístico, porque o comprazimento diante do primeiro seria o testemunho de um caráter moral.

A fotografia alemã contemporânea, especialmente a da assim chamada Escola de Düsseldorf, em torno de Andreas Gursky, Thomas Ruff, Thomas Struth e Axel Hütte, e também a de Frank Thiel, insere-se na tradição do romantismo, a exemplo. de Caspar David Friedrich, na medida em que faz da paisagem — que no restante da arte contemporânea recebe um tratamento mais severo — um tema dominante. Os fotógrafos reconheceram que, mesmo na atualidade, a arte e a natureza ainda têm um traço comum, a saber, a premonição da liberdade. Cada imagem do Belo Natural contém em si algo que está além do "mundo administrado" (Adorno). De certo modo, a arte até antecipa a natureza, enquanto cumpre o que esta promete.

Michael Wesely desce das alturas dos Andes às baixadas quentes e úmidas do Orinoco, que nas suas fotografias se reveste de um caráter quase abstrato em razão de prolongada exposição à luz. Os contornos do rio esfumam-se, as transições da floresta à margem confundem-se com o rio e com o céu. Se no vídeo de Marcopoulos o tom era dado pelo branco puro, celestial, predominam em Wesely as cores terrestres: o verde dos líquens na vegetação, o cinza-marrom no solo e o azul-pálido na água. Wesely também mostra a América antes da ocupação — paisagens primevas, que não revelam nenhum traço da intervenção humana. A floresta tropical desconhece as cicatrizes abertas por minas e as pistas ilegais de pouso dos traficantes de drogas, que atiram metade do mundo no delírio com suas mercadorias contrabandeadas.

O elevado grau de abstração das fotografias, que as aproxima de quadros de Gerhard Richter, envolve também um certo alheamento desse mundo. Como num sonho, as paisagens, de uma antiguidade imemorial, desfilam perante os nossos olhos cobertos de véus. Na indistinção de uma luz difusa surgem campos de cores em transições suaves, que exalam um som sentimental. Ao mesmo tempo, os quadros fotográficos da natureza de Wesely parecem sustar o tempo, a respiração torna-se mais lenta e um ligeiro cansaço se faz sentir. O mundo primevo ainda está longe de despedir-se do nosso subconsciente. E o tempo, que aparece no poema de Bolívar como um ancião, sobrevive mesmo à morte.

Yụvi = Tempo

O *missing link* entre a arqueologia e a arte moderna nos é fornecido pela instalação de Rachel Berwick, *may-por-é*. A artista buscou inspiração num registro do diário de Alexander von Humboldt, que adquiriu nas suas viagens pela Venezuela um papagaio dos índios caraíbas. Estes tinham atacado uma tribo vizinha e levado o pássaro como presa. Humboldt percebeu que o papagaio não falava a língua da tribo que ele visitara, mas a da etnia eliminada, denominada *maypure*. Com efeito, o pássaro era o único falante sobrevivente da língua dos *maypure*. O cientista anotou em escrita fonética algumas palavras da língua desaparecida, que Berwick reconstruiu com ajuda de lingüistas e ornitólogos, e ensinou a dois jovens papagaios da espécie *Amazona aestiva*, no Rio de Janeiro. Lembramo-nos involuntariamente do *Macunaíma*, de Mário de Andrade, onde um papagaio também transmite as frases do "herói sem nenhum caráter".

Os pássaros foram isolados de todas as outras línguas, inclusive do português, e aprenderam exclusivamente palavras do *maypure*: *yuvi* = tempo; *sonirri* = bom, belo; *vasuri* = diabo; *nunaunari* = amigo. O detalhe curioso nesse ensino bizarro não é apenas que o *maypure* é uma língua morta, mas que são pássaros os que a aprendem e preservam. Ao que tudo indica, os homens já abandonaram há muito tempo as mil e uma línguas da América.

Os papagaios de Rachel Berwick estão expostos na gaiola, apenas como projeção de sombras num ambiente tropical, como evocação melancólica de uma perda irrecuperável, de povos dizimados e idiomas extintos. Mas será que a tarefa da arte não seria justamente preservar rastros perdidos e resgatá-los para o presente?

Onde a cultura indígena sobreviveu na sua forma mais pura, no altiplano do Peru, entra em cena o fotógrafo peruano Martín Chambi (1891-1973). Esse clássico da arte fotográfica legou 30.000 negativos no seu espólio. A maioria deles está preservada em chapas de vidro de grande formato. Seu estúdio, na Calle Marqués, era um ponto de encontro de todas as camadas sociais de Cuzco, do mendigo até o prefeito, sendo que o tratamento iconográfico dos modelos não deixa entrever nenhuma hierarquia. O fotógrafo logra produzir relações pessoais estreitas com seus modelos, como também foi o caso dos fotógrafos de estúdio Seidou Keita e Mama Casset, na África Ocidental. O meio da fotografia perde aqui a sua frieza típica e cria uma espécie de cumplicidade entre o artista e o seu objeto. Nenhum aspecto da vida da cidade pequena escapou ao mestre: primeira comunhão, festas aldeãs, corridas de touros, desfiles militares e a chegada do primeiro automóvel à região. O drama social dessa região andina é mais leve do que o peso da história, da qual Chambi se aproxima do ponto de vista do indigenista convicto.

Além do teor antropológico das fotografias, fascinam também a maneira pela qual Chambi trabalha a luz e, sobretudo, a composição das suas imagens. Grupos de pessoas freqüentemente são representados na paisagem na forma de linhas diagonais, cujos pontos em perspectiva se perdem na distância de uma paisagem montanhosa, repleta de majestade. Pode ser que haja outras paragens atrás dessas montanhas, mas quem ainda quer vê-las, depois de Chambi? Com certeza não encontraremos nelas o seu calor, pois o Hemisfério Ocidental, no fundo, sempre foi o coração do mundo, conforme o fotógrafo parece dizer para seus botões.

Os terraços e muros da cidade perdida Wiñay Wayna são tão bem apresentados por Chambi que despertam do seu sono milenar e parecem estar animados. Chambi devolve ao continente a sua espinha dorsal cultural, gravemente danificada em séculos de conquistas e guerras civis. Não só a paisagem montanhosa é sublime, mas também o porte dos seus moradores, a sua religiosidade e o seu estilo. Aqui está, portanto, o germe de uma nova América, além dos *molochs* urbanos incontroláveis e modelos econômicos teleguiados. Ele está na humildade do pobre organista da Capella de Tinta e no orgulho dos trabalhadores ferroviários de Santa Ana. E, na fotografia de Chambi, guerrilheiros desesperados transformam-se em dançarinos num baile de máscaras.

Mas a nossa admiração pelo mundo bem-ordenado de Chambi mescla-se com um espanto crescente diante do caráter definitivo dos seus cenários e paisagens. Quanto mais antiga uma fotografia, tanto mais forte em nós a impressão da irrepetibilidade e perda, e tanto mais transfigurada a nossa representação de um passado que ninguém mais pode reconstruir. Subitamente, o nosso próprio passado mistura-se aos *tableaux* de Chambi. Diante da sua elegância e da vulgaridade da nossa época, um sentimento de vergonha toma conta de nós. Desde Chambi, ninguém mais viu tão solenemente o Nevado Ausangate e a cidadela montanhesca de Machu Picchu, hoje assolada por grupos de turistas.

Fica-se quase com a impressão de que o caminho de Chambi separou-se para sempre do dos artistas contemporâneos. Eles se vêem obrigados a se medir com as intempéries das convulsões políticas e as metrópoles ingovernáveis dos tempos atuais, ao passo que Chambi ainda conseguia instaurar a harmonia. O idílio pastoral deu lugar ao concreto armado. Antes de chegar ao essencial, os artistas contemporâneos precisam remover o entulho de decalcomanias baratas.

Mas o fato mais grave está na perda irreparável das cores de Chambi. Não se diga que se trata apenas de fotografias em preto-e-branco. Seus matizes de cinza explicitam toda uma gama de cores, ora cambiando na direção do marrom-escuro, ora deslizando para o bege e o sépia. As cores de Chambi não recendiam a química, mas a terra úmida e madeira antiga molhada ou, onde elas puxavam mais para o verde, a borra de chá.

Chambi sugere várias vezes a transitoriedade do seu mundo, não apenas nas famosas cenas de funerais, mas também na fotografia das bodas de Don Julio Gadea, na qual os convivas estão imersos num preto fantasmagórico e apresentam-se como num cortejo fúnebre; ou também na fotografia da noiva na escada da Mansión de los Montes, perseguida pelo olhar de bruxa de uma velha vestida de preto.

Aqui já se sugere o cenário macabro que a colombiana María Fernanda Cardoso transforma em verdadeiro calvário na sua instalação feita de ossos de animais. Na casa que foi o berço de Simón Bolívar, em Caracas, os tijolos de barro do chão estão ligados por ossos de bovinos. A artista privou-os da sua função arquitetônica e do seu caráter decorativo e construiu, com centenas de tíbias de bovinos raspadas, uma escultura que nos mostra os massacres das metrópoles contemporâneas.

Resta apenas o gigante de Paruro de Chambi, envolto em andrajos, mas uma pessoa, grande como um monumento e forte como o rei Atlas: um sobrevivente de outra época, símbolo da auto-afirmação e dignidade de toda uma cultura.

O Brasil pode não ter desempenhado nenhum papel nas reflexões estratégicas de Bolívar, mas está fora de dúvida que o país pode dar uma contribuição própria ao tema do *Delírio do Chimborazo*, uma contribuição de peso e com uma coloração claramente tropical. Maurício Dias e Walter Riedweg mostram, na sua instalação em vídeo *Deus é boca*, um recorte da cultura brasileira, que se estende desde audiências em juízo até cultos evangélicos, de políticos em campanha eleitoral até ritos de umbanda. Um travesti desdentado de Copacabana lê trechos da Constituição Federal, ao passo que, na tela ao lado, uma vereadora aparece num baile *funk*. Todas as formas sincretistas da religião são mobilizadas. Em uma mistura explosiva de sexo, religião, misticismo e poder explicita-se, numa linguagem visual sugestiva, a vida fervilhante do maior país tropical do mundo, ao passo que atores jogam bingo numa caixa de vidro. Os artistas oferecem 44 definições diferentes de "deus", entre elas *Deus é nada*, *Deus é ódio* e *Deus é arte*.

Mas o caleidoscópio de Dias e Riedweg transcende, em muito, a religião. Trata de uma "carnavalização da vida" (Roberto da Matta), de uma penetração de toda a existência por valores carnavalescos, que produz conseqüências políticas e culturais de longo alcance.

Ocorre que, na simbiose de religião e carnaval, os artistas evocam também a obra de arte total (*Gesamtkunstwerk*) do barroco colonial, que fundiu a Eucaristia e a festa popular em nova síntese cultural. Se o barroco foi, por um lado, suporte da fé e de padrões éticos, nutriu, por outro, também uma pretensão utópica, antecipando o paraíso numa fusão de espiritualidade e sensualidade. De certa forma, *Deus é boca* é uma reconstrução moderna do *Triunfo Eucarístico*, o monumental espetáculo barroco multimídia ocorrido em 1733, quando da sagração da Igreja Nossa Senhora do Pilar, em Ouro Preto, e repetido meio século mais tarde em Cuzco, Peru.

Em *Tao Sertão*, composto por uma seção musical e outra visual, o compositor curitibano residindo no Rio de Janeiro Tato Taborda contrapõe antiteticamente o delírio à ordem. Enquanto a obra — encenada por Taborda com ajuda de uma disposição escultural da percussão, denominada *Geralda* — é tributária do livre fluxo de idéias no melhor estilo latino-americano, da surpresa, do imprevisível e mesmo da magia, o autor mostra, na projeção paralela de um vídeo, o universo austero da arte marcial do *aikido*, de proveniência japonesa, e a disciplina rígida de um trabalhador rural brasileiro, que fez do emprego de machados uma arte. Dois mundos praticamente incompatíveis são contrapostos: a improvisação da música e o gesto do samurai, controlado ao extremo, no qual a espada tornou-se símbolo de toda uma civilização.

Nas mãos do agricultor Manoel Fremano, o machado transforma-se em ferramenta domesticada, cujo manuseio correto pressupõe, no entanto, um domínio comparável ao da arma. Em ambos os casos a chave do êxito está no exercício e na repetição permanentes, nos quais as instruções do mestre devem ser seguidas incondicionalmente. A ordem principia nas coisas ínfimas, a beleza surge do emprego econômico dos recursos disponíveis. O guerreiro asiático e o agricultor brasileiro buscam o ritmo perfeito com o emprego mais reduzido possível da força, acabando por atingir, no domínio absoluto dos seus instrumentos, um estado de liberdade total.

As instalações de Artur Barrio são antieconomia de perfil clássico. Longe das cintilações do moderno mundo das mercadorias, Barrio, o analista da escassez e da calamidade econômica, desencava os objetos mais simples da vida cotidiana e reveste-os de aura artística: peças de metal descartadas, uma bicicleta enferrujada, um pão, pó de café espalhado descuidadamente pelo chão e trilhos de ferrovias que conduzem ao nada – coisas sem etiqueta de preço, sem nenhum valor de troca.

Seus espaços são escuros, como se alguém tivesse retirado a iluminação às pressas e deixado apenas alguns restos de cabos. Barrio arranca aos trópicos o brilho e deixa-lhes a tristeza que Lévi-Strauss identificara como seu traço distintivo mais importante. Suas masmorras lembram piras extintas ou a célebre caverna dos *guácharos*, descrita por Alexander von Humboldt, na qual essas aves parecidas com corvos passam toda a sua vida. Barrio transforma o visitante num espeleólogo de tempos primevos, a perscrutar se, no fim da sepultura, não resta porventura alguma luz.

Premido pela necessidade extrema, o artista rabiscou na parede alguns desenhos e informes que nos passam a impressão de que esta seria a sua última aula.

A arte de Barrio não é apenas antieconomia, ela é também *antidesign*. O *design* e seu aliado mais próximo, a arquitetura, fazem de conta que algo possa, algum dia, ser levado a termo e à perfeição. Em contrapartida, a arte parte do pressuposto de que nada é levado a termo em nenhum momento. O *design* tem uma atitude afirmativa diante da sociedade, a arte é subversiva. O *design* afirma, a arte indaga. Agitado, o *design* brande suas pretensões de estar na moda, ao passo que a arte basta a si mesma.

O *design* pretende vender, a arte representa o invendável, prazer e desprazer, sombra e êxtase.

Los Carpinteros, grupo de artistas cubanos, mobiliam o delírio crônico da América: ora peças de mobília na forma de granadas de mão do tamanho de um adulto, ora cidades de barracas de lona que mudam de lugar em poucas horas, ora torres de vigia que esperam por um inimigo imaginário, como os moinhos de vento do Dom Quixote. Eis um continente em fuga permanente de si mesmo, munido de utensílios que poderiam provir de uma coleção de objetos curiosos e bizarros.

Para Porto Alegre, Los Carpinteros construíram um assentamento móvel, uma *Legolândia* feita de arranha-céus de madeira que também podem ser utilizados como roupeiros. As gavetas assemelham-se à lendária caixa de Pandora, que abriga todos os males. Aberta a caixa, os males saltam e espalham-se pelo mundo afora, remanescendo na caixa apenas a esperança.

As verdadeiras rainhas

Um delírio das dimensões do Chimborazo é o espetáculo da eleição da Miss Venezuela, provavelmente o maior evento no calendário cultural do país e o mais frívolo no continente depois do carnaval carioca. Luis Molina Pantín aproxima-se desse fenômeno complexo de modo indireto. Não fotografou as misses, mas a residência do produtor Osmel Sousa, que prepara, na sua *Quinta Miss Venezuela*, as candidatas a um ofício que goza de autoridade máxima. Não fosse assim, por que as dignitárias dos últimos anos teriam sido rebatizadas com o título *Miss Bolivariana de Venezuela*?

Ao contrário de outros países latino-americanos, sobretudo dos andinos e centro-americanos, com seus monumentos milenares, testemunhos de notáveis culturas indígenas e donos de um imenso acervo de imagens, a Venezuela é pobre em imagens antigas. Assim, o país criou novas imagens no século XX, entre as quais a miss é a mais poderosa e sugestiva, fundadora de toda uma iconografia que constitui a supremacia estética na sociedade e torna-se politicamente virulenta. Ao passo que se supõe que em outras partes do mundo o poder se aloje na política e na economia, os venezuelanos sabem que o verdadeiro poder está localizado nas imagens. Quem domina a iconografia, o que a miss faz de forma exemplar, determina a superestrutura cultural e, em última instância, o diapasão do discurso social.

Derrotar o homem não com as suas armas, mas pô-lo de joelhos perante a beleza inatacável, eis o objetivo. Osmel Sousa colocou toda a sua vida a serviço dessas rainhas. O apartamento fotografado por Molina Pantín é tão-somente uma continuação desse sonho, como se a cauda do vestido de noiva da miss se estendesse até o seu dormitório revestido de pelúcia, veludo e seda, que se esbanja em cores copiadas dos toucados da miss. O espetáculo, que por vezes desliza para o *kitsch*, transforma-se numa obra de arte total, num *gesamtkunstwerk* que se rebela num surto final de desespero contra a demência cotidiana dos intermináveis conflitos políticos na Caracas dos nossos tempos. Com seus padrões floridos, os papéis de parede de Osmel são um último refúgio diante da escalada da violência e da miséria absoluta.

Os únicos aliados de Osmel nessa luta são as suas vestais, que zelam pela chama da cultura venezuelana. Mas será que esses seres inatingíveis não são também a causa dos massacres que seus contemporâneos masculinos da mesma geração cometem entre seus iguais?

Uma visita ao necrotério central de Caracas, onde todas as manhãs os assassinados da noite pregressa são reunidos e criteriosamente registrados segundo a *causa mortis*, sugere a existência de um nexo intrínseco entre a morte dos jovens e a beleza punitiva das castas amazonas.

Em *Flores do mal*, mais especificamente no seu famoso *Hino à beleza*, Baudelaire descrevera a destruição inerente à beleza e medira o abismo que se abre diante dela.

Será que Simón Bolívar esqueceu, no seu célebre discurso perante o Congresso de Angostura, que nas profundezas do tecido cultural do seu continente dormem forças que não podem ser apreendidas com análises políticas, mas, quando muito, só com os recursos da arte? Evidentemente também só com os recursos de uma arte que abandona vários dogmas da modernidade e não tem medo, nem da beleza, nem do sexo. Luis Molina Pantín nos convida a abandonar por alguns instantes os caminhos gastos da sociologia e do politicamente correto para ingressar nesse terreno perigoso, cujos detalhes imaginamos nos nossos desejos mais íntimos.

A obra do venezuelano Arturo Herrera encerra a ciranda ao redor do nosso herói. Sua pintura contém, de modo muito abstrato, tanto os perigos enfrentados por Bolívar como também os movimentos, muito complexos e indiretos, com os quais os artistas acercam-se do protagonista da exposição. O grande mural de Herrera decompõe as figuras e os sonhos do delírio em uma rede complexa de formas geométricas e orgânicas. Em cada traço ascendente estão registrados alguns dos vôos elevados dos nossos atores — e por trás de cada traço descendente esconde-se um abismo.

As retas, os ângulos e os arcos formam uma rede densa de nós corrediços, que não logra decidir se deve agarrar-se à parede ou abandoná-la. Bem imperceptivelmente, algumas figuras acabam por separar-se do espaço físico do pavilhão da exposição, aglomerando-se naquele labirinto no qual Simón Bolívar se perdeu no fim da sua vida: "Cruzou então os braços sobre o peito e começou a ouvir as vozes radiantes dos escravos cantando o *salve* das seis nos engenhos, e viu pela janela o diamante de Vênus no céu que se afastava para sempre, a neve eterna, a trepadeira nova, cujas campânulas amarelas não veria florescer no sábado seguinte na casa fechada pelo luto, os últimos fulgores de uma vida que nunca mais, pelos séculos afora, tornaria a repetir-se". (Gabriel García Márquez, *O general em seu labirinto*)

Ari Marcopou

Artur Barrio

Idéia situação › 2002 › Instalação › Foto: Cristina Motta

PALAVRAS
SOLTAS
DISTANTE
LONGE
PERTO
DE CERTO
INCERTO
COMO
TAIS QUE
ENQUANTO

Arturo Herrera

Night before last > 2002 > Tinta s/ parede > 437 x 990 cm

Frank Thiel

Frederic Edwin Church

As três fotos ao lado são reproduções de pinturas de paisagens andinas realizadas no século XIX pelo artista norte-americano Frederic Edwin Church (1826-1900). Estas mesmas paisagens, inclusive os Vulcões Chimborazo e Cotopaxi, no Equador, foram fotografadas pelo artista Frank Thiel, em julho de 2003. Somente esses registros feitos por Thiel participam da 4ª Bienal do Mercosul.

Chimborazo > 1864 > 121.9 x 213.4 cm >
Coleção Huntington Library, San Marino, Califórnia, EUA

La Magdalena (Scene on the Magdalena) > 1854 > Óleo s/ tela >
71.1 x 106.7 cm > Coleção National Academy of Design, Nova York, EUA

Morning in the tropics > 1877 > Óleo s/ tela > 138.1 x 213.7 cm >
Coleção National Gallery of Art, Washington D.C., EUA

Edificio Someca > 2002 > Escultura em madeira compensada laminada em cedro > 300.4 x 124.4 x 60.4 cm

Edificio Retiro Médico > 2003 > Escultura em madeira compensada laminada em cedro > 280 x 60 x 84 cm

Los Carpinteros

Marco Antonio Castillo Valdés, Dagoberto Rodriguez Sánchez, Alexandre Jesús Arrechea Zambrano

Luis Molina Pantín

María Fernanda Card

El gigante de Paruro > 1925 > Cusco

Panorámica de Machu Picchu > 1925 > Cusco

Martín Chambi

Novia en Mansión Montes > 1930 > Cusco

Q'orilasos de Chumbivilcas > 1944 > Cusco

Martin Chamb

Deus é boca > 2000 > Videoinstalação > 60 x 90 cm

Maurício Dias e Walter Riedweg

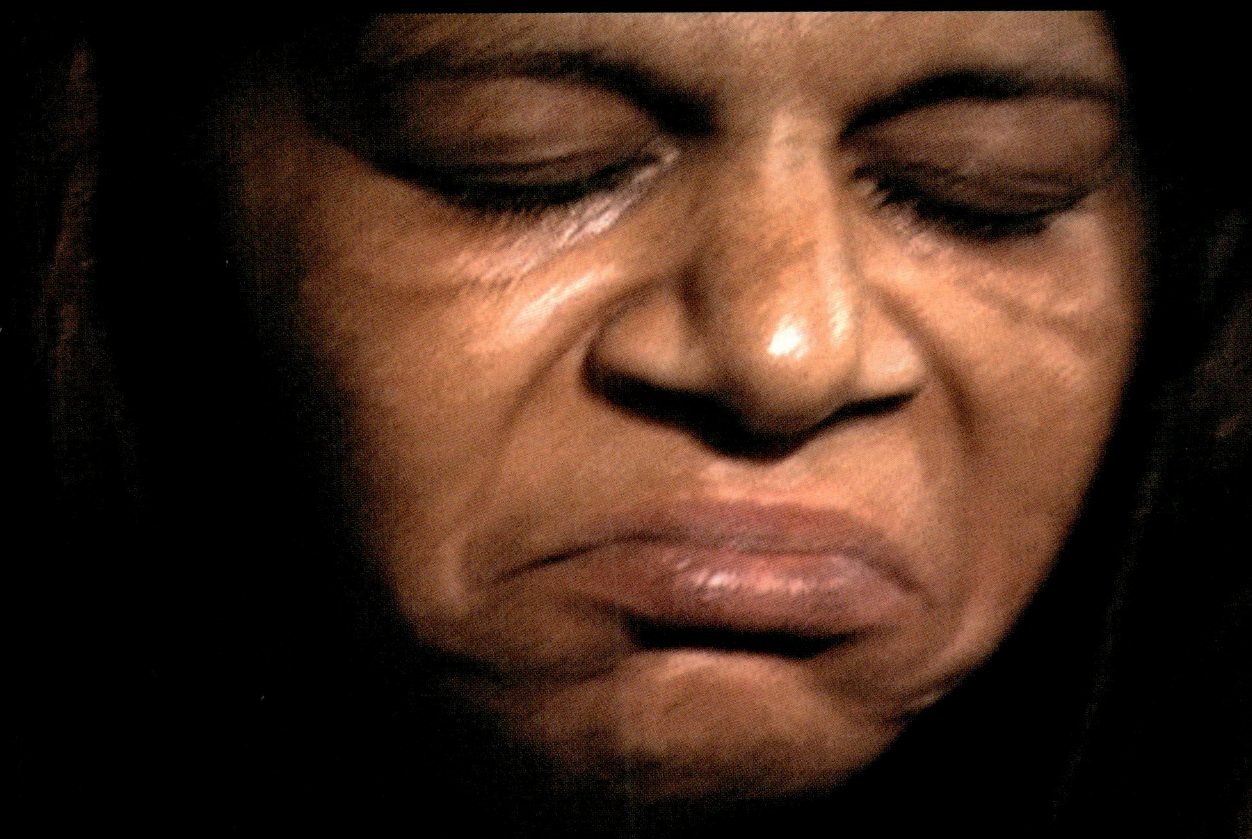

Série Orinoco > 2000 > Fotografias > 100 x 150 cm

Michael Wesel

Rachel Berwick

Tato Taborda

Geralda > Estrutura multinstrumental > 1993 > Construção: T. Taborda/ A. Borato > Obra financiada com bolsa da Fundação Vitae

orozco

México
Mostra icônica

Poemario

José Clemente Orozco
1883 – 1949

*Agustín Arteaga**
Curador

A modo de introducción

A poco más de 50 años de su muerte, José Clemente Orozco continúa atrapando la atención, la admiración y la fascinación de conocedores y diletantes, tanto como provoca el desconcierto, la sorpresa o el sublime agobio a quien por primera vez lo encuentra.

José Clemente Orozco creó una estética ambivalente, llena de referencias crípticas, filosóficas y místicas, marcadas por una factura desgarradora y una imaginería apabullante que más lo puede relacionar con el *zeitgeist* de la Europa occidental que con su escenario local; pintor de muros y papeles, grabador, caricaturista, escritor de sus memorias —llenas de reflexiones críticas— José Clemente Orozco fue y sigue siendo el más universalista de los maestros de la primera generación de la Escuela Mexicana.

Proclive en primera instancia a mostrar los contrastes sociales de un pueblo debatido por la guerra civil, Orozco se concibe en su madurez como un antihéroe de la cultura que se desplaza con libertad de la luz a la sombra y viceversa, estableciendo puertas que comunican valores opuestos: al bajo mundo con los estratos superiores, al hombre racional con su yo animal. Su obra cuestiona conciencias y revela pasiones y flaquezas, incluso las propias... "como la de cualquier escritor satírico, la mirada de Orozco —nos dice Renato González— es la de un puritano".

La historia de Orozco es una historia llena de desplazamientos físicos, geográficos, emocionales, filosóficos; es la historia que se materializa en un *corpus* de obra llena de cuestionamientos y desafíos; es la obra solitaria e introspectiva, pero ante todo, afirma, "es un poema y nada más" y como tal, establece una vinculación que va de su esencia pública a la lectura privada del espectador.

Una pintura es un poema y nada más. Un poema hecho de relaciones entre formas, como otras clases de poemas están hechos de relaciones entre palabras, sonidos o ideas. La escultura y la arquitectura son también relaciones entre formas. Esta palabra formas incluye color, tono, proporción, línea, etcétera.[1]

* Investigador/Centro Nacional de Información, Investigación, Documentación de Artes Plasticas (CENIDIAP)

A partir de estas palabras de José Clemente Orozco, hemos concebido esta exposición antológica que pretende dar justa cuenta de su extraordinaria dimensión que lo ubica como uno de los pintores más destacados en la historia del arte del siglo XX. Tanto y tan brillantemente se ha escrito sobre este artista que resulta difícil, si no imposible, que en breve espacio se pueda hacer una buena síntesis de ello, o aportar nuevas observaciones.[2] Aún así y tratando de cumplir con el propósito marcado, el visitante encontrará una sucinta reflexión sobre las preocupaciones estéticas y humanas del pintor a través de sus mejores historiadores y críticos, y una lectura de su quehacer por parte de este autor, a partir del comentario a sus obras, agrupadas en función de los temas que tratara recurrentemente en su prolífica trayectoria: el poder, el amor, la desolación, la guerra, el dolor y el misticismo, sin seguir necesariamente una secuencia cronológica, sino intentando ilustrar sus emociones y modos de pensamiento.

Conocido mundialmente por su producción muralista que lo llevó a conformar parte de la trilogía del Renacimiento Mexicano, al lado de Diego Rivera y David Alfaro Siqueiros, el pintor nacido en Zapotlán, Jalisco, en 1883, se separa de éstos diametralmente. Y esto tiene lugar a través de una producción que se afianza tanto en campos emocionales como teosóficos, más allá de las posturas militantes políticas, que en un momento todos ellos llegaron a compartir en la búsqueda universalista a favor de la dignidad y los derechos del hombre.

Para estos fines debemos acercarnos al ser humano, al que, tras su primer encuentro en 1913 describiera el célebre escritor mexicano José Juan Tablada (1871-1945) como "alto, de luto, cargado de hombros, desgarbado".[3] Cuando esta entrevista se llevó a cabo, Orozco ya contaba con 30 años y había dedicado al menos 12 de ellos, a partir de 1890, a su formación artística dentro de la Academia de San Carlos en la ciudad de México, según muestra el acucioso análisis que Fausto Ramírez [4] realiza a partir de los datos sobre profesores y acontecimientos que aporta el propio Orozco en su autobiografía. Remarco este hecho, porque la Academia será a lo largo de su vida un referente esencial, lo cual resulta extraño de decir sobre un expresionista tan violento, baste reflexionar sobre su primera producción de caricaturas publicadas en *El hijo del Ahuizote* y *La Vanguardia.* En 1906 aparece su primera ilustración titulada *El chirrión por el palito. Cuento mudo* [5] pero será hasta 1910 cuando comience de manera regular a publicar en los semanarios *Frivolidades* y *Lo de menos*, colaborando posteriormente en *Ojo Pardo*, *México*, *La Vanguardia*, *Acción Mundial*, *El Heraldo*, *El Machete* y *L'ABC (lávese)* donde se registran las últimas caricaturas el 17 de enero de 1926.

Sobre Orozco el joven caricaturista, Carlos Monsivais, ilustre cronista de la cultura en México, dice que "los dibujos de Orozco en estas publicaciones son con frecuencia magníficos y, con frecuencia también, políticamente deplorables. No hay excelencia artística que redima la saña contra Madero, el odio democrático (...). Orozco no sólo 'alquila' su talento: de alguna manera, cree que todo está permitido porque al derrumbarse los patrones de conducta nadie tiene ni puede tener la razón" y más adelante continúa diciendo que: "Todo en Orozco (...) es fruto de la convicción que combina pasiones radicales y creencias paroxísticas en propio genio, desencantos y caprichos, intuiciones visionarias y rabias del instante... la furia de estos dibujos de la década del 1910, muy probablemente (y aquí me atengo a la coherencia de una vida de contradicciones) no sólo actúa el interés mercenario de sus empleadores sino la confusión de quien inaugura su albedrío político, dominado por un idealismo abstracto y por el hartazgo ante las fallas del poder. (...) Quien califica a la revolución de 'carnaval', la presentará como hazaña dolorosa de un pueblo en sombras que se van aclarando; el despreciador de la gleba rescatará el amasijo de costumbres y actitudes, instantes definitorios y reivindicaciones de la belleza. A regañadientes (...) Orozco irá del asco derechista a la voluntad cívica, de la idea de la revolución como orgía y farsa a la idea de la revolución como épica doliente, del uso ornamental del movimiento armado al servicio crítico y simbólico de la historia (...)".[6]

En unas cuantas líneas, Carlos Monsivais es capaz de sintetizar un retrato del volátil y explosivo personaje que es Orozco; la evolución de quien de propia boca se distancia de la historia[7] y de quien en los hechos, en su propia obra, se confronta con esa historia negada, tomando sólida posición y comentando sobre ella. Orozco dice que "La pintura es un poema y nada más. Un poema hecho de relaciones entre formas. (...) Esta palabra *formas* incluye color, tono, proporción, línea". Dejemos que sea el artista quien nos hable en sus propias *palabras*.

La casa de las lágrimas

El tema de la mujer y del "eterno femenino" son la base de uno de los *poemas* más importantes en la obra de Orozco; la serie se titula *La casa de las lágrimas* o *La casa del llanto* —aludiendo a la vida en el prostíbulo— y estaba compuesta por más de 80 dibujos, de los cuales 26 se mostraron en su primera exposición convencional en mayo de 1916, en la Escuela de Bellas Artes. En esta serie, el artista da cuenta de la decadencia de la mujer, objeto del abuso moral y físico en un mundo regido por el machismo y la violencia. José Juan Tablada cuenta su visita al estudio de la calle Illescas donde "la mujer era el tema constante y mil cuerpos ataviados y sobre esos cuerpos sendas máscaras de pasión pasaron por mi vista (...) sólo dos tipos de mujer reconocibles en sus múltiples variedades tienen cabida. La colegiala, la niña púber transformándose en mujer, afirmando las características de su sexo con mimos y remilgos y coqueterías de gesto y de tocado y la 'mujer de la vida', en cuyo semblante de albayalde y bermellón sangriento, de ojos que arden dentro de la ojera como una brasa de carbón, de peinado aparatoso y llamativa indumentaria cabe todo lo que la mujer puede contener de pintoresca plasticidad y de psicología pasional y tristísimo".[8]

De esta serie presentamos *La carta*, *En acecho* y *Desolación*; en todas ellas se observa la maestría del dibujante que recoge la inocencia perdida y el dolor sin patéticos pronunciamientos morales, desnudando el melodrama para dar paso a la crudeza propia de la realidad. Tal como lo afirmara Tablada, los tipos femeninos oscilan desde la candidez violada a la desolación de la carne mancillada.

Se incluyen además otras dos acuarelas que normalmente no se consideran parte de la serie, *La boda del general* y *El regreso*, pero que de igual manera gravitan en torno a la mujer que, como en la vida real, es un elemento —objeto— en la composición; su presencia se destaca por la aséptica representación de la tragedia implícita.

La revolución, el dolor y la desolación

Orozco afirmó que la revolución fue "el más divertido de los carnavales"; obviamente existe en sus palabras una intención de negar el impacto sufrido durante más de una década de tragedia, miseria y sufrimientos, de un pueblo que buscaba redefinirse como nación. Tras su exposición de 1916, Orozco emigra a los Estados Unidos, dirigiéndose en primera instancia a San Francisco, ciudad que no alcanza a satisfacer sus expectativas de búsquedas estéticas por lo que en 1918 se traslada a Nueva York, donde se encuentra con David Alfaro Siqueiros quien iba de camino a Europa. Era el momento de las transformaciones, de la maduración intelectual y política; por una parte, triunfa en Rusia la revolución bolchevique, y concluye la mexicana con la firma de su nueva Constitución, ambas en 1917; la I Guerra Mundial redefine la geografía del globo y la instauración de los Estados Unidos como la nueva potencia y "los artistas —nos dice Raquel Tibol— se hacían presentes con nuevas propuestas: *Primer Manifiesto Dadá*; *Manifiesto de Purismo* de Ozenfant y Jeanneret; *Primer Manifiesto de De Stijl*; se funda el Bauhaus en Alemania; Naum Gabo y Antoine Pevsner dan a conocer en Rusia el *Manifiesto del Realismo*; Rodcencko y B. Stepanova publican el *Manifiesto del Productivismo*. El arte se reubica. Ya no querían los artistas producir adornos para la burguesía. En esta profunda convulsión quedaron comprendidos los artistas mexicanos con sus propias propuestas".[9]

José Clemente Orozco no es la excepción y vertiginosamente consolida un lenguaje novedoso y maduro que resalta en el medio artístico y el de la crítica. Las obras que integran este grupo constatan este cambio y registran la experiencia emocional vivida por el artista en el convulso período de la historia de México, mostrando un carácter testimonial pero que no lo separará de la poética del autor y su recurrente denuncia de la barbarie.

Como en el caso de la serie de mujeres, Orozco atestigua los hechos y los reproduce con una desoladora distancia, dejando que la conclusión de la lectura la realice el espectador. En estas composiciones se destaca una paleta de tierras, amarillos, blancos y profundos azules, los volúmenes son realzados por la luz y contrastados por las sombras; las escenas transcurren en gran desolación y el motivo de la tragedia y de esa desolación se intuye, privando a la composición de todo carácter anecdótico como ocurre en las telas *La casa blanca* y *El niño muerto*, o en las litografías *El réquiem*, *Aflicción* y *Fin de fiesta* o *El pleito*. En una actitud de la mayor vigencia en nuestra contemporaneidad, la intención del artista estaba enfocada a remarcar su ambigüedad.

Como se puede apreciar, el dolor es el tema de fondo, es el resultado de la devastación, del aniquilamiento del hombre por el hombre; no hay partido, no hay vencidos ni vencedores, existe sólo la tragedia que quedó plasmada en obras de tal contundencia que resulta imposible no reconocer en Orozco a un genio del siglo en que vivió. *El ahorcado*, *La explosión* o *Fosa común*, rebasan el sentido del testimonio personal convirtiéndose en elegías universales, en tanto que en la litografía *La retaguardia*, Orozco continúa hablando de la revolución viva, del desplazamiento sin principio y sin fin; una década más tarde, ya con la perspectiva de la distancia histórica —en las obras aquí presentes, *Zapatistas*, *Protesta* y *Masas*— tomará posición para comentar el acontecimiento político y social, sus actores y consecuencias.

Orozco se radicará por un lapso de siete años en los Estados Unidos a partir de 1927; esto ocurre después de presentar su serie de obras sobre la revolución, pero la experiencia vivida en México parece continuarse en aquel país en el ámbito emocional. La gran depresión y las miserias e incertidumbres que conlleva quedaron plasmadas, según nos dice Renato González, en obras de un expresionismo desmedido. "Los edificios de esos cuadros son orgánicos: sus formas no respetan la escuadra y se retuercen; vemos sus entrañas; su estructura se desgarra dolorosamente".[10] González se refiere a *Los muertos*, una obra cumbre en la producción del artista; pero de igual manera es necesario ver lo contrastante de la representación cuando trata a la figura humana. En *Invierno*, todos los personajes se desplazan en sentidos opuestos, evitando encuentros o cruzamientos; sus pesadas moles son arquitectónicas, sólidas y sin quiebres. El frío no es propio de la temporada, sino de la devastadora crisis económica y de los vientos de caos que anuncian ya la instauración de los totalitarismos y la guerra por venir.

El cuerpo

Una de las preocupaciones constantes en la producción de Orozco es, sin duda alguna, la interpretación concreta de la fragilidad espiritual y física de la condición humana, ya sea a través de dibujos, pinturas o murales. Si bien la anatomía ha sido la base del estudio académico tan preciado por el pintor, es la búsqueda innovadora la que lo lleva al desarrollo de sus codificaciones formales, en las que el cuerpo muchas veces es meramente una representación esquemática como podemos apreciar en *Piel en azul*, donde su descomposición va más allá de la fragmentación y del desdoblamiento del rostro.

El manejo absoluto de la escala y las dimensiones es una de sus grandes virtudes. Sin importar el formato, Orozco siempre pone de manifiesto su extraordinaria capacidad como dibujante; basten como ejemplos la serie de estudios que en esta sección se incluyen, entre otros: *Cadáver y dos brazos*, *Figura en la cúpula*, *Piernas* y *El hombre de fuego*. Por otra parte, su pintura siempre deja una segunda lectura de lo intangible, hurgando en lo más profundo del ser, apelando a las concepciones filosóficas. "Orozco —dice Fausto Ramírez— al igual que los simbolistas, se plantea como objeto la constante indagación acerca del destino del hombre, su razón de ser, su condición".[11] Es notable que en centenas de obras y bocetos realizados a lo largo de su trayectoria, Orozco también utiliza su propio ser como modelo de estas preocupaciones. Así, en sus autorretratos encontramos a un personaje concreto y reconocible, sólido y sintético, pero Alma Reed observa cuidadosamente que "las potencialidades del hombre y el artista, *del sabio y del vidente* [cursivas del autor], estaban seguramente encerradas dentro del generador secreto de su genio único. Si acaso existía en su conjunto facial algo que nos dejara entrever su vasto campo creador, habría que encontrarlo en la inquisitiva mirada de sus grandes ojos café, en el destello de autoridad que salía de más allá de sus gruesos lentes bifocales".[12]

Pero Orozco también pintó el motivo opuesto, el que no sólo no es "iluminado" sino que está preso en la ceguera de la ignorancia (*Indio vendado*): "el contraste no puede ser mayor entre la frente despejada y los lúcidos ojos del artista que se autorretrata y la miserable condición de aquellos cegados o amordazados por las cadenas que los esclavizan".[13]

El misticismo

Desde el inicio de su carrera, Orozco demuestra en su obra la evolución de un profundo pensamiento místico, nutrido en primera instancia por su formación católica y el simbolismo, luego transformado por las lecturas de filósofos como José Juan Tablada y José Vasconcelos y enriquecido por el encuentro con personalidades como Jalil Gibran, Walter Pach, Demetrios Kalimacos, Paul Richard, Thomas Hart Benton, en el Círculo Délfico de Nueva York.

También es en esa ciudad donde Orozco conoció, en 1937, a quien fuera su primera galerista y biógrafa en los Estados Unidos, Alma Reed y fue a través de ella que entró en contacto el poeta griego Angelos Sikelianos y su esposa Eva, quienes reunían en su casa —conocida como el *Ashram*— a "los intelectuales, a los grandes, la verdadera *élite* de la tierra, con objeto de coordinar el talento para el adelanto de la humanidad".[14] La activa participación de Orozco en el Círculo Délfico muestra su avidez por desarrollar su vocación teosófica. "Orozco —señala Alma Reed— parecía ver su capacidad creadora como un instrumento que se le había otorgado con el propósito de que sirviera a principios eternos".[15]

En mayo de 1930, Orozco participa en el festival délfico, realizado en Grecia, aportando dos carteles que anunciaban el evento, el cual concluyó con la representación de *Prometeo encadenado* de Esquilo. En ese entonces los clásicos griegos le eran muy familiares, incluso, porque a la vuelta de su primera estancia en los Estados Unidos trabajó como dibujante en la Universidad haciendo, entre otras cosas, ilustraciones de viñetas y diseño tipográfico para su edición. Simultáneamente al desarrollo de esos carteles, aparece por primera vez la representación de *Prometeo* durante el proceso del trabajo de obra mural realizado en el Pomona College. Figura simbólica por antonomasia de su pensamiento místico, Prometeo esclarece "la conciencia del hombre, al otorgarle beneficios que le permiten superar un estado anterior de postración intelectual o moral. Ambos son —dice Fausto Ramírez refiriéndose también a Quetzalcóatl— una suerte de hierofantes que inician a la humanidad en un camino de sabiduría; ambos, finalmente, sufren la misma desdeñosa ingratitud de aquellos a quienes han venido a iluminar".[16]

Sobre este tema Fausto Ramírez ha desarrollado un importante ensayo, en el que da cuenta de la evolución del pensamiento de Orozco y su materialización en la obra plástica; desde sus primeras fuentes posibles, *Principios de estética* de Antonio Caso publicado en 1925, y José Vasconcelos, *Pitágoras una teoría del ritmo* (1917) y *El monismo estético* (1918), en el que se funden, según Fausto Ramírez, "filósofo, artista y místico (...) y el arte es enaltecido al asignársele un objetivo excelso".[17] Mientras que el poeta Antonio Caso —en tres diferentes artículos— describe al artista como "portavoz humano del misterio del espíritu", capaz, "por ingénita disposición de su naturaleza ... (de) sorprender la arcana singularidad de los seres y las formas que (expresa) en sus producciones"; los artistas de genio han parecido siempre iluminados misterios que reciben de Dios un mensaje directo y terrible que luego difunden".[18]

De esta actitud encontramos claros ejemplos desde sus primeros murales en la escuela preparatoria del antiguo Colegio de San Ildefonso —que el propio autor destruyera poco después y en los que los sustituyeron en ese mismo sitio— destacándose *Cristo destruye su cruz*, del cual presentamos el extraordinario boceto de la versión realizada para el Dartmouth College, o en el *Prometeo* —actualmente conservado en dos versiones en las colecciones de los Museos Carrillo Gil y de Arte Moderno de la ciudad de México— otra de las más extraordinarias piezas de su producción. Sobre la calidad objetual de esta obra, cabe remarcar su poderosa composición y violenta paleta, construida con gestos rápidos y largos. En cuanto a su condición simbólica, Raquel Tibol dice: "En su poema visual Orozco rescató el contenido cívico del teatro helénico. Su multitud, desamparada ante la naturaleza, lucha por sobrevivir, alentada por el vigor titánico del héroe, capaz de desafiar a fuerzas superiores para derramar beneficios entre quienes aspiran a escapar del desvalimiento y la postración".[19]

Conclusiones análogas podrían aplicarse a otras alegorías de referencia religiosa, como pueden ser *El martirio de San Esteban* o *La resurrección de Lázaro* —ambas en la colección del Museo de Arte Moderno, Ciudad de México— o aquellas vinculadas al mundo helénico, tales como *Desnudo y figura vestida* o el peculiar ejemplo de sincretismo, *Parnaso mexica con catrinas de pulquería*. En esta última el artista hace alarde de su maestría, no sólo en la calidad pictórica de la obra, sino al mezclar con soltura y humor, propio del caricaturista, al pulque —bebida ritual de origen prehispánico— con personajes enmascarados provenientes del teatro griego, creando un delirante escenario en el que se desarrolla una mordaz crítica a la cultura occidental.

El poder

Como hemos visto, el espíritu crítico y mordaz del caricaturista está siempre presente, llevándolo a sus límites en su época de madurez física y artística para denunciar situaciones extremas. La posición del artista se define siempre con una mirada inquisitiva sobre el abuso del poder, sus símbolos y sus consecuencias, no obstante, muchas veces sus protestas y denuncias provocaron el desacuerdo generalizado. En su juventud, hemos visto, sus posiciones políticas personales resultaban volátiles, en función del momento, pero congruentes con su experiencia personal. Muy tempranamente, José Juan Tablada dice que "Orozco no fue solamente cruel sino truculento. Sabio y sutil, él sabía cómo exhibir el aspecto más ridículo y llamativo del político que en México, como en todo el mundo, es un excelente blanco para la sátira y el buen humor. Subrayando únicamente los caracteres físicos de su víctima, Orozco era feroz e inexorable".[20] Desde los murales de la Preparatoria, Orozco cumple con su misión de visionario y denunciante del fascismo —en un basurero picoteado por los buitres se encuentran el fascio y la cruz gamada— recurriendo al vocabulario visual de la sátira y del grotesco. También en este mural, el tema de las diferencias sociales y modos de vida es representado en *Ricos cenando y obreros peleándose*. Cercanos a éste incluimos *Las damas católicas* (1924), en la que el artista se mofa de lo "cristiano" de la caridad exacerbando los volúmenes de sus personajes y ridiculizando sus actitudes, atuendos y tocados. También presente en el mural de la Preparatoria, *La justicia* "anda de juerga con el criminal" —dice Raquel Tibol— y en el temple del mismo nombre, sin fecha, la justicia enorme y pesada, perdida en un letargo resultado de los excesos, está anquilosada y distante, desde su pedestal perdido entre pilas de papeles que nadie verá.

La despiadada crítica de Orozco no se dirige exclusivamente a los políticos, como lo muestra en *Turistas* (1928) donde el comentario evidencia la violación moral de quien por su naturaleza es observado con la curiosidad antropológica de aquel que se encuentra con una extraña especie animal desconocida, remarcando no sólo la diferencia sino la pretendida superioridad.

En la cima de este género encontramos obras como *El tirano* y *La victoria*; en la primera, el vanidoso personaje ostenta ridículo su desnudez, cual Diós en potestad en el juicio final, tan sólo calzando medias y gorro militar; a sus pies figuras casi zoomorfas se precipitan al vacío —¿el averno?— mientras que al fondo una banda militar —cual coro de ángeles— da el tono festivo a la escena de afeminado guiñol. *La victoria* es, en contraste, un personaje de vientre enorme y flácidos senos, coronada y bandera en mano —a manera de la Marianne de la Croix— que marcha en un mar de sangre coagulada liderando un desfile de festivos cadáveres que, según Renato González son "esqueletos, (...) una evocación bíblica específica: el *Apocalipsis*, el momento en que los muertos se levantarán de sus tumbas, previo al Juicio Final. La figura principal se vuelve, así también, apocalíptica. Es la gran puta, es Babilonia".[21] Es, sin duda, el *poema* máximo que Orozco dedicara al último poder, el de la destrucción total al fin de los tiempos.

Pintor, grabador, muralista, Orozco dedicó su vida al trabajo, intentando mantenerse al margen de la ambicionada fama, trasgrediéndolo todo, provocándolo todo. "El proceso de José Clemente Orozco lo incluye todo o casi todo: la negación del movimiento armado y la metamorfosis de un pintor en profeta de la revolución, el desprecio a la fama y la lucha tenaz por el desprestigio, el rechazo de la moral dominante (...) el odio a los símbolos fáciles (...) el moralismo y la recreación orgiástica, el amor desesperado a los humildes (...) la pasión por el éxtasis y por la decadencia de la carne (...)".[22] Cuando Carlos Monsiváis dice esto, lo ha dicho todo. Quizá faltó, me permito agregar, decir que su proceso fue y sigue siendo, ante todo, poético.

notas

1 OROZCO, José Clemente. *Orozco Explains*. New York, The Museum of Modern Art, 1940. Traducción en FERNANDEZ, Justino (Estudio y apéndice), CONDE, Teresa del (*addenda*). *Textos de Orozco*. México, Universidad Nacional Autónoma de México, 1983, p. 60.

2 Recordemos que el propio Orozco era proclive a la palabra escrita, tanto a modo de ensayo como de sostener amplias correspondencias; las compilaciones de sus textos son muchas y la hemerografía sobre su trayectoria arranca desde la primera década del siglo pasado hasta nuestros días. Para mayores precisiones ver la bibliografía general incluida en este catálogo.

3 TABLADA, José Juan. José Clemente Orozco, un pintor de la mujer. *El Mundo Ilustrado*. México, 13 de noviembre de 1913. *Apud* TIBOL, Raquel. *José Clemente Orozco. Una vida para el arte. Breve historia documental.* México, Fondo de Cultura Económica, 1996, p. 43.

4 RAMIREZ, Fausto. Artistas e iniciados en la obra mural de Orozco. En *Orozco una relectura*. México, Universidad Nacional Autónoma de México, Instituto de Investigaciones Estéticas, 1983, p. 70-71.

5 *El Mundo Ilustrado*, a. 18, n. 18, Ciudad de México, 22 de abril de 1906.

6 MONSIVAIS, Carlos. Amoroso como un desollamiento. En *Sainete, drama y barbarie. Caricaturas. Grotescos*. México, Museo Nacional de Arte, Instituto Nacional de Bellas Artes, 1983, p. 11.

7 "yo nunca tomé parte alguna en la revolución, nunca me pasó nada malo y no corrí peligro de ninguna especie, la revolución fue para mí el más alegre y divertido de los carnavales (...)". Ver OROZCO, José Clemente. *Autobiografía*. México, Planeta/ Joaquín Mortiz, Ronda de Clásicos Mexicanos, 2002, p. 33-36. (1ª ed. 1945)

8 TABLADA, José Juan. *Op. cit.*, p. 44.

9 TIBOL, Raquel. *José Clemente Orozco. Una vida para el arte. Breve historia documental. Op. cit.*, p. 62-63.

10 GONZALEZ, Renato. La utopía y el cementerio, la victoria y los libros. En *Orozco en la colección del Museo Carrillo Gil*. México, Museo Carrillo Gil, Instituto Nacional de Bellas Artes, 1999, p. 64.

11 RAMIREZ, Fausto. *Op. cit.*, p. 78.

12 REED, Alma. *Orozco*. México, Fondo de Cultura Económica, 1955, p. 10.

13 RAMIREZ, Fausto. *Op. cit.*, p. 64.

14 REED, Alma. *Op. cit.*, p. 44. *Apud* RAMÍREZ, Fausto. *Op. cit.*, p. 65.

15 Ibídem, p. 65.

16 Ibídem, p. 66.

17 Ibídem, p. 66.

18 CASO, Antonio. *Obras completas*. Volumen IV: *Ensayos, doctrinas, discursos*. México, Universidad Nacional Autónoma de México, 1971, p. 40, 90 y Volumen V: *Estética*, p. XXII, respectivamente.

19 TIBOL, Raquel. *Op. cit.*, p. 130.

20 TABLADA, José Juan. Orozco, The Mexican Goya. *Internacional Studio*, n. 322, Nueva York, marzo de 1924, p. 492-500. *Apud* GONZÁLEZ, Renato. *Op. cit.*, p. 48.

21 GONZALEZ, Renato. *Op. cit.*, p. 69.

22 MONSIVAIS, Carlos. *Op. cit.*, p. 18.

Desolación > 1913-1915 > Aquarela s/ papel > 21 x 27 cm > Museo de Arte Alvar y Carmen T. de Carrillo Gil > Foto: Francisco Kochen Beristain > © Clemente Orozco V.

En acecho > 1913-1915 > Aquarela s/ papel > 20 x 25 cm > Museo de Arte Alvar y Carmen T. de Carrillo Gil > Foto: Francisco Kochen Beristain > © Clemente Orozco V.

José Clemente Orozco

La chole > 1913-1915 > Lápis s/ papel > 42 x 26 cm > Museo de Arte Alvar y Carmen T. de Carrillo Gil > Foto: Francisco Kochen Beristain > © Clemente Orozco V.

En el cine > 1910-1915 > Lápis s/ papel > 35 x 45 cm > Museo de Arte Alvar y Carmen T. de Carrillo Gil > Foto: Francisco Kochen Beristain > © Clemente Orozco V.

La carta > 1914 > Tinta s/ papel > 22 x 38 cm • *Muchacha* > 1910-1915 > Lápis s/ papel > 18 x 14 cm > Museo de Arte Alvar y Carmen T. de Carrillo Gil > Foto: Francisco Kochen Beristain > © Clemente Orozco V.

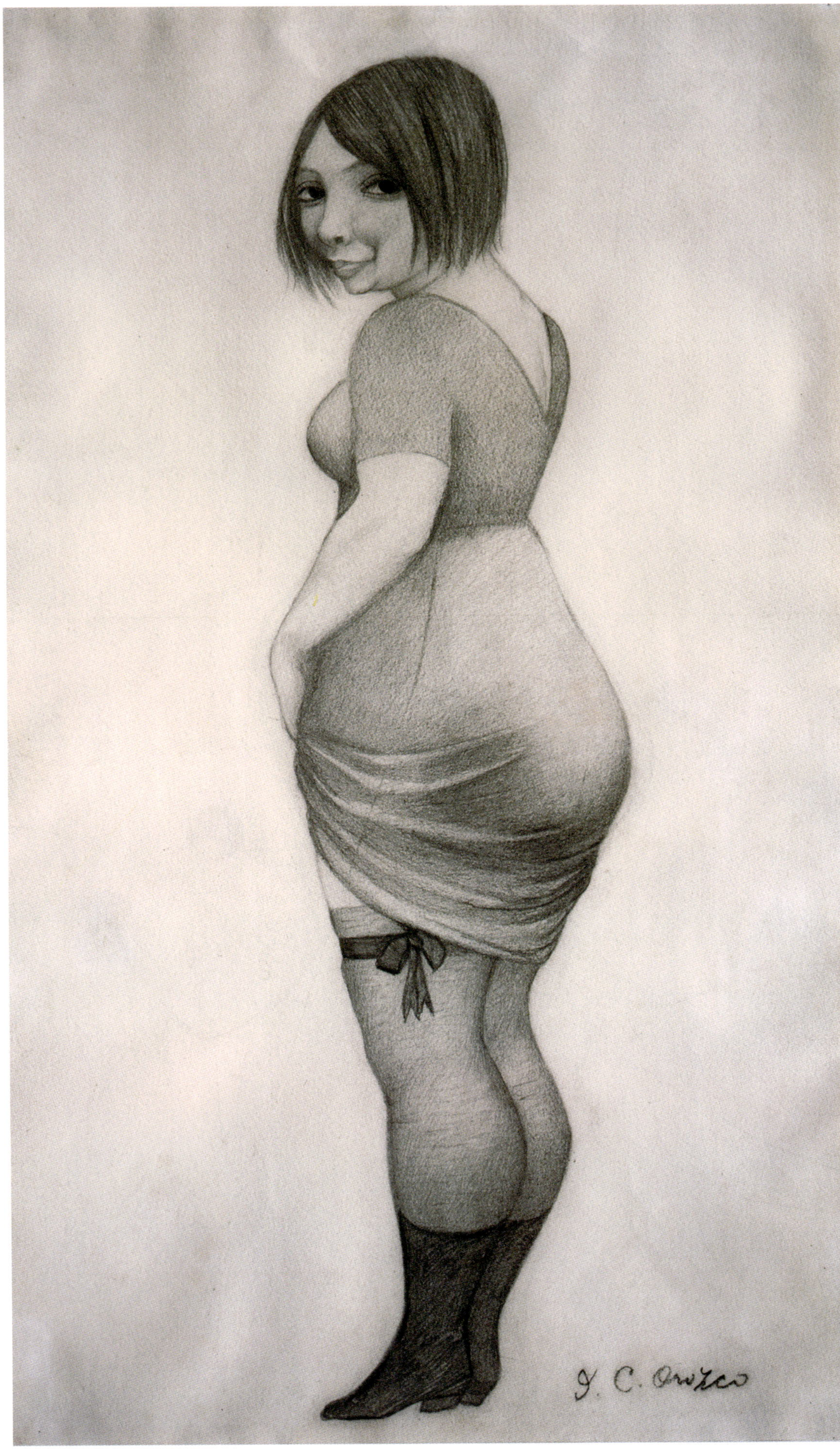
J. C. Orozco

El regreso (Interior com tres personajes) > 1917 > Aquarela e tinta s/ papel > 32 x 45 cm > Coleção Museo Franz Mayer, Cidade do México > Foto: Francisco Kochen Beristain > © Clemente Orozco V.

La boda del general > 1913 -1917 > Aquarela e tinta s/ papel > 35.5 x 48.5 cm > Coleção Museo Franz Mayer, Cidade do México > Foto: Francisco Kochen Beristain > © Clemente Orozco V.

El ahorcado › 1926-1928 › Tinta s/ papel › 42 x 31 cm › Museo de Arte Alvar y Carmen T. de Carrillo Gil › Foto: Francisco Kochen Beristain › © Clemente Orozco V.

Fosa común › 1926-1928 › Tinta s/ papel › 31 x 48 cm › Museo de Arte Alvar y Carmen T. de Carrillo Gil › Foto: Francisco Kochen Beristain › © Clemente Orozco V.

El niño muerto › 1925-1928 › Óleo s/ tela › 42 x 52 cm › Museo de Arte Alvar y Carmen T. de Carrillo Gil › Foto: Francisco Kochen Beristain › © Clemente Orozco V.

La casa blanca › 1925-1927 › Óleo s/ tela › 64 x 76 cm › Museo de Arte Alvar y Carmen T. de Carrillo Gil › Foto: Francisco Kochen Beristain › © Clemente Orozco V.

Aflicción › 1929 › Litografia › 31 x 26 cm › Museo de Arte Alvar y Carmen T. de Carrillo Gil › Foto: Francisco Kochen Beristain › © Clemente Orozco V.

El réquiem › Sem data › Litografia › 31 x 43.5 cm › Coleção Museo Franz Mayer, Cidade do México › Foto: Francisco Kochen Beristain › © Clemente Orozco V.

Fin de fiesta > 1935 > Litografia > 30.3 x 38.7 cm > Coleção Instituto Cultural Cabañas > Foto: Francisco Kochen Beristain > © Clemente Orozco V.

Dos cabezas > 1934 > Litografia > 30 x 43 cm > Coleção Instituto Cultural Cabañas > Foto: Francisco Kochen Beristain > © Clemente Orozco V.

SEPT. 1935

Construcción > 1930 > Óleo s/ tela > 56 x 52 cm > Museo de Arte Alvar y Carmen T. de Carrillo Gil > Foto: Francisco Kochen Beristain > © Clemente Orozco V.

La trinchera > 1922-1926 > Lápis s/ papel vegetal > 54.9 x 49 cm > Coleção Instituto Cultural Cabañas > Foto: Francisco Kochen Beristain > © Clemente Orozco V.

Tres cabezas > 1930 > Óleo s/ tela > 48 x 39 cm > Museo de Arte Alvar y Carmen T. de Carrillo Gil > Foto: Francisco Kochen Beristain > © Clemente Orozco V.

Invierno > 1932 > Óleo s/ tela > 38 x 46 cm > Museo de Arte Alvar y Carmen T. de Carrillo Gil > Foto: Francisco Kochen Beristain > © Clemente Orozco V.

› *Piel en azul* › 1947 › Piroxilina s/ masonite › 172 x 122 cm › Coleção Instituto Cultural Cabañas › Foto: Francisco Kochen Beristain › © Clemente Orozco V.

‹ *Máscara* › 1948 › Carvão s/ papel › 63 x 48.6 cm › Coleção Instituto Cultural Cabañas › Foto: Francisco Kochen Beristain › © Clemente Orozco V.

J.C. Orozco

> *Vendado* > 1948 > Têmpera, tinta e *crayon* s/ papel > 75,8 x 55,8 cm > Coleção Instituto Cultural Cabañas > Foto: Francisco Kochen Beristain > © Clemente Orozco V.

< *Estudio para esclavo* > 1948 > Carvão s/ papel > 62,5 x 48,5 cm > Coleção Instituto Cultural Cabañas > Foto: Francisco Kochen Beristain > © Clemente Orozco V.

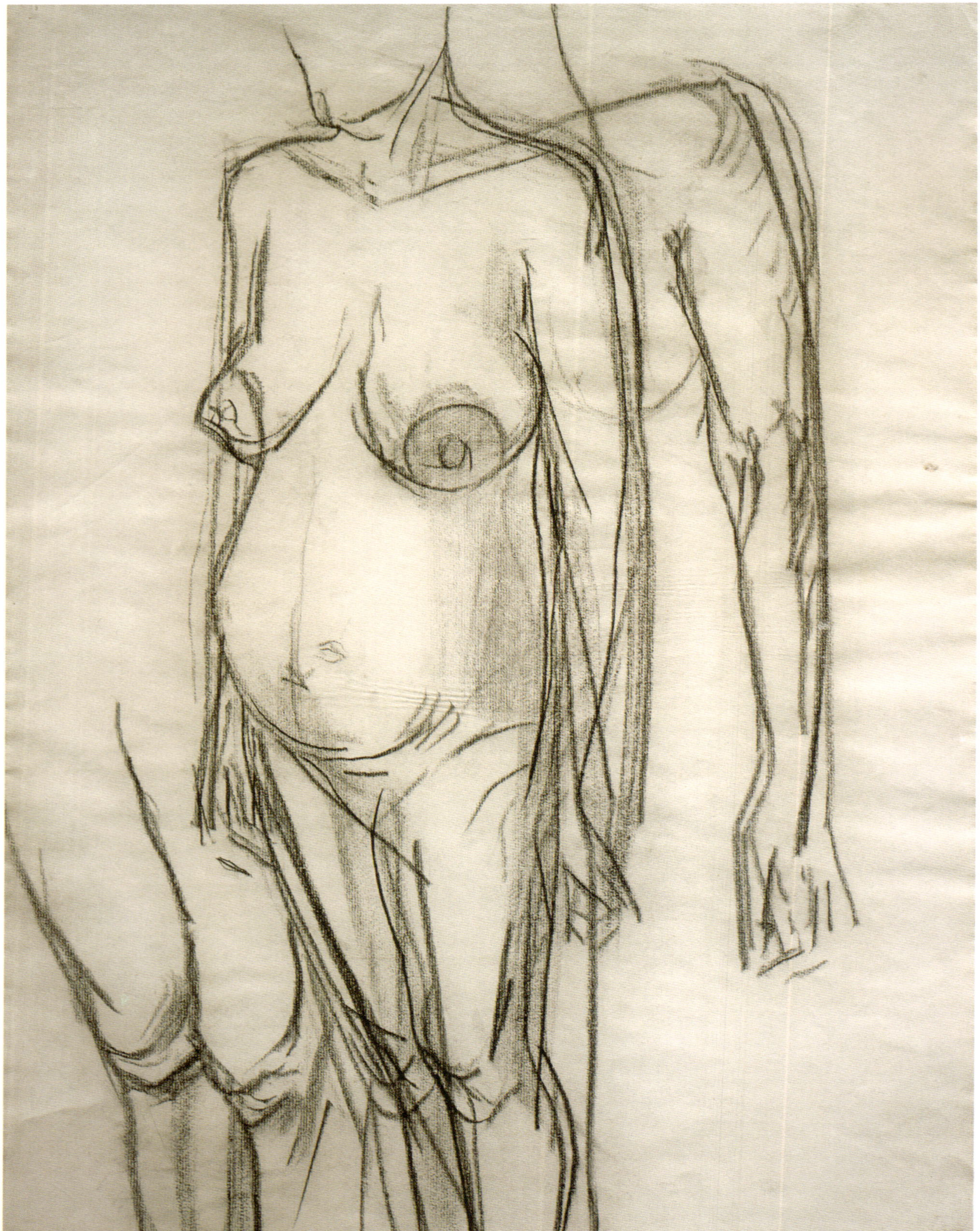

> *El hombre de fuego* > 1938 – 1939 > Lápis s/ papel vegetal > 55.4 x 38 cm > Coleção Instituto Cultural Cabañas > Foto: Francisco Kochen Beristain > © Clemente Orozco V.

< *Estudio para indias* > 1947 > Carvão s/ papel > 72.7 x 69 cm > Coleção Instituto Cultural Cabañas > Foto: Francisco Kochen Beristain > © Clemente Orozco V.

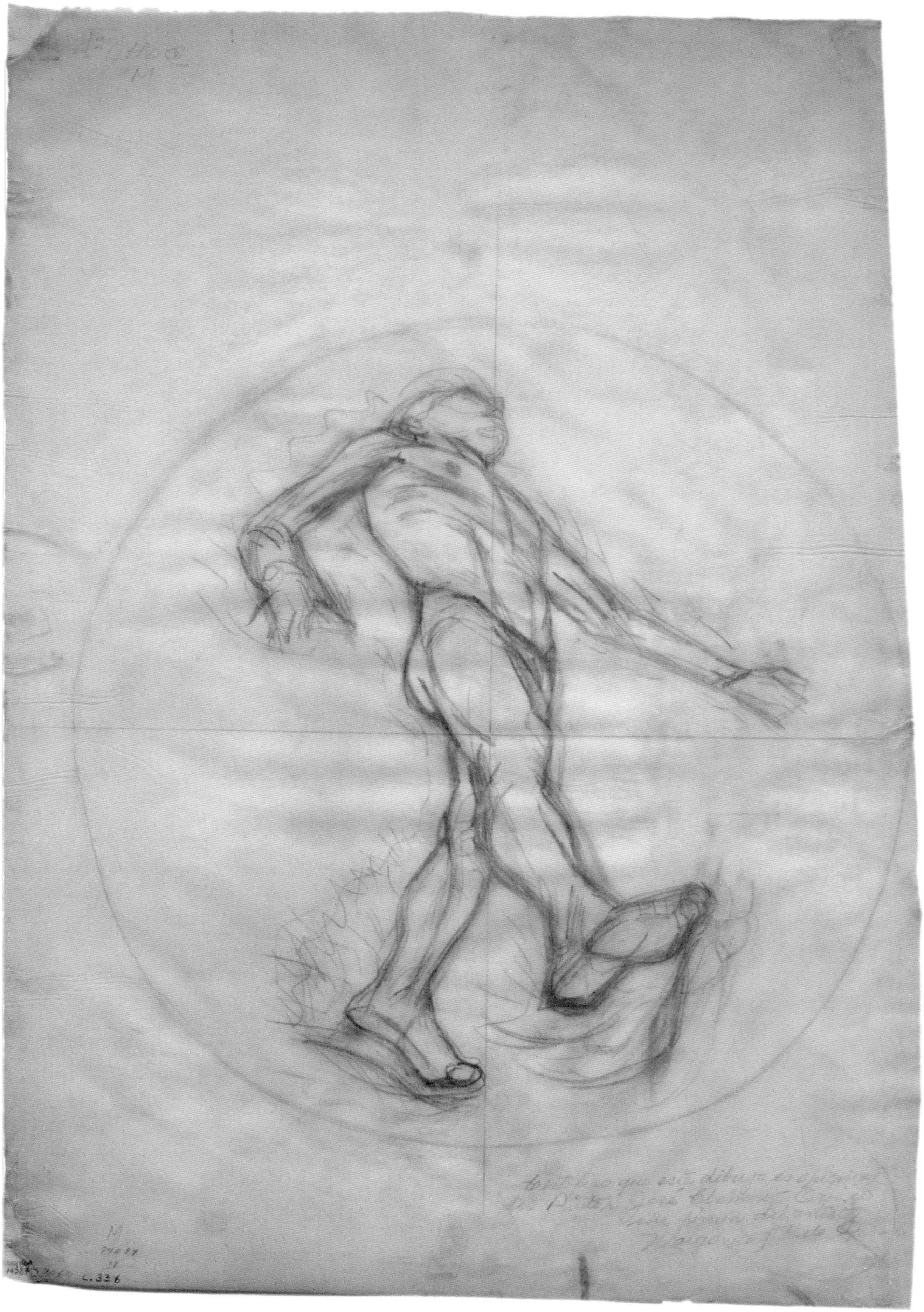

Cadaver y dos brazos > 1936 > Lápis s/ papel > 28.7 x 45.2 cm > Coleção Instituto Cultural Cabañas > Foto: Francisco Kochen Beristain > © Clemente Orozco V.

Piernas, estudio > Sem data > Carvão s/ papel > 48.4 x 62.3 cm > Coleção Instituto Cultural Cabañas > Foto: Francisco Kochen Beristain > © Clemente Orozco V.

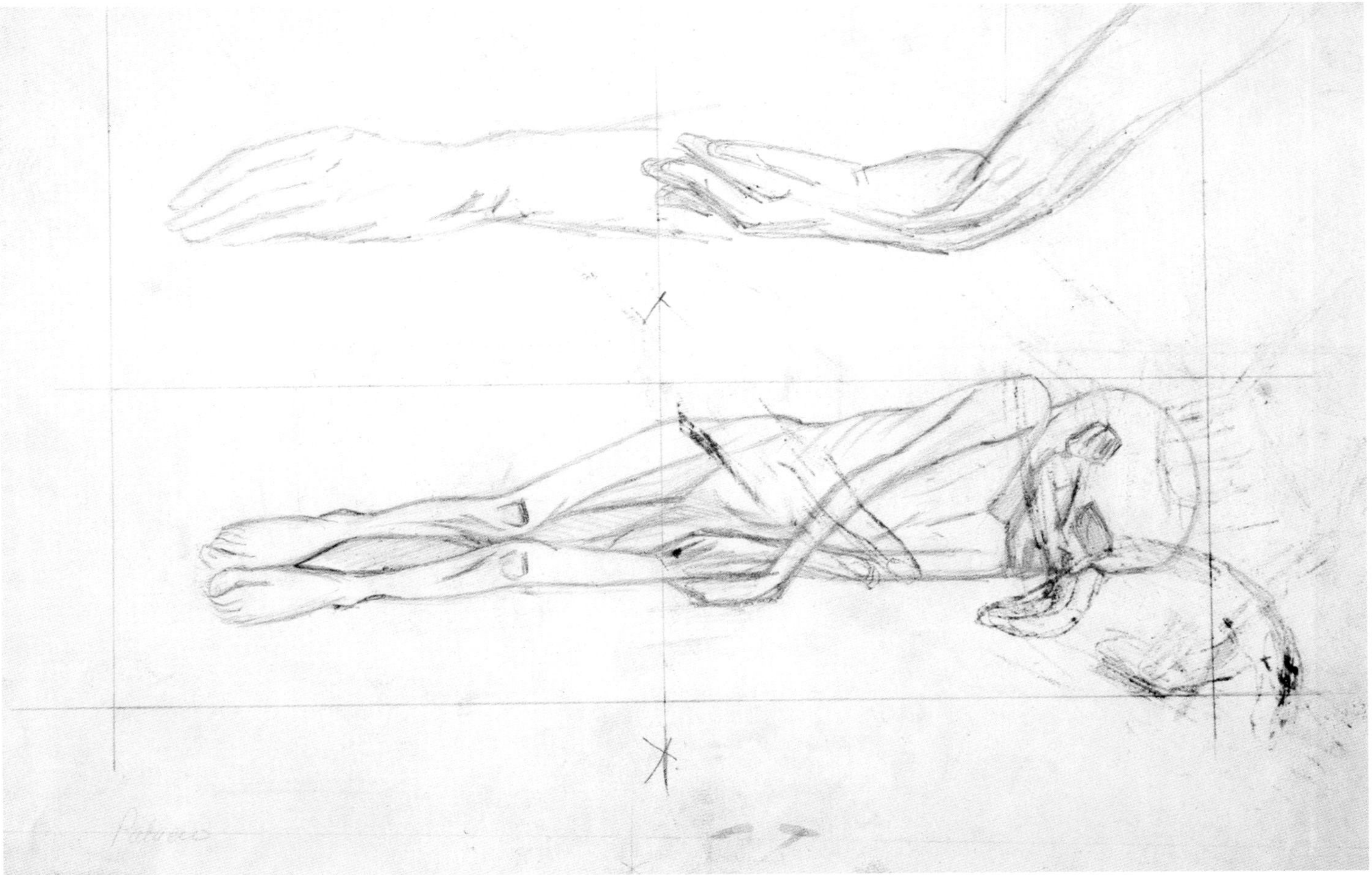

› *Parnaso mexica com catrinas de pulquería* › 1944 › Têmpera s/ papel › 34.6 x 48.6 cm › Fundación Andrés Blaisten collection › Foto: Francisco Kochen Beristain › © Clemente Orozco V.

‹ *Autorretrato* › 1928 › Óleo s/ tela › 61.5 x 51 cm › Museo de Arte Alvar y Carmen T. de Carrillo Gil › Foto: Francisco Kochen Beristain › © Clemente Orozco V.

Desnudo y figura vestida > Ca. 1945 > Óleo s/ masonite > 45 x 36 cm > Fundación Andrés Blaisten collection > Foto: Francisco Kochen Beristain > © Clemente Orozco V.

Dos desnudos masculinos > 1945 > Tinta, lápis s/ papel > 27.8 x 37 cm > Coleção Instituto Cultural Cabañas > Foto: Francisco Kochen Beristain > © Clemente Orozco V.

› *Zapatistas* › 1935 › Litografia › 33.2 x 41.5 cm › Coleção Instituto Cultural Cabañas › Foto: Francisco Kochen Beristain › © Clemente Orozco V.

‹ *Protesta (manifestación)* › 1935 › Litografia › 33 x 42.5 cm • *Masas* › 1935 › Litografia › 37.7 x 42.2 cm › Coleção Instituto Cultural Cabañas › Foto: Francisco Kochen Beristain › © Clemente Orozco V.

Nación pequeña > 1946 > Óleo s/ tela > 50 x 61 cm > Museo de Arte Alvar y Carmen T. de Carrillo Gil > Foto: Francisco Kochen Beristain > © Clemente Orozco V.

Figura femenina, estudio para Catarsis > Sem data > Lápis s/ papel-arroz > 22.5 x 50.5 cm > Coleção particular, cortesia Galería Arvil > © Clemente Orozco V.

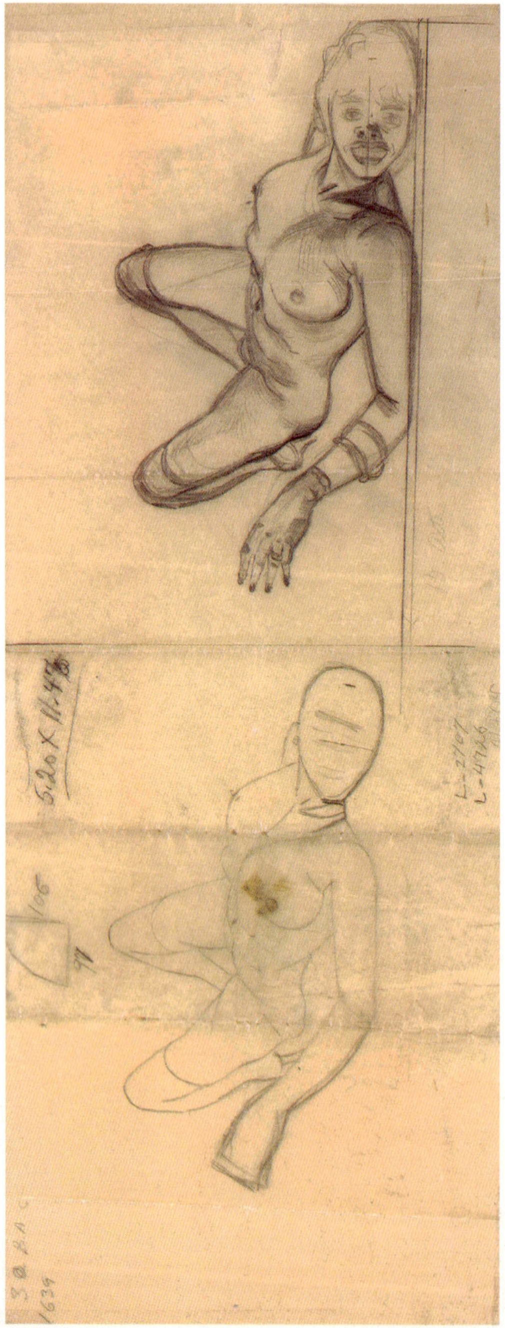

Drama > 1930 > Óleo s/ tela > 50.6 x 70.8 cm > Coleção particular > © Clemente Orozco V.

J. C. Orozco

La justicia > Sem data > Têmpera s/ papel > 49.3 x 34.3 cm > Coleção Instituto Cultural Cabañas > Foto: Francisco Kochen Beristain > © Clemente Orozco V.

Las damas católicas > 1924 > Lápis s/ papel > 35.8 x 81 cm > Coleção Instituto Cultural Cabañas > Foto: Francisco Kochen Beristain > © Clemente Orozco V.

Turistas > 1928 > Litografia > 30.5 x 41 cm > Coleção Instituto Cultural Cabañas > Foto: Francisco Kochen Beristain > © Clemente Orozco V.

> *El tirano* > 1947 > Óleo s/ masonite > 60,5 x 81 cm > Museo de Arte Moderno/INBA > Foto: Francisco Kochen Beristain > © Clemente Orozco V.

< *Guerrero sentado* > Sem data > Óleo s/ tela s/ masonite > 37 x 36,5 cm > Fundación Andrés Blaisten collection > Foto: Francisco Kochen Beristain > © Clemente Orozco V.

J.C. Orozco

El alanceado > 1947 > Piroxilina s/ masonite > 206.7 x 121.7 cm > Coleção FEMSA > Foto: Francisco Kochen Beristain > © Clemente Orozco V.

Ahogados > 1947 > Piroxilina s/ masonite > 122 x 172 cm > Coleção Instituto Cultural Cabañas > Foto: Francisco Kochen Beristain > © Clemente Orozco V.

J.C. Orozco.

Berni

Argentina
Mostra icônica

A exposição consagrada a Antonio Berni é dedicada à memória do amigo Pierre Restany, autor de uma monografia ainda inédita sobre o artista. Graças à generosa autorização de Lily Berni, publicamos os capítulos relativos à época que abrange as obras apresentadas na *4ª Bienal do Mercosul*.

Nelson Aguilar
Curador

La pintura se espesa y llega el desecho industrial

Pierre Restany

A su regreso de París, el vitalismo creador de Berni explota en todos los sentidos. Lleva al extremo su análisis espectral de la miseria del Norte argentino en su serie del Chaco. Los espectros humanos son reemplazados por los espectros arquitectónicos. Los paisajes suburbanos iniciados en 1954 con *La casa roja*, *Isla Maciel*, culminan en la agudeza de su vacío "metafísico" con *Iglesia*, *El tanque blanco* o *La calle*. De estas obras, todas de 1955, *La calle* es la que evoca la más inquietante analogía con *La Torre Eiffel en la pampa*. Con una diferencia: el busto de la mujer desnuda que figuraba a la derecha de la composición en el cuadro de 1930 ha sido reemplazado con un bloque industrial a la izquierda en la tela de 1955.

Los años siguientes transcurren al mismo ritmo acelerado. En 1956, viaja a Europa del Este: expone en Bucarest y Berlín y visita Leipzig, Praga, Varsovia y Moscú y, hasta 1960, volverá a explorar un poco todos sus temas urbanos, utilizando violentos efectos de la materia, que contrastan con la suave ligereza incisiva de su pincelada anterior. *La carne* (o *Carnicería*) y *La res y el cerdo*, de 1958, son grandes telas en las que los cuartos de carne roja son tratados con toda la intensidad expresionista del Soutine de 1925. En su prolongación directa aparecen diversas *Ollas* e instrumentos de cocina que, con su pasta grumosa y su aspecto abollado, se presentan como anticipaciones pictóricas de las cóleras de Arman. Yendo más lejos aún en el sentido del tachismo con espesor, Berni realiza entre 1957 y 1958 una serie de paisajes urbanos o de interiores domésticos que se acercan a la abstracción de un Nicolas de Staël por la yuxtaposición sistemática de las pinceladas de pasta en bloques rectangulares. Su color es frío y los tonos sombríos, como en lo de Staël. Algo más tarde, al comienzo de los años 60, en paisajes de formato un poco más reducido con respecto a las dimensiones normales, se ven aparecer objetos de desecho que completan la pintura (*40° de calor*, *Luna de carpetita blanca*, *Cielo rojo*, 1960, *Mañana helada en el páramo desierto*, 1961).

Toda esta fermentación intelectual preludia la justificación de la apropiación objetiva y de la introducción de los desechos de la producción industrial en una visión periférica de la naturaleza urbana. En el catálogo de una exposición de 1958 (Galería Serra, Buenos Aires), Berni se explica con toda claridad: "El realismo de estos paisajes no es 'representativo' a la manera de los naturalistas, sino por medio de equivalencias plásticas, vale decir, el color, la pasta pictórica, la textura, el arabesco motivan formas cromáticas y materializan la realidad en su presencia táctil. Las aguas estancadas, la arpillera cubierta de cal, las tablas de cajones vacíos en desuso, las chapas de hierro herrumbradas, las telas con alquitrán... alcanzan aquí su significación".

Berni va hasta el fondo en su tratamiento bruto de la materia pictórica para justificar en su pintura la aparición del desecho industrial, en el momento en que Arman realiza sus primeros tarros de basura, en 1959-60. La intuición genial de Berni consistió en tomar conciencia de la potencialidad global de este aspecto de la naturaleza moderna en el momento justo, que es el momento en que los neo-dadas neoyorquinos y los nuevos realistas parisinos sienten acercarse a ellos el lenguaje directo de la cultura urbana. Este lenguaje directo es el de la producción y el consumo. Zonas industriales, monobloques y villas miseria constituyen el elemento de contradicción dialéctica con los barrios elegantes en el lenguaje global de la ciudad. El reciclaje estético del objeto en serie requiere mucha habilidad y, sobre todo, mucha imaginación. Es el patrimonio de una miseria noble que está condenada a la inteligencia en la supervivencia.

El segundo aspecto de la intuición genial de Berni es el haber encarnado su mirada de reportero amistoso y enternecido sobre la miseria del mundo en dos personajes emblemáticos que van a transformarse en los protagonistas de una saga sobre la humanidad de los suburbios con vocación universal: Juanito Laguna y Ramona Montiel.

¿Quiénes son esos personajes que, a partir de 1960, van a aparecer en la obra de Berni y constituir una segunda trama paralela en progreso continuo hasta el fin? En primer lugar, para el artista, son la oportunidad de crear una técnica particular de la xilografía incorporando objetos diversos a la matriz del xilograbado (*xilocollages*) y de sistematizar el uso del objeto en la estructuración de la imagen.

Luego, porque este enfoque estético de los personajes es fundamental. Sea cual fuera el amor que siente Berni por Juanito y Ramona y por el fatalismo de su condición, los ve como artista y no como sociólogo. La primera de estas dos creaciones artísticas es Juanito Laguna. Anticipado por un dibujo de 1956, sale de lo más recóndito de los fantasmas bernianos, como testimonia *El carnaval de Juanito Laguna* (1960) para adquirir la auténtica sustancia de su personalidad a través de una serie de obras de 1961 que constituyen las etapas de una auténtica iniciación existencial. Asistimos a su velada de Navidad en familia, en la pieza única en la que apenas hay lugar para los parientes y el rosario de niños, la cama y la mesa en la que reinan un minúsculo pan dulce y el pinito... Lo vemos aprender a leer con sus amigos y la maestra... Asistimos a la "inundación y al incendio de su barrio...". Nos hace compartir la visión del destino que los espera... Un primer plano de villa miseria de donde emergen de improviso dos ramos multicolores como hongos con fulgores de nube nuclear y, para coronar el todo, su retrato: ¡dos ojos con brillo de esmalte que emergen de un rostro redondo de pedazos de cartón corrugado y de plaquetas de metal oxidado!

Lo que fascina a Berni es el extraordinario poder de transmutación que es capaz de ejercer la naturaleza humana sobre el material de desecho industrial para garantizar su supervivencia: hombres y mujeres utilizan los cartones viejos y los restos de chapa para sus viviendas y para sus muebles, las latas de conserva y la hojalata de desecho para sus utensilios de cocina. Este último reciclaje operativo de la producción industrial por aquellos que son sus víctimas directas inspiró la visión del artista. Con este material del desecho y de la obsolescencia, opera la transmutación en su arte: se transforma en su materia y en su color, en su paleta. "Combino los rezagos por su color y su materia en su posible funcionalidad expresiva, y con ellos voy construyendo el cuadro, poblándolo de crueles fantasmas sugeridos por una realidad total, bella y elegante pero llena de llagas infecciosas bajo la pulcritud de su vestido."

En el plano de la fenomenología del arte, el discurso de Berni es extremadamente claro (no olvidemos que de 1936 a 1946, Berni fue profesor en la Escuela Nacional de Bellas Artes de Buenos Aires y muy conocido por la gran calidad de su enseñanza). La aparición de la criatura artística de Juanito Laguna en 1960 marca una fecha importante en la evolución globalizadora de la cultura urbana y en el reconocimiento de la autonomía expresiva del objeto industrial, que los nuevos realistas parisinos convierten en su caballito de batalla. La participación de Antonio Berni en la amplia operación de reciclaje artístico de la producción industrial que se perfila le es específica. En el contexto de la época, el gesto berniano de transmutación de la basura en material de arte reviste el carácter de una deslumbrante modernidad.

En el plano ético del mensaje, Juanito Laguna aparece como el arquetipo mundial de la miseria digna en el seno de la sociedad industrial. Es el producto de las villas miseria de la Argentina, de esta miseria suburbana diseminada en los alrededores de todas las ciudades del mundo. Es la versión industrial moderna del Gavroche de Victor Hugo. Pero no nos equivoquemos, como no lo hace el Gavroche de Hugo, el Juanito berniano tampoco pide limosna. Reclama justicia. Los cretinos le darán limosna, los hombres de bien le harán justicia. Berni llega a tomar por testigo a Gagarin al terminar su primer vuelo orbital en 1961 en un cuadro del mismo año: *El cosmonauta saluda a Juanito a su paso por el Bañado de Flores*.

La segunda de las criaturas del aparato berniano es Ramona Montiel. Y ella también corresponde a un arquetipo mundial: es el producto femenino de la sociedad de consumo. Es la heredera de la Nana de Zola y la prima hermana de la Nana de Niki de Saint-Phalle, que es su contemporánea. Con una diferencia: la Nana de Niki se rebela contra el uso que el consumismo hace de ella. Ramona se somete a él. Viven su condición de mujer-objeto según la visión simultánea de sus creadores a comienzos de los años 60, una mujer de 30 años y un hombre de 60.

Nana y Ramona comparten la misma sensualidad exuberante y sus desbordes, una en la embriaguez de una libertad recientemente conquistada y la otra en la sumisión a las leyes del mercado de la carne. Para salir de la miseria material de la cotidianeidad que asume Juanito, Ramona, la costurerita de fábrica que tomó su primera comunión en una obra de 1962 y cuyo matrimonio anticipó Berni en una tela-*collage* de 1959, cede a la "gran tentación" en 1962. Recorrerá todas las etapas de la prostitución según un rito iniciático pero de una finalidad existencial distinta a la de Juanito, pues Ramona tiene un papel social que cumplir en nuestra sociedad mediática de comunicación global, el de desmistificar el comercio de la carne: hacer en público lo que la Nana de Zola hacía en privado y, con ella, tantas otras en la intimidad de sus casas de citas o en el secreto de sus tocadores o de sus alcobas. Ramona expone y vende su carne por kilo, satisfaciendo la libido de los mirones de los *sex-shops* y de las revistas porno, que han emigrado actualmente a los sitios de Internet y siguen las emisiones especializadas *antiprivacy* de la televisión, del tipo Big Brother.

Juanito Laguna en Venecia y en París

Berni en el tema de Juanito Laguna: tal es el título de la exposición que el artista hace en la Galería Witcomb a fines del año 1961, en la que presenta sus grandes composiciones-*collages* donde el desecho industrial alcanza su plena significación de expresividad autónoma, tanto desde el punto de vista formal como del conceptual.

Una obra de 2,10 x 1,50 m, titulada *Juanito Laguna lleva la comida a su padre peón metalúrgico*, llama la atención: un Juanito minúsculo desaparece delante de un panel publicitario cortado de una revista y que también es absorbido por el gigantesco ensamblado de un conjunto industrial arcaico. Berni presiente allí de manera sumamente lúcida el fenómeno mayor de la próxima década, que se acelerará con la rebelión estudiantil de mayo de 1968: el paso de la sociedad industrial a la sociedad post-industrial, caracterizado por un sentimiento generalizado de saturación objetiva, que luego dará lugar a la renovación postmoderna del diseño, de la arquitectura y de la moda.

Con este estado de ánimo de visión anticipadora y en la plenitud de su nuevo estilo multi-medios, Antonio Berni va a presentarse en 1962 en la *XXXI Bienal de Venecia*, como invitado especial del pabellón argentino, o más bien de la representación argentina que es huésped del pabellón italiano. El comité de selección estaba compuesto por Rafael Squirru, director del Museo de Arte Moderno de Buenos Aires y director general de relaciones culturales en el Ministerio de Relaciones Exteriores, por el Prof. Ernesto Rodríguez, director general de Educación Artística, y por Jorge Romero Brest, director del Centro de Artes Visuales del Instituto Di Tella. La selección fue reñida, dado lo repentino de la aparición de la nueva manera de Berni en la escena artística porteña, cuya tendencia dominante era la abstracción. Esta figuración exasperada por la omnipresencia del desecho industrial no podía desagradarle a Rafael Squirru, quien jugó un papel determinante en la situación. También lo fue el de Gyula Kosice, comisario en Venecia, quien supo obtener de los italianos el espacio necesario para la correcta presentación de las obras recientes de Berni (el artista se lo agradecerá haciéndole su retrato). Berni recibe el Gran Premio Internacional de Grabado y de Dibujo de la *XXXI Bienal de Venecia*, por su envío constituido en gran parte por xilograbados de la serie de Juanito Laguna (*Juanito Laguna pescando*) y, entre otras, la gran composición-*collage Juanito Laguna lleva la comida a su padre peón metalúrgico*. Es la primera vez que un pintor latinoamericano obtiene un premio internacional de esta importancia, que antes habían recibido Picasso, Miró, Matisse, etc. Los otros laureados internacionales son Giacometti en escultura, Manessier en pintura. Los italianos premiados son Capogrossi y Morlotti en pintura, Aldo Caló y Umberto Milani en escultura, Virduzzo en grabado.

La lista de los premios muestra cuán difíciles deben haber sido los debates del jurado internacional. Su presidente era Georg Schmidt y los miembros, además de Philip Hendy, Zoran Krisznik, Tominaga: todos especialistas atentos a la movida de las corrientes dominantes de la escena artística mundial. Berni no pertenecía a ninguna de ellas y sin embargo, su tema de Juanito Laguna causó sensación, tanto positiva como negativa, porque era portador de un mensaje de sorprendente actualidad: si los desechos de la producción industrial eran capaces de proveer a un artista la materia prima de su creación, esto sólo podía ocurrir al término de una transmutación formal y conceptual anunciadora de una evolución decisiva de nuestra cultura urbana, un paso más hacia su globalización. Una vez más, Berni estaba en una transición evolutiva del destino de esa visión global, tomando en cuenta un excedente de realidad en su análisis de lo real en sí mismo. Si en 1930 se había encontrado en una posición de transición entre la metafísica de De Chirico y el surrealismo existencial de Magritte, treinta años más tarde volvía a encontrarse entre el nuevo realismo de los tarros de basura de un Arman y el neo-dada de las *combine-paintings* de un Rauschenberg, anunciadores del *pop art*.

Al coronar a Berni, la *Bienal* había reconocido la unicidad y la especificidad de la posición del artista y esta decisión cambió su destino: dos años después, el Gran Premio de Pintura de Venecia se le otorgaba a Robert Rauschenberg y a sus *combine-paintings*. El triunfo de los multi-medios *made in USA* marca el final de la dominación de la Escuela de París en la *Bienal*, sin solucionar el problema que le va a plantear Berni a la corriente de la figuración narrativa europea, que buscará su lugar bajo el sol dentro de la ola globalizadora *pop*. En todo caso, Berni no se hace ilusiones y ante un trago, en el Florian, me dice: "Bebamos a la salud de Juanito, le debo el premio".

Después de haber recibido el premio en Venecia, Berni, que está acompañado por su hija Lily, pasa por París, donde se ha propagado la noticia. Michel Ragon, muy impresionado por la obra de Berni que ha visto en Venecia, lo recibe con los brazos abiertos y lo entrevista (el texto será publicado en *Arts* del 8 de diciembre de 1962). Este encuentro es importante. Michel Ragon está en ese entonces en el apogeo de su renombre y de su poder en la crítica de arte contemporáneo. Se ha interesado sobre todo en el arte abstracto y en el informal y también en el arte bruto, en el cual lo inició a su amigo Dubuffet y en el que fue iniciado él mismo por el arquitecto Bourbonnais. El aspecto pesadillesco y fantasmagórico que toma por momentos el imaginario sensual de Berni le agrada, pero lo atrae sobre todo el personaje de Juanito Laguna, que satisface su fibra proletaria y de provinciano de Vendée. Encuentra en Juanito el recuerdo de su propia infancia humilde y digna. Berni aprovecha esto para anunciarle que esa saga proletaria es doble y que su aspecto femenino se titula Ramona Montiel. Lo ha pensado ya en Buenos Aires, pero la visita al Mercado de las Pulgas lo ha exaltado. Encuentra allí el material textil ideal, los viejos trajes de las estrellas de variedades, del Lido al Folies-Bergères, con sus tules coloridos y sus lentejuelas, que le servirán en sus nuevos *collages* para transformar a Ramona en una mujer de vida galante. La idea le encanta a Ragon, quien hará de Berni un punto de referencia para la corriente de la nueva figuración que se perfila en la huella de la cultura *pop*, en paralelo con los enfoques objetivos salidos del post-surrealismo de Jouffroy y de Jean-Jacques Lebel. Todo un mundo se agita alrededor de los nuevos realistas después de la muerte de Yves Klein en 1962, sucedida precisamente en París en el momento de la apertura de la *Bienal de Venecia*. Una movida realista impregnada de motivaciones socio-políticas que Gérard Gassiot-Talabot tratará de federar luego en sus *Mitologías cotidianas*, una exposición que tuvo lugar en el Museo de Arte Moderno de la ciudad de París en 1964.

De hecho, los nuevos realistas con sus diversas estrategias de apropiación objetiva constituyeron el núcleo fuerte de una visión de la naturaleza moderna, urbana, industrial y mediática, cuya toma de conciencia había asumido París gracias a su acción extremista: el vacío de Klein, las acumulaciones de Arman, las compresiones de César, la chatarra animada de Tinguely, los tiros de Niki de Saint-Phalle, los objetos-trampa de Spoerri, los embalajes de Christo, los carteles despegados de Hains, Villeglé, Dufrêne y Rotella, ofrecían el vasto repertorio operativo de una estética destinada al reciclaje artístico de la producción industrial. ¿Este nuevo lenguaje de la globalidad de la cultura urbana sustituiría de una vez por todas a los medios tradicionales de representación de lo real? En realidad, el problema se planteaba con demasiada anticipación, 40 o 50 años antes, como mínimo. Se planteará verdaderamente en los próximos decenios del año 2000, con la consolidación planetaria de la cobertura mediática y los primeros efectos en nuestras estructuras perceptivas, del injerto realizado en nuestro cerebro por la gran maquinaria electrónica de la información. Y se planteará en términos drásticos de cambio de civilización, un cambio condicionado por la emergencia de un hombre nuevo, confrontado con el inexorable desdoblamiento de los valores de base que se nos impusieron desde los orígenes en su fundamentalismo unitario. El injerto cibernético y la clonación cuestionarán la integridad del cuerpo, la vida artificial comenzará a competir con la vida natural, y las realidades virtuales marcarán con el sello de la verdad los momentos de colusión y de amalgama entre el tiempo del presente y los tiempos del pasado.

Pero estamos en 1962 y Ragon, como buen observador de la situación problemática creada por el radicalismo de los nuevos realistas, me presenta a Berni como una opción de transición en una operación de transmutación de los factores arte-industria. Berni, a quien he vuelto a ver después de Venecia, conoce mis opiniones y las respeta. Una vez me habló sonriendo de las diferencias entre nuestros dos realismos. Esta vez, me muestra que sabe lo que quiere: "En arte, me dice, lo más difícil es pensar bien lo que se pinta".

La cultura *pop*, que integra el arte dentro de un fenómeno más general que es la sociedad de consumo, va a resolver momentáneamente el problema de semiología estética sustituyendo la relación arte-industria por la relación arte-información e institucionalizando una solución de amalgama: el *collage* objetivo dentro del campo pictórico (Dine, Rosenquist, Wesselman) y el recurso a la reestructuración de la imagen por los medios industriales de la información (el reporte fotográfico en Warhol, la historieta en Lichtenstein). Esta solución temporaria no afectará para nada la integridad de la posición de eje de la obra de Berni, más allá del carácter tangencial de ciertas analogías formales. Su posición de referencia le valdrá invitaciones cada vez más frecuentes a las exposiciones relacionadas con la problemática de la cultura urbana que se realizan en el París de los años 60. Terminará por montar un taller en Prost, en los alrededores de la Bastilla y lo conservará prácticamente hasta fines de los años 70, lo cual le permitirá un ritmo continuo de idas y venidas entre Buenos Aires y París y una presencia efectiva en Europa.

Juanito pescando > 1962 > Xilocolagem > 194.5 x 145 cm > Coleção particular > Foto: Caldarella & Banchero

Juanito pescando > 1962 > Matriz de gravura > 194.5 x 145 cm > Coleção particular > Foto: Caldarella & Banchero

Antonio Berni

Inundación en el barrio de Juanito > 1961 > Óleo, metal e papelão s/ aglomerado > 186 x 124 cm > Coleção particular

Pesadilla de los injustos > Díptico > 1961 > Acrílica e esmalte sintético s/ tela > 300 x 405,5 cm > Coleção particular

SE VENDEN
TERRENOS

^ *La madre de Ramona* › 1962 › Têmpera, papelão, tela, gesso e materiais diversos s/ tela › 49 x 39 cm › Coleção particular › Foto: Caldarella & Banchero

El padre de Ramona › 1962 › Têmpera, papelão, tela, gesso e materiais diversos s/ tela › 49 x 39 cm › Coleção particular › Foto: Caldarella & Banchero ⌄

BERNI
1962

verger

Bolívia

Mostra icônica

Carnaval de Oruro segundo Pierre Verger

*Cláudia Pôssa**

Pierre Verger fotografou uma série de imagens do Carnaval de Oruro, Bolívia, das quais algumas serão apresentadas na *4ª Bienal de Artes Visuais do Mercosul*. Excepcionais, as fotos comprovam a capacidade de Verger de contar com o impulso fotográfico-documental para captar de modo original o sentido da "*Diablada* de Oruro".

Para acercar-se do estudo das fotos do Carnaval de Oruro, o primeiro passo é contextualizar a reportagem de Verger na Bolívia em sua obra e depois comparar essa ação fotográfica com fotos exibidas pelo autor em outras publicações que tematizaram a cultura dos Andes, como *Indiens pas morts* e *Fiestas y dansas en el Cuzco y en los Andes*. Por fim, à guisa de conclusão, o presente texto procura resgatar os significados contidos nesses registros.

A reportagem de Oruro

Nem sempre é fácil precisar a data em que foram realizadas as fotos de um repórter viajante como Verger. Em seu arquivo fotográfico, ele se preocupou em anotar, prioritariamente, os lugares onde fotografava. No caso das fotos do Carnaval de Oruro, na Bolívia, podemos seguir algumas pistas. Segundo as palavras do próprio Verger, ele visitou o país em três ocasiões distintas: 1939, 1942, 1946.[1] Um indício de que as fotos feitas em Oruro não são anteriores a 1946 pode ser encontrado no fato de o livro *Fiestas y dansas en el Cuzco y en los Andes*, publicado em 1945, não trazer fotos do Carnaval de Oruro, apesar de conter registros de inúmeras festas da região andina, principalmente do Peru, mas também do Equador e da Bolívia.[2] Verificando-se nas cadernetas/agendas de Verger, arquivadas na Fundação Pierre Verger, em Salvador, a época em que o fotógrafo passou pela Bolívia em 1939 e 1942, percebe-se que o período não coincide com o do carnaval. Já na caderneta de 1946, encontra-se registrada a data da chegada a Oruro, em 2 de março. Em 3 de março, um domingo, vê-se a anotação "diablada" e no dia 4, o registro de sua partida.[3] Parece, portanto, que as fotos expostas na Bienal datam do início de março de 1946, num curto espaço de tempo.

Chama a atenção o fato de se encontrar no arquivo fotográfico de Verger, apesar da curta estadia, mais de uma centena de negativos de Oruro. Em 1946, em sua passagem pela Bolívia, antes de se fixar na Bahia, Verger já era fotógrafo experiente, com uma bagagem de vários anos de reportagens e ensaios fotográficos. Ele já havia inclusive publicado o citado livro com fotos de festas da região andina e trabalhado com o Museo Nacional de Lima. Verger

* Professora da Universidade Federal da Bahia, doutoranda na Universidade de Barcelona, Espanha

sabia, ao dirigir-se para Oruro, da importância de documentar fotograficamente o carnaval. Ali sua câmara já sabia o que tentar encontrar. Mais que um turista ocasional, o fotógrafo já era um conhecedor da cultura da região e, certamente, desse conhecimento resultou a qualidade de suas imagens.

Carnaval de Oruro em *Fiestas y dansas en el Cuzco y en los Andes* e *Indiens pas morts*

As fotos de Verger do Carnaval de Oruro podem ser mais bem apreciadas quando relacionadas a *Fiestas y dansas en el Cuzco y en los Andes*. Uma pequena seleção de imagens do Carnaval de Oruro pode ser vista em sua primeira publicação em livro: algumas das fotos do carnaval estão presentes em *Indiens pas morts*, em 1956.[4]

Vamos inicialmente ao primeiro. Pierre Verger reuniu nesse álbum 148 fotos em que registra aspectos da vida dos povos indígenas andinos. À parte a qualidade estética, as fotos têm um especial interesse documental para estudiosos. São os usos e costumes de um povo, procedentes de antigas culturas, que aparecem mesclados com elementos introduzidos pelos conquistadores europeus, germinando uma nova cultura. É enorme a importância das festas andinas para o povo dessa terra. A festa é uma expressão religiosa, rica, complexa, com inesgotável poder de atração visual. Em torno da festa gira todo um universo de signos, além da esperada descontinuidade da vida corrente. Na festa as pessoas se mostram, e o índio taciturno se revela ao fotógrafo. Na *fiesta*, banhada a *chicha*, a embriaguez torna os índios mais amistosos, proporciona maior possibilidade de abertura e encontro.[5]

Nas fotos de Verger, a mesma coletividade é retratada no Peru, na Bolívia e no Equador. Danças nativas, de origem pré-colombiana, aparecem mescladas a danças assimiladas da cultura estrangeira colonial. A Igreja Católica, como se sabe, teve influência na introdução de algumas danças, pois tratava de substituir os bailes profanos por ritos de sua tradição. Nas fotos das festas, máscaras e vestimentas especiais denunciam a origem não-católica, a dança em seu sentido oculto; festas universais como o carnaval com traços diferenciados. Se muito da cultura material foi destruída pelo colonizador, este não conseguiu extinguir da alma indígena seu fundo filosófico e religioso, seu sentido do cosmos e da vida humana.

Passemos para *Indiens pas morts*, cujo título tem caráter de denúncia cultural. Trata-se de um livro coletivo sobre os índios da América do Sul descendentes dos Incas. Livro com fotos de Werner Bischof, Robert Frank e Pierre Verger, resgata a presença dos índios do Peru e da Bolívia e anuncia a sobrevivência da população após quatro séculos e meio de colonização.

As fotos do livro apresentam forte unidade, o que de imediato impede o reconhecimento do autor de cada imagem. No entanto, apesar de as fotos dos três fotógrafos apresentarem todas excelente padrão, o livro permite uma comparação entre a fotografia de Verger, Frank e Bischof. Mas, para isso, é preciso situar o trabalho dos fotógrafos individualmente, envolvidos em cada produção, cronológica e qualitativamente.

Verger fornece a espinha dorsal do livro, com 50 fotos. Bischof e Frank participam com apenas 13 e 14 fotos, respectivamente. Enquanto Verger viveu no Peru de 1942 a 1946, os demais fotógrafos apenas circularam pela região como viajantes pela terra dos incas. As fotos de Bischof, realizadas em 1954, foram o último trabalho do fotógrafo, morto em acidente automobilístico justamente quando fotografava no Peru. As fotos de Frank, posteriores a 1947, ano em que se transferiu da Europa para a América, são do final de 1948, início de 1949.[6] As fotos de Verger são, portanto, as mais antigas do livro, anteriores inclusive à data em que os outros dois fotógrafos empreenderam suas viagens pela região. Antes de 1946, Verger já havia publicado em livro as fotos do Peru.[7]

As fotos de Robert Frank acentuam o olhar do estrangeiro e do viajante. Frank fotografa o caminho da viagem e observa algumas pessoas particularizadas na multidão. Mostra em sua fotografia o ponto de vista subjetivo do autor, o que chama a atenção de seu olhar em dado instante; uma parte do quadro total é realçada, e o que está fora de seu interesse aparece desfocado. "My view is personal" [Minha visão é pessoal], diz Frank contrapondo sua fotografia ao ensaio documental.[8] Bischof é quem parece mais preocupado com o aspecto artístico do resultado fotográfico, com a técnica apurada. As preocupações fotográficas de Bischof prendem-se a aspectos estéticos, como os planos, as linhas, as cores e os brilhos. Nos esboços que fazia de cenas, nas notas de seu diário e em suas cartas enviadas do Peru à esposa, Rosellina, muitas vezes são destacados aspectos referentes ao visualmente atrativo, e nota-se a preocupação em captar imagens que possam ser reconhecidas como suas.[9]

Verger busca mostrar rituais e cultos da cultura local, fotografando festas, máscaras, gente em oração, cemitérios, cenas mortuárias. Com maior variedade no objeto fotografado, suas fotos apresentam o povo indígena imerso em sua cultura, registros do que está mais territorializado, indicando o que há de mais característico e singular na vida dos índios. A resistência de um povo americano, com tradições bem vivas e raízes antigas, apresenta-se com veemência. As fotos tentam registrar algo que, de certo modo, estava sob ameaça de desaparecer e contêm um rastro de sombra e morte, apesar da resistência presente nas festas e marcada nas máscaras. Como o próprio título do livro, as fotos sugerem que "os índios não estão mortos".

O tema da morte aparece insistentemente nas fotos de Pierre Verger. Com relação a essa questão, é bom lembrar um detalhe biográfico. Verger estava no Peru quando completou 40 anos, data em que pretendia suicidar-se.[10] A tematização da morte e o tratamento que o fotógrafo deu a essas imagens produziram um resultado excepcional. Numa seqüência de fotos, Verger registra em suas imagens cemitérios com suas cruzes, pessoas rezando, velas acesas, gente com chapéu na mão em atitude de reverência e espanto diante da morte. A série termina com a foto de uma caveira, na verdade uma máscara de caveira, feita no Carnaval de Oruro. A caveira branca, vestida de negro, é fotografada desde baixo, o que aumenta consideravelmente seu impacto visual.

Significados

Algumas reflexões podem ajudar a perceber o sentido das fotos documentais do Carnaval de Oruro e os significados da série de fotos na história da fotografia. A obra de Verger é uma rica confluência da reportagem fotográfica, da etnografia, da experimentação estética.

A proposta fotográfica de Verger consistia em obter registros da vida cultural corrente, como se o fotógrafo não estivesse de maneira nenhuma interferindo nas cenas observadas. Verger procurava uma despersonalização da autoria nas imagens. O dado objetivo para Verger era o suficientemente coerente para justificar-se por si próprio, sem demandar um esteticismo alheio ao acontecimento.

As fotos de Verger nos transportam a Oruro. Os diabos com chifres longos e pontiagudos recordam as máscaras de divindades pré-colombianas. A máscara é um dos signos pelo qual se reconhece a persistência das tradições antigas, que denuncia a participação no sagrado de ritos primitivos. Nos ritos e nas festas religiosas conserva-se o essencial da cultura. A máscara permite a transformação do cotidiano, mostra uma face oculta e resistente da gente humilde. Verger capta um mundo. A festa está imersa em um profundo mar primitivo. A evasão que caracteriza a festa permite a exposição de valores ocultos. Ao fotógrafo interessa o que está arraigado na paisagem humana. O essencial da cultura não está nas alturas, mas no solo. Verger enaltece o atavismo dos índios rudes e vigorosos. O cenário vibra com a festa. A festa é o avesso do duro trabalho nas minas da região. A dureza não afeta o espírito delicado do artista criador que aparece nos tecidos primorosos, nos bordados, nas máscaras. Os índios conservam sua originalidade, máximos produtores e mínimos consumidores.

Na "*diablada*", as máscaras refletem o elemento pré-colombiano. Entretanto, no enredo da festa e na presença de diabos e do arcanjo Miguel revelam-se valores do colonizador.[11] Criações oriundas da cultura antiga misturaram-se com transformações procedentes do mundo ocidental, adotadas e modificadas pelos índios, harmonizadas com seu modo de ver o mundo. O jogo de imagens simbólicas permite ao homem ser, por um momento, profano e sagrado, e numa confluência de crenças e imagens de origem diversas sobrevive a cultura.

A contribuição de Verger à história da fotografia somou a prática artística com a antropológica, apontando para uma combinação singular. Verger conseguiu compreender as ações e os contextos em termos da cultura local. Pode-se fazer uma leitura etnográfica da maior parte das fotos de Verger, mas a obra perdura além de tal leitura, do mesmo modo que se pode fazer uma apreciação sensível das imagens sem preocupação científica. Nas fotos de Verger o coletivo participa da autoria, o fotógrafo se dilui na cena num gesto de susceptibilidade para com a diversidade. A composição da cena não está sob domínio total do fotógrafo. E é sob essa condição, sobretudo, que as sutilezas da autoria devem estar presentes e são decisivas. A atitude de ceder ao acontecimento é uma forma de improviso. A partir do momento em que o fotógrafo cede à cena, abre-se para o conhecimento da diversidade social e humana. Eticamente, há na postura de Verger um respeito pelo outro. É como se ele dissesse: quem tem o que mostrar são os fotografados. Numa estratégia de valorizar o outro, gesto de cortesia, forma de conhecimento, Verger torna-se invisível para melhor personalizar sua fotografia.

notas

1 VERGER, Pierre. *50 anos de fotografia*. Salvador, Editora Corrupio, 1982, p. 197: "Ocorreu-me passar três vezes pela Bolívia: em 1939, no começo da guerra, em 1942, a caminho do Peru e em 1946, quando ia para o Brasil". É bem verdade que, tendo vivido por quatro anos no Peru, parte em Cuzco, numa época em que era basicamente fotógrafo e trabalhava para o Museu Nacional de Lima documentando a cultura da região andina, Verger viajou inúmeras vezes de Cuzco a Puno, de onde, margeando o Titicaca, chega-se à Bolívia. É, portanto, provável que tenha viajado à Bolívia em mais de três ocasiões, como bem nota Le Bouler em *Pierre Fatumbi Verger: um homem livre*. Salvador, Fundação Pierre Verger, 2002, p. 150.

2 VERGER, Pierre. *Fiestas y dansas en el Cuzco y en los Andes*. Buenos Aires, Editorial Sudamerica, 1945. Cento e quarenta e oito fotos de Verger, prólogo de Luis E. Valcárcel.

3 Caderneta/agenda original consultada na Fundação Pierre Verger, por intermédio de Alex Baradel.

4 VERGER, Pierre. FRANK, Robert e BISCHOF, Werner, ARNAUD, G. *Indiens pas morts*. Paris, Delpire Éditeur, 1956. Com 77 fotos: 50 de Pierre Verger, 14 de Robert Frank e 13 de Werner Bischof. Texto de Georges Arnaud, legendas de Manuel Tuñon de Lara. O livro contém uma nota em que se explicita o desacordo de Verger com o texto de Arnaud: cada um assume somente o que assina. O livro foi publicado em diversos idiomas. Nas reedições modificou-se apenas o texto que acompanhava as fotos na versão original. Em 1956, edição norte-americana (*From Incas to Indios*. Nova York, Universe Books, introdução de Manuel Tuñol de Lara), inglesa (*Incas to Indians*. Londres, Photography Magazine, introdução de Manuel Tuñol de Lara) e alemã (*Indios*. Zurique, Manesse, introdução de Manuel Tuñol de Lara). Em 1957, edição italiana (*Dagli Incas agli Indios*. Milão, Feltrinelli, introdução de Manuel Tuñol de Lara). Em 1959, edição em espanhol (*Alto Perú, el gran Imperio de los Incas*. Barcelona, Artco Ediciones de Arte y Color, textos de Rubén Dario, Carlos Bustamante *et al.*).

5 Nas palavras de Verger, em *50 anos de fotografia*, p. 177: "...somente durante as *fiestas*, quando a *chicha*, uma bebida alcoólica, feita a base de milho, havia corrido em grande quantidade que perdiam um pouco daquela reserva. Esta é uma das razões que me levaram a ir em diversas regiões fotografar grupos de dançarinos...".

6 Cf. ALEXANDRE, Stuart. *Robert Frank. A Bibliography, Filmography and Chronology. 1946-1985*. Houston, Center for Creative Photography, University of Arizona / Museum of Fine Arts, 1986.

7 VERGER, Pierre. *Fiestas y dansas en el Cuzco y en los Andes*, como já citado, foi publicado em 1945. Verger publicou outros livros com fotos dos índios dos Andes: *Indians of Peru*. Chicago, Pocahontas Press, 1950 (87 fotos de Pierre Verger, texto de Luis E. Valcárcel); *Les Incas*. Paris, Editions du Seuil, 1962 (texto de Alfred Métraux, fotos de Pierre Verger).

8 GREEN, Jonathan. *American Photography. A Critical History: 1945 to the Present*. Nova York, Harry N. Abrams, 1984, p. 85.

9 Veja-se o que Bischof escreve sobre Machu Picchu, em 6 de maio de 1954: "It is the details of the old Inca city that are so wonderful: the play of colours, the flecks of light on the ancient walls. I photographed in rain and with little sunshine. I saw 'Klee', 'Braque', and here and there some 'Bischof' (...) The forms that emerged, and the sense of distance they evoked, were stunning" [São maravilhosos os detalhes da velha cidade inca: o jogo de cores, as partículas de luz nos muros antigos. Fotografei na chuva e com pouca luz natural. Vi 'Klee', 'Braque' e, aqui e ali, um pouco de 'Bischof' (...) As formas que foram surgindo, e a sensação de distância suscitada por elas, eram deslumbrantes]. BISCHOF, Marco e BURRI, René, *Werner Bischof. 1916-1954. His Life and Work*. Londres, Thames and Hudson, 1990.

10 VERGER, Pierre. *50 anos de fotografia*, p. 14: "Achava que a idade de quarenta anos era o extremo limite aceitável para evitar tornar-me um velho caduco. Dizia que deveria suicidar-me, caso ainda estivesse vivo em 4 de novembro de 1942".

11 Legendas das fotos de Oruro apresentadas em *Indiens pas morts*, por Manuel Tuñon de Lara: Foto 57: "Le masque est un signe à quoi se reconnaît l'insistance des traditions anciennes, autochtones ou d'importation africaine. C'est aussi un des signes qui dénonce la participation au sacré par les rites primitifs. Masque de carnaval à Oruro, la ville des mineurs, en Bolovie"; Foto 75: "La *Diablada* à Oruro (Bolivie). La diablesse, la méchante *China-Supay*, a relevé son masque après sa défaite par l'archange saint Michel. Maintenant, elle fera sa prière devant l'image de la Vierge du *Socavón*"; Foto 76: "Um moment pathétique de la *Diablada* Satan est porté en triomphe par les diables qui représent les sept péchés. Cet étrange mélange d''auto sacramental' et de rite inca, n'est pas exempt d'analogie avec les danses noires".

Carnaval › *1946* › Oruro, Bolívia

Carnaval › *1946* › Oruro, Bolívia

Pierre Verger

Diablada › 1946 › Oruro, Bolívia

Oruro, Bolívia › 1946

Diablada › 1946 › Oruro, Bolivia

Diablada › 1946 › Oruro, Bolivia

Carnaval › 1946 › Oruro, Bolivia

cemin

Brasil

Mostra icônica

As Coisas

"Canivetes, alicates e óculos foram criados pelo esqueleto"
"A Filosofia é Filha do Vinho com o Espelho Rococó"
Saint Clair Cemin, *provérbios*

Em 1987, quando comecei a considerar uma carreira em artes plásticas, encontrei ao entrar em uma galeria do East Village um objeto que pareceu responder a todas as minhas dúvidas em relação ao que pode ou não ser chamado de arte. De escala modesta e forma simples, de longas pernas de ferro que chegavam à altura de minha cabeça, uma poltroninha de gesso me convidava ao toque. Sem me conter, deixei a mão repousar no pequeno assento, enquanto, um tanto confuso, imaginava outras cadeiras para as demais partes do corpo, pensava em cadeiras e famílias de cadeiras, suas primas, cunhadas e netas, reformulava a evolução das cadeiras. Para minha grande surpresa, o título da obra era cadeira de mão (*Hand chair*) e seu autor, um conterrâneo com um nome excêntrico, cuja obra veio a inspirar minha recentemente fundada vida de artista por mais de quinze anos. Seu nome era Saint Clair Cemin.

Saint Clair é o único gênio de quem sou amigo. Um misto de *polymath* edwardiano e cientista louco que com seu trabalho simultaneamente define e questiona o papel da arte na vida contemporânea. A liberdade e o humor com que transita através de conceitos e materiais nos devolve a imagem da grande magnitude do universo do artista. Artista inspirador, Saint Clair, com sua ambição e desacato a regras estilísticas, dissolve elos convencionais entre idéias, materiais e formas e revela a natureza onírica do existir no supostamente factual mundo das coisas.

Vik Muniz

Vik Muniz — Muito do que inspira seu trabalho está relacionado com o mundo dos objetos e formas do dia-a-dia. Como você vê a relação entre os objetos ditos de arte e os objetos mundanos?

Saint Clair Cemin — Nesta questão estão incluídas duas outras questões muito mais vastas: o que é um objeto comum e o que é uma escultura (ou um objeto de natureza artística). Já no começo de minha carreira, comecei a pensar no objeto como um centro de emanação espiritual poderosíssimo; por exemplo, uma garrafa pertence a um mundo de garrafas, e uma garrafa específica traz consigo todas as associações que podemos fazer com este gênero de coisa. Uma coisa é como um toque de clarim no meio da noite, é aquela parte do mundo que nos recorda a nossa própria relação com o mundo, tendo-a como intermediária. Uma cadeira traz consigo o sentar, a madeira, a pressão sobre o traseiro e as costas, o som dos pés arrastados pelo chão, enfim, um universo de impressões somáticas e sensoriais que evidenciam a relação profunda, o verdadeiro real aprendizado deste objeto que está inscrito não só na memória cerebral, mas provavelmente na muscular e na metabólica. Uma cadeira é uma prótese, e como prótese é parte de nosso corpo, uma parte facilmente substituível, é verdade, mas parte assim mesmo.

Desde a infância aprendemos a usar coisas, nossa familiaridade com as coisas do cotidiano é o que dá o tom a todas as nossas impressões sobre coisas que acabamos de conhecer. Existe uma linguagem das coisas, uma hierarquia, uma ordem que conhecemos intimamente, mas da qual não falamos por ser tácita. As coisas acabam se tornando invisíveis. Não vemos nossas coisas, elas se tornaram invisíveis, mas o poder que elas têm de ser parte de nós só aumenta. Não vê-las é a maneira de usá-las, usando-as as integramos em nosso sistema, e essa integração é a realidade quimérica do homem que se expande por meio de seus instrumentos. Uma coisa representa um universo de associações reais, formadas por anos de familiaridade com esta coisa ou com outra semelhante. Uma bengala predispõe a mão a agarrá-la, predispõe o corpo a apoiar-se nela, enfim, uma bengala não é um mero pedaço de pau que foi entortado numa das pontas, e sim uma parte de nosso corpo, parte de um sistema metabólico exterior ao corpo, mas interior ao corpo quimérico, isto é, este corpo imenso que junta o homem a suas coisas, casas, instrumentos, hábitos, idéias e a outros seres humanos.

VM — E o objeto de arte?

SCC — A situação de um objeto artístico, isto é, uma escultura, é de um lado dependente da experiência que o espectador já teve em sua vida com outros objetos de arte. Mesmo longa, tal experiência não pode comparar-se em força e profundidade com a experiência que ele tem com outras coisas, como canecas, colheres, bicicletas, etc., que são usadas desde a tenra infância todos os dias de sua vida. Em outra ocasião eu já havia dito que não aprendemos o que é um buraco com Moore, nem o que é um magricela com Giacometti. Essas noções primordiais adquirimos na vida, não na arte. A escultura então deve usar este cabedal de informação que o espectador tem das coisas do mundo, tem de usar a energia deste mundo tácito e neglicenciado do objeto cotidiano, tem de participar na intimidade do uso, na familiaridade das formas que nunca são notadas e por isso mesmo são as mais fortes. Até os anos 1960 uma escultura era na verdade uma estátua. Depois se tornou outras coisas, inspirou-se em partes do ambiente como chão, parede, estrutura da casa, obras públicas, etc., afastando-se da estátua, mas nunca aproximando-se demasiado das coisas do cotidiano, como no caso de meu trabalho. Minha intenção era assediar o espectador por dois lados: um lado, o artístico, apresentando o trabalho como uma coisa que toma o lugar de estátua; o outro, o do objeto cotidiano. As esculturas que fazia eram objetos inutilizáveis na maior parte, mas que revelavam algo desses canais de uso, inclusive o artístico, que fazem parte do que chamo nosso metabolismo exterior. Como você pode notar, o objeto de arte é parte de um sistema superestrutural, e a infra-estrutura é a rede de objetos comuns que nos circunda. Eu sentia que a escultura precisava de uma injeção de energia, e que essa energia era fácil de adquirir, ela estava contida exatamente nos objetos e estilos que haviam sido rejeitados como de mau gosto ou como completamente exteriores às preocupações da arte contemporânea. Um objeto é uma coisa sólida, mas é também uma porta, uma abertura para o mundo se for notado, e o objeto notável "par excellence" é o objeto de arte.

VM — Como foi sua transição do desenho e da gravura para a escultura?

SCC — Foi uma transição problemática. Passei uns dois anos fazendo desenhos e relevos, chegando cada vez mais perto da escultura, sem me dar conta dessa aproximação. Finalmente decidi criar um contexto conceitual em que eu começaria a produzir objetos com liberdade absoluta de escolha de temas, materiais, etc. Esses objetos não se impunham como escultura, nem mesmo como arte. Depois de umas duas semanas de trabalho incessante, descobri que meu enquadramento conceitual tinha sido superado de muito por um processo mais profundo, mais antigo, mais simples, que, por comodidade, podemos chamar "escultura". Há alguns anos perguntei a um amigo pintor o que era uma pintura, se era uma janela ou uma caixa. Ele respondeu que não era nem uma, nem outra, mas uma parede. Agora, depois de muitos anos, cheguei a uma resposta que me satisfaz: uma pintura é uma escultura.

VM — O interessante em seus objetos é que eles levam o espectador a imaginar uma evolução ontogênica, isto é, independente dos outros objetos. A história que levou uma pedra em que o homem primitivo se sentava para descansar a evoluir na forma de uma cadeira Aeron parece servir de referência, mas nunca de uma forma linear. Como a evolução dos objetos inspira seu trabalho?

SCC — A história do objeto é o objeto; isto é: a história do objeto está implícita em sua forma. A forma do objeto significa sua história, tanto ontogenética como filogenética. Mas o estilo do objeto, este não nos dá uma impressão de necessidade histórica, mas antes uma impressão de capricho, de arbitrariedade e mesmo de aleatório. Por que os egípcios tinham o estilo egípcio? Porque não é possível trabalhar sem estilo, e os egípcios escolheram aquele ideal estético, e não outro. O estilo não é uma máscara, mas a própria face do objeto. O estilo é na verdade uma direção à imaginação, não é só que o artista trabalha em certo estilo, mas que seu contemporâneo percebe o mundo naquele estilo. A forma dos objetos são óculos complexíssimos pelos quais o mundo é visto. O objeto é um acidente, fruto do encontro da linguagem da matéria (da qual fala o grande Denis Saurat em sua *Three conventions*) com as vicissitudes de sua história, da história de hábitos adquiridos, costumes, estilos, modas. Mas o estilo está associado a todos os aspectos da mentalidade de uma época. Como falávamos do estilo egípcio, este reflete uma estrutura social e psicológica que está contida naquelas formas hieráticas, estáticas e de grande perfeição estética. Esta conexão íntima do objeto com a realidade em que se encontra é o que mais me interessa, pois é o conhecimento inconsciente que temos dessas conexões (seja ele por experiência, seja por inferência) que dá ao objeto seu significado, ou melhor, sua aura. Essa aura só pode ser percebida quando este objeto é deslocado, ou transformado de uma maneira a fazer com que o vejamos, pois como dizia antes, objetos devem tornar-se invisíveis para que sejam úteis.

VM — O que acontece então com o objeto produzido por uma cultura como a nossa que, ao contrário dos egípcios, tem acesso a uma multidão de informações estilísticas? Que função poderia ter o estilo, quando este é constantemente negociado entre o presente e a história?

SCC — Vivemos numa situação paradoxal, em que o passado realmente existe porque é feito presente de várias maneiras. Hoje em dia temos acesso a imagens de artefatos do passado como nunca tivemos, pois não só esses artefatos (inclusive cidades inteiras) foram descobertos recentemente, mas deles temos fotos e filmes, o que era antes impossível. Temos agora acesso não só ao passado mas a outras culturas e países, por meio de documentação visual e diretamente pelo turismo. Assim, o passado não é realmente passado, mas presente, e a antiga mentalidade que produziu tais artefatos perdeu-se, e preservou-se só a parte que efetivamente restou nas formas dos tais artefatos. Essas formas falam ao inconsciente diretamente, como antes falava ao inconsciente dos que as criaram. O poder de síntese de uma forma é perfeitamente relacionado com o poder de interpretação intuitiva do inconsciente. Essa intuição, a meu ver, vem da própria necessidade de sobrevivência do ser, e é usada a cada momento de nossa vida para julgamentos vitais de situações. Esse supermercado de estilos que temos a nosso dispor é posto a uso do comércio para a sedução de possíveis clientes. As formas da indústria são postas à prova no mercado e é este que as seleciona. O que não vende não é produzido, e o que vende é reproduzido e modificado periodicamente para vender ainda mais. Em meu trabalho, o estilo não vem puro nem sofre pressões de seleção comercial. Ele não é puro porque ocupa só um lugar entre muitos outros ocupados por outras considerações (como material, escala, possíveis narrativas ou execução), além disso ele vem modificado pelo fato de que quase nunca copio, e sim reinvento estilos baseados só na memória que tenho deles.

Estilos são formas de ser com tudo aquilo que essa forma representa. Basta observar a diferença entre um toureiro e um monge zen, ou entre uma baiana gorda vendendo acarajés e uma advogada nova-iorquina. Quando trabalho com estilos, vejo-os como caminhos ou como vales numa paisagem mental.

VM — Nós falamos na tradição do uso que diferencia um objeto do outro. Isso nos leva à questão da tradição do fazer e do desenvolvimento de tecnologias de fabricação dos objetos. Como o bronze, o mármore e a madeira podem informar um objeto no século XXI?

SCC — As características dos diferentes materiais são o que são, isto é, elas se impõem a nossos sentidos de forma absoluta, e nós, por economia, aceitamos essas características. Aço é bom para certas coisas e madeira, para outras; um é trabalhado de uma forma e outro, de outra. A geometria, entretanto, é uma só, e esta define o formato de certas ferramentas. Existem muitos casos de convergências formais em escultura ou na fabricação de objetos que têm a ver exclusivamente com o material. Artefatos africanos, polinésios e de índios americanos têm certas coisas em comum, que têm a ver com a maneira como se corta e fura um toco de pau. A pedra tem suas características e também impõe suas exigências e preferências, e o artista negocia entre a obediência ao material e a imposição de sua própria vontade. Mas, sobretudo, os materiais têm sua própria alma, e esta tem um papel de suma importância na obra. Joseph Beuys era um que estava em grande sintonia com a alma do material. Eu fiz alguns trabalhos em ouro e, ao mexer com esse material, percebi que o ouro tem uma alma que se aproxima mais daquela da madeira que da dos outros metais.

O ouro é terno, quente, ele ativa a imaginação como as chamas de uma lareira. O ouro é uma mulher bonita e dengosa; o ferro é um velho chato, provavelmente um militar; e o cobre, um padre ou mágico. A prata, o metal lunar, é o mais fantástico dos metais; se os outros metais fossem representados por diferentes seres humanos, a prata seria uma deusa, provavelmente Ártemis (Diana). O bronze, esse não seria humano, mas animal: o cavalo. Um cavalo de bronze é uma espécie de pleonasmo, pois o próprio bronze já é um cavalo. Podemos falar por horas do mármore, das diferentes pedras, das combinações propícias de madeiras e metais, do vidro, da resina sintética, do âmbar e de todas as coisas comestíveis como o pão, o vinho e a carne. Entre estes, poucos podem ser usados em obras de arte, pois o que têm de imponente à mesa, por exemplo, têm de repugnante numa galeria. O uso de fígado ou sangue numa escultura, por exemplo, esgota o poder do trabalho quase imediatamente, pois esses materiais têm uma presença estridente e repulsiva, que limita o tipo de atenção que uma obra de arte requer.

VM — Esses materiais são muito mais interessantes quando fotografados e ampliados em grande escala. Eu tenho uma leve suspeita de que a maioria das esculturas nas fotos de Brancusi são modelos feitos de marzipã. Falando em modelos, eu escutei uma história sobre Henry Moore, de que o escultor, já um tanto senil, se deliciava em encontrar em seu jardim pedras que se pareciam com suas esculturas. O que o velho artista não suspeitava era de que essas pedras eram de fato modelos que ele mesmo havia feito e que seu assistente, para lhe fazer contente, colocava de forma estratégica, diariamente em seu caminho. Seu estúdio é repleto de pequenas esculturas ou esculturas-idéias. Como você trabalha a relação entre a escala e o material em suas obras?

SCC — A primeira coisa que me vem à mente é um problema de ordem física que a poucos artistas interessa, mas que é vital em engenharia. Quando aumentamos o tamanho de uma coisa, guardando as mesmas proporções, ocorre o seguinte fenômeno: a superfície cresce à razão do quadrado do comprimento, e o volume cresce à razão do cubo. Dessa maneira, o volume (em conseqüência, o peso) cresce muito mais rápido do que a superfície, o que faz coisas pequeninas ser bem mais fortes que seus equivalentes em grande escala. Insetos respiram pela superfície do corpo, nós precisamos, além da superfície do corpo, de toda a superfície interna dos pulmões, que é imensa, tão grande como um campo de futebol. As conseqüências desse simples fato de natureza geométrica são imensas, e na escultura, principalmente na escultura em pedra, são bastante evidentes. Se você escolhe uma pedra de 30 cm de altura e 50 quilos e não está satisfeito, acha que é muito pequena, note que, se você escolher uma pedra de proporções semelhantes mas de 60 cm, ela pesará 400 quilos (as dimensões lineares são multiplicadas por dois e o volume por oito, isto é, o cubo de dois).

As escalas são ditadas pelo corpo: temos a escala das mãos, dos dedos, dos braços, do torso, do corpo, do elefante (ou camionete), da casa.

No caso da escala do corpo, temos um fato interessante: o corpo reproduzido fielmente sempre parece menor. Os defuntos parecem muito menores do que as pessoas vivas. Por essa razão, os antigos representavam o ser humano com 2,5 m de altura no mínimo, para que essas estátuas fossem realistas. Hoje em dia vemos muitos artistas usando moldes diretos do corpo humano; os gregos e romanos faziam o mesmo para depois copiá-los numa escala 25% maior.

Uma escala particularmente interessante, que usei algumas vezes, é a do elefante. O tamanho de um elefante me interessava de forma profunda, mas eu não conseguia atinar por quê. Um dia me veio à mente que, do ponto de vista de uma criança de 2 anos, o pai e a mãe são grandes como elefantes. Foi com isso em mente que em 1991 fiz uma escultura de 3,5 m de altura, chamada *Toy*, brinquedo, como um brinquedo na escala de um adulto aos olhos de uma criança. Quando vemos artistas de cinema na rua, eles parecem minúsculos, já que estamos acostumados a vê-los gigantescos na tela. Alguns são realmente pequenos (como Madonna, que não tem mais de 1,50 m de altura), o que aumenta ainda mais este estranho efeito. Escalas pertinentes à escultura vão da escala do cabelo (agulhas, alfinetes, etc.) à escala monumental de uma torre. Além daí, já saímos da escultura e passamos para a arquitetura ou o urbanismo.

VM — O tamanho da mão não só tem uma relação direta com a forma do objeto mas também com a textura dele. Como você negocia a textura de seus objetos em mudanças de escala?

SCC — A ampliação de esculturas pequenas, dependendo do modelo, pode ter conseqüências muito interessantes. Marcas de dedos e da mão, quando ampliadas, adquirem toda uma outra qualidade, que pode apresentar uma contradição, a do "calor" do gesto natural com a "frieza" da cópia fiel. Recentemente fiz uma escultura de mais ou menos 2 m de altura. Era uma cópia fiel de uma escultura de 30 cm, que fiz de maneira bem gestual e expressionística. A argila, marcada por minhas mãos, uma vez copiada em mármore, apresentava uma contradição interna, a que me referi antes, entre o espontâneo e o controlado, fazendo com que a mente oscilasse entre uma e outra sem poder deter-se num único desses aspectos.

Nesta questão de ampliação também temos o fato da transformação da textura em campo de "crocotós". Como você deve saber, a palavra "crocotó" foi inventada por nosso grande Monteiro Lobato e significa todo tipo de excrescência verrugosa. Quando um padrão vira coleção de objetos? Você se lembra das fotos da primeira sonda-robô que passeou pelo solo do planeta Marte? Como os cientistas da Nasa davam nomes a cada pedra e cavidade, como se fossem cadeias de montanhas e vales majestosos? O que é uma textura numa escala vira paisagem em outra, e vice-versa. Muitas vezes procuro evitar textura ou marcas de dedos gigantes em obras grandes, por isso para tais obras sempre faço modelos muito pequenos, menores que meus próprios dedos, para que tenham uma superfície mais simples. Superfícies complicadas em obras grandes são ou diretamente narrativas (as portas de Ghiberti e de Rodin, a fachada da Sagrada Família, de Gaudí) ou quase narrativas, como no monumento *The verbs*, que fiz para a Motorola. Existe uma progressão que vai do campo de textura, passa desse a padrão organizado, depois "crocotós" e finalmente objetos separados. Esta é uma progressão paralela à progressão das escalas; é uma escala qualitativa, enquanto a outra é quantitativa. Neste caso, que tipo de escala encontramos em objetos naturais, como plantas e animais? Na natureza observamos uma progressão de escalas que segue mais ou menos a progressão Fibonacci ou o que se conhece como proporção áurea. No ser humano, essa progressão é representada pelas dimensões relativas das diversas escalas do corpo. A arte clássica usa essas regras em todas as formas que produz, o que dá a obras de qualquer tamanho um caráter monumental.

VM — Para um artista brasileiro cuja carreira se desenvolveu principalmente no exterior, como suas raízes brasileiras informam seu trabalho?

SCC — Vik, que prazer para mim falar do Brasil. Você não acha normal que alguém extremamente rico, de vez em quando, olhe ao redor e experimente uma grande satisfação pelo que tem? Pois é assim que me sinto em relação ao Brasil, como alguém que possui um tesouro, extraordinário e inexaurível. O Brasil não é uma cultura, é uma segunda natureza; é uma maneira de ser especial, sobrenatural, dionisíaca, quixotesca e destinada à transcendência. Não é por acaso que a música brasileira pode ser tão boa. A música é a forma de arte mais elevada, em que todos os aspectos da arte estão unidos numa só linha que exprime a passagem do tempo, que une o espectador, o artista e o ambiente num só ser quimérico. O espírito brasileiro é a prova da idéia de Blake, que diz o corpo estar dentro da alma e não o inverso. Aliás, essas idéias de corpo e espírito não são mais que discurso; o brasileiro não é corpo-e-espírito, mas "minha dor", "saudade", "meu bem". "samba", entidades-qualidades-sentimentos-verbos, tudo numa só coisa. Nunca um artista foi tão privilegiado como o artista brasileiro, nutrido não só pelas artes, mas por esta maneira sutil que lhe foi ensinada de encarar sua condição humana, suas penas, enfim. Estaria eu idealizando o Brasil, esquecendo seus problemas? Certamente! Estou idealizando, e é nesta idealização que o Brasil, mais que um país, uma maneira poética de ser, pode atingir todo o seu potencial inspirador e soteriológico.

Cada dia que passa mais brasileiro me sinto, mais prazer me dá falar esta "última flor do Lácio" tão bonita, tão saborosa, cheia de palavras como "mambembe", "frajola", "taquara", "modorra".

O artista brasileiro tem a seu dispor toda a cultura popular brasileira, para começar com o carnaval, que é uma celebração tácita do Brasil Império. Nunca compreendi tão bem a importância de minha formação brasileira quanto nestes últimos anos. As coisas mais óbvias e profundas às vezes são as mais difíceis de perceber.

VM — Um artista que expõe internacionalmente está exposto a leituras diversas, senão divergentes, da mesma obra. Como você lida com isso?

SCC — Podemos dizer que uma obra existe antes que seja percebida? Não como arte, só como potencial, como dinheiro que ainda está no bolso. A obra só passa a existir quando entra na consciência do observador, e lá entrando já não tem remédio; ela é o que dela faz quem tão gentilmente a percebe. Nesse caso, a percepção de uma obra é uma tradução desta, e traduções dependem do que o tradutor conhece. Você sabe que as palavras "Rui Barbosa", para nós o Águia de Haia, em russo querem dizer "pênis de um cachorro vira-lata"? Não existem diversas leituras da obra, mas diversas obras refeitas com um material inicial que é aquele suprido pelo artista; cada vez que a obra é vista, ela é outra, mesmo que seja o próprio artista o observador. Sempre fui consciente dessa multiplicação da realidade, por isso não posso, em boa-fé, querer que exista uma leitura única para meu trabalho, pois nem para mim como autor ela existe.

Supercuia > 2003 > Aço, resina sintética > ∅ 6.5 m

Saint Clair Cemin

> *Granny ashtray* > 1983-85 > Escultura em bronze > 18 x 12 x 10 cm

< *Bell* > 1986 > Escultura em bronze

Thin chair > 1987 > Escultura em bronze com assento de alumínio

El fumón > 1998 > Escultura em aço

Matta

Chile

Mostra icônica

Matta: la dificultad de un paisaje local

Franscisco Brugnoli
Curador

Es un hecho de lo más conocido que la formación de Matta se da en un universo que con mucho excede la realidad que en Chile le es contemporánea, y cuando el mismo concepto de ciudadanía que con él se instala, sobrepasa cualquier territorialidad. Pero en nuestro caso particular, podríamos llegar a afirmar que se trata realmente de un desconocido, siendo siempre mítica su realidad, lo cual paradójicamente se contradice con la gran cantidad de su obra que después de su muerte se expone en el país, generándose con esto ineludibles interrogantes sobre la razón de un coleccionismo que no lográbamos imaginar y que aún parece inagotable. Pero también sobre la misma producción de este texto que debe asumirse desde el territorio de origen del artista.

Ya en nuestro título hemos intentado plantear la dificultad de esta contradicción, amparándonos metafóricamente en dos conceptos vinculados a la historia de la pintura. Cuando Baudelaire[1] confronta la existencia de un paisaje de "fantasía, donde el egoísmo humano sustituye a la naturaleza" con uno de Corot, en el que celebra su armonía y unidad, por ser "necesarias a la memoria", y otro de Thoreau, donde atribuye a los patos una "belleza extraordinaria" por justamente tener el aspecto y "gestos de patos", olvidando en este caso el evidente discurso programático de este artista, no hace sino señalar, en ambos casos, la arbitrariedad del encuadre como recorte sobre la naturaleza revirtiéndola justamente en paisaje. Constituyendo ambas polaridades, ensoñación y selectividad proyectiva de mirada, en ejemplos de nuestra propia mirada sobre ella, así la pintura como paradigma de imaginario efectúa su clausura, dejándonos sólo el romántico presentimiento de su existencia.

La palabra *local* se desprende, en este caso, del concepto *color local*, como definición de la calidad cromática, propia de un objeto aislado de toda relación de contorno. Ambos conceptos nos parecen útiles para aludir a la constante acción centrípeta, con que se ha desarrollado la principal parte de nuestra historia del arte. Condición que alude al riesgo del asombro y nos aproxima a la advertencia de Breton, sobre la condena que la imaginación impone, en nuestro caso por la dificultad de comprender los faltantes que, de una totalidad mayor, clausuran todo encuadre.

Muy joven, a los 22 años, en 1933, después de dedicarse a la decoración, tras haber finalizado sus estudios de arquitectura, Matta deja el país, habiendo antes tenido una experiencia fundamental, cuando se acerca al taller de Hernán Gazmuri,[2] encontrando allí la fisura de marco necesaria para el viaje. Viaje que, en su caso, se realiza en su máxima potencialidad, esto es como deriva en un territorio infinito. Siendo esto posible porque el mismo Gazmuri no será si no también un extraño al *color local* y por tanto rechazada su impertinencia.[3]

En la constitución de nuestro paisaje juegan un rol fundamental las instituciones formadoras y la acción que las tendencias internacionales logran en ellas. Este es el caso de la llamada generación del 28, integrada por jóvenes que en razón del cierre de la Escuela de Bellas Artes, durante la dictadura de Carlos Ibáñez del Campo (1927 – 1931), fueron becados a Europa y que con la caída del régimen y reapertura de la Escuela ocuparon cargos docentes. La mirada de estos artistas se detuvo principalmente en Cézanne, los fauvistas y en un incipiente cubismo. Mirada que reitera una anterior, cuando en 1915, otro grupo llamado Montparnase emprende también este viaje, trayendo su mirada innovadora que, a pesar del apoyo del brillante crítico Juan Emar, no lograron, y justamente por su falta de presencia en un centro formador, imponer su necesaria multiplicación.

En todo caso, ambos contingentes tendrán que enfrentarse a una tendencia aún reconocible, propia de una factura pictórica debida a la influencia del español Alvarez de Sotomayor y su proyección en la llamada generación del 13, que está caracterizada por una sensibilidad en el tratamiento de empastes y una mirada de carácter realista.

Nos parece que éste puede ser el origen de una ausencia real de la herencia de Cézanne y la ausencia del cubismo en nuestro país. De hecho, quien, de la generación del 28, mejor podría haber proyectado esto es Augusto Eguiluz, pero no podrá competir por el favor de los alumnos con el principalmente admirador de Bonnard que es Pablo Burchard, situación prolongada hasta comienzos de los años 60. Nos parece también ésta la dificultad de otras tendencias *duras*, como el mismo surrealismo, que carecerá de representantes en la docencia hasta esos años, con la presencia de Rodolfo Opazo.

Junto a la generación del 28, más que nada por pertenencia de época, y por sus propios medios viaja a Europa Hernán Gazmuri, donde estudiará principalmente con Lhote y Léger. También él tendrá un cargo docente, pero tras dos años es obligado por sus mismos colegas a dejarlo pues su discurso resultará demasiado inquietante, para los que recién empezaban a ver y simultáneamente aún admiraban a los maestros de la generación del 13. Discurso inquietante en el cual Matta encontrará la fisura necesaria, la que ha sido adelantada por otro de los seres más maravillosamente extraños de nuestra historia, el poeta Vicente Huidobro cuyo real reconocimiento aún demora.

De la historia de Matta, sabemos de su llegada, y corta permanencia en el estudio de Le Corbusier, decepción que le permite la fortuna de ser acogido por sus parientes en Madrid, la familia Morla Lynch. A cuya casa concurren importantes figuras de la literatura y el arte, y donde conoce a García Lorca, quien será también otro gran impulsor de su *viaje*, ya que su carta de presentación a Dalí le conducirá hasta Breton y de ahí sin detenerse al destino que ahora nos obliga a referirnos a él. Ruta que lo conduce a Max Ernst y su afirmación que "todo hombre *normal* (y no solamente el artista), lleva en el subconsciente un acervo inagotable de imágenes sepultadas. Siendo cuestión de valor o de un procedimiento liberador (como el de la escritura automática) para sacar sus hallazgos (imágenes) no falseadas (es decir teñidos de algún control) y cuyo encadenamiento pueda definirse como conocimiento irracional o como objetividad poética".[4] Expresándose acá dos ideas fundamentales del movimiento surrealista: el automatismo y la necesidad de realización del proceso "vasos comunicantes", propuestas por Breton.

Con otro de sus nuevos conocidos, Yves Tanguy, iniciará la experiencia asociativa en la contemplación de los transparentes apozamientos de agua en la costa bretona, experiencia que desde luego se vincula, por el mismo proceso asociativo y derivativo, con los *frottages* de Ernst, y de las cuales se reconocerán huellas en su obra. Pero especialmente importante también será su contacto con su coetáneo Onslow-Ford, inventor del procedimiento pictórico automático "coulage", versión del automatismo literario, lo que junto con el conocimiento de la obra de André Masson, precipitará rápidamente un proceso creativo que inmediatamente será reconocido.

El Museo de Arte Contemporáneo guarda en su colección una gran pintura, que Matta ejecutara en los años 50. Se trata del *Nacimiento de América*, fechada en 1952; nombre y fecha que tienen algo de paradoja, pues justamente en 1950, se realiza en el país la primera gran muestra internacional de arte. Se trata de la *Exposición de Pintura Francesa Contemporánea. De Manet hasta Nuestros Días*, que es considerada, por nuestra historia del arte, como otro de los importantes hitos innovadores, y en cuyo catálogo, en un texto firmado nada menos que por René Huyghe, leemos: "Los surrealistas traían la anarquía tras haber introducido la revolución...", y más adelante, "Cuando llegó la liberación, la escuela francesa se hallaba dividida en dos ramas que durante cuatro años no habían conocido contactos ni intercambios. Algunos artistas que habían preferido el exilio a la presencia del vencedor, habían cruzado el Atlántico y se habían afincado en Estados Unidos. La singularidad del azar quiso que aquellos fueran los surrealistas. En París en consecuencia la situación se simplificaba, desembarazada de ese surrealismo que orientaba las fuerzas creadoras para irrigar zonas del subconciente".[5] Como vemos un fragmento lleno de connotaciones que sin duda es causa de una selección de obras, donde la soledad de la presencia de André Masson parece darse más por una aparente proximidad con las obras abstractas que el autor deriva del fauvismo, como la de Bazaine, que por su vinculación surrealista. Así una muestra tan paradigmática, no sólo por su contenido sino también por haber reunido, en su realización, a las dos instituciones culturalmente más influyentes como la Universidad de Chile y el Museo Nacional de Bellas Artes, actuará también como arbitrio de paisaje al no dejar imaginario del movimiento surrealista.

La paradoja se produce en que en esos años Matta ya ha recorrido un camino para muchos el más significativo de su historia, determinando influencias notorias y dando lugar a una obra importantísima, por el reprocesamiento de algunas de las búsquedas más caras a las vanguardias, determinando con esto un nuevo impulso especialmente para el surrealismo, constituyendo una acción pivotante que tendrá un carácter que podemos calificar de épico. Lo que principalmente se demostrará durante su estadía en Estados Unidos (1939 – 1948), y especialmente por su contacto con un grupo de jóvenes, de su propia generación, a quienes introduce justamente en la que constituye razón de su gran avidez: el conocimiento y práctica de los procesos asociativos y particularmente del automatismo. Encuentro en el que se reconocerá el origen de la llamada Escuela de Nueva York.

Pero también allá se producirá otro encuentro altamente significativo y este será con el carismático Stanley W. Hayter, cuyo taller de grabado será también otro lugar de reunión para los jóvenes neoyorkinos, y cuyo resultado nos parece reconocible en el tratamiento espacial de varios de ellos, por su decidido discurso sobre la abstracción y la experimentación, pero también por su alineamiento con el surrealismo, que él proyectaba en el dibujo automático. Pero nos parece que justamente su tratamiento espacial, expuesto en su "Teoría de la línea", provocó el mayor efecto, posible de percibirse también en los grabados de artistas chilenos que participaron en su famoso "Atelier 17", sea en la versión París o Nueva York, como es el caso de Enrique Zañartú, Nemesio Antúnez, Juan Downey, Eugenio Téllez, Bernal Ponce y hasta la misma Delia del Carril.

En las necesarias reconquistas que en Chile se han realizado de la personalidad de Matta, llama la atención aquella insistencia en lo determinante que, para su conceptualización espacial, habrían sido sus estudios de arquitectura dado el conocimiento geométrico que estos incluyen. Sin embargo, en 1980, le pregunté directamente sobre sus razones para acercarse al estudio de Le Corbusier. Como respuesta él tomó un trozo de papel donde dibujó el cuerpo desnudo de una mujer tendida, con las rodillas flectadas, mientras explicaba que conjuntamente a sus estudios de arquitectura asistía al curso vespertino de croquis en la Escuela de Bellas Artes, y que fue a través de un dibujo como este que había encontrado el concepto de habitabilidad, dadas las formas envolventes que el croquis poseía y que relacionó con la arquitectura de Le Corbusier, quien a pesar de su inscripción en el rigor geométrico, propia del "purismo", no rechaza objetos elementales de la naturaleza como "una piedra, un huevo, un caracol...",[6] que pueden vincularse a su capilla de Ronchamp, lo que nos hace pensar que en un comienzo no es precisamente su vínculo con la geometría lo que le conducirá hacia sus ejercicios espaciales, sino más bien sólo una facilitación para el hallazgo de un sentido que se unía a sus nuevos intereses.

La teoría de la línea, Hayter la expone desde el ejemplo de los espejos que se introducen en la jaula de las aves, permitiendo la ilusión de un espacio inabarcable y de libertad. En el caso de un espectador, la distinción entre el espacio ocupado por él y el "mundo fenoménico" a su alrededor momentáneamente se pierde, teniendo este la ilusión de navegar afuera de su propio cuerpo, o en una interpenetración con él. La línea, como descripción de un límite también debe entenderse como un vínculo con lo otro. En su origen, la línea, habría señalado el primer reconocimiento de la secuencia de sus propias huellas y por tanto también la capacidad de la imaginación de reconocer su proyección en un paisaje abierto. Para él, la aproximación a la matemática será totalmente lógica, reconociendo que ellas trabajan al mismo espacio que los artistas.[7]

Si al discurso de Hayter, tan brutal y escuetamente tratado acá, se suman las conversaciones con Duchamp y el haber compartido con él los conceptos relativos a la cuarta dimensión, tendremos que coincidir que nos encontramos en el "lugar geométrico", de las reconocibles operaciones espaciales. En el caso de Duchamp, su interés en el tema dataría de 1912, debido a la lectura de la novela de Pawlowski *Voyage au pays de la quatriéme dimensión*,[8] pero deberíamos recordar que se trata de un interés muy común a las vanguardias y cuyo origen estaría en la coincidencia de los estudios de Cézanne con las investigaciones de Möbius sobre geometría topológica.[9]

Nos parece que éste es el momento del pleno sentido para los conceptos contenidos en Inscape (1938), alcanzados en su proximidad con Onslow Ford: "Quiero una morfología que no se distinga de la silueta, en la piel de los seres y las cosas. La imagen de un árbol no es la masa del verdor entorno al tronco que se destaca con más o menos precisión y gracia sobre un fondo de color. Esta imagen es para nosotros todo lo que realmente sabemos de la semilla, la germinación, la brusca eclosión de los brotes, la sombra que puede proporcionar el árbol... y también todo lo que la palabra –árbol– puede traer al campo de nuestra conciencia, como imágenes emotivas, muchas de las cuales sin embargo nada tienen que ver con la imagen de un árbol, pero que no obstante necesitan la presencia de dicha imagen para existir".[10]

El concepto espacial cuadrimensional, que permite ofrecer todas las dimensiones de un objeto y su representación, se transforma en una apertura a todas las posibilidades de este objeto y por tanto del mismo espacio, un objeto así liberado se encuentra disponible para una vía asociativa infinita.

También nos parece, como para Inscape, que es el momento precipitado de su *Morfología psicológica* propuesta el mismo año y definida como el "gráfico de las transformaciones producidas por la absorción y la emisión de energías en el objeto, desde su aspecto inicial hasta su forma final en el medio geodésico psicológico. / En el terreno de la conciencia, una morfología psicológica sería la gráfica de las ideas. Debería concebirse antes que las imágenes ópticas nos proporcionen una forma de esas ideas, si queremos quedarnos en medio de esa transformación".[11] Esto abre la posibilidad de la liberación de la imagen como condición que marca al surrealismo pre-mattiano, involucrando con esto un concepto crítico de imaginación, en el cual la deriva abstracta es posible. Se trataría del despliegue de un *continuum* que apunta más allá de una inmediata concepción espacio tiempo ya que "toda forma es el gráfico resultante de la adaptación de energías internas en movimiento, a los obstáculos creados por el medio / la cuarta dimensión sería el gráfico de amenazas sufridas durante toda la duración de las transformaciones". Una imagen retenida sólo lo será para calmar la inquietud, conservándose tan sólo "una de las formas posibles del objeto".[12]

Este mundo en perpetua posibilidad, en la interacción psique/mundo como ejercicio del ser, nos parece también en relación con la interactividad cuerpo y espacio, que expone Merleau-Ponty[13] y que Matta cumplirá en la plenitud de la identificación del gesto de pintar como forzamiento corporal, como un vértigo que resolverá en telas de gran formato. Duchamp en 1946 reconoce en Matta que "su primera contribución a la pintura surrealista y la más importante, fue el descubrimiento de regiones del espacio hasta ahora inexploradas en el dominio del arte".[14]

La vinculación, que parecía ineludible para el surrealismo, entre sueño e imagen se ha roto, pero también se ha roto el concepto tradicional de vigilia, abriendo una nueva posibilidad a la poética de los "vasos comunicantes", y todo esto aconteció antes de la exposición francesa de 1950 y contemporáneamente a los heroicos esfuerzos de un grupo, principalmente literario, que generan en Chile el primer movimiento surrealista, con la presentación en 1938 (misma fecha que los citados textos de Matta) de la revista *Mandrágora*, el cual integran Braulio Arenas, Teófilo Cid y Enrique Gómez, y al cual luego se unen Jorge Cáceres y Gonzalo Rojas, los mismos que en 1941 logran una exposición con obras de Arenas y Cáceres. Pero en Buenos Aires, Aldo Pellegrini, en 1928, recién a cuatro años de la publicación del primer manifiesto surrealista, funda la revista *Qué*, y en 1933 Emilio A. Westphalen publica en Lima *Las ínsulas extrañas*.

En forma admirable Braulio Arenas continúa sus esfuerzos y en 1941 publica el último número de *Mandrágora*. En 1948, la galería Dédalo anuncia la primera exposición internacional surrealista, pero un año más tarde fallece Jorge Cáceres. Sin embargo, Arenas aún en 1950 publicará el único número de la revista *Gradiva*. Todos son débiles destellos que no hacen sino exhibir el *fuera de cuadro* de Matta, para este paisaje, que se hará demás evidente aún en 1961, con su invitación al país, y la recepción en el salón de Honor de la Universidad de Chile, donde se le rinde un homenaje en razón de su destacada trayectoria. "Acto que no sólo se limita al homenaje sino que también se permitió al público, entre los cuales había numerosos artistas, críticos e historiadores de arte, entablar un diálogo con el artista... diálogo que no fue ni fácil ni fluido debido a su concepción del arte y del hombre muy alejada de lugares comunes. / Se esperaba escuchar a un pintor que hablara de pintura y se encontraron con un interlocutor que hablaba del hombre, de poesía, de las flores, del verano. Estas intervenciones hicieron que más de alguien dudara de su capacidad como pintor...".[15]

De esa ocasión queda una importante entrevista en la revista *Ultramar* y un gran mural realizado para la Universidad Técnica del Estado. Este será, desde su partida, su segundo viaje y antecede a aquel hecho por un día en 1968, que coincide con la primera de otras exposiciones importantes de su obra debidas a la galerista Carmen Waugh. Después ya no viajará hasta 1971 y 1972, invitado por Salvador Allende. Podríamos decir que son los años de su reencuentro, donde trabajará activamente con la Brigada Ramona Parra en murales callejeros, haciendo ver la necesidad permanente del humor, realizará también sus pinturas de barro y el Museo Nacional de Bellas Artes recién ampliado, bajo la dirección de Nemesio Antúnez, inaugura una sala con su nombre.

En 1980 al solicitarle algunos detalles de su viaje de 1961, contestará, como lo ha hecho con otros interlocutores que, desde su partida, su primer viaje fue aquél de 1968. Hecho que vinculamos a la aridez anterior respecto al mundo de su obra que nuestro paisaje exhibe. También y principalmente a la debida ausencia de ciertas bases culturales que fueron propias al desarrollo del surrealismo, como es el psicoanálisis y el marxismo. En el caso de este último, esto resulta difícil de concebir en un país que cuenta con uno de los partidos comunistas más antiguos. Sin embargo, en Matta, la ligazón con América siempre será una constante.

Entrevistado a propósito de su hijo Gordon Matta-Clarck, dice: "Mi idea consiste en un espacio de seis lados, como los cuatro planos, el techo y el suelo. El arte debe expandir el universo en lugar de reducirlo. El fin último de esta cuestión del arte, es comprender a los demás –imaginar un mundo mejor. / Yo digo de mí mismo 'soy muy prolífico en el estudio', pero mis trabajos parecen más unas notas que obras maestras. Al igual que Gordon, ¿cómo podía acabar esas cosas que estoy haciendo cuando están a punto de cambiar? Vivo con el principio de identidad de Lautréamont. Mi cambio de mentalidad es anterior al surrealismo porque soy imposible de identificar, "no soy francés, sino colonial".[16]

notas

1 BAUDELAIRE, Charles. Du Paysage, *Critique d'Art*. París, Bibliothèque de Cluny; Librairie Armand Colin, 1965, p. 158.

2 WINDHAUSEN, Rodolfo A. "Un Retrato de Amo". En *Hernán Gazmuri. Pionero de la Modernidad*. Santiago, Museo de Arte Contemporáneo, 1994, p. 22 y 24.

3 BINDIS, Ricardo. "Razón y Emoción." En *Hernán Gazmuri. Pionero de la Modernidad. Op. cit.*2, p. 4-9.

4 HESS, Walter. *Documentos para la comprensión de la pintura moderna*. Buenos Aires, Ediciones Nueva Visión, 1959, p. 49.

5 *Exposición de Pintura Francesa Contemporánea. De Manet hasta Nuestros Días*. Santiago, Museo Nacional de Bellas Artes; Editorial Universitaria S.A., 1950, p. 13.

6 DE FUSCO, Renato. "*Historia de la Arquitectura Contemporánea*." Madrid, Celeste Ediciones, 1994, p. 224-5 y 293.

7 HAYTER, S.W. "Theory of the Line." En *New Ways of Gravure*. Londres; Nueva York; Toronto, Oxford University Press, 1966, p. 231 y 247.

8 RAMIREZ, Juan Antonio. *Duchamp. El amor y la muerte incluso*. Madrid, Ediciones Siruela, 1994, p. 72.

9 PONT, Jean-Claude. "Pintura y geometría en el Siglo XX". En AA.VV. *Pensar la Matemática*. Barcelona, Tusquets Editores; Cuadernos Infimos 114, 1998, p. 99-100.

10 OYARZUN, Pablo. "Pintura y posibilidad". En AA.VV. *Tentativas sobre Matta*. Santiago, Delirio Poético Editores, 2002, p. 15-16.

11 *Surrealistas en el exilio y los inicios de la Escuela de Nueva York*. Madrid, Museo Nacional Reina Sofía 2000, p. 61.

12 *Op. cit.*, n. 10. "Pintura y posibilidad". p. 19.

13 MERLAU-PONTY, Maurice. *Fenomenología de la percepción*. México, Fondo de Cultura Económica, 1957.

14 *Op. cit.*, n. 10. "Pintura y posibilidad". p. 19.

15 ELLIOT, Jorge. *Apud* IVELIC, Milan & GALAZ, Gaspar. *Chile: Arte Actual*. Valparaíso, Ediciones Universitarias de Valparaíso, 1992, p. 116-117.

16 *Gordon Matta-Clark*. Valencia, IVAM Centre Julio González, 1999, p. 324.

Roberto Matta

El día es un atentado > 1942 > Óleo s/ tela > 76 x 91 cm > Coleção Museo Nacional de Bellas Artes (Chile) > Foto: Jorge Brantmayer

Edazo > 1949 > Lápis s/ papel > 80 x 50 cm > Coleção Isabel Aninat > Foto: Jorge Brantmayer

Sem título > 1962 > Lápis s/ papel > 44 x 75 cm > Coleção Tomás Andreu > Foto: Jorge Brantmayer

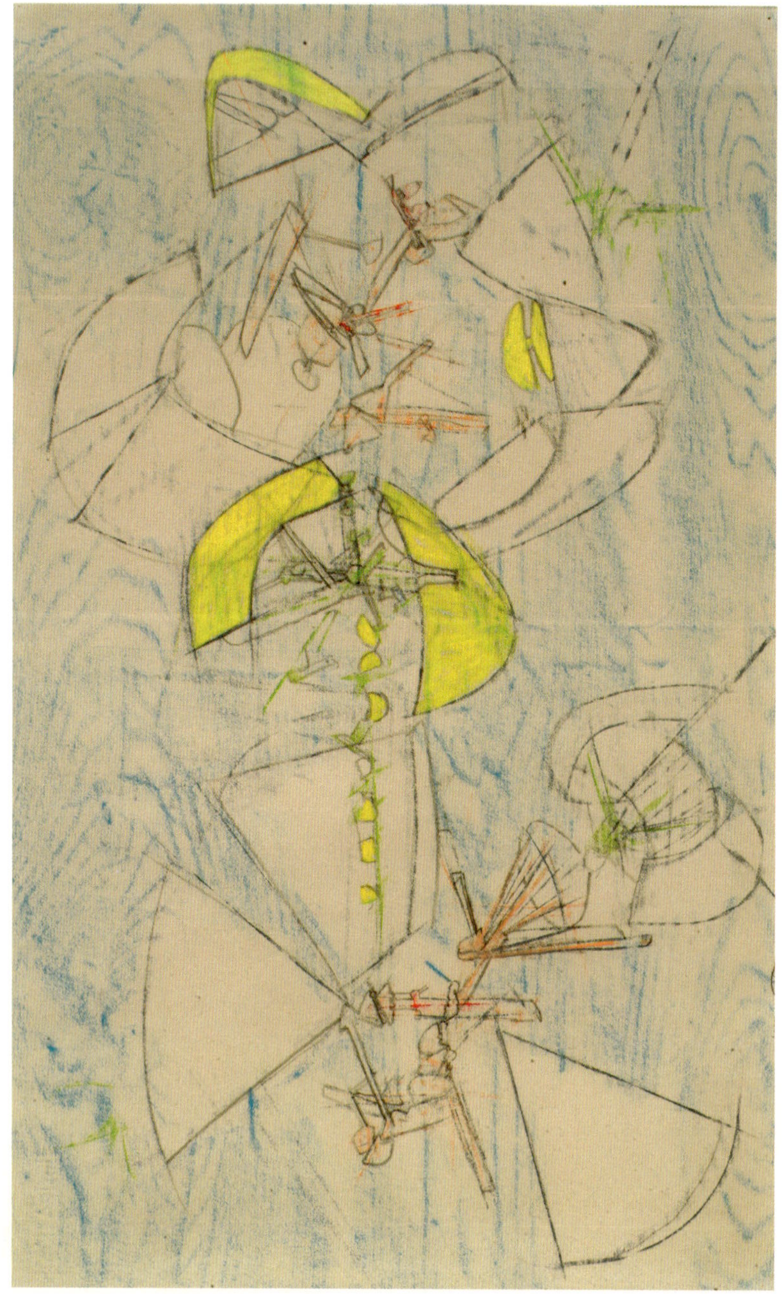

Soul -I- Tude › 1975 › Óleo s/ tela › 80 x 65 cm › Coleção Galeria Isabel Aninat › Foto: Jorge Brantmayer

El Nacimiento de América › 1952 › Óleo s/ tela › 207 x 296 cm › Coleção Museo de Arte Contemporáneo (Chile) › Foto: Jorge Brantmayer

› *Personagge* › Bronze › 64,5 x 30 x 50 cm › Coleção Tomás Andreu › Foto: Jorge Brantmayer

‹ *El proceso de los Rosenberg* › 1950 › Óleo s/ tela › 105 x 129 cm › Coleção Lina Bo e Pietro Maria Bardi › Foto: Fernando Chaves

ABramo

Paraguai
Mostra icônica

Lívio Abramo y el Paraguay: afinidades electivas

Javier Rodríguez Alcalá
Curador

Pre-posiciones

Lívio Abramo (Araraquara, Brasil, 1903 — Asunción, Paraguay, 1993) constituye un referente insoslayable en el escenario artístico de ambos países. Desde 1956, fecha de su primer contacto con el Paraguay, Abramo desempeñó una fértil tarea *desde* y *para* el proceso cultural paraguayo. Enfatizamos estas dos preposiciones —en desmedro de la corrección sintáctica— porque ambas explican la naturaleza de la relación del artista con el Paraguay. La primera se refiere a la influencia que el medio ejerció sobre su propia obra; la segunda habla de su íntimo y radical compromiso con la cultura de su patria de adopción. Partiendo de estas pre-posiciones, deseamos seguidamente resumir dos aspectos: el aporte de Lívio Abramo a la plástica paraguaya, y —simétricamente— la influencia ejercida por el medio en su propia obra.

1. El aporte

En septiembre de 1956, a pedido del Instituto Cultural Paraguay-Brasil, Abramo trajo a Asunción una muestra de obras realizadas entre 1933 y 1951. (Las fechas indican que el artista presentó entonces lo sustantivo de su obra). Dos años antes, en 1954, el colectivo local Arte Nuevo había organizado, en las vidrieras de las tiendas de Asunción, una muestra que más tarde se tendría como el inicio explícito del arte moderno en el país. La exposición se realizó durante la llamada Semana del Arte Moderno, denominación que revela una muy probable relación con su homónima paulista de 1922. La fecha del evento artenovista (1954) deja entrever el contexto de recepción del artista. Cabría entonces abrir un paréntesis explicativo.

El estado de las cosas

La modernidad en Paraguay presentó sus particularidades, comenzando con una demora significativa en relación a sus similares regionales. Asimismo, se desarrolló en un lapso de tiempo relativamente extenso (entre los años 40 y 60), hecho que permite ver en ella tanto rupturas como continuidades.[1] Por último, la modernidad local emerge en un tiempo coincidente con el giro que a nivel continental se verificaba entre los planteos artísticos *identitarios* (1920-1940) y los *internacionalistas*, que se difunden en la región al iniciarse la década del 50.[2]

Este rezago temporal y la dualidad de los referentes formales y conceptuales de los que se nutre (identitarios e internacionalistas), condicionaron una peculiar producción de obra. Así, durante los años 40, conviven versiones locales de la corriente del retorno al orden con planteos posimpresionistas; ya entrados los años 60, una suerte de realismo social comparte el territorio simbólico con experiencias vanguardistas.

Esta convivencia heterogénea nos habla de un incipiente sistema-arte que busca aproximarse a diversos lenguajes (con mayor o menor grado de coherencia en su empleo) para desde allí cargarlos de contenidos locales. "El problema candente de nuestra pintura", señalaba entonces Josefina Plá, teórica del grupo Arte Nuevo, "que es el mismo que el de toda la pintura americana, si bien en la mayoría de estos países está básicamente solucionado, es el de integrar el ritmo telúrico con las premisas estéticas modernas".[3] Condición heterogénea que, por sobre todo, señalaba la necesidad —al interior del sistema-arte— de que la instancia productora/reproductora de los imaginarios visuales (los ámbitos pedagógicos-formativos), fuera consolidada y coordinada con la instancia de circulación/validación de dichos imaginarios modernos (exposiciones, crítica artística, espacios diversos de exhibición, etc.).

La relevancia del aporte de Abramo —más allá del desarrollo de su propia obra, según veremos más adelante— radicaría en su capacidad de comprensión e inserción efectiva en esta doble necesidad del sistema en tal coyuntura. Abramo contribuiría —en el nivel productivo/reproductivo— mediante el ejercicio de la docencia, extendido por el espacio de tres décadas. Su incidencia se constata en el crecido porcentaje de asistentes a sus cursos que hoy ocupa un lugar destacado en la escena artística local.[4]

Por otra parte, en su rol de promotor cultural, Abramo promovería el intercambio con el Brasil empleando un criterio muy amplio, ya que las muestras por él organizadas incluyeron referentes históricos de la modernidad en su país de origen y artistas entonces "emergentes".[5]

Lívio Abramo y el grabado moderno en Paraguay

El viaje de 1956 de Abramo a Asunción, según se dijo, tenía como finalidad presentar una muestra de sus obras y dictar conferencias sobre cuestiones artísticas. Sin embargo, las repercusiones del trabajo expuesto en esa oportunidad —y las propias condiciones del medio antes mencionadas— hicieron que un grupo de artistas locales le solicitara un breve curso de grabado. Abramo imparte durante quince días clases de xilografía, complementadas con charlas teóricas; actividades que desembocaron en la fundación del taller Julián de la Herrería. Al regreso de Abramo al Brasil, el taller continuaría funcionando mediante instrucciones epistolares enviadas desde San Pablo y merced al entusiasmo de la contrapartida local.[6] Cuando retorne definitivamente, en 1962 —esta vez como coordinador del Sector de Artes de la Misión Cultural Brasileña de Asunción— Abramo dirigirá el Taller de Arte Moderno y el de Historia del Arte. La institución se consolida, al punto de que hasta hoy —bajo el nombre de Taller de Grabado Yaparí y Tilcara del Centro de Estudios Brasileños— continúan las actividades a cargo de la tercera generación de artistas y docentes por él formados.

Retrotrayéndonos a los inicios del taller, podría resultar curioso el hecho de que en ese momento el grabado se tuviera como novedoso en un país con extensa tradición gráfica, pues las primeras imprentas, montadas a finales del siglo XVII en las misiones jesuíticas, produjeron, desde inicios del siglo XVIII, imágenes afectadas a la conversión de los indígenas.[7] Durante la Guerra de la Triple Alianza o del Paraguay (1865-1870), aparecen en el país varios periódicos ilustrados que difunden la propaganda oficial en el frente de batalla.[8] Sin embargo, desde el punto de vista de su continuidad temporal y de su incidencia en el conjunto de las expresiones visuales del Paraguay, estos dos significativos momentos del grabado constituyeron experiencias puntuales.[9]

Debido a esta discontinuidad, el grabado en Paraguay (al menos en su acepción de medio expresivo autónomo, generado en el marco de una producción autoral/disciplinaria relativamente sistemática y perfilada) no fue un medio expresivo extensamente empleado hasta pasada la primera mitad del siglo XX.[10] Lívio Abramo desarrolló de manera sistemática las primeras experiencias modernas en el grabado, entendido como expresión gráfica prescindente de su tradicional función ilustrativa, como lenguaje que asume las implicancias ideológicas y estéticas de la tirada múltiple y como obra resultante del empleo deliberado de las posibilidades expresivas de las herramientas de incisión y que —en el plano teórico— se sustenta en la autonomía de los elementos sintácticos del lenguaje visual.

No resultó entonces casual el protagonismo de la imagen gráfica en la escena plástica paraguaya en los años 60 y 70.[11] Tampoco sería fortuito que en conexión con dicho taller se formulasen las principales orientaciones que caracterizarían al grabado local en décadas posteriores.[12]

Patrimonio e identidad

La tarea de valoración patrimonial constituye una contribución particularmente relevante de Lívio Abramo al Paraguay, sea se la considere como preservación del acervo cultural local, o por el hecho de que el rescate de los elementos identitarios constituyó un punto significativo en la agenda de la modernidad regional y local. En este campo, le cupo a Abramo organizar la primera gran muestra de tallas misioneras que se presentase en el exterior; concretamente en 1961, en ocasión de la *VI Bienal de São Paulo*.[13] El artista organizaría posteriormente otras muestras similares, y —no menos destacable— propondría criterios alternativos de clasificación de estas obras.[14]

2. Medio y obra

Regresemos por última vez a 1956. Según se dijo, las 58 obras presentadas por Lívio Abramo tuvieron carácter retrospectivo: abarcaban desde la etapa denominada social-expresionista (*Operário*, *Meninas de fábrica*, de 1935) hasta las experiencias más líricas[15] que se inician con la serie *Pelo sertão* (*Assombramento*, ca. 1947) y que llevarían a posteriores series, como *Rio* y *Macumba* (*Copacabana* y *Macumba*, obras fechadas en 1951 en el catálogo de la muestra). Se trata, por tanto, de la presencia de un artista que ha alcanzado madurez y reconocimiento en el Brasil.[16] Acusando la impresión del medio, Abramo realiza las primeras obras sobre el Paraguay en 1956, aun antes de residir definitivamente en el país. Más adelante —bajo la inequívoca denominación de *Serie Paraguay*[17]— trabajará en dichas xilografías hasta la década del 70.

El grabado: transformaciones

Contrastando los grabados brasileños inmediatamente precedentes con los de la serie local, podrían señalarse ciertas continuidades: el uso expresivo de las alteraciones en la escala, o la fidelidad al paisaje, en cuanto motivo siempre abierto a variaciones. No obstante, la influencia local sobre la obra de Abramo fue significativa: la exhuberancia abierta y centrífuga de los *Mandalas* y las *Macumbas* de las series brasileñas deriva aquí en formas más austeras; formas cerradas y centrípetas; los ritmos se hacen más pausados y —como si de un *Miércoles de Ceniza* se tratase— desaparecen las *Festas*.[18] De hecho, prácticamente desaparece la propia figura humana, cuyo empleo se limitará preferentemente al retrato para retornar —desde otras necesidades expresivas— en sus últimas obras.

Espacio y cultura

En los varios viajes que realizara al sur del país con la finalidad de reunir imágenes sacras (registrados en notas y bocetos), Lívio Abramo demostró especial interés por los pueblos misioneros. Interés por su estructura física —por entonces poco alterada— y por su historia, que remitía a un pasado también "cerrado", en la medida en que dichas estructuras urbanas (jesuitas y franciscanas) fueron diseñadas precisamente para excluir el doble peligro de agresiones militares exteriores y la codicia de los encomenderos locales, que buscaban someter al indio a un régimen semiesclavista,[19] y —no menos importante— para "disciplinar" la existencia cotidiana del indígena evangelizado.

Desde esta perspectiva, las series plantearían sus motivos (la estructura urbana y a la arquitectura misionera) desde el espacio físico entendido como "correlato construido de relaciones socioculturales". Por lo demás, la arquitectura (en sus implicancias más generales) no había sido ajena a intereses previos del artista: Abramo consideró en algún momento de su vida la posibilidad de dedicarse a esa profesión; ilustró con perspectivas proyectos del arquitecto Oswaldo Bratke y realizó él mismo obra estrechamente ligada al espacio arquitectónico.[20]

Resulta evidente inferir que Abramo, a partir de la reinvención sintética de estos pueblos, clausurados y temporalmente pretéritos, buscase dar cuenta de otras condiciones culturales y sociales, entonces muy presentes. Mencionamos una evidente, de entre otras: la de un país —una isla rodeada de tierra, en la expresión de Roa Bastos— que buscaba una apertura al exterior desde la opresión interior del régimen autoritario imperante.[21]

A partir de estos condicionamientos —internos del artista y externos del medio— y desde una consideración formal muy resumida, se nota en las obras locales, en primer lugar, una voluntad de ordenar ortogonalmente la estructura compositiva, al tiempo que los elementos discretos que construyen esta grilla ortogonal se tornan progresivamente más sintéticos. En segundo lugar, se plantea una suerte de "modularidad" como estrategia sintáctica, hecho que de nuevo nos remite a la relación obra-medio y a la adecuación forma-contenido. El lance,[22] módulo de la arquitectura colonial misionera y laica, se reinterpreta e incorpora en las xilografías paraguayas. Por otra parte, las tiras[23] de viviendas se componen y recomponen, exponiéndose la sintética frontalidad de sus fachadas mediante el uso de procedimientos representativos que remiten, simultáneamente, a la multifocalidad cubista y las convenciones de la cartografía colonial. Pasado y presente (artístico e histórico) se funden en estas expresivas "tergiversaciones" para aproximarnos a la configuración verdadera del entorno espacial y cultural de estos pueblos del interior del país.

Concurrentemente, la reinterpretación de elementos locales en la obra también se extiende de la arquitectura a otras expresiones visuales.[24] Motivos decorativos provenientes de los textiles populares (con significaciones usualmente vegetales) se integran a los elementos arquitectónicos: la trama textil (referida en este contexto a lo natural) se liga estrechamente a la trama urbana (cultural).

Este intertexto obra/medio se referirá también a fenómenos naturales. Tal el caso de la serie *Lluvias*[25] (ca. 1966). "Estos grabados tienen una ligación muy grande con toda mi obra, aunque no parezca. Aquellas líneas rígidas", comentaría Abramo, "las luces muy nítidas son resultado de mi nueva manera de trabajar, aunque tienen cierto sentido de expresión muy fuerte, pues yo necesitaba dar la impresión de violencia —las lluvias en el Paraguay no son lluvias, son tempestades (...) las lluvias y los vientos son siempre muy exagerados, tienen una fuerza extraordinaria y yo quería reproducir esa impresión de fuerza, de cosa que lastima".[26] "Una cosa que lastima" frecuentemente referenciada a condiciones sociales más vastas, de "contención, de freno (...) a la violencia de la represión y a la fuerza de una libertad demasiado esperada".[27]

Por otra parte, esa serie fija fronteras imprecisas entre figuración y abstracción. Planos y líneas —utilizados en un sentido casi autorreferencial— fuerzan el tema al extremo de lo reconocible; la gubia se emplea en un sentido gestual, y la violencia de su incisión en la matriz refuerza las connotaciones violentas del motivo abordado.

En puridad, la obra de Abramo sugiere la poca operatividad de abordarla desde polaridades excluyentes (como figuración y abstracción, expresionismo y constructivismo, etc.), pues lo que en ella prima es la síntesis puesta en función de la expresividad, aspecto que deseamos reiterar en el apartado final del texto.

El dibujo

Resulta casi un lugar común señalar la relevancia del dibujo en el conjunto de la obra de Lívio Abramo. A esto contribuyen sus propias afirmaciones: "Me considero, al contrario de lo que parece ya establecido, mucho más afortunado como dibujante que como grabador, aun cuando sea más considerado bajo esta última denominación".[28]

Paradojas al margen, lo cierto es que Abramo empleó temprana y extensamente este medio expresivo. De los dibujos realizados desde la década del 30 en adelante, es dado inferir un uso autónomo del lenguaje, en tanto que el empleo de la línea pura licencia al diseño de incurrir en realismos literales.

Aun con un solvente y sensible manejo de la perspectiva lineal —los citados gráficos arquitectónicos realizados para el arquitecto Bratke lo denotan— Abramo fue siempre consciente de la convencionalidad del método perspectivo y lo emplearía de manera muy libre en apuntes preparatorios, ilustraciones y en su obra dibujística autónoma. Las series de dibujo desarrolladas entre 1964 y 1991 abordan temática diversa, si bien la mayoría —numéricamente considerada— refiere al paisaje urbano.[29]

La inmediatez del dibujo contribuyó a una expresión más directa y "caligráfica" de determinados contenidos que en el grabado debían mediarse por su tiempo más demorado. Esta "caligrafía dibujística" de Abramo resulta inconfundible y extremadamente económica a la hora de calificar los distintos motivos, sea la vasta horizontalidad del paisaje misionero o las inflexiones del río que rodea su ciudad "adoptiva" (Asunción), río en el cual la ciudad se representa demorada y ajena al tiempo.

Lívio Abramo pudo conocer Asunción antes de que ésta sufriera el deterioro edilicio de la década del 70, contrapartida negativa del auge económico de aquellos años. Siempre se sintió a gusto en esta ciudad y no es improbable que llegara a idealizarla. Por contraste, en una de las últimas series realizadas en el país, *Los frisos del Partenón* (1988), el artista expresa —con fuerza poco usual a los 85 años— el reverso de la moneda. El espacio urbano de San Pablo —según lo conjetura Abramo, no ya proyectivo sino coercitivo— oficia de sombrío escenario para la impersonal y cotidiana tragedia de sus habitantes.

Expresión y rigor constructivo

Se ha postulado con agudeza la hipótesis de un Abramo antiexpresionista, argumentando que en su obra —aún aquella producida en la etapa que se designa con el nombre de esa corriente— predomina la construcción nítida, económica y ordenada de las formas.[30] Avanzando en este señalamiento —pero evitando hacerlo en términos de polaridades excluyentes, como antes dijimos— encontramos que es precisamente la inseparable coexistencia del rigor constructivo y la expresividad (antes que la primacía de lo primero sobre lo segundo) aquello que constituye un rasgo distintivo de su obra.

Una digresión final: calificar de "pintoresco" a un paisaje, a un pueblo (en su acepción etimológica, antes que costumbrista) equivale a afirmar que nombramos lo real desde el artificio del arte. Este artificio —empleado de manera sensible y rigurosa— recorre la obra de Lívio Abramo y se sustantiva en ella con amplitud poco usual: en los grafismos personalísimos y frescos de sus dibujos, en la violencia de sus *Lluvias*, en la clausurada y esencial geometría de sus pueblos misioneros o en la simbiosis que reúne a la ciudad con su río.

Calibrando con infrecuente precisión sus componentes estructurales y emotivos, la obra de Lívio Abramo oficia de puente entre la rutina de la apariencia y el asombro que guarda la revelación de lo oculto. Ya se ha dicho: "el puente nombra al río".

notas

1 Puede señalarse al menos tres momentos del arte moderno en Paraguay. El primero, en la década del 1940, de búsquedas individuales orientadas a la autonomización de las formas plásticas, en la línea del retorno al orden (Jaime Bestard, Ofelia Echagüe Vera). El segundo, en los años 50, con fuerte protagonismo del colectivo Arte Nuevo, propone explícitamente la renovación del lenguaje reintroduciendo en la obra elementos cubistas y expresionistas (Lili del Mónico, Olga Blinder, Josefina Plá, Laterza Parodi). El tercero, a inicios de los 60, propone actualización formal mediante la reelaboración local de las experiencias de vanguardias metropolitanas, con mediación rioplatense y brasileña (William Riquelme, Enrique Careaga, Migliorisi, Krasniasky).

2 El Concretismo brasileño, el Madí argentino, etc. Caracterización propuesta por MANRIQUE, Jorge. "¿Identidad o Modernidad?". En BAYON, Damián (relator). *América Latina en sus artes*. México, Siglo XXI/ UNESCO, 1994.

3 Comentario del *XX Salón de Primavera*. *El País*. Asunción, 1956. Reproducido en ESCOBAR, Ticio. *Una interpretación de las Artes Visuales*, vol. 2. Asunción, CCPA, 1983, p. 127.

4 Si bien Abramo nunca impuso una orientación rígida, su enseñanza estaba referida a preceptos de la vanguardia histórica —Klee, Kandinsky—, actualizados por posteriores aportes pedagógicos y teóricos de autores como Herbert Read y Mário Pedrosa, según se constata en los apuntes de clase obrantes en el archivo del Museo Boggiani de San Lorenzo. Sobre este y otros aspectos de la trayectoria de Abramo ver ECHAURI, Maria Gloria. *Lívio Abramo y el arte de Paraguay. 1956/1992*. 2002. Tesis (Grado) — Instituto Superior de Arte, Asunción. Al margen de ciertas consideraciones, se trata de la más completa recopilación documental realizada a la fecha en nuestro país sobre la obra local del artista.

5 Algunos nombres: Goeldi, Portinari, Clark, Fajardo, Resende, Bonomi —entre los brasileños; Jiménez, Migliorisi, Krasniasky, Rivero, Morales, entre otros tantos artistas paraguayos.

6 El taller continuó a cargo de Olga Blinder Lotte Schulz, María Adela Solano López, hasta que Edith Jiménez, otra fundadora, asume su dirección, en 1961, y, en 1962, Abramo se radica en Paraguay.

7 *De la diferencia entre lo temporal y lo eterno* se imprime en Loreto, en 1705. La incorporación de la mano indígena —aunque tutelada— se verifica en láminas autorales como las de los mencionados grabadores Yaparí y Tilcara.

8 El *Cabichuí*, *El Centinela* y el *Cacique de Lambaré* son ilustrados con xilograbados cuyas filiaciones formales oscilan entre la transcripción de la retórica épica y alegórica de la tradición academicista introducida por los López —retórica por lo demás comprensible dada la urgencia y finalidad concreta de la propaganda bélica— y una incipiente expresión de elementos de la visualidad popular local. (De entre la bibliografía de reciente publicación en el medio, reviste interés AMIGO, Roberto. *Guerra, anarquismo y goce*. Asunción, CAV/ Identidades en Tránsito, 2002.

9 En caso del grabado misionero, debido a que la expulsión de la orden hacia fines del siglo XVIII supuso la ruptura del proyecto jesuítico. Por su parte, los periódicos de propaganda de la guerra del 70 correrían la suerte del país en su conjunto: la destrucción casi total de la infraestructura y una caída demográfica próxima al 70%, a consecuencia del conflicto.

10 Si bien artistas como Andrés Campos Cervera, Josefina Plá, Wandurek y Holden Jara realizaron grabados, su influencia no fue decisiva. Lo mismo podría afirmarse de las diversas publicaciones —*Rojo y Azul*, *Crónica*, *Guarania*— en donde el grabado se utilizaba como ilustración.

11 De allí surge la primera generación de grabadores modernos: Edith Jiménez, Lotte Schulz, Jacinto Rivero, Leonor Ceccotto y María A. Solano López, entre otros. Grabadores contemporáneos como Marcos Benítez y Carlo Spatuzza (éste último docente del taller, junto con Edith Jiménez) también se forman en esta institución.

12 Edith Jiménez (Asunción, 1917) es becada a San Pablo, en 1958, en donde toma cursos en la Escola de Artesanato del Museu de Arte Moderna de esa ciudad y en el posterior Ateliê de Gravura, fundado por Lívio Abramo y Maria Bonomi en 1960. Jiménez expone en Asunción las primeras xilografías abstractas-informalistas, en 1960, y sus series *Viento* y *Troncos* anticipan posteriores tendencias locales basadas en el empleo de matrices múltiples y en la estampación de objetos reales. En *Edith Jiménez, Obra gráfica 1956/2001*. Asunción, Embajada del Brasil/ DHL, 2001.

13 En colaboración con el arquitecto brasileño Saturnino de Brito y el crítico Ramiro Domínguez —a solicitud del MAM paulista— Abramo presenta una colección de 128 imágenes misioneras que alcanza considerable repercusión, a estar por los comentarios de críticos como Sweeney, Pedrosa y Gomes Machado. Por otra parte, a partir de la documentación recabada, se inician gestiones orientadas a la legislación de defensa del patrimonio ante autoridades locales y ante la UNESCO, las mismas que concluirían en la declaración del acervo misionero como parte del patrimonio cultural universal. Ver catálogos *Esculturas de las Antiguas Misiones del Paraguay*. Asunción, Misión Cultural Brasileña, 1962 y *La fe y la flor*. Asunción, Centro de Estudios Brasileños, 1977.

14 El criterio más difundido consistía en identificar a las tallas según su origen jesuita o franciscano, suponiéndose un mayor tutelaje y fidelidad al referente barroco en el primer caso, y mayor participación del indígena artesano en el segundo. Abramo propuso —a más del origen— organizar las obras en cuatro progresivos niveles de hibridación entre el Barroco metropolitano y la visualidad local, hecho que permitió considerar más sistemáticamente las transformaciones formales de las tallas misioneras coloniales y postular su continuidad en la santería popular que se prolonga hasta nuestros días. Ver *La fe y la flor*. *Op. cit.*

15 Si bien Abramo incorporó las tendencias artísticas desde su personal sensibilidad y en gran medida fue autodidacta, queda pendiente considerar más detalladamente los contactos de su obra con la de grabadores como Adolphe Kohler, Marcelo Grassmann, Fayga Ostrower, así como su pasantía por el Atelier 17, dirigido por Stanley Hayter, en París, durante los años 50.

16 En la muestra *Artistas Brasileiros Contemporâneos* (Museu de Arte Moderna de São Paulo, 1955), Abramo expone con Lasar Segall, Anita Malfatti, Di Cavalcanti y Tarsila do Amaral. En catálogo de 1955, reproducido por ECHAURI. *Op. cit.* Se considera a Abramo —junto con Osvaldo Goeldi— como fundador del grabado moderno brasileño.

17 *Paraguay, las plazas* (1956); *Paraguay, síntesis* (1956); *Transparencias* (1957); *La ciudad de las palmeras* (1957); *Paraguay, palmeras y ritmos* (1958-59); *Paraguay, ritmos y arquitectura* y *Paraguay, lo natural y lo metafísico* (ambas de 1962); *Las ciudades perdidas* (1964); *Arquitectura, Paraguay* (1964); *Paraguay, magia* (1965); *Paraguay, visión* (1965); *Paraguay, ciudad, río y tiempo* (1965); *Paraguay, sinfonía* (1965); *Paraguay onírico* (1966) e *Itagua, Paraguay* (1970). En ECHAURI. *Op. cit.*; se omite aquí la clasificación del grabado en metal y las litografías. Cabe acotar que a la fecha no ha sido realizada una catalogación definitiva de la obra paraguaya de Abramo sobre la totalidad de la obra existente en el país. El Museo del Barro de Asunción posee el acervo local más importante (1003 obras hasta abril del 2001, donadas por Dora Guimarães, viuda del artista, luego del fallecimiento de éste en 1992). No obstante, este acervo a la fecha permanece cerrado a la investigación y/o clasificación.

18 Existen algunas versiones locales basadas en bailes populares, pero no resultan significativas atendiendo al carácter general de la etapa paraguaya del artista.

19 El reparto de mano de obra indígena a los conquistadores a cambio de "protección y piadosa instrucción y trato", en los hechos significó la explotación y aun la extinción de los aborígenes. Los misioneros buscaban sustraer a los indios de los encomenderos, "reduciéndolos" en pueblos bajo un control bastante rígido, aunque menos cruel. El modelo jesuítico llegó a ser particularmente exitoso. Sus reducciones formaron un estado cerrado y autónomo dentro de la estructura sociopolítica y económica del Paraguay colonial.

20 Desde finales de los años 40, el artista realiza paneles murales en la residencia de Oscar Americano, en San Pablo (hoy Fundação Maria Luísa e Oscar Americano), la Facultad de Odontología de la USP y mosaicos en el hotel Termas Águas de Lindóia. FERREIRA, Ilsa. *Lívio Abramo*. 1983. Disertación (Maestría) — Escola de Comunicações e Artes da Universidade de São Paulo, San Pablo y ECHAURI. *Op. cit.*

21 Podría decirse que desde 1870 y hasta 1940 el Paraguay constituyó (económica y culturalmente) una suerte de "remota provincia argentina insertada en la geografía brasileña". En 1954 se instala la dictadura del general Alfredo Stroessner, quien busca una apertura hacia Brasil en el marco de su política pendular. No obstante, esta apertura —en cuyas indirectas derivaciones culturales podría inscribirse la presencia de Abramo en Paraguay— se consolidaría recién en los años 70, a través de los emprendimientos hidroeléctricos binacionales.

22 Distancia de aproximadamente cinco metros, existente entre pilares. De este módulo estructural deriva la composición de fachada y el espacio interior de la arquitectura colonial paraguaya y de la vivienda tradicional campesina.

23 Derivadas del *oga* —vivienda comunal indígena— las tiras (empleadas usualmente como "casas de indios") constituían la unidad morfológica y funcional básica de la trama urbana misionera.

24 Coincidentemente con exposiciones que organizara sobre el tejido de Ñandutí y otras expresiones visuales populares del Paraguay.

25 Realizada sobre diferentes tipos de matriz.

26 *O Estado de S. Paulo*, 1981. En el catálogo del Museu Nacional de Bellas Artes de Río de Janeiro, 1990. Reproducido de ECHAURI. *Op. cit.*

27 TAVARES DE ARAUJO, Olívio & ESCOBAR, Ticio. *Lívio Abramo, 133 obras restauradas*. Asunción, Embajada del Brasil, 2001.

28 ABRAMO, Lívio. *Grabados, Diseños y Acuarelas. Catálogo de retrospectiva*. Asunción, Misión Cultural Brasileña, 1967. (Archivo del C.E.B y en ECHAURI. *Op. cit.*)

29 *Misiones* (ca. 1964); *Caballos* (fechas diversas); *Paraguay, interior* (ca. 1974); *Itaipu* (1980); *Asunción y el Río* (1981); *Los frisos del Partenón* (1988) y *Línea: homenaje a los artistas de la prehistoria* (1991). En ECHAURI. *Op. cit.*

30 En TAVARES DE ARAUJO, O. *Op. cit.*

Série Caballos > 1977 > Aquarela > 43 x 31 cm > Coleção particular

Série Caballos > 1984 > Litografia (162/200) > 37 x 52,5 cm > Coleção particular

Lívio Abramo

Sem título > 1964 > Desenho > 18 x 29 cm > Coleção particular

Sem título > 1964 > Desenho > 18 x 29 cm > Coleção particular

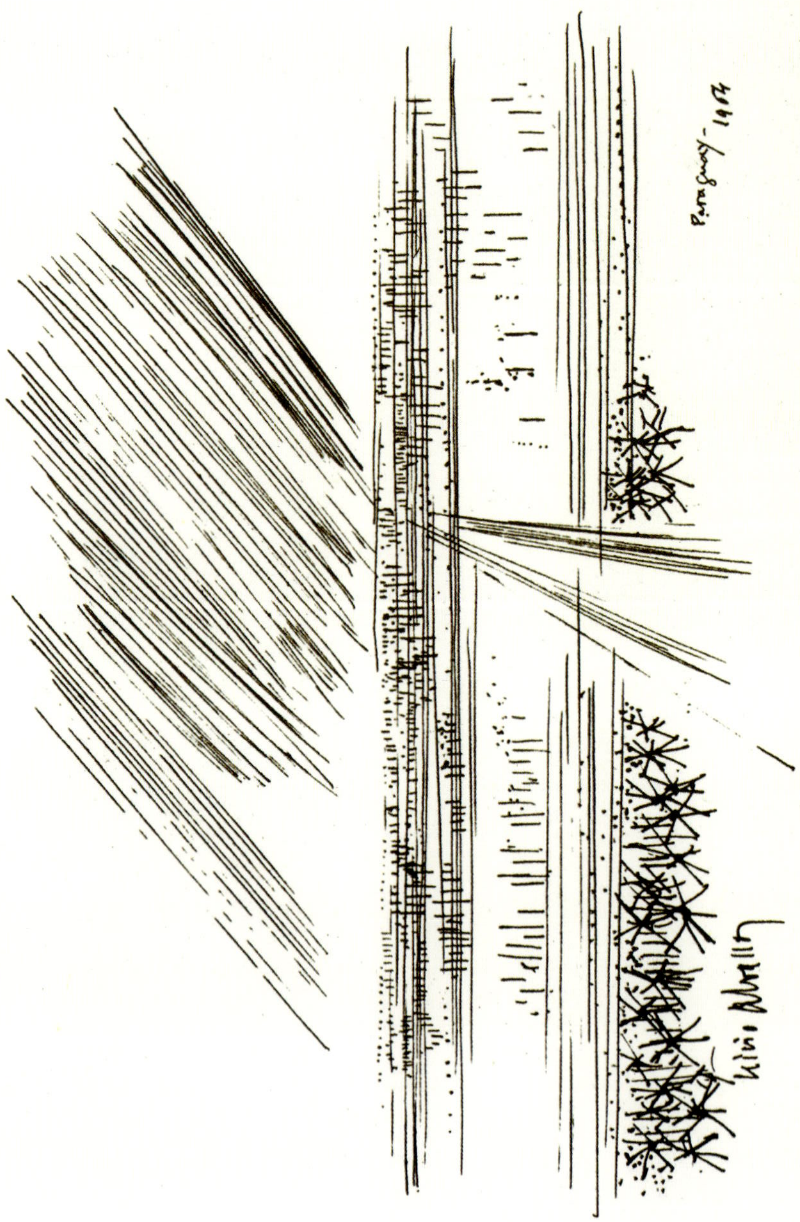

Sem título > 1964 > Desenho > 18 x 29 cm > Coleção particular

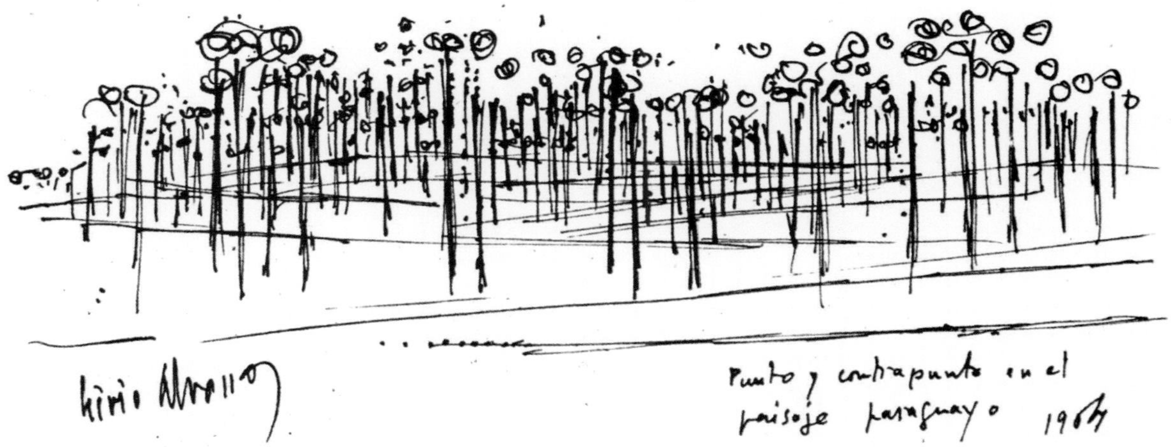
Livio Abramo
Punto y contrapunto en el
paisaje paraguayo 1964

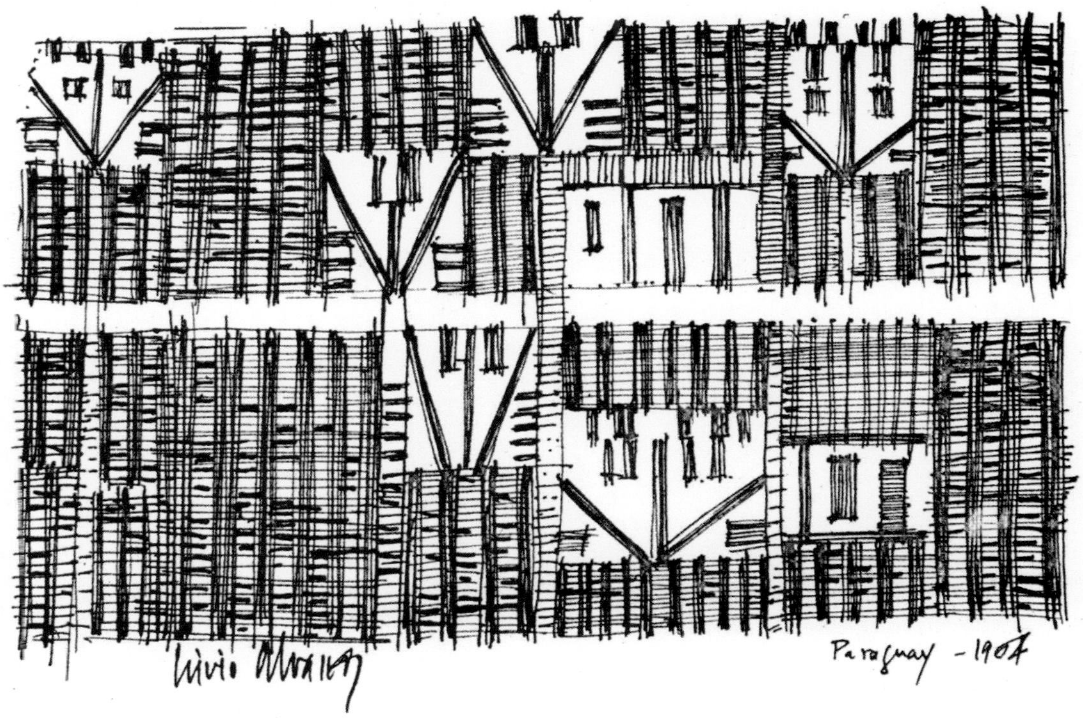
Livio Abramo
Paraguay - 1964

Série Rio › 1953 › Xilogravura › 20 x 16 cm › Coleção particular

Série Paraguay › 1957 › Xilogravura › 39 x 19,5 cm › Coleção particular

Botânico - Rio - 1953

María Freire

Uruguai
Mostra icônica

Universo y región en el espacio artístico de María Freire

Gabriel Peluffo Linari
Curador

1. Contextos geométricos

"Matar la óptica", han dicho los surrealistas, los últimos mohicanos de la representación. EXALTAR LA ÓPTICA, decimos nosotros (...). El arte concreto habitúa al hombre a la relación directa con las cosas y no con las ficciones de las cosas (...). NI BUSCAR NI ENCONTRAR: INVENTAR. [1]

Así establecía sus premisas fundamentales el Manifiesto Invencionista, dado a conocer por el grupo argentino Arte Concreto-Invención en 1946.[2] Entre los integrantes del núcleo original formado entre 1943 y 1945 se encontraban algunos uruguayos como Rod Rothfuss, Valdo Wellington, Rodolfo Uricchio, Arden Quin; casi todos vinculados, en sus primeros tiempos, por una relación amor-odio con la prédica de Joaquín Torres García.[3]

Hacia fines de 1943, mientras en Buenos Aires los "muchachos del café Rubí" —que se nuclearían más tarde en la revista *Arturo* (1944)— planeaban el futuro arte concreto sobre los despojos del constructivismo torresgarciano y del elementarismo geométrico de las vanguardias europeas, María Freire visitaba a Torres García en su Taller montevideano llevando un libro de Cézanne debajo del brazo. Le despertaba respeto y admiración ese maestro, pero al mismo tiempo rechazaba lo que ella consideraba limitaciones pedagógicas propias de la doctrina del Taller. Sin embargo, la obra de Torres García venía a confirmar su convicción de que era necesario desaprender lo aprendido en los cursos de Bellas Artes. En ese sentido Freire compartía, sin saberlo, el espíritu de las polémicas cotidianas en aquel café Rubí de Plaza Once: compartía una simpatía por la tradición geométrica del arte moderno al mismo tiempo que presentía la necesidad de una renovación de sus credos históricos.

Las revistas francesas *L'Art Vivant* y *L'Art d'Aujourd'hui*, así como la publicación argentina *Nueva Visión* recibidas por la Facultad de Arquitectura de Montevideo, permitieron a María Freire conocer la obra del cubismo, del constructivismo ruso y del neoplasticismo holandés acuñada en las primeras décadas del siglo XX. Sin embargo, se interesó también por las máscaras africanas, las piezas de Oceanía y la propia iconografía indoamericana —ya reivindicada por Torres García desde 1936—, sintiéndolas como un camino de investigación posible para salir del atolladero del arte figurativo tradicional. "El conocimiento de Lipchitz —dice María Freire— me orientó hacia un nuevo universo: formas humanas, máscaras transformadas en estructuras geométricas, fueron mis esculturas de los últimos años de la década del cuarenta".[4]

En la obra temprana de María Freire (1938-1948), las máscaras fueron un argumento idóneo para comenzar a explorar el universo formal de la modernidad, pero al mismo tiempo le permitían seguir apelando a un expresionismo *sui generis* que formaba parte de su perfil temperamental. Ya en 1938 visitaba de manera periódica la réplica del diabólico *Fauno* de Miguel Ángel en una sala del Museo Nacional, llevando el recuerdo de esa imagen a una de sus primeras máscaras de yeso policromado.

Esta pendulación entre esquematismo y dramatismo era parte constitutiva del movimiento artístico europeo, en cuyo trasfondo estaba la cuestión del *primitivismo* como un *topos* del arte moderno. Desaprender los preceptos académicos era una actitud coherente con esa revisión modernista del *arte primitivo*, idea que María Freire traduce en su propia obra como "un recorrido desde los principios de la abstracción geométrica universal hacia su elaboración plástica a través de soluciones formales particulares".[5] Ciertas fuentes del esquematismo primitivista eran utilizadas para construir el lenguaje plástico de una modernidad periférica que, sin eludir su dimensión local y regional, pretendía incidir en la universalidad eurocéntrica.

Hacia 1950 Freire parece estar arribando a convicciones fuertes, a un arte ya sin rémoras expresionistas y con un disciplinado apego a la construcción geométrica, mientras dictaba cursos de dibujo para estudiantes liceales en la ciudad de Colonia del Sacramento, apenas a cincuenta kilómetros de Buenos Aires.

El populismo peronista que se acompasó con el crecimiento industrial de la Argentina; la confianza en el Uruguay productivo durante el gobierno de Batlle Berres y la era juscelineana de Brasil, que apostaba a la integración y al desarrollo nacional, fueron situaciones históricas simultáneas que pautaron social y políticamente lo que sería una atmósfera artística regional, cuyo común denominador más innovador fue el movimiento geométrico.

En estos tres países los artistas acceden al problema de la geometría y de la "no figuración" a través de investigaciones muy relacionadas con problemáticas locales, aun cuando los constructivismos europeos tuvieron una seducción visual indiscutible entre estos artistas. En la Argentina los concretos de la revista *Arturo* se habían nutrido de un optimismo tecnológico de raíz nacional y vocación universal, aunque paradójicamente, en sus inicios, el grupo operó también con ingredientes surrealistas propiciados en parte por la personalidad y la obra del psicólogo Pichón Rivière. En el Brasil, artistas geométricos del primer período como Mavigner y Serpa habían trabajado durante la década del cuarenta en el programa "arte y terapia" del Instituto Psiquiátrico D. Pedro II de Río de Janeiro. En Uruguay, María Freire había iniciado sus exploraciones en el arte abstracto a partir de las experiencias colectivas que realizó después de 1945 con sus alumnos del Liceo de la Colonia del Sacramento. Estos hechos confirman que la gestación de la abstracción geométrica en la región tuvo lugar en condiciones locales que propiciaron nuevas formas de socialización de la experiencia estética.

A mediados de la década del cincuenta, Freire tenía un amplio conocimiento no solamente del grupo Madí y de las subsiguientes agrupaciones abstracto-concretas incentivadas por Aldo Pellegrini en la Argentina, sino que tenía también afinidad con artistas concretos y neoconcretos activos en el Brasil, como es el caso de Amílcar de Castro, de Luis Sacilotto, de Lothar Charoux,[6] o de la propia Lygia Pape que en 1977 se encargará de reunir la obra concretista de la década del cincuenta en una exposición retrospectiva que llamó *¿Construir o Reconstruir?*.[7] Estos contactos internacionales fueron acrecentados en 1956 al realizarse en Montevideo una muestra de *Pintura Brasileña Contemporánea*[8] en la que intervinieron, entre otros, Lygia Clark, María Leontina, Flexor, Iván Serpa y varios discípulos de este último pertenecientes al Grupo Frente, como José da Silva Costa, Mauro Ludolf y el ya entonces destacado Hélio Oiticica. Ese mismo año Freire y Costigliolo viajan a San Pablo y luego a Río de Janeiro para exponer en el Museu de Arte Moderna de ambas ciudades. Por otra parte, Tomás Maldonado, Almir Mavigner, María Freire, se vincularán por motivos distintos y en tiempos diferentes a la escuela de Ulm y al magisterio de Max Bill. Los uruguayos José Pedro Costigliolo y María Freire conocerán también el amistoso estímulo de Vordemberge-Gildewart al visitar aquella Escuela en 1958.[9]

Todo esto indica que existió una trama de vínculos personales entre artistas que no sólo relacionó internamente al concretismo regional brasileño-rioplatense, sino que vinculó a este movimiento con ideas paralelamente desarrolladas en Europa, especialmente en torno al eje histórico Bauhaus-Ulm.

2. Ductilidad de los signos

Si bien en 1951 María Freire comienza una serie de esculturas móviles y polimorfas que denotan ciertas afinidades con Madí, a partir de 1952, al iniciar un taller compartido con José Pedro Costigliolo —que sería desde ese momento su inseparable compañero—, se vuelca a una disciplina de estudio que la llevará cada vez con más rigor hacia las técnicas pictóricas planas. La pareja de artistas se convierte en el puntal del grupo de Arte No Figurativo formado en Montevideo en 1952. En ese momento la pintura de ambos se ubicaba en el extremo del geometrismo "duro" (aunque ellos nunca cultivaron intolerancias o exclusivismos radicales en este sentido), extremo que se hacía más evidente frente al resto de pintores abstractos uruguayos cuyo eclecticismo contenía resabios figurativos y expresionistas.[10]

Para María Freire esta actitud "purista" había implicado ya en 1952 el abandono de las técnicas de modelado para sustituirlas por el trabajo directo con materiales resultantes de procesos industriales, es decir alambre, hierro, bronce, madera, *plexiglass*. Es muy significativa la importancia que adquiere el procedimiento de ejecución en el caso de María Freire y Costigliolo durante esos años, ya que la elección de la técnica tiene un sentido práctico pero a la vez simbólico: lograr una simbiosis total entre el concepto de forma y su representación. Si para Freire el geometrismo era expresión de ciertos absolutos de naturaleza mental, su concreción material debía visualizar esa pulcritud infalible propia de las entidades matemáticas; idea de algún modo asociada al imaginario industrial, ya que la producción mecánica en serie contenía los presupuestos tecnológicos adecuados para esa búsqueda de un espacio y una materialidad incontaminada por el gesto "impuro" de las operaciones manuales. Es explicable entonces que Freire se vincule a técnicos de la fábrica Kraft Imesa en Montevideo buscando perfeccionar sus piezas metálicas, o que acepte la serigrafía para la reproducción de sus obras, ya que esta técnica permite planos cromáticos homogéneos y líneas con perfiles de alta definición.[11] En esa búsqueda de "purificación" geométrica, Costigliolo y Freire habían pasado por varias etapas, desde la intoxicación con *thinner* en 1952, hasta la adopción del soplete eléctrico para aplicar laca piroxilínica dos años más tarde.

La geometría que cultiva María Freire sostiene el diálogo permanente entre la pintura y la escultura a lo largo de toda su obra. Esa geometría construye forma y espacio simultáneamente, de modo que muchas veces las formas son susceptibles de constituir volúmenes autónomos, independientes del plano pictórico, algo que ya estaba en la teoría "perceptista" (1950) del argentino Raúl Lozza. No es una geometría concebida como sujeto metafísico de la pintura; no es argumento para una teleología, sino que es algo más "concreto": un instrumento para crear el espacio plástico, una herramienta para la libertad plástico-constructiva del artista.

De ahí la ductilidad morfológica que le permite a María Freire esta apoyatura geométrica en el desarrollo y transformación de su obra. La primera de esas transformaciones tiene lugar entre 1957 y 1960, cuando Freire y Costigliolo viajan juntos por Europa. Allí toman contacto personal con Moore, Vantongerloo, Vordemberge-Gildewart, Ferrant, Pevsner, Calder, entre muchos otros, y conocen la obra de Pollock en la *Documenta de Kasell*. María Freire vuelve en estos años a revisar el sentido de la forma en su consistencia sígnica, tal como había estado presente desde sus primeras máscaras en arcilla. Las artesanías metálicas medievales, particularmente las llaves y huecos de cerrojos, despiertan en ella el interés de elaborar el signo geométrico como forma maciza, cuyos bordes quebrados lo predisponen al encastre, al diálogo secuencial, revelado en una serie que tituló *Sudamérica*.[12]

Desde este momento, la pintura de María Freire parece dedicada a producir —y reproducir— formas y gestos arquetípicos. Pero estos arquetipos sígnicos poseen una cierta desnudez genética; su propia apariencia visual delata las operaciones plásticas de las que Freire se vale para realizarlos. Así como a fines de los años 50 Amílcar de Castro produce escultura a partir de dos acciones simples: *cortar* y *doblar* una plancha de acero, María Freire elabora desde 1959 un repertorio formal variable, pero cuyos códigos constructivos también podrían reducirse a unos pocos: el *recorte* del plano que conlleva la construcción poligonal del signo (serie *Sudamérica*, 1958-1960), la *perforación* espacial del plano que da lugar a una construcción nodal de desarrollo virtualmente infinito (series *Capricornio* y *Córdoba*, 1965-1975), y la *perturbación* volumétrica del plano mediante la subdivisión de su superficie, creando relieves y vibraciones de acuerdo a secuencias de modulación cromática (series *Variantes* y *Vibrantes*, 1975-1985).[13] Estas operaciones[14] rara vez se encuentran en estado "puro", ya que lo más común es que aparezcan combinadas en una misma obra —sobre todo las dos primeras—, asunto que no solamente puede reconocerse en trabajos del período 1958-1978, sino que se hace evidente en obras de 1985 en adelante, es decir posteriores al fallecimiento de Costigliolo.[15]

Al analizar lo producido por María Freire a lo largo de estos últimos 40 años, siempre es posible encontrar que la escultura dialoga con la pintura en una suerte de contrapunto especular, en el cual las formas pasan del volumen al plano y viceversa. Talvez por esa razón la mayoría de las esculturas que realiza después de 1960 tienen una dimensión frontal predominante.

El conjunto de esta obra plástica conforma un universo que, aunque extraordinariamente variado, permanece fiel a lo que podríamos llamar una *economía plástica del signo*, fiel a una estrategia de esquematización totalmente explícita, que se jacta de ser el sujeto exclusivo de representación. Hay en esto una ligera variante respecto al concretismo clásico del objeto Madí, por ejemplo, donde éste se representa a sí mismo como objeto acabado, pleno de sentido, aún estando en algunos casos disponible a transformaciones físicas. El arte de María Freire, en cambio, enfatiza no sólo la forma final como tal, sino sobre todo las operaciones gestálticas contenidas en ella, las estrategias de síntesis formal ("operaciones plásticas" preferiría decir ella), y son éstas las que se representan a sí mismas en la superficie pictórica o en la materia escultórica. El sentido se aloja en la forma, pero sólo en cuanto ella es portadora de un proceso de construcción plástica expuesto, de un proceso de verbalización visual explícito, lo cual determina el carácter en cierto sentido "aséptico" de los resultados. Las "esculturas negras" o las piezas de madera —en correspondencia con la serie de pinturas denominada *América del Sur*— que realiza a principios de los 90, están concebidas al margen de toda seducción mágica o ritual a pesar de su apariencia totémica, así como están despojadas de toda condición ornamental a pesar de utilizar referentes de ese tipo. En realidad son formas cuya apariencia tanto totémica como ornamental es residual. Esa apariencia es el vestigio de una situación de pertenencia anterior, de la cual esas formas fueron extraídas para dotarlas de autonomía sígnica.

Esta peculiaridad ha colocado la obra de María Freire en una situación de disidencia respecto tanto del lirismo sartreano que sustentó la obra ascética y melancólica del informalismo, como del violentismo expresionista que marcó al arte uruguayo en el período crítico de los años 60. Esta obra ingresa sin saberlo a la década del 80 como invitada natural, sin anacronismos, compartiendo las estrategias de autorreferencialidad, de vaciamiento de contenidos metafísicos o extra-artísticos, de citación ornamental, entre otras operativas que caracterizaron el inicio de la era postpictórica, de la era amnésica, aunque María Freire nunca haya olvidado las premisas humanistas y utópicas de la cultura moderna.

notas

1 BAYLEY, Edgar *et al.* "Manifiesto Invencionista". En *1º Exposición de la Asociación Arte Concreto-Invención*. Buenos Aires, Salón Peuser, 18 de marzo – 3 de abril de 1946.

2 Arte Concreto-Invención surge como una asociación de artistas liderados por Tomás Maldonado a fines de 1945, a partir de una escisión del antiguo grupo de la revista *Arturo* (cuyo único número es publicado en el "verano de 1944"), de la que emergerá también, y paralelamente al grupo de Maldonado, el grupo Madí, liderado por Gyula Kosice.

3 "(...) Los muchachos que se reunían en el café Rubí en 1943 (Kosice, Bayley, Rothfuss, Maldonado, Arden Quin y otros) respetaban a Torres García y a Piet Mondrian, pero se reservaban -y ejercitaban- el derecho a discutirlos con fervor (...)". RIVERA, Jorge B. *Madí y la vanguardia argentina*. Buenos Aires, Paidós, 1976, p. 15.

Por otra parte, la prolongada correspondencia entre Arden Quin y Torres García es otro elemento que corrobora el vínculo. Archivo de la Fundación Torres García. Epistolario.

4 FREIRE, María. Notas autobiográficas; datiloscrito, datado "julio de 1996". Archivo de la artista.

5 PELUFFO, Gabriel. Entrevista con la artista. Montevideo, agosto 1997.

6 En el año 1979, la Embajada de Brasil en Uruguay organizó una muestra de Charoux en la Galería Gugelmeier de Montevideo, oportunidad en la cual María Freire escribió un texto apologético en su catálogo.

7 La muestra tuvo lugar en el MAM de Río de Janeiro en julio de 1977 y estuvo acompañada de un libro coordinado por la crítica e historiadora Aracy Amaral, que entonces se desempeñaba como Directora de la Pinacoteca.

8 La carátula para este catálogo fue diseñada por José Pedro Costigliolo, quien en ese momento se disponía a viajar a San Pablo junto a María Freire, para la exposición que ambos realizarían en el Museu de Arte Moderna de São Paulo.

9 Para María Freire, la estadía en Alemania fue, en cierta manera, un regreso imaginario a las fuentes del expresionismo escultórico que la nutrió en su adolescencia a través de las imágenes de Kolbe, Barlach, Lehmbruck que por razones familiares tenía el privilegio de recibir en publicaciones de la época.

10 Esta amplitud ecléctica que mostraba el campo de la pintura abstracta en el Uruguay de la década del cincuenta, queda registrada en la célebre exposición *19 Artistas de Hoy* que tiene lugar en Montevideo en 1955, y de la que participan entusiastamente Freire y Costigliolo (este último diseña la carátula para el catálogo de la muestra).

Similar perfil eclécticO asume en Buenos Aires, en primer término, el grupo Artistas Modernos de la Argentina (1952), donde participan connotados concretistas como Tomás Maldonado y, en segundo término, la Asociación Arte Nuevo (1955), que si bien reúne en un principio a abstractos y concretos "independientes", derivará más tarde hacia el ejercicio de las corrientes informalistas.

11 Raúl Pavlotzky, un artista uruguayo vinculado al grupo de Arte No Figurativo que fue pionero en el uso de las técnicas serigráficas, imprimirá una carpeta con obras de Freire y Costigliolo en el año 1955.

Gabriel Pérez-Barreiro ha señalado con acierto que en algunas obras realizadas manualmente con témpera al agua, Freire procede con tal pulcritud operativa que los resultados pueden confundirse con los de la serigrafía.

12 Las primeras obras de esta serie las realiza en Europa y las exhibe en Bélgica, en la Galería Les Contemporaines en 1959.

13 Esta última operación permite vincular la serie *Variantes* y *Variaciones* de María Freire con la obra pictórica que realiza Hebert Bayer a fines de la década del 60, aunque la propia artista se ha ocupado de marcar las diferencias: su serie de radiaciones cromáticas tiene un efecto óptico esencialmente dinámico, un efecto de tejido ondulatorio en permanente movimiento, hecho que contrasta con el carácter estático y centrípeto de la obra de Bayer.

14 Expresamente eludimos aquí la consideración de algunas operaciones pictóricas con superficies de relieve matérico que realiza a principios de los años 60 por entender que se trata de experiencias breves y relativamente inconsistentes en el *corpus* total de su obra, aunque no por eso dejamos de reconocer la importancia que el impacto informalista tuvo en ella para inducirle a elegir nuevos códigos constructivos.

15 La última exposición conjunta que realizan Freire y Costigliolo en el Brasil tiene lugar en diciembre de 1976 en la Galería Portal de la ciudad de San Pablo. Esta exposición estuvo propiciada por el artista Odetto Guersoni, quien de visita en Montevideo había estrechado amistad con ambos. En ocasión de esa muestra, la pareja tuvo oportunidad de encontrarse con viejos amigos y establecer nuevos contactos con integrantes del núcleo paulista de artistas geométricos (Charoux, Ianelli, Fiaminghi, Araújo entre otros).

Composición V > 1953 > Esmalte s/ aglomerado > 122 x 95 cm > Foto: Fabian Oliver

María Freire

> *Composición I* > 1952 > Esmalte s/ aglomerado e madeira > 120 x 110 cm > Foto: Fabian Oliver

< *Composición IV* > 1953 > Piroxilina s/ aglomerado > 163 x 112 cm > Foto: Fabian Oliver

Vibrante en azul > 1978 > Acrílica s/ tela > 120 x 170 cm > Foto: Fabian Oliver

Capricornio 15 > 1965 > Acrílica s/ tela > 200 x 60 cm > Foto: Fabian Oliver

MÉXICO

Representação Nacional

Arqueologías contemporáneas

Edgardo Ganado Kim
Curador

Cuando caminamos por las grandes ciudades de América Latina, dígase Buenos Aires, México, La Habana, Tijuana, Lima o San Pablo, nos enfrentamos a un fenómeno recurrente en el llamado tercer mundo. Es probable que en nuestro recorrido nos topemos con una serie de cosas que se encuentran en desuso, ya sea porque dejaron de funcionar, porque nunca se concluyeron o porque de alguna manera una clase social o política las consideró basura y se olvidó de ellas.

Objetos que pueden ser desde grandes edificios y mobiliario urbano, hasta rondanas y corcholatas incrustadas en el asfalto. Basura para ciertos sectores, que en el primer mundo serían reciclados en su material, en nuestra región son vueltos a utilizar en su forma y en su propio espacio, adquiriendo dobles o múltiples funciones e identidades simultáneamente. Un automóvil inservible reelaborado como habitación, cuyas puertas grafiteadas sirven como señales, y sus asientos son utilizados como sillones en una sala. Casas miserables hechas con material que ostenta propaganda política, en donde se nos conmina a votar por un mundo mejor. Edificios antiguos o nunca acabados que se encuentran en ruinas se transforman en lotes baldíos que albergan regularmente estacionamientos improvisados. El hecho de que estas construcciones, sobre todo las más viejas, signifiquen para muchos un estancamiento en el proceso de modernización, ha creado en los cascos históricos de estas ciudades un paisaje heterogéneo en el que la modernidad ni termina ni comienza y únicamente se sobrepone al pasado tratando de negarlo y mira al futuro —tan sólo retrasándolo—.

Estos "cadáveres" revividos adquieren un nuevo sentido y uso al ser recuperados y extraídos de su contexto en un proceso similar al que realiza la arqueología cuando descubre objetos del pasado y les otorga valores que antes no tenían como el estético, el histórico y el museístico. Esta comparación resulta paradójica si pensamos que los objetos a los que nos referimos siempre están a la vista y pertenecen a un tiempo que, sin dejar de ser presente, pone en conflicto nuestra noción de tiempo y de progreso.

La tradición de la arqueología en muchos países de Latinoamérica se ha basado en la búsqueda y el estudio de las grandes realizaciones materiales de las culturas prehispánicas para la elaboración de una historia gloriosa legitimada en sus valores artísticos y políticos. Sin embargo, en el último tiempo otro tipo de arqueología ha puesto sus ojos en elementos menos grandilocuentes y, curiosamente, más reveladores: desde los *sacbé* (caminos) mayas casi borrados por la selva, hasta los depósitos de basura cotidiana. En esta dimensión de conocimiento se nos revela un mundo más complejo y vital que el fascinante, exótico y romántico paraíso americano que la historia oficial ha querido enarbolar durante décadas.

Aplicando una actitud similar al presente, en México ciertos artistas se han apropiado, sin ninguna pretensión científica, de metodologías que conllevan a la reflexión en torno a una serie de objetos, estructuras y prácticas que por evidentes pasamos de largo y que parecen perpetuarse en nuestro universo urbano y suburbano.

De nuevo objetos, estructuras y prácticas que son la materialización de los palimpsestos del poder entre las clases sociales, del Estado y de la colonización —histórica y actual— en la que aquellos ubicados en la base son a los que llega el objeto, la estructura o la práctica en su última fase de vida. Un objeto, estructura o práctica que también funciona como mojón de frontera tras la cual sólo existe la miseria.

Esta arqueologización que hacen algunos artistas contemporáneos en torno a objetos del presente necesariamente se torna una reflexión que reúne lo filosófico, lo antropológico, lo económico, lo sociológico y lo político. Por lo tanto sus creadores, como lo ha enunciado la teórica del arte española Anna María Guash, tienen mucho de filósofos, antropólogos, sociólogos, arqueólogos y politólogos. Esta es una manera de acercarse a la realidad Latinoamericana que con habilidad e inteligencia podría desembocar en un arte contestatario frente a la homogenización de las formas de producir arte desde el poder de las grandes metrópolis. Y al mismo tiempo producir obras alejadas de las reincidentes formas folklorizantes que han dado el tono emblemático al arte de la región.

Evidentemente el arte mexicano no se reduce a este tema, ni esta selección nos sirve para ejemplificarlo. La intención de esta curaduría es allegarnos algunas obras que nos vinculan con otras realidades y problemáticas similares en Latinoamérica. Si bien no todos los artistas presentados son mexicanos, su presencia y trabajo en este contexto ha sido de larga temporada por lo que son ejemplos significativos de esta visión. La tradición de artistas extranjeros que se afincan en México es larga y generalmente la recepción e integración de inmigrantes al conjunto mestizo de nuestro país es exitosa. Casos como el de Remedios Varo, Wolfang Paalen y Arnold Belkin son sólo una muestra.

Durante la 5ª *Bienal de la Habana* en 1994, Francis Alÿs (Amberes, Bélgica, 1959) hizo recorridos caminando por la ciudad portando un par de zapatos magnetizados. Con ellos recolectó, de manera aleatoria, una serie de objetos metálicos que pasaban desapercibidos para los mismos habitantes de la ciudad y que posteriormente los colocó junto a los mapas que daban fe del trazo de sus recorridos diarios. Con *Zapatos magnéticos, La Habana 1994*, Alÿs indirectamente hace de la calle su universo de tránsito y acumula poco a poco los desperdicios de una comunidad que desecha lo menos posible. Por contraste podríamos imaginar lo que en otras ciudades se recolectaría, seguramente no lo mismo que en La Habana. Sin ser su último fin, los paseos de Alÿs tienen algo de aventura arqueológica: se apropia de una serie de objetos que a partir de su confrontación nos pueden dar pistas tanto del ambiente económico como cultural de un sitio determinado.

De forma similar a la pieza de Alÿs, Fernando Llanos (México, D.F., 1974) y Enrique Greiner (Santiago, Chile, 1963) en *Memory full/memory fool* recorren también ciudades: Barcelona, Montreal y la Ciudad de México. Con una cámara de video y un grabador de audio, bajo un recorrido preestablecido que en ocasiones traza una figura geométrica en un mapa, ambos artistas captan imágenes y sonidos de la ciudad para editarlos de manera separada y posteriormente, en una sola obra, unir sus puntos de vista —auditivo y visual—. Esta pieza reflexiona sobre la plenitud y el hartazgo de la información que una ciudad produce en todos los sentidos y sobre la imposibilidad de asociarlos entre sí. Desde hace varios años, Claudia Fernández (México, D.F., 1965) colecciona con su cámara fotográfica las fachadas de las casas habitación de la Ciudad de México. Con el paso del tiempo descubrió que a partir de la gama cromática de estas imágenes existían patrones recurrentes bajo consignas de clase económica y zona habitacional. *La belleza oculta en la propiedad ajena* es un mapa del gusto o, mejor aún, de las posibilidades del gusto. Ciudades como la de México y, en particular, su periferia están en un continuo proceso de construcción y reconstrucción que hace que impere en sus viviendas, no el color del terminado de un último revoque, sino la textura y lo grisáceo de los materiales: tabicón, arena, varillas metálicas, concreto, etc. La imagen de un esqueleto que funge como piel. Este mosaico fotográfico nos presenta también por contraste el colorido y la ostentación de las aspiraciones de la clase media y, de nuevo, la neutralidad cromática casi anodina de los pudientes.

La obra de Richard Moszka (Toronto, Canadá,1968) *Un año de basura* es quizá, de todas las que en esta selección se presentan, aquélla donde el sentido arqueológico no sólo es más evidente sino en la que se critica e ironiza al respecto. Ciento cincuenta y cinco diapositivas documentan el contenido del bote de basura del artista durante un año. Con ello queda de manifiesto el revire público de una serie de objetos, no sólo privados sino íntimos, pues describen no únicamente los gustos y hábitos sino las capacidades de consumo y desperdicio. De nuevo la tensión entre aspiraciones y posibilidades. Moszka los describe como *no eventos*, rituales desapercibidos y aparentemente intrascendentes que, por el contrario, son en realidad las pruebas contundentes de una existencia. Pruebas de cualquier forma parciales y sesgadas, pues al sólo ver la superficie de la acumulación en la boca del bote, nos es imposible indagar más abajo, en ocasiones suponemos lo que hay o puede existir a través de otras imágenes. De nuevo es la superficie la que ocupa el lugar del fondo.

Betsabeé Romero (México, D.F., 1963) camufló un automóvil abandonado —imagen frecuente en las ciudades— con vidrios de color verde de botellas de vino, haciendo alusión directa a las bardas que en México la clase media levanta en sus casas para protegerse. Son paredes altas en donde la parte superior está revestida de vidrios de botella rotas para evitar el acceso a la propiedad. Son fronteras que se alzan para crear un espacio aislado y seguro para sus habitantes. *Verde botella-verde seguridad*, nombre de la pieza en cuestión, es realizada *in situ*, es decir en el lugar en donde es localizado el automóvil, y con la ayuda de la comunidad es revestido con yeso y vidrios de desecho. No es la primera vez que la artista trabaja en este sentido; en otras ciudades como México y Los Angeles en EUA ha realizado talleres similares, dotando a algunos automóviles de una identidad propia que comparte también la gente que colaboró en su realización. Los carros son un signo inequívoco de las aspiraciones de modernidad y de status social, en este caso su transformación le confiere un rango de apropiación por parte de aquel que no tiene la posibilidad de usarlo en su fin, sino en su resemantización como objeto de identidad renovada.

En la obra de Enrique Jĕzik (Córdoba, Argentina, 1961) la violencia y la miseria son puntos fundamentales, se trata de un modelo de casa construida con desperdicios, un cajón de madera sin puertas ni ventanas —es decir, sin salida ni entrada— que es baleado con cientos de municiones. Es el rescate de una imagen que encontramos en los espacios suburbanos de las grandes ciudades de Latinoamérica; la *favela*, la ciudad perdida, la habitación de la pobreza extrema. *Estructura construida por albañiles y 500 cartuchos calibre 12* es una maqueta aislada que recupera en su crítica la inmovilidad de la miseria endémica que causa la violencia cotidiana, aquella que se genera en lo público y se reproduce en lo privado de una vivienda. En este caso la idea se revela con el choque que nos produce enfrentarnos a esta higiénica escenografía, sacada y reproducida fuera de su contexto para convertirse en obra de arte.

Los desechos humanos han sido desde hace varios años la materia prima para las obras de Teresa Margolles, (Culiacán, Sinaloa, México, 1963) a quien siempre le han interesado en su trabajo los procesos de transformación del cuerpo inerte. No es la muerte el tema, sino los cambios de la carne y sus residuos. Los muebles urbanos de Teresa Margolles hechos con cemento y utilizando agua con la que se lavaron cadáveres en el servicio médico forense, nos dan claves sobre el último fin de un ser humano anónimo que a su suerte fue a parar a la fosa común. Un cuerpo desechado por la sociedad desigual a la que perteneció. Los residuos de suciedad, sangre y otras pequeñas cantidades de fluidos permanecen silenciosos en estos muebles también anónimos y colectivos. Así, miembros humanos o fluidos provenientes del cuerpo son reutilizados y transformados en un objeto utilitario. Los materiales con los que trabaja Margolles, generalmente orgánicos, adquieren otro valor al provenir de sobornos o intercambios, suceso propio de los sistemas jurídicos corruptos de Latinoamérica.

El colectivo Tercerunquinto, formado por los arquitectos Julio Castro (Monterrey, Nuevo León, México, 1976), Gabriel Cázares (Monterrey, Nuevo León, México, 1978) y Rolando Flores (Monterrey, Nuevo León, México, 1975), pone en cuestión los funcionamientos lógicos de la arquitectura utilitaria tradicional. A través de intervenciones casi imperceptibles muchas veces, que recomponen nuestra percepción del espacio creado, inclinan la balanza hacia cualquiera de los *otros* significados y usos posibles, mermando el sentido y construyendo una paradoja sobre la modernidad regida supuestamente en los preceptos de la razón. En otros casos su labor radica en la simple señalización de un orden ya alterado o inconcluso por la falta de recursos o de planeación, caso mayoritario en Latinoamérica. Esto es lo que evidencian las 25 diapositivas documentales de su trabajo en los últimos dos años. *Intersección de espacios* es un proyecto *in situ* para reponer una construcción agregada al interior de otra y después demolida como una manera de hablar del sentido arqueológico de reconstrucción o recreación en el que las fallas de interpretación se imponen.

Betsabeé Romero

Verde botella- verde seguridad > *Arquitectura rudimentaria para carros inseguros* > 2003 > Garrafas, automóvel, gesso

La belleza oculta en la propiedad ajena > 2003 > Fotografias em cores > 2 x 4 m

Claudia Fernández

Casita 2003 › Estrutura de sobras de madeira construída por operários e 200 cartuchos calibre 12 › 260 x 260 x 260 cm

Enrique Jĕzik

Fernando Llanos e Enrique Greiner

Memory full / memory fool > 2002-2003 > Vídeo e som – performance

For an indeterminate period of time, the magnetized collector takes a daily walk through the streets and gradually builds up a coat made of any metallic residue lying in its path. This process goes on until the collector is completely covered by its trophies.

Francis Alÿs

Zapatos magnéticos, La Habana 1994 > 1994-2003 > Cartões-postais, fotografias em cores, vídeo

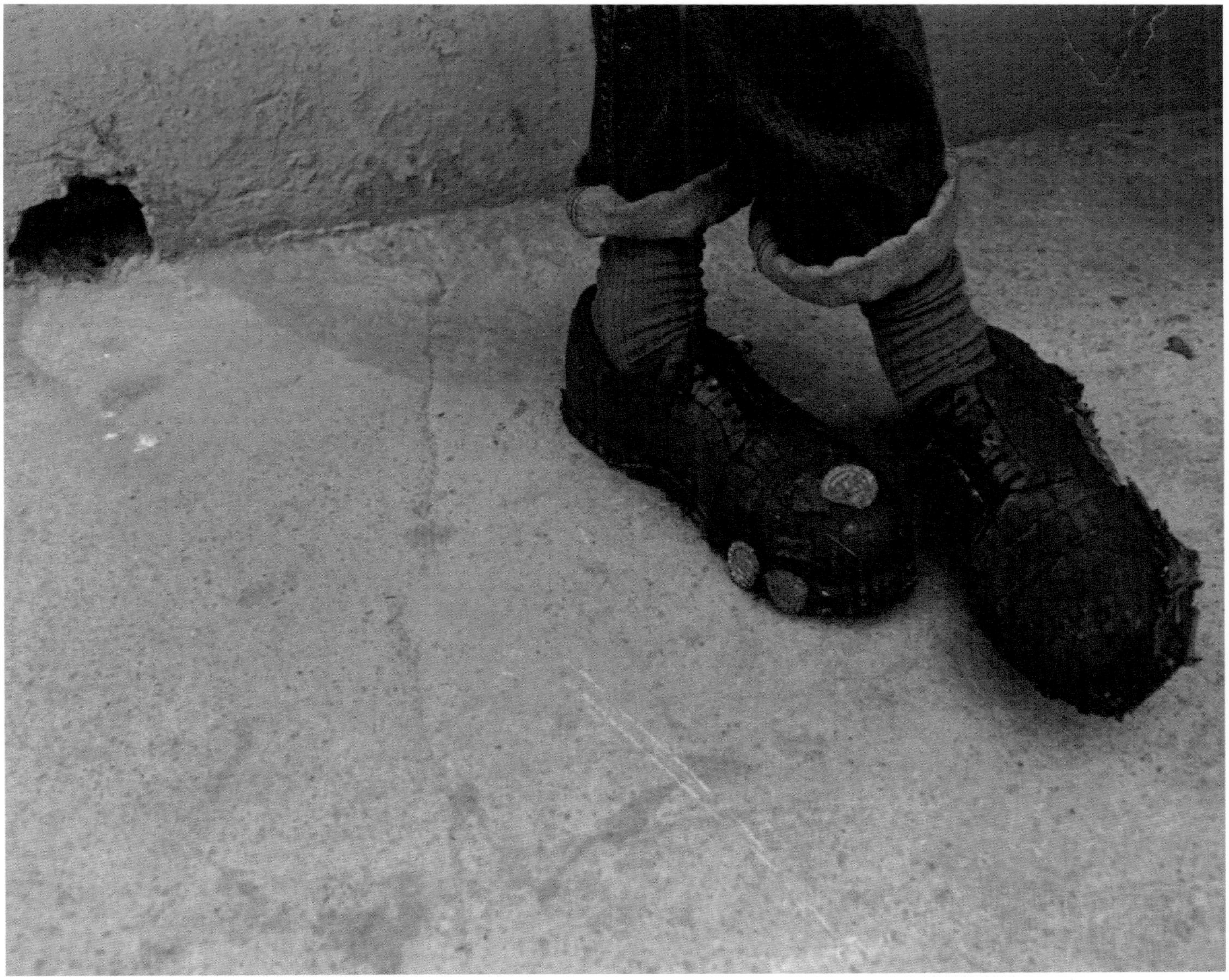

Un año de basura > 2002 > Projeção de *slides*

Tortillas > 2002 > Fotografia em cores > Foto: José Luis Aguirre

Richard Moszka

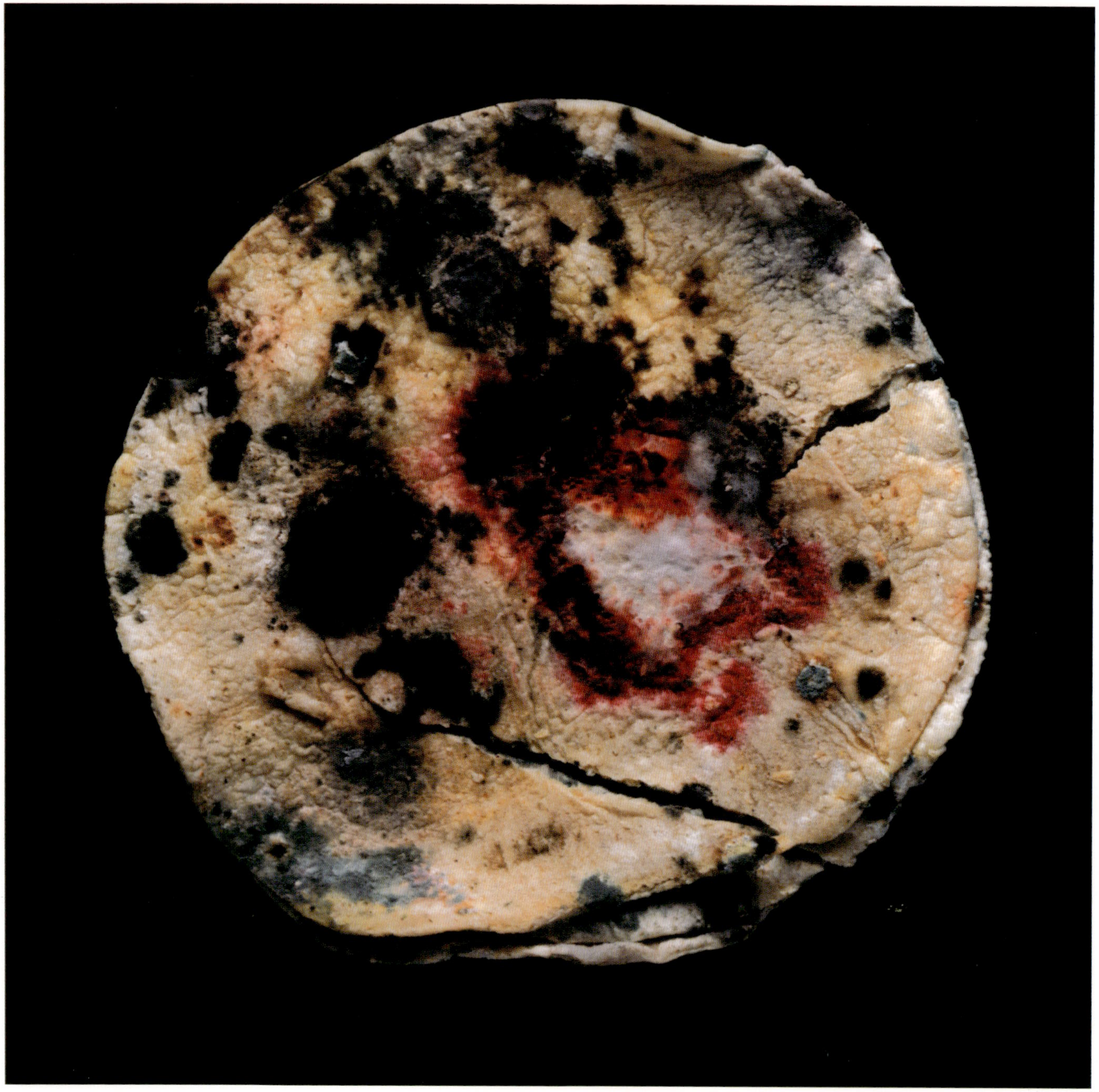

SOS

Colectivo Tercerunquinto

Julio C. Castro Carreón, Gabriel Cázares Salas, Rolando Flores Tovar

Teresa Margolles

Banca > 2003 > Cimento, areia grossa e água de lavagem de cadáveres > 135 x 50 x 50 cm

Argentina

Representação Nacional

Apuntes

Adriana Rosenberg
Curador

"La sustracción de la belleza como pauta del arte difícilmente marca una declinación de su autoridad. Más bien, atestigua una declinación de la creencia de que hay algo llamado arte. (...)

"Lo estético y lo ético no están en las antípodas, como repetían Kierkegaard y Tolstoi; lo estético es de por sí, un proyecto casi moral."

Susan Sontang, *Acerca de la belleza*

Una ciudad

Cada ciudad posee un rasgo, un pequeño hilo donde, a través de la contemplación de los pequeños detalles, aparecen los destellos del pasado y se intuyen los sueños del futuro. Esta presencia del tiempo aparece fragmentada en la lectura anárquica y expansiva del lenguaje visual. Cada ciudad tiene una imagen arquetípica y también un emblema.

Entonces, cómo podemos sumar en ese espacio de tiempo el pasado con su historia, el futuro con sus sueños, el presente como condensador. Cómo poder mostrar sus detalles arquitectónicos, con el anonimato, esperanzas, frustraciones y los infinitos paseos laberínticos que construyen para cada transeúnte un hilo particular, propio y recordado.

Cada camino que se traza es una ciudad distinta, y el conjunto se convierte en un jeroglífico muy difícil de descifrar.

Sobre estos esquemas se basa la presentación de este envío de Buenos Aires: sus sueños utópicos, sus intricados laberintos en los recorridos personales y que juntos son una imagen aglutinada que se vuelve una sola masa compacta y agobiante. Sus imágenes del pasado cuando se marcan sus límites y aparecen como recuerdos en el tiempo presente. El drama individual inmerso en las exigencias de supervivencia. El sueño de emigrar a un paraíso para poder así comenzar con algo nuevo y distinto y salir de la asfixia del presente y del agobiante desafío existencial. Y también el registro brutal de la intolerancia, la violencia y la degradación que provoca la ciudad.

Todos estos temas están presentes a través de las obras para intentar brindar una mirada abarcativa, personal, existencial, histórica y que juntas quizás puedan dar un perfil o un rasgo distintivo que caracterice a nuestra ciudad.

Los sueños

La Ciudad Hidroespacial de Gyula Kosice es uno de los primeros proyectos urbanos reflexionados desde el territorio del arte alrededor de los años cincuenta en la Argentina. Transgrediendo las reglas habituales de espacio, tiempo, gravedad, lugar, norte, sur, este y oeste; leyes constructivas de la arquitectura, y las leyes del comportamiento, Kosice propone su ciudad hidroespacial y su propio hábitat.

En el proyecto, el artista organiza un sistema donde la ecuación arte = vida, tan querida por los artistas de vanguardia se consolida. En contra de las reglas que debilitan la libertad del individuo, nos propone un lugar edénico donde desaparece el arte enfrentado al mundo de lo cotidiano. El concibe una nueva instancia donde la convivencia de estas categorías destierran los principios lógicos del pensamiento: desaparecen la contradicción, los opuestos, la síntesis.

"¿Idealismo Utópico? —se pregunta el artista y responde— En absoluto. Los que no creen en su factibilidad es porque siguen aferrados a la caverna, a las guerras y diluvios. Por lo tanto disolver el arte en la vivienda y en la vida misma es preanunciar síntesis e integración", escribe en su manifiesto La Ciudad Hidroespacial.

Se pronuncia en contra de la arquitectura funcional y contemporánea "basta de cubículos, que atomizan la personalidad del hombre, embretándolo en los límites de una celda (...). Proponemos concretamente la construcción del hábitat humano ocupando realmente el espacio a mil o mil quinientos metros de altura, (...) no se trata de vencer las leyes gravídicas sino de crear la energía de sustentación".

El proyecto es un conjunto de doce maquetas para la ciudad hidroespacial. Cada maqueta titulada *Lugares* propone infinitos espacios donde el artista define los nuevos comportamientos humanos, e interroga la función del arte: "¿Para qué entonces, la pintura, la escultura, en definitiva el 'objeto', si todo ello ya está contenido en la vivienda ocupando el espacio, el recorrido interno de ese espacio, el volumen, el color y el movimiento?". Y enumera nuevas posibilidades:

- Lugar para establecer coordenadas sentimentales, corporales, copulativas, sexuales y eróticas en levitación sublimadas.
- Lugar para olvidar el olvido.
- Explosiones de júbilo contenido.
- Para constatar el derrumbe de la experiencia.
- Para treparse por el mástil de la ausencia.
- Abstenerse de tener historia. Reemerger siempre.
- Lugar para destituir la angustia.
- Lugar para el arte del mañana que es el olvido de todas las artes.

"En la ciudad hidroespacial nos proponemos destituir la angustia y las enfermedades, revalorizar el amor, los recreos de la inteligencia del humor, el esparcimiento lúdico, los deportes, los júbilos indefinidos, las posibilidades mentales hasta ahora no exploradas, la abolición de los límites geográficos y del pensamiento. Pensamiento Utópico? En absoluto."

El fetiche de la identidad

Una bandera es un símbolo de nación, una señal de nuestra identidad, puede ser una pintura abstracta, puede ser un objeto al que juramos fidelidad, un rectángulo al que ofrecemos nuestra vida, ante lo que nos rendimos ofreciendo todas nuestras recompensas en caso de triunfo, y por lo que estamos dispuestos a embarcarnos en una batalla. Este acto de compromiso ante un objeto, mudo e inanimado, se convierte en algo que conmueve los corazones de multitudes y forja compromisos colectivos de grandes ideales. Todas estas posibilidades aparecen ante la mudez, ante la pasividad del objeto, ante la falta de vida del símbolo que, a manera de un gran espejo, puede reflejar todas nuestras inquietudes, ilusiones, y también frustraciones. Pero su rasgo esencial es su incapacidad de dialogar con nosotros, su ausencia de voz, su ausencia de vida.

Cuando ese símbolo pasa de la inacción a la acción todo cambia de valor, cada movimiento suyo es leído e interpretado, y en la suma de esos movimientos podemos construir un relato. Y también arribar a un juicio moral, político, estético.

Esta es la intención de Sergio Avello, animar nuestra Bandera y sacarle de ese estado de mudez y conferirle voz y movimiento.

Para animar como un *comic* este símbolo usa la luz. La luz como parte de la tradición y uno de los grandes temas en la historia de la pintura y también de la iconografía religiosa de nuestra cultura.

Avello nos propone contemplar una bandera que por una serie de recursos electrónicos puede producir múltiples movimientos de luz. Para él cada uno de ellos es parte de una sinfonía lumínica que nos narra su idea de nación, su idea de identidad, el presente en el hilo constructivo de la historia de su patria. Esta sinfonía de luz es trágica y cómica. Su país o su bandera se prende en todo su esplendor sólo por un instante, luego intenta encenderse con muchísimo esfuerzo y a veces lo logra y otras no. En otro momento se apaga y al rato vuelve a arrancar... y así sucesivamente nos relata su ideario sobre la economía, sobre la holgazanería, sobre la imposibilidad, sobre la sorpresa de ser, sobre el complejo mundo de las vicisitudes que atraviesa el hombre en ese tejido y trama que organiza una sociedad.

El espectador ante un gran rectángulo de juegos de luces contempla en la poesía del movimiento el relato de la historia y del presente.

Arqueologia de las imágenes

"podemos considerar nuestros recuerdos
como una de las regiones más remotas de lo que no es exterior."

Juan José Saer

Visitar el pasado es una metodología propia de la disciplina histórica. Las propuestas son múltiples. Puede ser con los ojos del presente y de ahí el límite que significa juzgar el pasado con los prejuicios del presente. Puede ser también tratar de recuperar la mirada del momento y a partir de ahí leer los acontecimientos, enfrentándonos a otro límite que es la posibilidad de realizarlo, o también construir una "constelación", donde los acontecimientos más allá de su época o tiempo, dialoguen entre sí para poder ser comprendidos. Todos y muchos más enfoques aturden al historiador cuando comienza su trabajo.

El proyecto NECAH realizado por el fotógrafo Res desde 1996 hasta el 2000, reflexiona sobre estas posibilidades de lecturas del pasado desde el presente y elige una posibilidad visual para su obra. Reconstruye un largo viaje y lo documenta con la escena actual. Plantea una lectura comparativa; por un lado, las fotografías originales de 1880 tomadas por Antonio Pozzo y las actuales, tomadas por él, de los mismos espacios.

En 1789 el General Roca, acompañado por un importante ejército, emprende la tarea de conquistar las tierras en manos de los aborígenes desde Buenos Aires hacia la Patagonia. A esta campaña se la conoce como Campaña al Desierto, y es un punto clave de nuestra historia para comprender el enfrentamiento entre culturas locales y los deseos de grandeza de la conquista. Este momento de la historia ha sido estudiado y sigue investigándose permanentemente para reflexionar sobre muchas cuestiones que determinan nuestro ser.

Res posee como punto de partida el Album de fotografías de Pozzo que fueron tomadas durante esta conquista en 1879. El valor de este álbum es extraordinario, y partiendo desde allí Res se propone reconstruir esas mismas imágenes un siglo después. Comienza su viaje y compone las mismas fotos desde el ojo de Pozzo y documenta el presente. Como bien dice Dardo Castro: "Si con Pozzo cabalgaba el Terror de Estado, Res encontró allí la soledad, la dilatada soledad de una pampa sin indios ni lanzas en alto. Sin soldados ni carretas. Apenas las frías imágenes de silos, edificios, monumentos. La tierra sin relieves, los ríos obscuros y calmos". Estas imágenes devastadoras cuestionan los ideales de la Campaña y nos muestran una realidad actual también en crisis. Es en las dos imágenes, la del pasado y la presente, donde permanece vivo el drama social y el conflicto humano.

Las imágenes emergen desde las profundidades de la historia, desde la arqueología de nuestro patrimonio inconsciente y simultáneamente nos pone en el tiempo de la contemplación actual y da lugar para pensar que "Lo que podría haber sido y lo que ha sido apuntan a un fin único, que es siempre presente", en palabras de T. S. Eliot.

Público y privado

Un anónimo trabajador lucha por su independencia y por su subsistencia y pone un pequeño cartel ofreciendo su trabajo con un número de teléfono. Este cartel —una sutil campaña de prensa— utilizada por muchos trabajadores aparece por la ciudad, aunque estadísticamente no se ha podido medir su repercusión. Se los puede ver en los troncos de los árboles, en algunas paredes olvidadas. Esta apropiación del espacio público para difusión de una actividad es un recurso que la ciudad brinda del espacio común.

Esta utilización de la ciudad se convierte en el derecho natural o ideal con que cuenta el ciudadano para ofrecer sus servicios. Jorge Macchi toma estos recortes, realizados artesanalmente, con una caligrafía dudosa y atractiva y los propone como materia prima de su obra. Pero cambia su escala. Propone que esa pequeña leyenda abandone el lugar natural y se exponga en los grandes carteles de campañas diseminados por toda la ciudad. Estos carteles privados dentro del espacio público contienen una estética determinada, una intención específica, son el resultado de un proyecto largamente estudiado por una agencia de publicidad.

Macchi nos propone la utilización de estos espacios privados para presentar a ese trabajador independiente en los lugares donde las corporaciones o grandes empresas publicitan sus productos.

Respeta su caligrafía, lo reproduce de la misma manera en que lo encuentra y deja que el acontecimiento suceda. Es probable que cambie definitivamente o no la vida del trabajador o técnico, es posible que se considere una nueva estética utilizada por las agencias, o bien que desaparezca en la multitud de imágenes visuales que caotizan nuestra mirada dentro de la ciudad. El resultado no puede cuantificarse.

La obra es un gesto al vacío, una subversión del carácter tradicional del espacio público, de la estética ya consensuada del discurso publicitario. A la manera de un nuevo *ready-made* esta vez el intercambio no es entre lo privado y la institución museo, sino entre los usos y costumbres de lo privado en el espacio público de la ciudad.

Usos y costumbres

Las heliografías de León Ferrari son un conjunto de miradas cenitales de la ciudad. Cada una de ellas encierra un laberinto, una nueva lectura, una mirada de pájaro desde las alturas contemplando ese conglomerado de personajes y objetos que atraviesan las calles, las grandes avenidas, los grandes espacios.

En uno de sus planos, Ferrari retira los techos y nos hace ver el interior de todos estos espacios de manera aparentemente normal pero en cada uno de ellos los hábitos han sido modificados. Podemos ver en lugares de reunión a un hombre hablando ante inodoros, o a otros ante piletas de lavadero. El todo contiene las reglas de la urbanización y también la lógica de la arquitectura, pero los usos están modificados, los espacios tomados por formas no convencionales. Una descripción caótica de la ciudad, donde no se sabe con precisión si es el hombre con su creatividad quien cambia las reglas o son las reglas de esa construcción de por sí compleja, quien lleva al individuo a sustraer conductas irracionales.

En otros de sus trabajos, el conjunto de personajes delimita avenidas, grandes espacios públicos tomados por sus habitantes, quebrando los límites de la construcción por esa sumatoria de superpoblación y anonimato que es el carácter vivo de la ciudad.

Todos estos trabajos fueron realizados durante los años 80 cuando el artista vivía en San Pablo. Para ello utilizó las imágenes de Letraset con que los arquitectos construyen sus planos y sellos que él mandó a producir con figuras especialmente diseñadas. Como si fuera un lenguaje aglutinante, va componiendo estos planos que luego imprime con la técnica heliográfica.

León Ferrari también participa con la obra de su padre Augusto Ferrari, quien era pintor, arquitecto, fotógrafo, muralista. La obra que seleccionó para presentar es una reproducción fotográfica de un Panorama realizado en ocasión del Terremoto de Messina, Sicilia, Italia. En este panorama se ven los restos de una ciudad arrasada por el accidente natural, y todo lo que esto implica. El dolor, la emergencia que enfrenta al hombre sobre su propio proyecto de construcción y civilización.

En estas dos presentaciones Ferrari toma el drama existencial individual y privado confrontándolo con la idea de progreso, de sueños de la civilización. En uno, es en la pequeña ciudad de Italia donde el terremoto destruye; en la otra a finales del siglo XX, el drama existencial del hombre en la gran ciudad, en ese fenómeno de sedentarismo que ha caracterizado al siglo en la construcción de estas grandes urbes.

El deseo de no ser

El proyecto "Argentinos Seleccionados", organizado por un grupo de artistas de carácter multidisciplinario, surgió como respuesta al deseo de los argentinos de emigrar en ocasión de los sucesos vividos por la crisis económica y social.

A la manera de un proyecto de carácter corporativo tomaron un *site* en la *web*, produjeron un importante catálogo de producto, hicieron *merchandising*, editaron catálogos y una campaña de prensa. En este espacio virtual ofrecían —sin detallar lugar, fecha, ni intención— un espacio donde iban a ser seleccionados Argentinos Excepcionales para un "no se sabe qué". Se organizó el lanzamiento por distintos medios publicitarios y se esperó la respuesta. El resultado fue sorprendente: visitaron el *site* mas de 300 mil personas solicitando información y 30 mil mandaron su currículo. Profesionales de diferentes disciplinas se ofrecieron para ser elegidos.

En este envío se van a presentar todos los componentes visuales del proyecto —tarjetas, catálogos, cápsula donde ofrecían el viaje, trajes, objetos, etc.— y también el resultado del mismo. Más allá de la ironía implícita, de la ingenuidad con que contó por parte de sus participantes, se puede reflexionar sobre el comportamiento del hombre enfrentado ante la crisis, el deseo de dejar de pertenecer a una cultura.

Es posible hablar en este proyecto de la famosa sentencia "el medio es el mensaje", o de las convenciones impuestas por las reglas del producto, pero lo que es insoslayable es la respuesta del hombre frente al caos, a la ausencia de futuro, a la ausencia de una vida sin poder proyectarse. El hombre enfrentado a un desorden social, jurídico y político que no puede sostener y prefiere partir con ilusión hacia otra instancia existencial.

Este texto introductorio a cada proyecto, es sólo una rudimentaria herramienta para organizar un discurso expositivo, donde el carácter multifacético de la ciudad está presente en su drama individual, en la lucha por sobrevivir, en el deseo de desaparecer y en la presencia de la historia. Son las obras por sí mismas quienes presentan múltiples lecturas como los infinitos relatos que los individuos construyen de su ciudad.

Proyecto Virtual Grupal Argentinos Seleccionados > 2002 > Instalação

Fabián Trigo

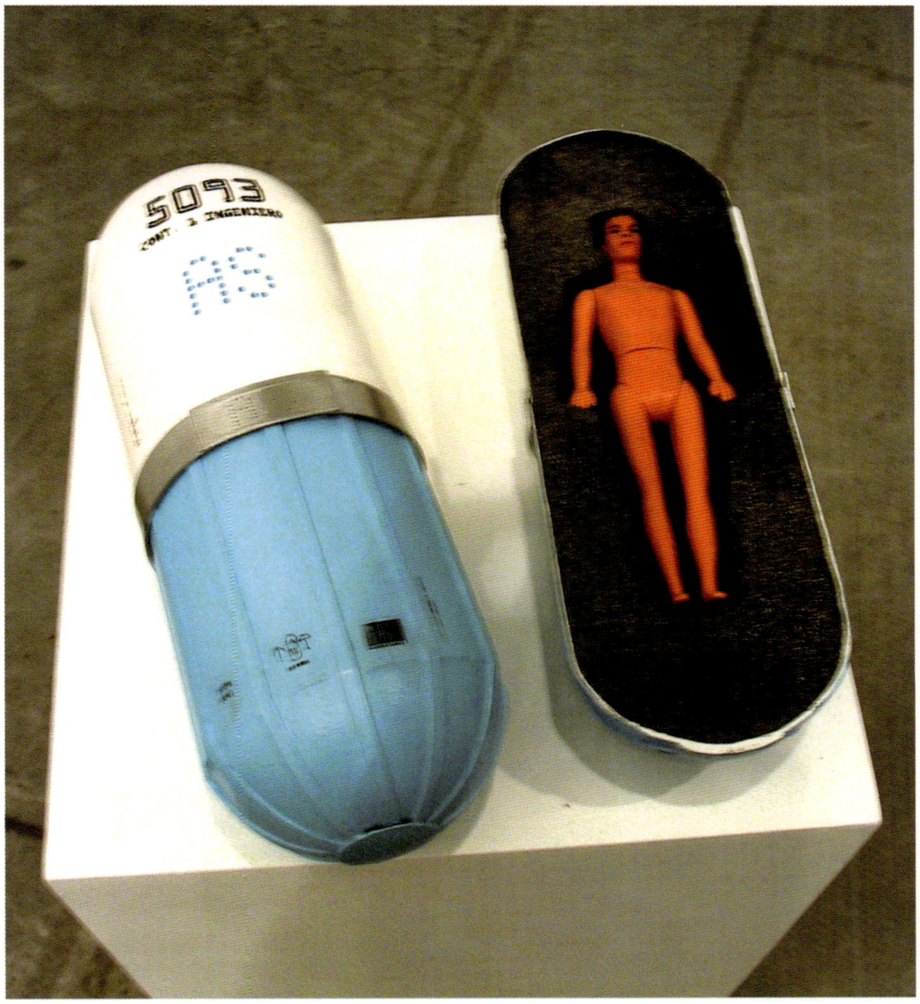
5093
CONT. 1 INGENIERO
AS

Maqueta A

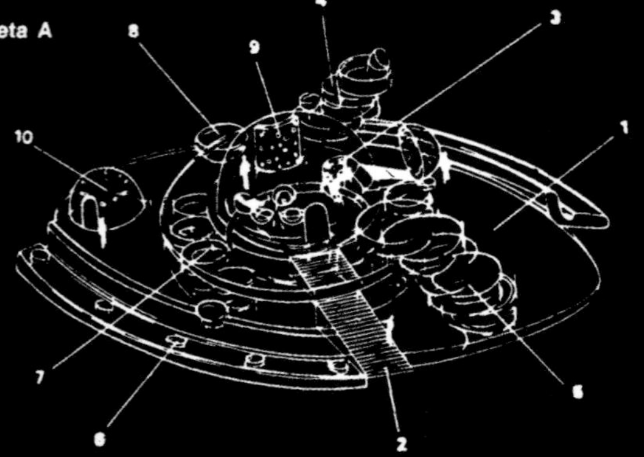

Maqueta D

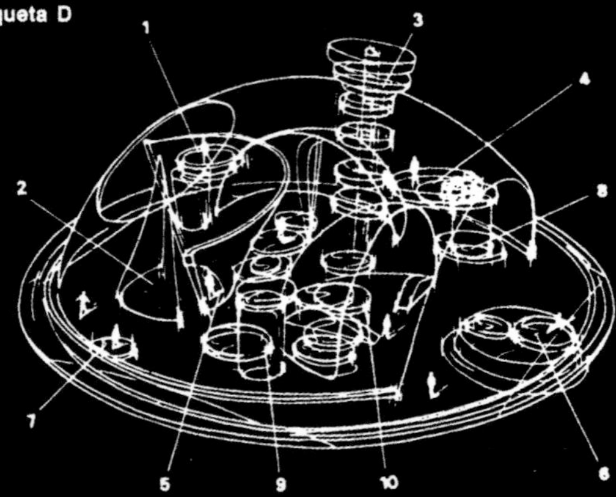

Maqueta B

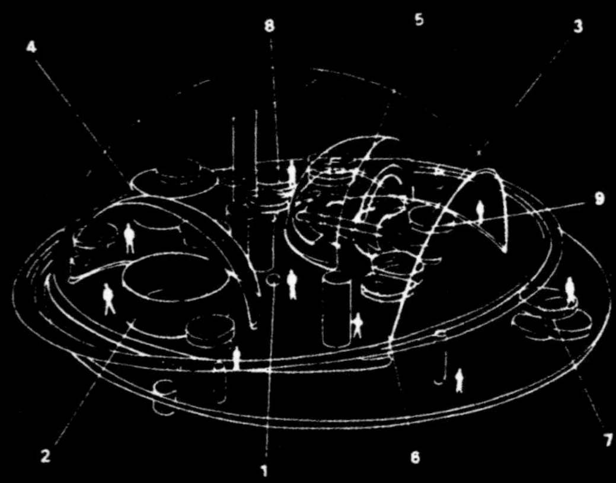

Maqueta E

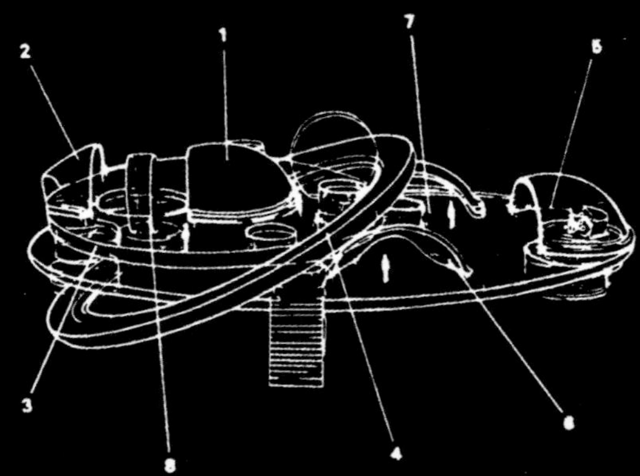

Maqueta C

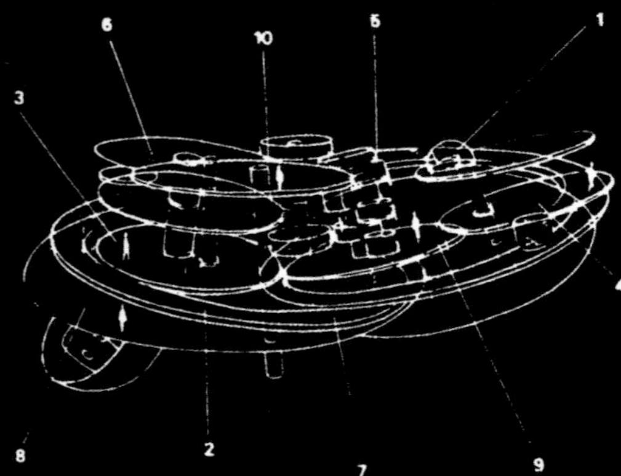

Maqueta F

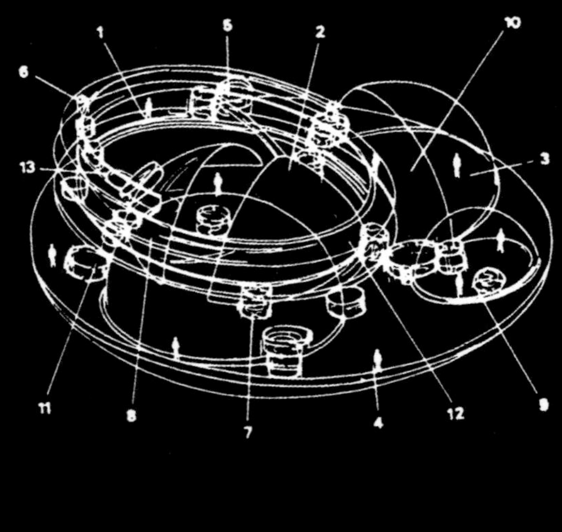

Maqueta G

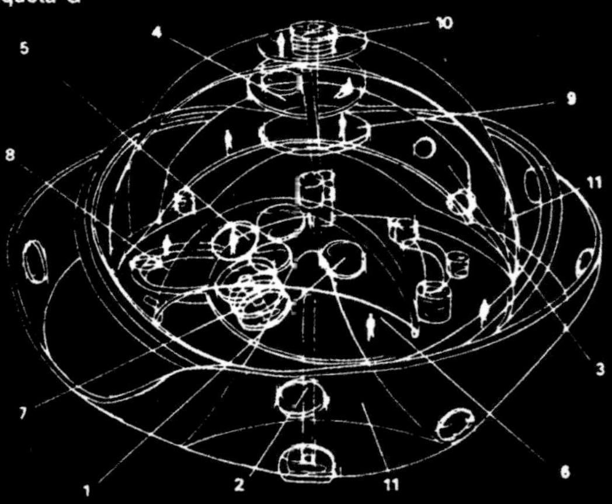

Maqueta H

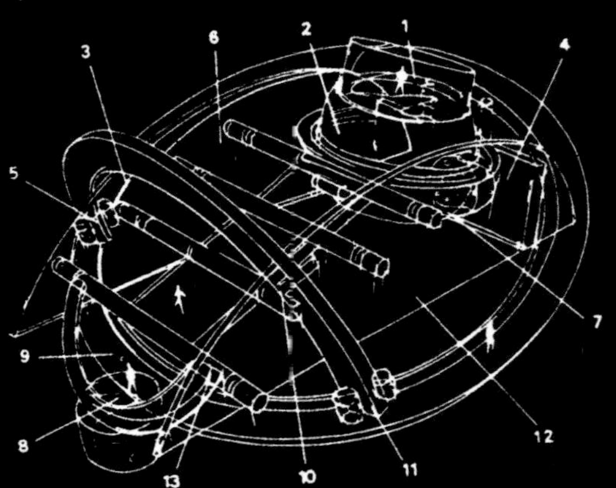

Maqueta I

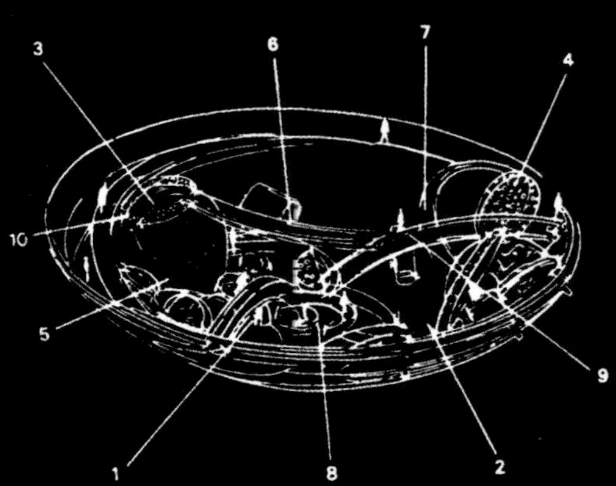

Maqueta J

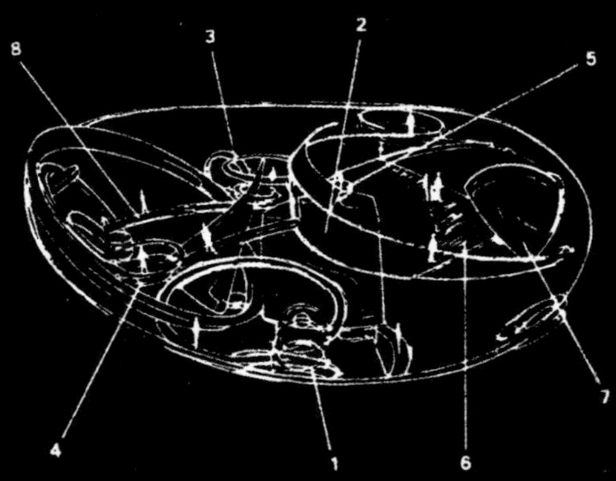

Maqueta K

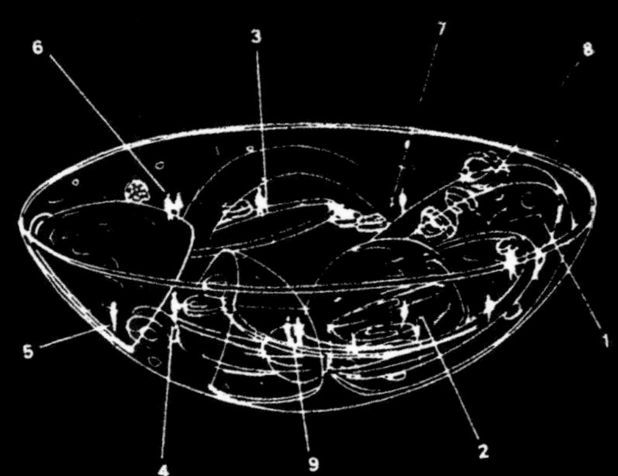

Maqueta L

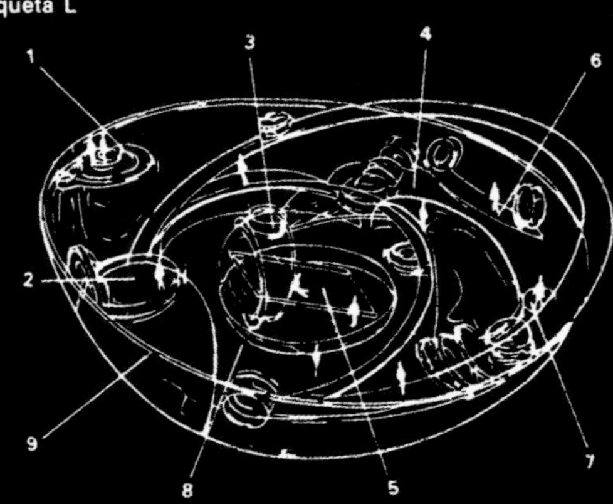

Jorge Macchi

Publicidad > 2000 > Instalação

GOTERAS
6879421

Diego Levy

Série Sangre > *Sem título* > 2000-2001 > Fotografias > *70 x 100 cm*

COMISARIA 3a.
8511

León Ferrari e Augusto Ferrari

Gente > 1982 > Cópia heliográfica > 103 x 103 cm

Autopista del Sur > 1980 > Cópia heliográfica > 100 x100 cm

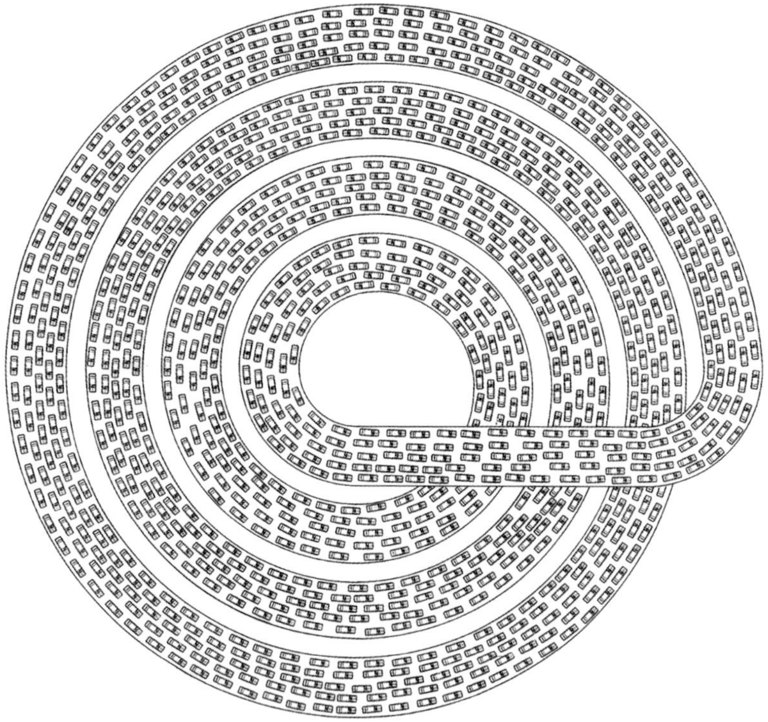

Messina distrutta > 1910 > Fotografia > 1.27 x 13 m

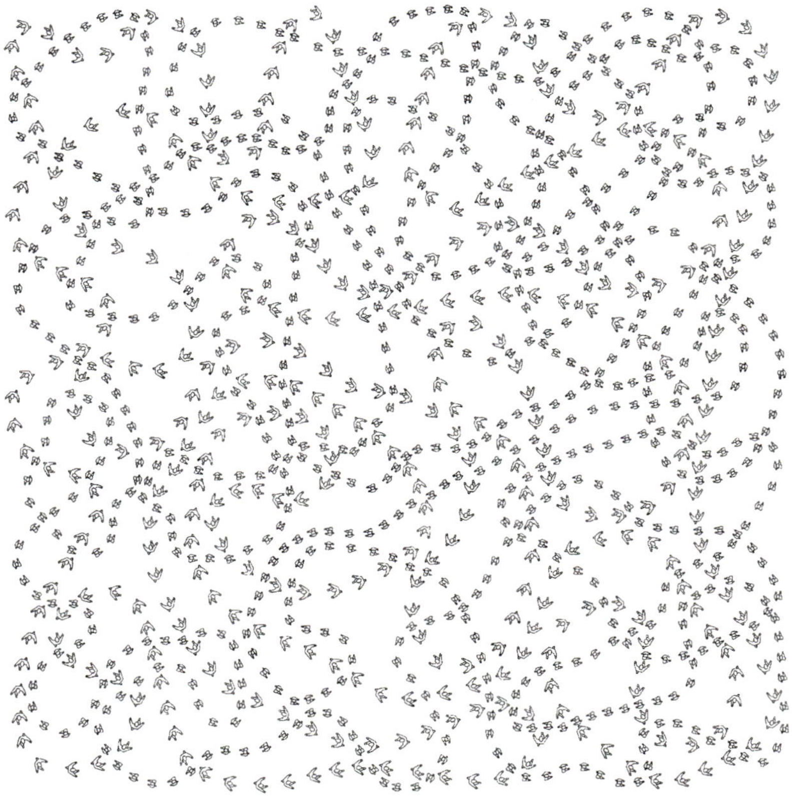

Fortin > 1996 > Cópias cromógenas > 40 x 120 cm

Linares y sus descendientes > 1996 > Cópias cromógenas > 40 x 120 cm

Rio Negro > 1996 > Cópias cromógenas > 40 x 120 cm

RES

CHOELE-CHOEL INDIOS DE LINARES

Sergio Avello

Bandera > 2003 > Instalação > Tubos de neon, microprocessador, instalação elétrica > 3,60 x 6,30 m

BOLÍVIA

Representação Nacional

Las profundas raíces culturales son el denominador común en las instalaciones de los artistas Ugalde, Lampo y Sanches, que participan representando a Bolivia en esta *IV Bienal de Artes Visuales del Mercosur*. Hacen referencia a la identidad que trasciende el tiempo, que se mantiene ante la modernidad.

La noción de universalidad se plantea desde las particularidades que han articulado las culturas de nuestras regiones. Son las culturas que habitamos y que nos habitan, nuestro pasado está vivo en nuestras acciones y nuestro pensamiento.

Somos los mismos, la esencia no cambia, encontramos orgullo en ello. Nos aferramos a los rasgos que nos hacen únicos, sin embargo nuestras raíces son casi las mismas que las del resto de Latinoamérica. Somos más parecidos de lo que aparentamos.

Las obras *Marcha por la vida* de Ugalde, *Testigos del conocimiento* de Lampo y *Tejidos* de Sánchez son espacios de reflexión sobre la construcción del pensamiento del hombre contemporáneo desde estas culturas ancestrales que nos marcan.

Cecilia Bayá Botti
Curador

Testigos del conocimiento

Esta instalación de la artista boliviana Cecilia Lampo nos enfrenta a una situación de introspección, a partir del momento en que ingresamos a un laberinto cretense cuyas paredes están pintadas con semillas de urucú, que se utiliza en diferentes culturas con una carga simbólica y se convierte en el eje central de la obra junto a "las palabras" o "lo escrito" en directa relación con el conocimiento.

El laberinto como senda individual de visual limitada y confusa, dificulta el ingreso al campo del razonamiento. Sin embargo la intuición actúa respecto al objetivo final. El término dificultar tiene generalmente connotaciones negativas. En este caso, el recorrido permite abstraerse del entorno, creando un estado de ansiedad a la vez que conduce a concentrarse en lo que se encontrará al final del camino. Hallamos una montaña de urucú, esta semilla de la que se extrae un pigmento rojo intenso que desde tiempos remotos ha sido utilizado por muchos grupos étnicos de América, como los Chiripá, los Paï o los Guaraní. Esta semilla usada para teñir sus cuerpos dándoles una identidad o particularidad más allá de la ornamentación, son códigos con significados reservados o sugestivos cuando se realizan ritos, actos festivos, de guerra o para defenderse de agentes extraños como las enfermedades. Hoy esta semilla tiene además otros usos en la industria cosmética o alimenticia.

En la montaña de urucú, percibimos frases y palabras, semienterradas, casi ocultas que construyen conceptos antiguos y actuales a la vez, provocando la reflexión sobre cuán atrapados estamos en el pasado o si podemos distanciarnos de la historia siendo capaces de "superarla". Estas letras de latón brillante que no sabemos si emergen o se pierden con el tiempo, hablan de esperanza "EMET", de muerte "MET" y resaltan la conocida frase del gran filósofo Wittgenstein que reza: "Sobre lo que no se puede hablar, se debe callar".

A lo largo de la historia, los seres humanos hemos dado forma a nuestros sentimientos y pensamientos mediante el trazo y el color. La palabra escrita como un medio de comunicación tan vigente e importante, casi indispensable para alcanzar el conocimiento, es una expresión contemporánea.

La inquietud de Cecilia Lampo anida en la vigencia de la razón y la palabra escrita para expresar el conocimiento. Además del cuestionamiento a la sociedad sobre la constante búsqueda de la certeza pero no de la verdad. (¿La Verdad?). Aquella que considera que pueda ser aprehendida sobre todo a través de la intuición, el sentir, el arte, lo mítico o lo simbólico. La obra indaga en enigmas que tratan más bien de transformar lo vigente en objeto de antigüedad y viceversa.

Cecilia Lampo es una boliviana con formación universitaria en Alemania. Durante los últimos años, estuvo dedicada exclusivamente a la pintura. Hoy indaga nuevas posibilidades de lenguaje. Su forma de expresión es siempre minimalista. El origen de su obra es conceptual. Es una constructora de ideas cuyos símbolos y sistemas de signos pertenecen a una memoria social, a los sentimientos atávicos, siendo comprensibles tanto por la intuición como por la razón.

Marcha por la vida

La construcción de esta obra lleva casi dos décadas y está relacionada con la vida del hombre andino y con la problemática social de Bolivia. La propuesta tomó ya distintas formas en anteriores exposiciones; lo importante es más bien el discurso y el proceso; el resultado, como objeto, puede variar tanto como el rumbo de la vida en un instante.

En este caso, Ugalde presenta un textil de grandes dimensiones, de 6 x 20 metros, una pieza ensamblada, donde sus componentes son coloridos tejidos, elaborados por indígenas y que han sido recolectados de diferentes grupos étnicos que habitan distintas zonas de Los Andes bolivianos. Se puede considerar como una manera de recuperar valores encubiertos por el tiempo.

Gastón Ugalde es un artista postmoderno, pluralista y autónomo en su forma de expresión artística. Utiliza elementos de los más diversos como: textiles, maderas, minerales, hojas de coca, pigmentos, etc. Sin embargo su obra no se centra en un pasado idílico, su acción y pensamiento son de un alto grado de autonomía y contemporaneidad. Los lenguajes que utiliza son ilimitados. Es pintor, grabador, videasta, arquitecto o instalador, indistintamente. Además de dejar siempre un sello particular y elocuente.

Las herencias culturales son uno de los elementos transversales en toda su actividad, como posibilidad en la evolución de una conciencia colectiva, asentada en una sólida identidad de raíces profundas pero conciente de su diversidad.

Marcha por la vida es una obra representativa del sincretismo cultural. Por un lado, son tejidos de una gran pureza, por otro, estos objetos reflejan las impurezas e influencias a las que nos hemos expuesto, obteniendo como resultado una estratigrafía cultural que nos permite ser concientes de nuestra identidad y de nuestra situación respecto a Latinoamérica y el Mundo. Es un ensamblaje que contiene símbolos, que aún habiendo variado en sus significados, continúan siendo señales de un esquema cultural dado.

Los textiles andinos son testimonio de la vida, del quehacer cultural, incluyen expresiones de grupos Aimaras e Incas, además de incorporar, en determinados momentos históricos, elementos virreinales, republicanos y contemporáneos (incluyendo textos). Cabe destacar la importancia de los tejidos que sirven de reafirmación de identidades étnicas; estratifican, unen y separan grupos humanos, están presentes en sus ritos religiosos y en todas sus funciones del ciclo vital.

La cercanía y el conocimiento que el artista tiene de los pobladores andinos, ha hecho que la obra de Ugalde se imprima con autoridad y grandeza en el ámbito nacional e internacional de las artes.

Tejidos

Joaquin Sánchez nació en la localidad de Eusebio de Ayala en la República del Paraguay hace 28 años. Radica en La Paz, Bolivia hace cuatro años. Atraído por los trabajos relacionados con la estética, durante un par de años es productor de imagen en una revista de modas en Asunción. Posteriormente se forma en el campo audiovisual y escenográfico en Buenos Aires.

La obra es una metáfora que habla sobre la construcción del ser humano desde el momento en que se encuentra en el vientre materno, pasando por la trama cultural de los sitios que nos tocaron habitar para volver al origen.

En un ambiente oscurecido, evocando un ritual que alude a la memoria, el espectador se ve inmerso en la obra. Son cinco minutos de *Performance* –Instalación– *Body Art*, o como se quiera llamarle. El tiempo y el espacio se vuelven relativos, se emprende un viaje en el tiempo.

Desnudo, completamente afeitado, el cuerpo del artista en posición fetal, se encuentra sumergido en una cápsula circular con agua. El sonido juega un papel tan importante como las imágenes de tejidos indígenas de signos y símbolos, con imágenes de los pulmones que respiran y el corazón que late. Se proyectan en perfecta armonía sobre la superficie líquida y en la piel. El cuerpo habla sin prejuicios, incorruptible, "como entidad indisociable del alma", diría la escritora María Soledad Quiroga.

La obra nos compromete porque no estamos frente a un objeto estético únicamente. El cuerpo trae consigo un mundo de significaciones, posee un discurso, un lenguaje misterioso e inagotable, por lo tanto atractivo. Con él, Sánchez realiza una coreografía de movimientos suaves, mágicos y rituales. Termina como empezó, volviendo a la posición fetal, al origen de nuestra historia. De alguna manera nos vamos de allí sintiéndonos diferentes.

Joaquin revela su fascinación por la vida espiritual de las comunidades indígenas sudamericanas, su admiración por sus maneras de darle sentido a sus objetos y costumbres, a su mundo cotidiano. Valoriza sus expresiones de identidad, de la particularidad de sus culturas, de su nivel de conciencia y presencia del ser. Se reconoce en ellas.

Es una instalación compleja, que abraza el valor de lo intangible, un *Performance* de gran madurez.

Testigos del conocimiento > 2003 > Instalação > Sementes de urucum, letras de alumínio

Cecilia Lampo

Marcha por la vida > 1992-2003 > Técnica mista > 20 x 6 m

Gastón Ugalde

Tejidos > 2002 > Performance > Foto: Tony Suarez

Joaquin Sánchez

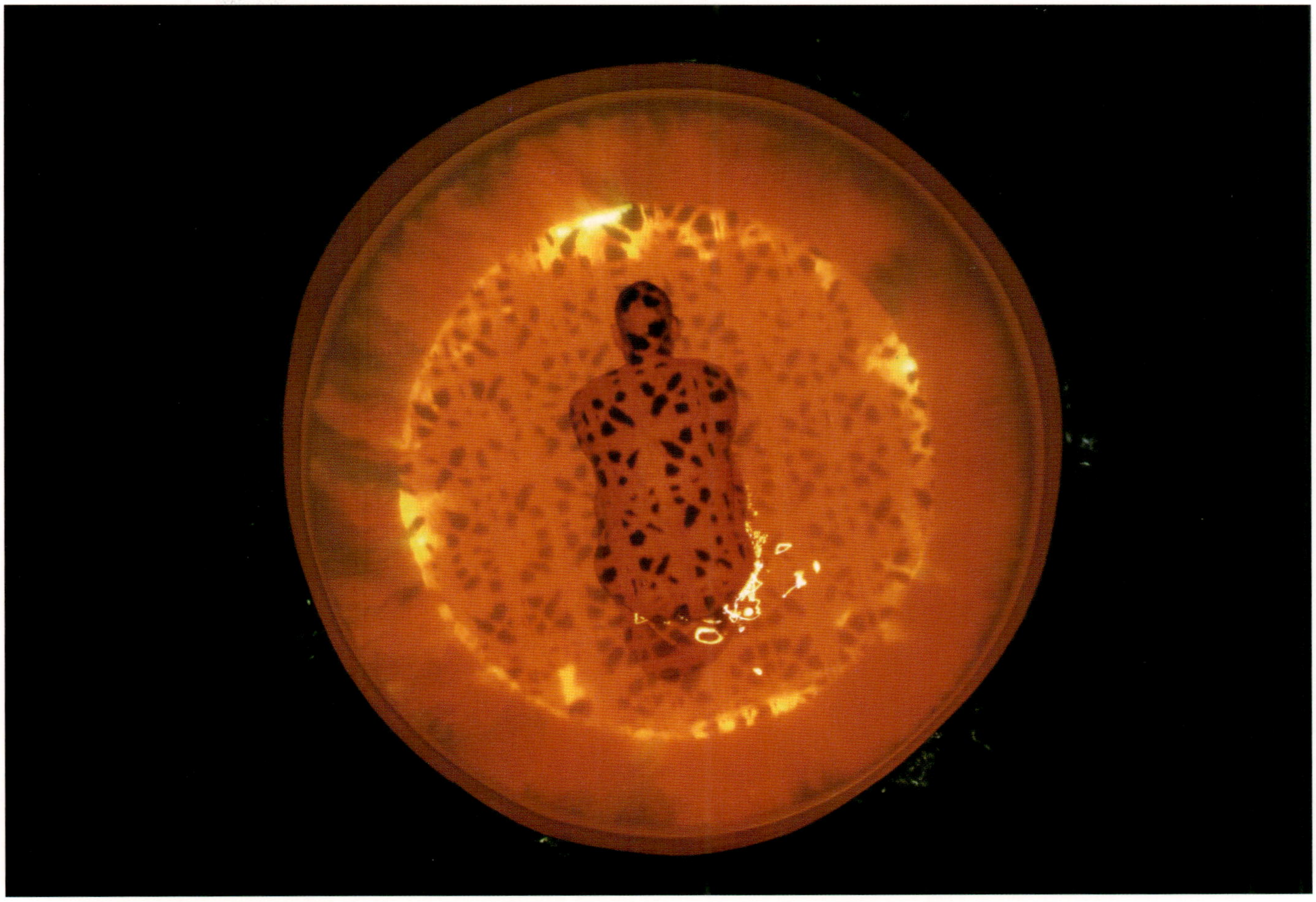

BRASIL

Representação Nacional

Código de vida — código de arte

Franklin Espath Pedroso
Curador

O tema da *4ª Bienal de Artes Visuais do Mercosul* — Arqueologia da Contemporaneidade — nos levou a indagar um pouco mais acerca do significado da arqueologia para o homem moderno, confrontado com grandes transformações em todos os campos de sua existência. Concluímos então que hoje o homem parece mais propenso a buscar antes a resposta a suas inquietações em direção ao futuro incógnito do que entre as reconfortantes certezas dos tempos pretéritos. Diante disso, optamos pela escolha de obras que refletissem sobre o conceito de transformação e estabelecessem uma prospecção a respeito do futuro do homem, por meio de transformações, de deslocamentos ou de suposições.

Arqueologia genética

Deus criou o universo e, ao mesmo tempo, criou o enigma que a ciência busca até hoje explicar: o mistério de sua origem. Até o momento, todas as teorias relativas à criação do universo não passam disso — de meras teorias —, a exigir ainda algum tipo de comprovação irretorquível. Mas, por outro lado, já se chegou à certeza acerca senão da origem, ao menos da natureza intrínseca do homem, daquele que foi denominado "o segredo da vida" — segredo esse encapsulado no DNA, descoberto há cerca de meio século pela dupla de cientistas Crick e Watson. Muita coisa mudou desde então, mas somente há pouco, em junho de 2002, é que se chegou a um perfil mais conclusivo do chamado "rascunho" do genoma humano, a delinear um espectro de infindas possibilidades.

É sabido que carregamos a carga genética de nossos pais: o genoma, o conjunto de genes contido numa única união de cromossomos, os 23 cromossomos presentes numa célula germinal humana. Cada um desses cromossomos reúne cerca de mil genes ou hélices duplas de DNA. Essa coleção combinada de hélices de DNA contém cerca de 3 bilhões de pares de bases.

Na atualidade, tudo parece girar em torno do DNA. A cada dia que passa, a imprensa nos informa que mais uma celebridade foi forçada a reconhecer uma paternidade indesejada em virtude do vaticínio implacável do teste de DNA, divisor de afetos e de fortunas. Com finalidades mais profundas, a ciência continua a caminhar a passos largos para a equação de diversos tipos de problemas relacionados ao DNA. Assim, num futuro bastante próximo, será possível antever o tipo de doença que uma determinada pessoa terá propensão a desenvolver ao longo de sua existência. E será possível antever também, em conseqüência, as precauções indicadas para atenuar ou mesmo erradicar de todo esse risco. No mundo animal e no mundo vegetal, essas mudanças se processam com mais rapidez, pois a agricultura já produz alimentos transgênicos, mais resistentes às pragas, eventualmente mais nutritivos e até mesmo destituídos de gordura. O mesmo ocorre na área biológica, com o advento até mesmo de algumas espécies, híbridas ou derivadas de outras já existentes, num cenário evocativo da ficção científica ou da literatura fantástica.

As novidades são tantas, tão polêmicas, tão discutíveis e carentes de novos mecanismos de informação e controle que certo país africano assolado pela fome chegou a recusar a oferta de alimentos transgênicos para sua população faminta. Preferiu, assim, a certeza da fome e da miséria à incerteza de um hipotético malefício decorrente desses novos alimentos.

Numerosas pesquisas estão sendo realizadas com modificações do DNA e a "fabricação" de bactérias capazes de combater uma série de graves problemas que assola a humanidade, e muito está por vir. A biologia molecular parece conseguir explicar e descrever de maneira exemplar tudo a respeito das células, da função do DNA e das conseqüências advindas de tantas inovações. Apesar de tudo isso, ainda se conhece um percentual ínfimo das funções do genoma. Muita coisa está para ser descoberta, mas, paradoxalmente, esse estudo pode ser encarado como uma forma de arqueologia genética. Só assim poderemos descobrir o que somos, o que poderíamos ter sido e o que poderemos ser. Muitas experiências ainda nos surpreendem, porém em breve nada mais será "impossível". Comenta-se bastante sobre filhos múltiplos, pois a ciência tem ajudado pais com problemas de fertilidade, enquanto algumas pessoas se tornaram verdadeiros "laboratórios vivos", às vezes sofrendo mutações espontâneas causadoras de defeitos congênitos. Todas essas experiências são muito discutidas em diferentes níveis, quer do ponto de vista moral, quer do ético, quer do legal. Até onde o homem poderá chegar com todas essas modificações? Qual é o limite que não deve ser transposto?

O que tem tudo isso a ver com arte? Quais as aplicações da ciência no campo do fazer artístico? Tudo e todas. Arte e ciência andam de braços dados desde a alvorada do século XVI, quando Leonardo da Vinci (1452-1519) ousou desafiar a bula Extravagantes, do papa Bonifácio VIII, correndo o risco de enfrentar os tribunais da Inquisição para participar dos trabalhos de dissecção de cadáveres humanos promovido por Marco Antonio della Torre. No século seguinte, Rembrandt (1606-1669) trouxe esse tema — já não proibido, mas considerado de forma unânime como dos mais rebarbativos — para o universo pictórico com sua célebre tela *A lição de anatomia do Dr. Tulp*. No século XIX, esse diálogo entre arte e ciência se adensou com as pesquisas em cronofotografia de Eadweard Muybridge (1830-1904), admiravelmente sintetizadas no livro *Animal Locomotion*, de 1887, obra que inspirou um momento de ruptura já no século XX, quando Marcel Duchamp (1887-1968) viu seu *Nu descendant un escalier* — baseado numa cronofotografia — ser recusado no *Salon des Indépendants*, em 1912. Mas foi com Salvador Dalí (1904-1989) que esse diálogo entre arte e ciência atingiu sua culminância, com o artista, voraz leitor de obras científicas — por ele interpretadas de seu jeito peculiar graças ao método "crítico-paranóico" —, tomando-as como fonte de inspiração para diversas de suas obras. Dalí foi dos primeiros a aplaudir, em 1932, a tese de Jacques Lacan, *De la psychose paranoïaque dans ses rapports avec la personnalité*; visitou e retratou Freud em 1938, elogiou o cientista inglês Dennis Garbor, prêmio Nobel de 1971 pela invenção da holografia, e realizou seis trabalhos com esse processo já no ano seguinte. No que concerne ao tema da presente Bienal, Dalí foi um apaixonado pelo DNA, e considerava o erotismo, um dos temas centrais de sua obra, como "o princípio monárquico, que ciberneticamente 'se banha' na estrutura helicoidal do ácido desoxirribonucléico". Sua obsessão pelo DNA chegou a motivar, em 1963, a realização da tela *Galacidalacidesoxyribonucleicacid*, que ele descreveu como sendo produto da "visão que seria a de Teilhard de Chardin, se ele pudesse ver a célebre espiral de Crick e Watson, transmissora da memória de Deus até a mais remota das células vivas".

Ou seja, não é de hoje que os artistas se baseiam em conceitos científicos para explicar ou produzir suas obras. Tal tendência só cresce à medida que aumenta o número de obras de vulgarização científica e os conceitos metafísicos ou religiosos têm sido reinterpretados sob o prisma da física quântica. Nas peças escolhidas para a representação brasileira na *4ª Bienal de Artes Visuais do Mercosul*, apresentamos obras que tratam dessa questão da vida humana. Podemos verificar muitas dessas relações com o genoma, com o DNA, com moléculas e com tantas modificações possíveis, imagináveis ou mesmo ainda inimagináveis.

Janaína Tschäpe, por exemplo, apresenta uma série de vídeos e peças em que mutações espontâneas são bastante evidentes. Corpos humanos que se transformam em monstros por meio de mutações irreversíveis. Diversas figuras femininas que, vestidas de forma até bizarra, saem da floresta e, sobrenadando num verdadeiro balé, se transmutam, vão inchando em diversas partes do corpo e, ao explodirem, é como se estivessem se reproduzindo e espargindo seus vestígios na corrente do rio. Essas mutações espontâneas ocorrem no nascimento e no desenvolvimento desses seres da floresta, e seus defeitos congênitos não cessam de se desdobrar. Num toque de pura sensibilidade, Janaína Tschäpe consegue fazer com que essas transformações sejam repletas de poesia visual.

Ivens Machado sempre utilizou elementos brutos em suas peças, elementos que podemos remeter ao "início" da vida segundo a *Bíblia*, já que o homem foi feito do barro, da argila, ao passo que a mulher derivou de uma de suas costelas, naquele que pode ser considerado o primeiro processo de clonagem humana. A peça exibida nesta mostra muito se assemelha também a uma das cadeias helicoidais apresentadas por Crick e Watson na década de 1950. São relações inevitáveis quando estamos tratando justamente desse tema, e suas peças sempre nos remetem ao sexo, de onde tudo emana: a origem da vida. Talvez Ivens Machado seja o único artista desta mostra que uniu a arqueologia, como ciência dedicada ao estudo do passado por meio dos elementos básicos que utiliza na confecção de seu trabalho, aos estudos da simbologia do DNA. A hélice dupla dos cientistas Crick e Watson é aqui redefinida por Ivens Machado de forma muito mais estética do que científica, e ele consegue, com muita beleza, dar nova forma ao bruto, ao natural.

A vírgula: é com uma série a respeito desse sinal de pontuação que José Damasceno apresenta uma indagação sobre o ser humano atual, quando tudo parece ser apenas vírgula. Além de expor tudo "virgulado", pois uma única definição parece pouco para qualquer descrição, podemos encarar a vírgula como uma restrição ou comentário crítico de certa situação. O artista nos coloca aqui numa situação de questionamento e de crítica das mudanças e evoluções do ser humano de hoje. Crítica que José Damasceno apresenta por meio de um "texto" sobrecarregado de vírgulas — um verdadeiro código.

Um cubo dentro de um cubo é o que Laércio Redondo mostra. Refletindo sobre a duplicidade, sobre a maneira pela qual um ser humano pode ser repetido, o artista consegue realizar esse feito sem apelar para experimentos biológicos. Com pura imaginação e total simplicidade, ele duplica todas as pessoas que adentram em seu labirinto de espelhos. Não somente as pessoas, mas tudo aquilo que as cerca. Num determinado momento, o visitante, ao se inserir no segundo cubo, deixa a vertigem de sua clonagem e passa a observar a duplicação de todos os outros. É como se ele passasse então a um estado de controle sobre tudo a seu redor. Nessa obra, intitulada *Hotel solidão*, Laércio Redondo tenta forçar uma reflexão acerca da proximidade e da distância entre as pessoas nela inseridas.

Numa obra muito bem-humorada, Lia Menna Barreto parece brincar ao formar novas espécies por meio de diversas mutações. Animais que, por um ato forçado de alteração, tornam-se belos, apesar dos defeitos aparentes, bastante diferentes daqueles seres que, com defeitos congênitos decorrentes de mutações espontâneas, nos espantam profundamente. Isso não ocorre nesse caso, pois Lia Menna Barreto consegue transmutar todos esses seres em objetos imbuídos de sublime beleza. Na obra aqui apresentada, ela desvela seu ato transformador ao modificar esses pequenos seres por meio do calor. É o aquecimento que faz dessas figuras objetos totalmente deformados, que vão-se juntando uns aos outros e resultam numa única peça de extrema beleza. As mutações realizadas por Lia Menna Barreto, na verdade, não são nada espontâneas no sentido biológico, mas são impregnadas de total e voluntária espontaneidade.

Um grande conjunto de bacias brancas, com diversos líquidos coloridos, espalhado por uma grande área representando testes de DNA. Sob essas bacias, arroz e feijão. Lygia Pape, demonstrando sua habitual maestria, propõe uma interpretação para o DNA do povo brasileiro. Será realmente possível atestar a predominância em algum povo de traços genéticos, responsável pelo fato de determinadas características serem diluídas ao longo de gerações? O brasileiro é, por excelência, especial. A globalização, tão em voga nos dias que correm, já havia acontecido há muito na formação deste povo e, apesar de toda essa miscigenação, ainda em permanente ebulição, o brasileiro mantém características próprias que o fazem diferente. Lygia Pape mostra que, no fundo, essa mistura de raças faz parte de nossa cultura. Tudo isso é demonstrado num belo ato poético.

Rosana Paulino apresenta suas mutantes que integram a série das *Tecelãs*. São figuras metade mulher, metade inseto, resultantes do desdobramento das séries *Aracnes*, *Casulos* e *Ovos*, nas quais a mulher foi sempre o foco da atenção da artista. As tecelãs foram transformadas geneticamente com o intuito de guardar seus corpos. De seus ventres, parte a matéria que tapa suas bocas, seus ouvidos, seus olhos, isolando-as do mundo exterior como se as protegesse, na expectativa de uma transformação física que fará delas outros seres. Rosana Paulino dá novo significado à forma ao criar esses seres; no fundo, é um desdobramento de uma série de desenhos da artista na qual a mulher desenvolve algo desconhecido dentro de seu corpo, levando-a a sofrer uma mutação genética. Diversos seres, as tecelãs, são dispostos lado a lado como numa produção em série desse novo ser, resultado de uma experiência mutante.

Solange Pessoa trabalha com um material que, de início, choca pela quantidade, por se tratar de verdadeiro cabelo humano. Totalmente fantasmagórica essa obra, que parece não findar, pois cruza todo o espaço expositivo, e está impregnada de questões que sempre preocuparam a artista. Em cada um de seus segmentos, diversos enigmas, mistérios, mitos e obscuridades vão sendo pouco a pouco revelados. A união de cabelos oriundos de diversas vidas e de diversas mortes forma um grande capuz e nos remete ao mesmo tempo a um extenso manto em que o passado é trazido de volta ao nosso tempo. É uma total condução da condição humana em suas modificações e transmutações até um estágio considerado religioso pela artista.

Laura Lima também revitaliza o passado. Por meio de um movimento sugerido em uma tela de autor desconhecido do século XVI, a artista recria essa cena com novas vestimentas e composição. Trata-se de um baile na corte de Henrique III, revisto por ela como se estivesse recriando as informações e os sentidos por intermédio de uma transposição temporal e material de tudo o que estava contido na tela. Estabelece, na passagem da condição primeira ao estágio atual, os códigos de referência, expressão e comunicação como uma herança, um fenômeno de continuidade. A transformação causada por esse deslocamento espacial e temporal torna a nova cena algo completamente diferente, com novos códigos, novas proposições, novas alusões, ainda que seja possível considerá-la uma clonagem da cena fixada na tela.

Sem título > 2002 > Instalação > 1.80 x 10 m > Foto: Beto Felício

Sem título > 1996 > Instalação > Bastões de madeira, concreto armado e pigmentos > dimensões variáveis > Foto: Beto Felício

Ivens Machado

^ *Série After the rain* > 2003 > Vídeo *stills*

Série After the rain > *Creature* > 2003 > Escultura ˅

Janaina Tschäpe

José Damasceno

Entretanto > 2003 > Maquete > Fotos: Vicente de Mello

Laércio Redondo

Série Surveillance > *Hotel Solidão* > 2003 > Instalação

Un bal a la cour de Henri III > Anônimo > Ca. 1581

Laura Lima

Coreografia para pintura de Baile na Corte de Henrique III > 2003 > Performance

Lia Menna Barreto

Fábrica > 2003 > Instalação

DNA > 2003 > Instalação com bacias, arroz e feijão > Fotos: Paula Pape

Lygia Pape

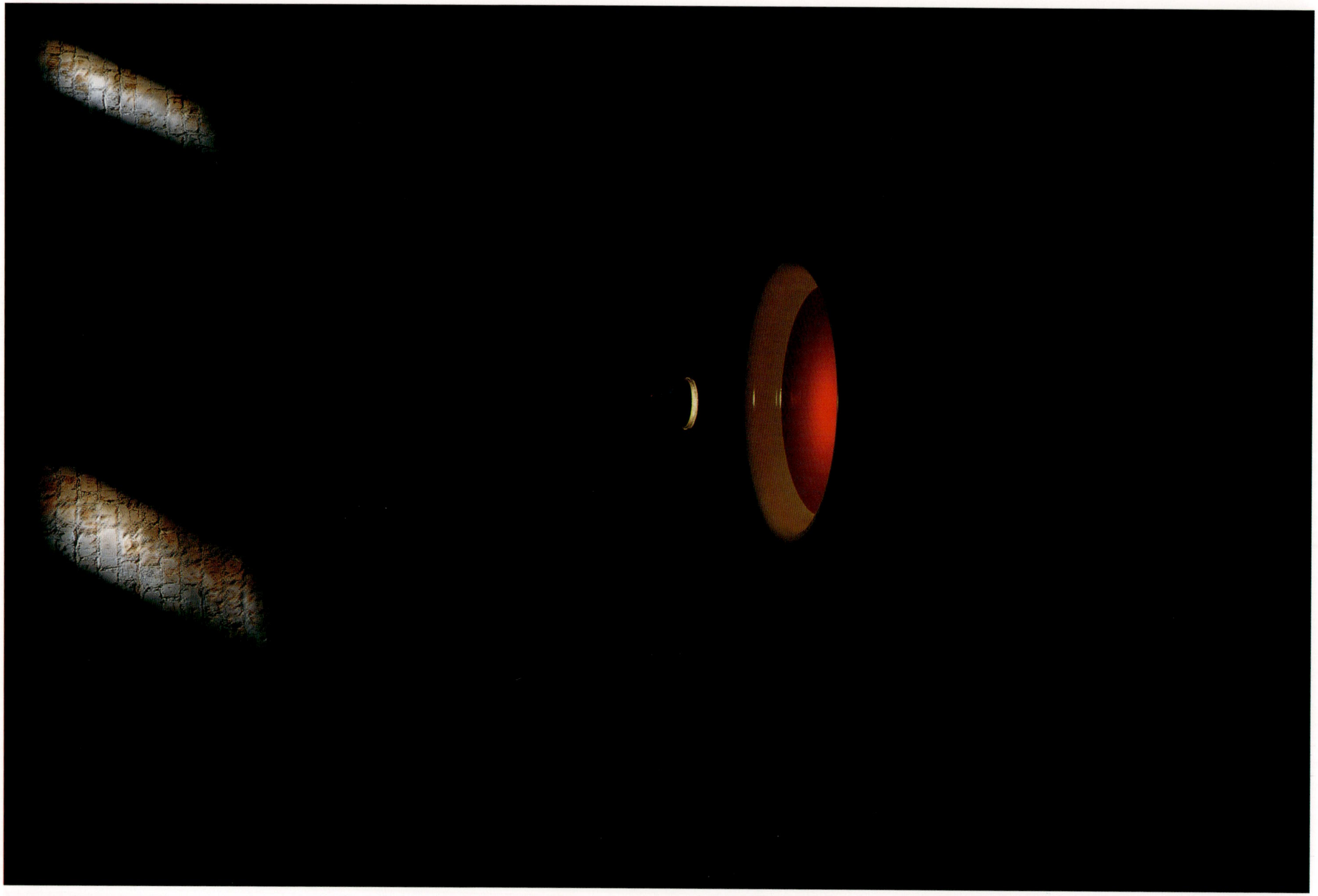

Tecelãs (detalhe) › 2003 › Instalação › Terracota, faiança, algodão e fios diversos › Fotos: Romulo Fialdini

Rosana Paulino

Solange Pessoa

Sem título › 1990/2003 › Cabelos, couro, tecidos, cavalos › 8 x 20 x 1.6 m › Fotos: Eduardo Eckenfels

CHILE

Representação Nacional

La otra vuelta de la copia – Síntomas de un deseo aurático

Francisco Brugnoli
Curador

Dos referentes muy conocidos, como la traducción de José Bianco, para el titulo de la obra de Henry James *The Turn of the Screw*[1] y el célebre ensayo de Benjamin sobre la reproductibilidad técnica del arte, nos permiten la pesquisa de una sintomatología útil a la comprensión de un estado de situación, caracterizado por una nueva generación que ha llegado a alcanzar niveles imprevisibles de productividad; poniendo en escena artefactos variados que no se detienen en partidismos de género, ni parecen inquietarse respecto a posibles antecedentes históricos, sencillamente compareciendo y que en su comparecer provocan inquietantes reclamos.

El afán de exhibir, coherentemente con esta euforia productiva, hace presente una también inédita cantidad de artistas jóvenes y frecuentemente vemos a un mismo artista exponiendo en muy distintos lugares en fechas muy próximas y hasta simultáneas.

Lo insólito de esta situación se comprende mejor si se piensa que hace 40 años, en los 60, cuando los medios de comunicación empezaban a generar otra realidad, y recién se constataba, en la vida cotidiana, un creciente proceso de industrialización, en el país aún habitaba una cultura semiagraria en el sentido más tradicional del término. Sin embargo, desde ahí, nos encontramos hoy día en medio de un paisaje rutilante de *malls*, que iluminan un neoliberalismo de exportación, pero que en su iluminar terminan de oscurecer las ruinas que ha dejado una historia de sucesivos proyectos de modernización. Condición esta para nuestra particular no conciencia de la historia, que por lo demás los mismos proyectos sucesivos desacreditaron.

Hacia mediados del siglo XIX, la recientemente creada Universidad asume la responsabilidad de fundar la Academia de Bellas Artes, contratando a Alessandro Ciccarelli, artista napolitano, adscrito a un neoclasicismo tardío y quien llega a Chile después de un periplo americano que incluye la corte de Brasil. Entre sus obras figura una *Vista de Santiago desde Peñalolén*, un sector precordillerano, que permite ver en la tela la configuración regular de la ciudad, pero que también hacia su centro, muestra la representación del mismo autor, quien de espaldas a nosotros, aparece, pintando el paisaje que vemos. Una sorprendente mirada en abismo que indica la preminencia de la pintura sobre cualquier condición propia del paisaje. Un punto cero que actúa como una suerte de pronóstico para toda una producción de arte, donde la carencia permitiría una apertura a operaciones muy significativas.

Carencia también para la posibilidad de una historia del arte local, como historia del arte universal en Chile, por la ausencia en los museos de originales, que como fuente crítica para la realización del discurso moderno, permita los posicionamientos que ese mismo discurso exige. No son suficientes las venidas de otros artistas o los viajes ilustradores de los locales. Ni siquiera será suficiente la gran exposición francesa *De Manet a nuestros días*, en 1952, que permite por primera vez no solamente la presencia de valiosos originales, sino que además muestra una producción contemporánea a la época.

Pero además, nuestros museos, por diversas razones muestran hoy insuficientemente las propias colecciones, lo que dificulta la indagación de hilos conductores al interior de nuestra propia "lugaridad". Así las operaciones críticas en la producción de arte se han hecho, cuando se han hecho, desde referentes realmente escasos.

Estas condiciones resignan la formación de artistas al conocimiento de reproducciones y al diálogo con quienes a su vez las han reproducido en una larga cadena. Por otra parte, una condición de la reproducción gráfica permite una homogeneidad técnica con todo otro impreso, creando lazos imaginarios en un universo altamente heterogéneo, donde las viñetas del cómic, la ilustración y la publicidad encuentran un lugar destacado. Sin embargo, la modernidad ha dejado como herencia una valorización de procesos de producción de la obra, que la situación imaginaria descrita, sumada a la oferta que la contemporaneidad hace, puede considerarse uno de los detonantes de la euforia productiva actual. Patrones que además de evidenciar, en su aplicado seguimiento, la alegría de lo previsible, críticamente también pueden referir con sarcasmo a su "igual".

Pero es necesario considerar otro factor determinante de este paisaje actual, como lo es la desarrollada construcción de un verosímil de escena de arte, dada la progresiva abundancia de galerías, incluso algunas dedicadas a formas avanzadas, museos de arte contemporáneo, centros culturales, que preferentemente acogen formas experimentales, la aparición de numerosas escuelas de arte de nivel superior y también las páginas sociales de revistas y periódicos dedicadas a inauguraciones de exposiciones, que así son tratadas como verdaderos eventos. Entonces frente a una sobreproducción, aparece el símil de una demanda también inédita, generándose la ficción de un espacio de espectacularidad deseable que realmente aún está, en muchos aspectos pendiente.

En medio de este paisaje, una curaduría se convierte en un ejercicio particularmente difícil, cuyo riesgo debemos asumir desde supuestos críticos que nos permitan cruzarlo sumergidos en su condición. Así hemos instalado en primer lugar la importancia de la copia sucesiva, que además de la vinculación con los impresos en general, permite una cercanía con la revista de arte desde una cultura del encuadre, que a veces inducirá a la producción de obras justamente en la condición de una fotogenia, pero que también hace evidente esa lejanía del "aquí y ahora", de la producción de esos originales, haciéndola deseable y buscando en la fotogenia su aproximación. Pero esta conciencia de la lejanía nos parece fundamental en la idea de un reclamo del origen, como construcción de un "original", que no podríamos considerar sino por el desarrollo de su mismo proceso constructivo. En esto nos parece útil traer la traducción de Bianco, *Otra vuelta de tuerca*. Frase enigmática y autosuficiente que simultáneamente señala lejanía y subversión de origen.

En la coincidencia de nuestro interés, los artistas convocados concurren desde distintas operaciones y generacionalmente. A excepción de Virginia Errázuriz y Pablo Langlois, todos ellos han emergido desde 1995. En la necesidad de situar las difíciles antecedencias e intentando mostrar indicadores de un paisaje inmediatamente anterior, pero que co-comparece en la misma escena, validando la mirada sobre él dirigida por la generación emergente, se convocó a los primeros nombrados. Debe agregarse a esto también su condición de docentes, impartida sobre algunos de los otros invitados.

Con ocasión de la *Bienal de Grabado de Curitiba*, en 1996, Justo Pastor Mellado, responsable de la curaduría nacional, consideró en el envío una serie de trabajos, realizados como desplazamiento de la técnica convocante, con el nombre de *Hecho en Chile*, tal como el sello de las exportaciones con que Chile quería exhibir los nuevos tiempos de su economía desde 1980, el mismo año de producción de esta obra. Virginia Errázuriz no sólo daba cuenta en su gesto de un lugar de origen, sino también entregando, con los referentes de una obra realizada con materiales pobres y operaciones mínimas, los signos de la dificultad del paisaje. Este trabajo podría constituir por su presencia, un carácter emblemático para la curaduría que ahora emprendemos. Pero hemos solicitado de ella la realización de una instalación que incluya operaciones *in situ*, como las realizadas en sus últimos trabajos, especialmente en *)Coincidencia(*, Galería Gabriela Mistral 1998 y en el Museo Nacional de Bellas Artes, 2000, la cual se realizó con motivo de la convocatoria para mostrar obras del período 1973-2000 "Transparencia y densidad", última parte de un trío con el nombre de *Chile: 100 años de Artes Visuales*, curada también por Mellado, quien le solicitó un trabajo realizado a partir de *Paisaje*, instalación en Galería Sur, 1983.

De la primera, instalación compuesta por operaciones llamadas "Rutinas", "Encuentros" y "Apropiaciones", hemos considerado la segunda, por el fragmento "Estante", que la autora describe como: "Colección de objetos acumulados, identificados por su procedencia, arbitrariamente instalados como operación refleja de situaciones cotidianas indeterminables".[2] Donde justamente se reconocería en lo indeterminado de nuestra cotidianidad, una ausencia de proyecto y por tanto el sometimiento de la artista a la constatación de lugares por la experiencia de una recolección, que se acumula como un coleccionismo absurdo e infinito, trayendo a nosotros escenas olvidadas o apenas vistas, otorgando la condición de extraordinaria a la labor cumplida. De la segunda nos interesa la exploración reiterativa de huellas e instalación de marcas, iluminadas por recursos paródicos y reflejadas por espejos, que enunciarían su imposibilidad de materialización.

De Pablo Langlois, hemos incluido *La lectura*, instalación presentada en *Extremo Centro*, MAC 2002, exposición participante en una coordinación de galerías no comerciales del centro de Santiago. La obra se construye como maqueta de la pintura del artista Cosme San Martín (1850-1906), de carácter académico, altamente descriptiva y cuya mirada retiene una escena hogareña, siendo muy significativa de la producción local de fines del siglo XIX. Construida según los modelos imperantes, ella también se quiso paradigma de vida familiar.

Langlois reconstruye la escena con varillas metálicas, que a pesar de detenerse en detalles que aluden al preciosismo del "original", demuestra el fracaso de la reproducción, arrastrando la demostración a su mismo ejemplo. La maqueta de la escena, en escala real, se instala sobre vidrios iluminados por una sospechosa luz neón verde. La "copia" de Langlois acusa una posición ambigua, primero aparece la parodia, como opción crítica al referente y luego una suerte de empatía melancólica respecto a una pérdida irreparable.

Los trabajos de Langlois destacan desde los años 80, cuando en medio del contexto hedonista de la neopintura, instala una obra reflexiva y crítica sobre los procedimientos representacionales de la pintura, expuestos principalmente en un trabajo donde el concepto de ruina, como ruina de la pintura, es necesario para su misma producción.

Las obras de algunos de los participantes se pueden agrupar en zonas amplias que no desfiguran su particularidad, como aquellos que enuncian una ausencia de imaginario al interior de una historia del arte y actúan desde sustitutos constituidos por la imaginería de consumo. Es el ejemplo de Mario Z y Víctor Hugo Bravo quienes operan desde la pintura por necesaria aproximación mimética a los modelos empleados. De Bravo hemos requerido una representación, realizada con pinturas industriales, llamada *La gran escena chilena*. Se trata de la reproducción manual a gran formato de la mayor ilustración del que fuera su primer libro escolar de lectura y por tanto también su primer manual institucional de comportamiento. De Mario Z, que llamara anteriormente la atención con pinturas cuyas imágenes provenían de la revista femenina de los años 30, llamada *Margarita*, presentamos una obra reciente, donde del cómic traslada a la tela Las Chicas Todo Poderosas, con un manejo exhaustivo de los procedimientos propios de la técnica académica de la pintura, como el uso de "veladuras", elevando lo banal a la historia de la pintura, un intento que muestra su imposibilidad.

Próximo a estos trabajos está la selección de Marcela Moraga *Playmobil Ediciones*, donde se oponen las sensaciones de realidad provocadas por escenas urbanas, a la irrealidad de los personajes, cuyas identidades son poseídas por objetos accesorios; confrontación que se proyecta al espacio mismo que habitamos, fragmentándolo irreductiblemente. Su realización fotográfica, como alusión a la fé documental, contribuye al inquietante calce imagen-reconocimiento.

El mismo sarcasmo encontramos en la instalación de Juan Céspedes, donde una casa de juegos se convierte en la posibilidad, tal vez la única, de identificación de una realidad fáctica que se nos escapa, en parte el uso de los mismos medios capaces de mostrar un bombardeo como el juego de Nintendo que anticipa este hecho. La ocupación de vídeos de realización precaria, juega además un atentado a ejemplares manifestaciones de *video art*, cautivándonos en una minimalidad lúdica.

El trabajo de Yenniferth Becerra, *¿Qué hace que los hogares de hoy sean diferentes tan atractivos?*, citando la obra de Richard Hamilton, actúa como metonimia de este "cero" como lugar. La casa de cartón, ambiguamente paródica de las propuestas de la arquitectura deconstructiva, se levanta mediante una polea desmesurada, haciendo aparecer este artefacto que, en primera instancia, alude a la "casa de cartón" que arrastran los sin casa urbanos. El despliegue barroco de la casa cae además de cualquier espectacularidad por el ruido de las poleas y cadenas que la muestran. La casa, como habitación, permanece sólo como imagen lejana, dejando de pronto sólo un vacío.

Los primeros trabajos conocidos de Claudia del Fierro consisten en operaciones de disolución del sujeto por apropiación de otras identidades, como la secretaria, o la modesta empleada de un negocio de barrio, acción que me ha parecido llamar *Yo soy la otra*. Pero en el MAC de Valdivia, 2002, presentó un vídeo, con el nombre de *Piezas y partes para susurrar*, en el cual esta pérdida se une a experiencias precisas de situación, constituyéndose toda la obra desde esa misma experiencia como "piezas y partes difusas de imágenes ajenas... Como el amnésico ha perdido su construcción de identidad, estas precarias imágenes recreadas, han sustituido mi propia memoria".[3]

Carolina Ruff y Livia Marín han realizado experiencias *in situ*. Uno de los trabajos de Ruff consistió en la intervención en la plaza frente al palacio de gobierno, instalando un césped traído desde un cementerio de forma idéntica a los *parterres* existentes, creando un símil que hacía imposible distinguir, en una primera mirada, la intervención realizada. Este gesto disimulador participa también en la instalación de pequeños bordados *petit-point*, que se instalan en las distintas estructuras de las arquitecturas que los acogen y donde son sorpresivamente descubiertos. La paradoja de la invisibilidad se produce por la realización de un trabajo de oficio que exige un ritmo reiterativo y que constituiría por ello un valor. Pero si lo reconocemos es justamente por aquello que lo separa de la idea de original, ya que los bordados se realizan siguiendo estampados de imágenes banales, es sobre la trama que ordena su distribución.

En Livia Marín también el gesto de la reiteración determina un trabajo, que se aplica en objetos domésticos seriados, "Apoyada en la jerarquía y categoría de la copia, la originalidad productiva del arte es hoy reinterpretada...".[4] Estos objetos, vasos plásticos desechables por ejemplo, se ordenan o apilan interviniendo en espacios arquitectónicos, confundiéndose en ellos. Si bien por disposición parecen querer tomar prestada la nobleza material de su huésped, su propia materialidad termina anulando para ellos esa posibilidad, así la incomodidad descubierta devela su condición efímera, además el gesto reiterativo de su orden hace aparecer la inutilidad de un trabajo obsesivamente dedicado.

El más joven de los invitados, Andrés Durán, ha llamado ya desde un año la atención por trabajos donde el concepto de extrañeza hace evidente la necesidad aurática. Lo que en los anteriores se da en gran medida por una participación implícita de la expectación, en este caso se ofrece por la creación de un espacio claramente contemplativo, inmersos en el cual nos sorprende de pronto un cambio que pone en suspenso la presencia misma de algo que parecíamos claramente identificar. En la obra seleccionada, una pieza arquitectónica ornamental es iluminada con la propia imagen proyectada sobre ella, hasta que de pronto un cambio se presenta como un desgarro entre imagen y objeto. Desprovisto de la imagen, el objeto queda abandonado de nuestras miradas que siguen la proyección de su imagen hasta que se reinstala nuevamente en él, dejándonos inmersos en una experiencia ambigua de realidad.

En cuanto a la pregunta por la arqueología del arte en Chile, nos parece sólo posible resolverse desde la situación virtual y paradojal que hemos presentado, es decir, considerando las condiciones carenciales para una producción de arte ya descritas, agravadas por el aislamiento internacional que provocó el régimen militar. Todo esto nos induce a postular como consecuencia una tesis de audacia evidente cuyo atractivo no podemos evitar.

La lejanía del original necesariamente hace ineludible la pregunta sobre una posible arqueología otra, que se ofrecería como paradoja, respecto a la pérdida, o el desgaste, del original por su reproductibilidad, o copia, según Benjamin. Esto nos ha inducido a pensar que justamente esa lejanía abre el espacio para el deseo de una "re-auratización" de la obra, posibilidad en que se estaría jugando el arte local. Incluso en su misma euforia productiva, que sería además perfectamente coherente con las paradójicas operaciones procesuales, en el "aquí y ahora" de su acción de superficie. Entre ellas la condición circunstancial y de efímeros, que estos trabajos poseen, desarrolla una empatía especial hacia su arruinamiento y finalmente su pérdida. Es el mundo de la aceleración del consumo, el que haría posible esta melancolía, que actuaría como compensación, de un mundo donde prevalece el signo de la pérdida. Nos parece que desde esta melancolía de la pérdida la palabra arqueología resulta apropiable.

notas

1 JAMES, Henry. *Otra vuelta de tuerca* (Trad. de José Bianco). Buenos Aires, EMECE EDITORES S.A., 1945. Colección La Quimera. (El llamado de atención sobre la particularidad de este giro, en la traducción, se le debe a Augusto Monterroso.)

2 ERRAZURIZ, Virginia. "(Comentarios secundarios...)", en catálogo *) Coincidencia (*, Galería Gabriela Mistral, Santiago, Chile, 1998.

3 DEL FIERRO, Claudia. "Arte y catástrofe", en el catálogo de mismo título. Museo de Arte Contemporáneo, Valdivia, Chile, 2002.

4 MARIN, Livia. "El objeto como propiedad". Texto inédito, 2002.

Ménsulas > 2001 > Videoinstalação

Andrés Durán

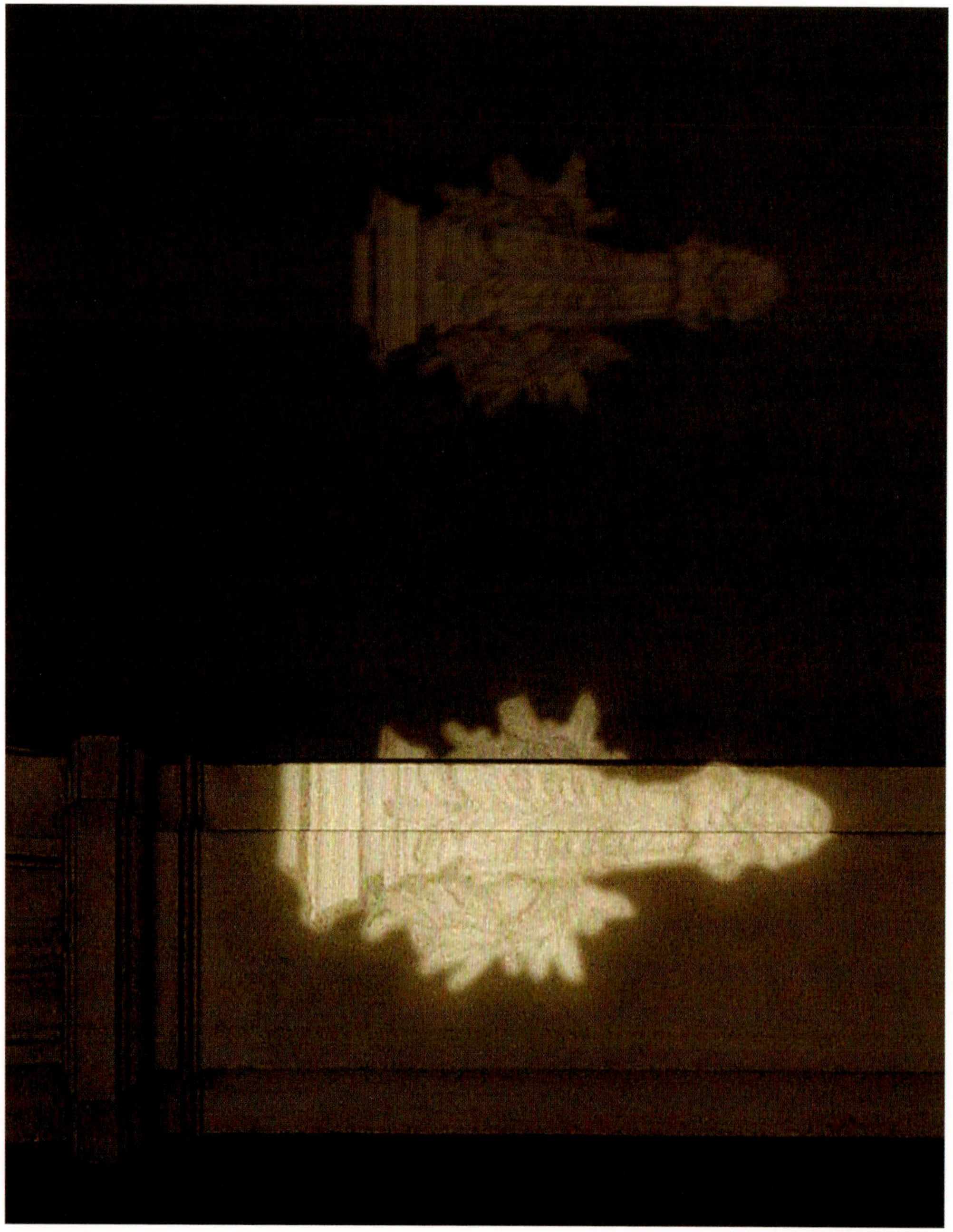

Equipamiento contra incendios (kit de emergencia para espacios de arte) > *Extintor* > 2002 > Bordado s/ tela, técnica *petit point* > 64 x 29 cm > Foto: Verónica Ibañez

Equipamiento contra incendios (kit de emergencia para espacios de arte) > *Hacha* > 2002 > Bordado s/ tela, técnica *petit point* > 64 x 29 cm > Foto: Verónica Ibañez

Carolina Ruff

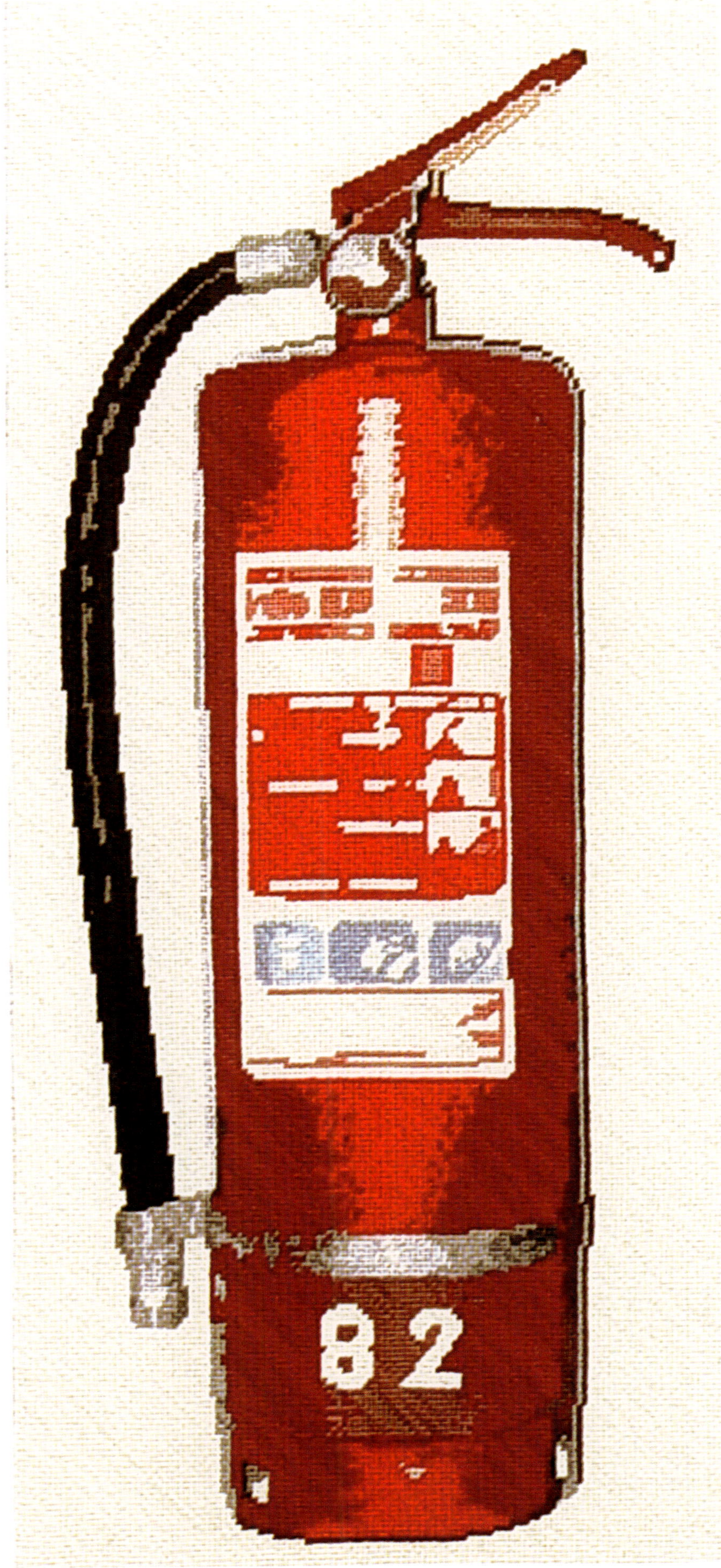
82

Anómica > 2003 > Projeção de vídeo

Idéntica > 2000 > Projeção de vídeo

Claudia del Fierro

Juan Céspedes

Aberrations > 2002 > Videoinstalação

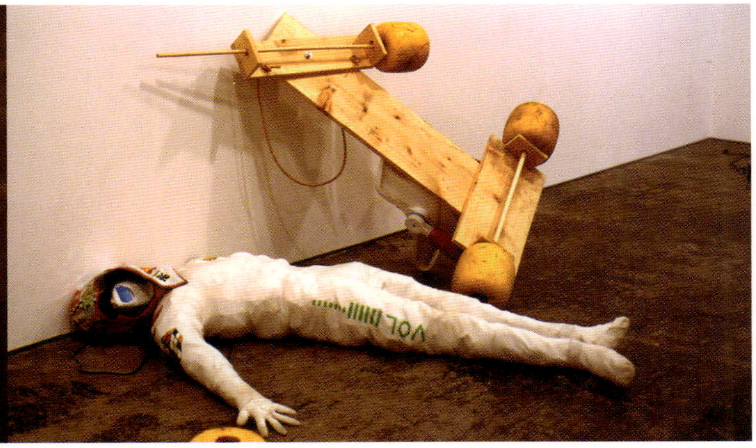

Livia Marín

Sin título > 2002 > Intervenção *in situ* > Foto: Álvaro Márquez

Marcela Moraga

Locaciones personales de Playmobil:Plaza Play 4 > 2003 > Fotografia em cores > 150 x 100 cm

Locaciones personales de Playmobil: Plaza Play 1 > 2003 > Fotografia em cores > 60 x 90 cm

Mario Z

Bohemia 2 › 2003 › Pintura-instalação, óleo s/ tela › 2 x 1,7 m › Foto: Rosa Miranda › Obra financiada pelo FONDART 2003

Pablo Langlois

La lectura > 2002 > Vista geral da instalação > Fios de bronze e alpaca, lâminas de vidro, bolinhas de vidro negro

La Lectura

Víctor Hugo Bravo

La gran escena chilena > 2000 > Pintura-instalação, esmalte sobre tela > 3,2 x 2,45 m

Virginia Errázuriz

Comentario circular n. 3 Enrollar la lienza > 2003 > Instalação

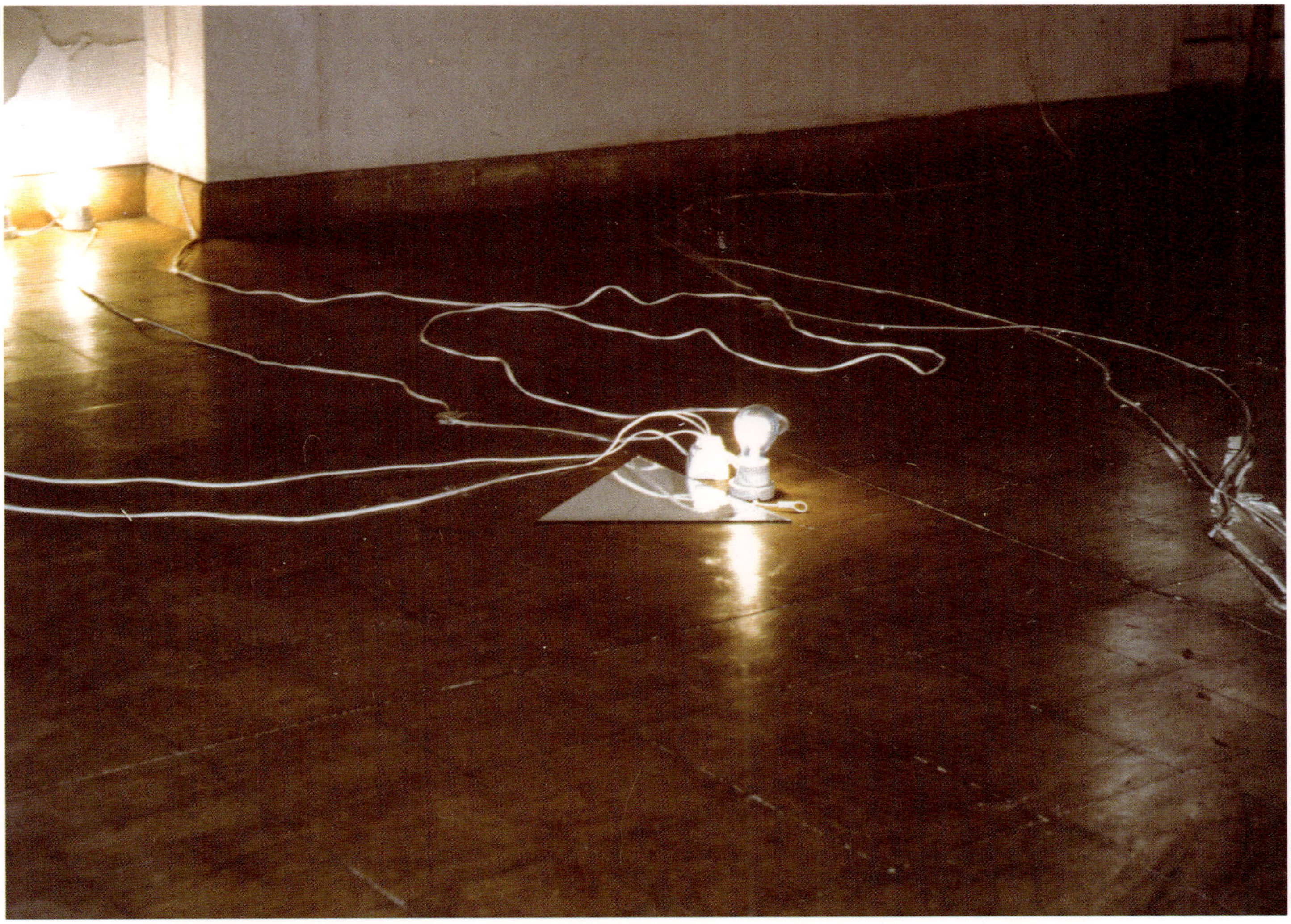

¿Qué hace que los hogares de hoy sean tan diferentes, tan atractivos? > 2002 > Instalação com caixas de papelão

Yennyferth Becerra

SONY
SONY
SONY
LORECOT S.A.

Paraguai

Representação Nacional

Fotoimagen: coyuntura y propuestas

Javier Rodríguez Alcalá
Curador

Una mirada retrospectiva de corto plazo a la plástica paraguaya revela dos orientaciones predominantes: la objetual y la fotoimagen.[1] Hemos seleccionado la última para esta *4ª Bienal de Artes Visuales del Mercosur* porque consideramos que cubre el requerimiento de actualidad (propio de encuentros bianuales de esta naturaleza) y al mismo tiempo permite aproximarnos resumidamente al contexto de producción local a partir de una coyuntura menos crispada, desde una suerte de "arqueología reciente". No proponemos una selección exhaustiva y menos aún retrospectiva: el relativamente crecido número de expositores responde a la necesidad de ilustrar la diversidad dialectal que cada obra propone desde el empleo de un repertorio técnico y/o conceptual dado.[2]

La mirada invisible

En el Paraguay, desde al menos la década del 70,[3] la fotoimagen contribuyó a la expansión del repertorio representativo tradicional (pictórico, gráfico, dibujístico) porque permitió seguir nombrando lo real desde una imagen no necesariamente ligada a la mimesis.[4] A pesar de su aporte, la fotoimagen fue tardíamente reconocida en los lugares centrales de validación.[5] Esta generalizada "invisibilidad" de la fotoimagen hasta entrados los años 90, condicionó que su producción se efectivase desde actores y lugares alternativos: desde el fotoperiodismo, como actividad paralela de artistas que desarrollaban su trabajo más conocido con otros medios o a través de la contribución de fotógrafos extranjeros que se radicaron en el país.

¿Codificación o solipsismo?

Por otra parte, el criterio de selección, que según se dijo buscó expresar diversidad de aproximaciones, también responde a una particular forma de entender el medio.

La fotoimagen podría resultar conceptualmente inaprensible dada su heterogeneidad: ya se la considere desde su conformación material (heliostática, fotográfica, magnético-digital); en lo que hace a sus diversos empleos (fotografía autoral-expresiva, fotoperiodismo, publicidad, registro étnico-antropológico); o considerando sus lugares de existencia y difusión (prensa, galerías de arte tradicionales, la vía pública, los soportes digitales y las redes informáticas). Esta "variedad contaminada", antes que una desventaja, señala —positivamente— su estrecha vinculación con el medio social, expresada a través de los diversos usos sociales de la fotoimagen.[6]

Si la relación obra/sociedad fue una materia conflictiva para la modernidad, actualmente el problema se retoma desde la necesidad de recuperar —al menos parcialmente— el control de los medios de producción de bienes simbólicos; aunque más no sea desde actos comunicativos y/o artísticos más modestos (por otra parte, la necesidad de proponer alguna parcial recuperación se hace aún más perentoria atendiendo al escenario actual, donde la oferta simbólica resulta a menudo equivalente a los intereses del capital global).

Desde estos supuestos y a diferencia de lo que propone la definición pragmática del fotosigno[7] (que preferencia la relación sujeto/lenguaje) sostenemos aquí la utilidad de aproximarnos al medio desde la relación lenguaje/sociedad.

Esta opción implica considerar el hecho semiótico de manera integral —esto es, formado por sintaxis, semántica y pragmática— y supone también entender deseable la existencia de la fotoimagen dentro de la esfera de lo colectivamente aprensible (tanto en su dimensión productiva —sintáctica— como en su contenido y consumo —semántico— que permanecerían así en territorios codificables; esto es, ligados al proceso colectivo de asignación de sentido que realizan los usuarios de un lenguaje).

Al minimizar la aproximación pragmática, la dimensión social del fotosigno (en tanto preferencia a la relación sujeto/lenguaje, según se dijo) se postula una suerte de desvinculación solipsista. De hecho, constituiría —en gran medida— el correlato visual del individualismo contemporáneo, originado en el descrédito de las causas redentoras de la modernidad y que se expresa en la actual construcción de las identidades a través del consumo, entendido éste como la última esfera de libertad y de autorrealización (¿de consuelo?) del sujeto.[8]

Obviamente, no podría hoy postularse —nostálgicamente— que las imágenes puedan transformar la realidad. Pero tampoco deberíamos renunciar a la creencia de que sí pueden ayudarnos a comprenderla mejor desde una recuperación solidaria de la mirada.

Las obras

Público y privado

En *Fin de Zona Urbana* y *Entrecasa*, Carlos Bittar plantea cruces entre aquello que de público tiene lo doméstico e, inversamente, expone lo que de particular posee la anónima generalidad de lo urbano. La ciudad de Bittar es el espacio del vendedor informal, del migrante rural que busca establecer en ella alguna impronta identitaria. Sus imágenes reflejan la ciudad del "vale todo", un espacio en el que cada cual se las ingenia como quiere (o, más frecuentemente, como puede) para sobrevivir, para reclamar algún lugar aprehensible en medio del caos visual que anula la lectura unitaria del espacio.

En la serie *Entrecasa*, se solapan los límites —por lo demás cada día más débiles— que separan lo público de lo privado. Esta conjunción de territorios se materializa en la alternativa adscripción del fotógrafo a diferentes orientaciones del medio. A ratos los sujetos próximos a su afecto —su propia familia— devienen objetos de una "documentación" que remite al evento, propio de la fotografía documental. Pero paralelamente el propio autor se encarga de cuestionar esta pretensión de objetividad y extrañamiento que supone el registro documental. Bittar minimiza en estos casos los componentes referenciales-descriptivos de sus imágenes y —metafórica o literalmente— él mismo se ve atrapado (re-presentado) en la realidad que relata.

Un tiempo ajeno

El origen del fotocalendario de Pedro Barrail fue fortuito e incluso anecdótico: por razones que no viene al caso mencionar, el artista debió fotografiar incidentes y pormenores nimios de su barrio. Posteriormente, esta asiduidad —no poco obsesiva— del registro fotográfico llevó a Barrail a establecer determinadas relaciones empáticas con el tema registrado. Una cierta lógica parecía insinuarse en la acumulación aleatoria de las imágenes de tema irrelevante: el tiempo de la representación (el de la toma fotográfica) propuso sincronía con lo representado (con el ciclo doméstico del lavado y el tendido) y, finalmente, terminó identificándose con éste.

Así estructurado, el fotocalendario registra el tiempo (objetivo y autónomo) desde la alteridad de curiosas y heterónomas asociaciones: Lunes/Mantas; Martes/Camisas; Miércoles/Calcetines, etc. Es decir, la temporalidad —entendida como la sucesión lineal y numéricamente ordenada de los días y los meses— se identifica con la aleatoria variación secuencial de las distintas prendas tendidas al sol. Metonímicamente la ropa alude a una penosa condición local derivada de la peor crisis económica y social de los últimos cuarenta años. En un orden más general (¿conoce el tendedero de tu vecino y conocerás el mundo?) las imágenes —empleando el mismo tropo metonímico— postulan el tedio de una existencia poco épica, anclada a la rutina ajena... Aunque también, asumidas desde el humor, otras inferencias son posibles: un Viernes/Sábanas —por ejemplo— podría resultar divertido y sensualmente estimulante.

La lente y el otro

Aunque sin intenciones antropológicas, las imágenes de Juan Britos aportan elementos de interés relativos a la fotografía como instrumento de aproximación —expresiva en este caso— a una situación sociocultural dada (la de las comunidades indígenas del país). El relato que propone en sus fotografías no posee una lógica narrativa lineal o incluso estrictamente documental, en el sentido más difundido del fotoensayo (lo que no omite la ocasional inclusión del evento en el conjunto).

No por evidente resulta inapropiado señalarlo, el conjunto de imágenes postula la apropiada convivencia entre una ubicua voluntad plástica-compositiva (que se expresa, por citar un recurso, en la recurrente acentuación de la profundidad que permite la lente de 20 mm) y el registro de condiciones socialmente relevantes; registro que, aun apoyado en una personal y elaborada sintaxis, trasciende un concepto meramente formalista del ensayo.

Construcción y obscenidad

Claudia Casarino parte de postales que remiten a un pasado político reciente del Paraguay (usualmente emplea imágenes emblemáticas de la propaganda del régimen del general Alfredo Stroessner, 1954-1989). Las postales reiteran los tópicos usuales del imaginario stronista —no muy distintos a los de otros regímenes de cuño autoritario— como el nacionalismo exacerbado; la identidad entendida como folklorismo estereotipado; la glorificación fetichista de la infraestructura material que, equívocamente, se hace equivalente al progreso social, de entre otros. A estas postales, Casarino antepone pequeñas prótesis: soldados-juguete que irónicamente interactúan con las imágenes del fondo. "Si una cosa no puede usarse para mentir, en ese caso tampoco puede usarse para decir la verdad":[9] la artista monta una otra escenografía desde la imagen fotográfica; otro dispositivo paralelo y explícito de ficción que evidencia la implícita y no menos ficcional construcción ideológica contenida en las postales.

Al recontextuar un determinado imaginario visual y desplazarlo de su escena originaria ideológica-proselitista (esto es: al volverlo obs-ceno/fuera de escena), Casarino deconstruye con humor ciertas construcciones de nuestra historia política reciente, poco graciosas y bastante obscenas.

El yavorai

Nos acercamos a estos *Bosques (Paisajes)* de Jesús Ruiz Nestosa desde dos términos del guaraní contemporáneo: *yavorai* y *okápe*. El primero designa una formación vegetal muy tupida, la agresiva y feraz proliferación de maleza. Pero también es sinónimo de confusión y desorden. *Okápe* —literalmente: afuera— también se utiliza en la cultura rural paraguaya en su acepción de *silvestre*.

Tal vez resulten contradictorios los dos significados, atendiendo al entorno predominantemente campesino de esta lengua y considerando la estrecha identificación que debería existir entre lo rural y lo natural. Entonces: ¿Cómo puede resultar "desordenada" la propia naturaleza?... ¿Cómo, desde lo externo —desde el campo ajeno a lo urbano— la palabra *afuera* puede nombrar a lo *silvestre*?

Sin embargo la contradicción de estos pares —Naturaleza/Desorden; Naturaleza/Exterioridad— es sólo aparente (el lenguaje no suele equivocarse). Desde que se generalizara la convención de perspectiva renacentista, pasando por el individualismo romántico —que veía en el paisaje "un estado del espíritu"—, hasta la experimentación perceptiva impresionista, el paisaje fue básicamente una invención proyectiva.

Las imágenes de Ruiz Nestosa —desde el lenguaje fotográfico directo— proponen una vuelta de tuerca a la artificialidad congénita de la representación de lo natural. Sus paisajes son aquellos ajenos lugares "en donde el alimento deambula crudo"; un espacio caótico que nos resulta extranjero; mismo espacio que ni aun el meditado procedimiento técnico y compositivo de la cámara de placa que emplea el fotógrafo consigue estructurar del todo. Traspuesto el umbral de la certeza cultural (el de la convención representativa) un desorden —un otro orden amenazante— acecha allá afuera.

El tótem digital

Con tema similar al de Ruiz Nestosa, el montaje digital de Juan Carlos Meza sin embargo propone una paradoja: busca identificar la ilimitada reproducibilidad de la imagen digital con el carácter único e irreemplazable del objeto ecológico.

El carácter aurático del objeto —siguiendo a Walter Benjamin— radicaba en la irremediable lejanía derivada de su unicidad. Unicidad que primeramente fue ritual, la del objeto de culto singular e irreemplazable (el que nos contactaba dioses o fuerzas sobrenaturales y lejanas). El pensamiento iluminista desplazará el aura de lo ritual-religioso a lo artístico (no menos religioso). La nueva religión laica (Estética) reinstala el aura en el culto fetichista a la obra única. (No es casual que el culto a la originalidad y al genio personal —oportuna invención ilustrada— corra parejas a la mitificación museística de sus creaciones). La multiplicidad de la fotografía pondría límites drásticos a la unicidad aurática. Drásticos pero no totales: la existencia de un negativo (de una matriz) todavía permitía —aunque débilmente— postular la existencia del original y de la copia. Pero tratándose matrices digitales ya no tiene sentido hablar de copia y original (aún más: carece de sentido incluso hablar de matriz, al menos en la acepción analógica del positivo-negativo que permite rastrear la mismidad de las reproducciones).

Empleando esta imagen digital (genéticamente irrastreable), Meza ordena fragmentos para reconstruir un referente natural que resulta emblemático. Si se asumen las implicancias políticas contenidas en la ecología, probablemente ésta constituya la última —¿única?— causa social movilizadora, la última ideología que subsiste en el escenario de la "muerte de las ideologías". En este paradójico contexto, el árbol (neo-tótem aurático) busca nombrarse desde la desmesurada y prescindente reproducibilidad digital.

Los límites de la memoria

La propuesta de Natalia Patiño se origina en anteriores experiencias en pintura de filiación matérica. (Parcialmente, estos precedentes pictóricos se prolongan en la aplicación de la parafina y otros objetos que se anexan para enrarecer la lectura de las imágenes fotocopiadas). Pero la apelación al pasado no se reduce a la reiteración del expediente pictórico matérico. Patiño ha partido de fotografías familiares, propias o ajenas, da igual, ya que ambas refieren a entidades similares: al registro cotidiano, a la memoria personal, esto es: al despliegue del sujeto en el tiempo. Los límites externos de las obras pueden sugerir invariabilidad —incluso rigidez— pero al interior de cada imagen, sobre el recuerdo fotográfico —sobre la evidencia de lo efectivamente acaecido— se sedimentan las perturbaciones temporales, los impredecibles escamoteos y trampas que el tiempo tiende a la memoria. Estas deformaciones de la imagen-recuerdo (producidas por mediación temporal) encuentran su correlato gráfico-espacial en otras mediaciones: la reproducción heliostática falsea la imagen para tornar aún más difuso el recuerdo. El sueño de la memoria también produce monstruos: ausencia y extinción.

Lo personal y lo político

La obra precedente de Jorge Sáenz ha estado estrechamente ligada al fotoperiodismo: dos ensayos que publicara en Paraguay, *Rompan filas* (1996) y *El embudo* (1997) —respectivamente— relatan, desde una imagen cruda en blanco y negro, las implicancias deletéreas del servicio militar obligatorio y denuncian las dramáticas condiciones que envuelven a nuestro sistema penitenciario.

Fotografío por necesidad (que tendría antecedentes en el ensayo *El aburrimiento* de 1995, también realizado en película Polaroid) supone una transformación sustantiva —cuando no reactiva— frente al anterior enfoque fotoperiodístico ("cada vez creo menos en la validez de los relatos lineales" —comentó Sáenz sobre este trabajo).

Si bien cada conjunto contiende una historia (muy personal que el fotógrafo omite relatar), el ensayo propone lecturas abiertas desde la combinatoria múltiple y figuradamente circular de las imágenes que forman cada panel. (¿Se trataría de un anti-ensayo, en tanto que la fragmentación y la multiplicidad de sentidos posibles postulan la imposibilidad de dar cuenta —desde la fotografía— de una realidad exterior efectivamente acaecida?)

El clima general de la obra resulta oscuro, cargado de desencanto ante el progresivo deterioro de la condición humana y su entorno; las imágenes expresan frustración ante incumplidas promesas de redención colectiva. Pero como contrapartida, encontramos que la centralidad (el protagonismo) de la(s) mirada(s) postulan otra posible reconstrucción más solidaria de lo real, desde lo personal, que no deja de ser político.

Hurtos y reapropiaciones

Carlo Spatuzza propone una serie-relato fotográfico desde el empleo performativo del medio. Performación que resulta doble: se expresa en el argumento que desarrolla al interior de las imágenes de origen digital (en el "guión" protagonizado por el propio autor) y también —a través de su montaje— en la interacción que dicha serie propone con relación a las demás obras exhibidas.

La recolección y la reapropiación han sido estrategias recurrentes en la anterior obra gráfica y objetual de Spatuzza. Estos humorísticos *Ejercicios nocturnos* relatan un imaginario robo (apropiación) cuyos pormenores registra la cámara. El ladrón (el artista) va sustrayendo objetos diversos hasta casi vaciar la casa (la obra). (No es irrelevante señalar que sólo permanezca ajena a la rapiña una silla, objeto que forma parte de otra obra de Spatuzza). Pero paralelamente al vaciamiento que el "artista-ladrón" realiza en la ficción interior del relato, en el espacio exterior real (en la sala de exposiciones y debido al montaje interactivo que ha propuesto) el espectador va "llenando" la obra saqueada, al incorporar, figuradamente, las obras contiguas de otros artistas. Los límites de la reapropiación y la identidad de la propia obra son algunos temas que irónicamente proponen los solitarios y furtivos *Ejercicios nocturnos* de Spatuzza. Atendiendo no sólo a la acusada endogamia de su específico medio artístico, sino también asumiendo la inconsumible oferta de íconos fugaces y livianos que emanan de las ubicuas redes informáticas. Adscribiendo —*mutatis mutandis*— al corolario propuesto por Borges en "Funes el memorioso", pareciera que en este tiempo carente de silencio y de pausas visuales "aprender es olvidar (vaciar)".

Rituales trashumantes

La progresiva retracción societaria —propia del pensamiento posesencialista— fuerza al sujeto contemporáneo a reposicionarse frente a lo colectivo, a repensarse ante la precaria continuidad de rituales erosionados y pretéritos. Las opciones no parecen ser muy alentadoras: adscribir al consuelo de la sociedad del espectáculo; o —cosa muy parecida— reconstruir la identidad individual y grupal desde el consumo.

Los Rituales de Gabriela Zuccolillo simultáneamente hablan de esta imposibilidad y de alguna posible alternativa. Como es propio del rito, las fotografías reiteran una secuencia de actos similares (una toma), a fin de que su fidelidad a lo idéntico asegure un devenir deseado. Pero se trata de un rito nómada, en donde el fotógrafo-celebrante, desde la provisoria seguridad de su mesa-altar (provisoria en tanto ubicada en un espacio ajeno y siempre cambiante) intenta conjurar la soledad implícita en la persistente ausencia del otro.

Desde otra lógica enunciativa, las *Lluvias y tormentas* enfatizan —denotativamente— la violencia que conlleva un evento meteorológico: su usual condición de incidente. Pero también connotan que es la propia contingencia, la eventualidad del accidente —antes que lo usual y previsible— aquello que construye el sentido de lo real. A contrapelo de lo que prescribe la lógica para la elaboración de un concepto, la realidad (los paisajes naturales o urbanos) no equivale a la reunión de sus notas esenciales, estables y objetivas, sino a la expresión fugaz y emotiva de lo accidental. Las imágenes proponen invertir el sentido de lo cotidiano/ordinario y lo anómalo extra/ordinario.

notas

1 En una acepción amplia, el concepto engloba imágenes de vocación múltiple y/o materialmente generadas mediante procedimientos óptico-químicos (fotográficos), heliostáticos, magnético-digitales y la imagen-tiempo (cinematográfica o videística, no incluidas en esta selección). Otras denominaciones afines: *Contemporary Photography* y Posfotografía.

2 Por razones organizativas, no se incluyó autores que deben ser citados: Jorge Vidart, Pedro Caballero, Fernando Allen, Ricardo Maldonado, Luis Vera, Ricardo Migliorisi, Bernardo Krasniasky, Fredi Caso, Alicia Falabella, Paz Encina y Juan Carlos Maneglia, entre otros.

3 Protagonismo entendido desde el punto de vista de la fotografía autoral (por ejemplo la muestra *10 Años de Fotografía*, de Jesús Ruiz Nestosa, data de 1969).

4 Expansión en el sentido representacional, no conceptual. No miméticos, ya que el carácter de una fotografía, por ejemplo, no radica "(...) en el efecto de mimetismo sino en la relación de contigüidad instantánea entre la imagen y su referente". BARTHES, Roland. "El mensaje fotográfico". En DUBOIS, Philippe. *El acto fotográfico*. Barcelona, Paidós, 1994.

5 La crítica más difundida no había dedicado mayor espacio al medio, según se desprende de la revisión de la bibliografía existente. Simétricamente, la sobrevaloración actual proveniente de esos lugares de legitimación —salvo excepciones— responde principalmente a la necesidad —extrínseca al proceso interno— de cubrir la demanda proveniente de espacios internacionales de exhibición.

6 "La fotografía es indudablemente un arte impuro en el sentido que muy a menudo su uso está inscripto en finalidades prácticas: el reportaje, la fotografía de moda, la publicidad, la documentación, etc. (...). Pero, por otra parte, el interés estético que ofrece la fotografía, radica precisamente en estos lazos íntimos que no cesa de generar con la acción, con el trabajo, con la comunicación y con la familia. Finalmente, éste ha sido el caso de numerosas artes, en la mayor parte de las culturas y en la mayor parte de las épocas históricas". En SCHAEFFER, Jean Marie. Sobre a arte fotográfica. *Imagens*, n. 7. Campinas, Unicamp, 1996, p. 42 y ss.

7 La definición pragmática parte de la naturaleza indicial de la fotoimagen (Bazin, Barthes) para definirla como una "imagen acto". En DUBOIS. *Op. cit.* Incuestionable desde un punto de vista "esencialista", sin embargo este abordaje explica poco sobre la producción de la fotoimagen y sobre su lectura, ya que ambas suponen convenciones culturales internalizadas por el productor y el receptor que no pueden ser reducidas ni al carácter indicial ni a su derivación pragmática.

8 Conceptos similares expuestos, aunque desde juicios de valor encontrados, en LIPOVESTKY, Gilles. *El imperio de lo efímero*. Barcelona, Anagrama, 1990, y GARCIA CANCLINI, Néstor. *Consumidores y ciudadanos*. México, Grijalbo, 1995.

9 ECO, Umberto. *Tratado de semiótica general*. Barcelona, Lumen, 1985.

Carlos Bittar

Série Fin de zona urbana › 1996/2003 › Fotografia preto-e-branco › 25.4 x 25.4 cm

Carlo Spatuzza

Ejercicios nocturnos 1 > 2003 > Fotografia digital > 8 x 12 cm

Claudia Casarino

Memorias Estratégicas > 2003 > Fotografia preto-e-branco > 50 x 60 cm

Grado

de lluvias y tormentas (1998-2002) > Assunção, Paraguai > Fotografia preto-e-branco > 50 x 60 cm

Gabriela Zuccolillo

Sin título > Veneza > 1999 > Fotografia preto-e-branco > 42 x 60 cm

Sin título > Nova York > 1999 > Fotografia preto-e-branco > 42 x 60 cm

Jesús Ruiz Nestosa

Bosques > 2000/2001/2002/2003 > Fotografia > 47 x 39 cm

Bosques > 2000/2001/2002/2003 > Fotografia > 39 x 47 cm

Jorge Sáenz

Fotografio por necesidad › 2002/2003 › Fotografia direta em suporte polaróide SX-70 › 40 x 43 x 6 cm

Fotografio por necesidad › 2002/2003 › Fotografia direta em suporte polaróide SX-70 › 70 x 65 x 6 cm

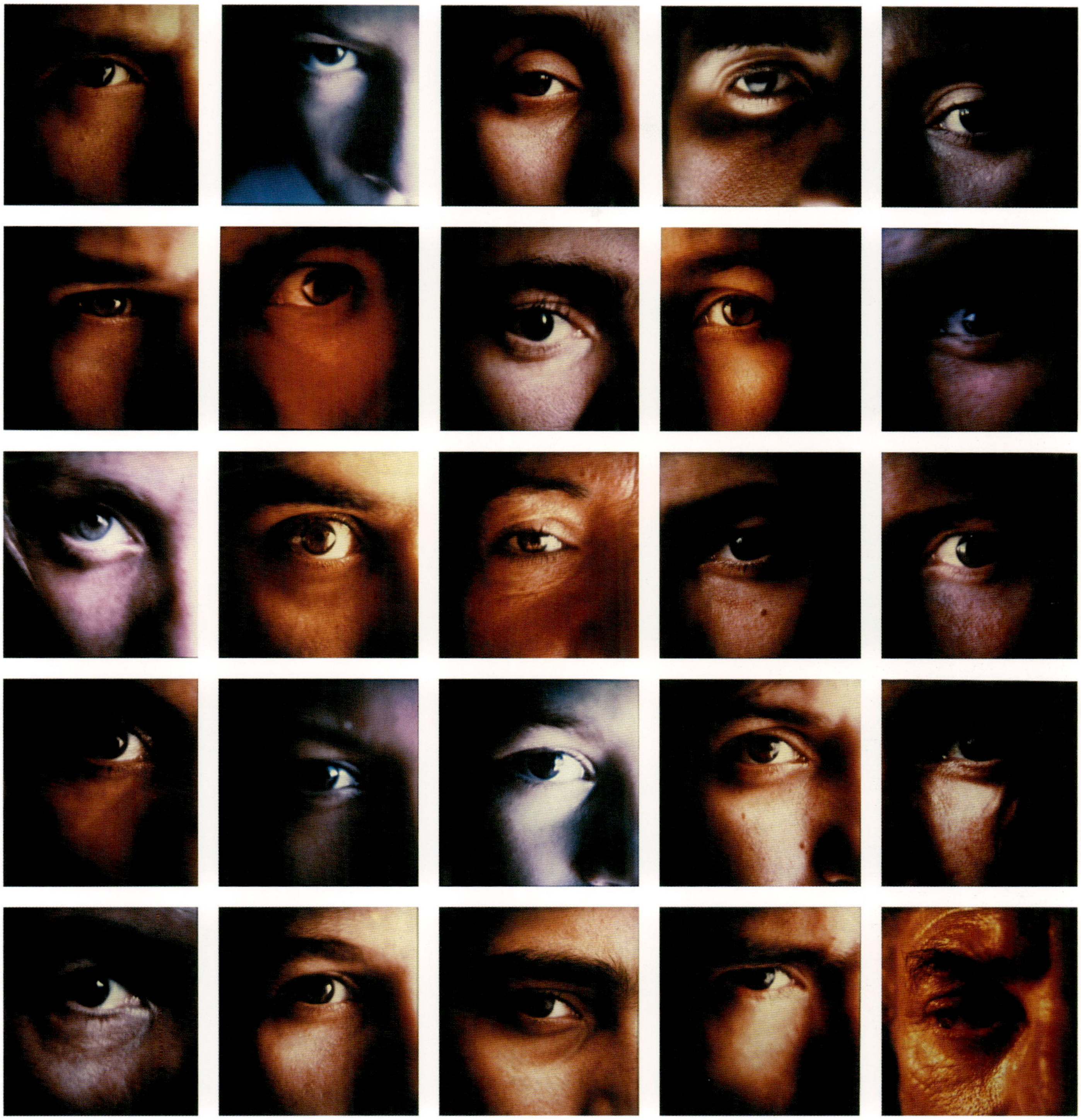

Juan Britos

Oriente/Occidente – Comunidades Indígenas del Paraguay > *Indígenas Ayoreos* > Boquerón, Chaco Paraguai > Cópia em prata, suporte baritado, a partir de negativo 35mm > 39 x 48.5 cm > Apoio: Faro para las Artes

Oriente/Occidente – Comunidades Indígenas del Paraguay > *Indígenas Ache* > Alto Paraná, Paraguai > Cópia em prata, suporte baritado, a partir de negativo 35mm > 39 x 48.5 cm > Apoio: Faro para las Artes

^ *Tangará Rupá* > 2003 > Fotografia > 210 x 158 cm

Juan Carlos Meza

Leyes de la permanencia > 2000/2002 > Fotocópia, parafina, vidro, caixa de metal, objetos > 18 x 29 x 7 cm

Leyes de la permanencia > 2000/2002 > Fotocópia, parafina, vidro, caixa de metal, objetos > 22 x 34 x 7 cm

Natalia Patiño

Pedro Barrail

1964 > 2001/2002 > Fotografia/Impressão off-set > 45 x 65 cm

la doma
08

la medusa
13

la profunda
21

URUGUAI

Representação Nacional

Revisitaciones

Gabriel Peluffo Linari
Curador

Muchos artistas uruguayos contemporáneos –operando con diversidad de recursos– comulgan en poéticas coherentes con una "arqueología de la memoria" (colectiva/individual) que vincula arte con estrategias de re-identificación en la sociedad globalizada.

Tratamos de amortiguar el equívoco que supone la clasificación de los artistas según criterios de "nacionalidad", y elegimos un grupo entre los cuales algunos tienen –o han tenido– por razones diversas, formación intelectual y vida como artistas fuera del país, de modo de cruzar esas experiencias con las de tono local, dinamizando el mapa del territorio virtual que pretendemos explorar.

Establecimos tres campos teóricos que no son excluyentes sino complementarios entre sí, haciéndolos corresponder con los aspectos más significativos de las obras seleccionadas:

1) el de aquellas obras que operan fundamentalmente una estrategia de redescubrimiento y perpetuación de la imagen como símbolo mnemónico.
2) el de las que construyen una política de sus límites o de su desaparición (en el sentido de Paul Virilio), y
3) el de las que plantean en forma más nítida una política de la mirada como crítica del poder en relación con la memoria social.

Transfiguración y perpetuidad

Patricia Bentancur
Memorias sumergidas

La primera intervención recubre al objeto con un material pastoso y homogéneo, despojándolo de su aspecto y de sus significaciones originales; pero la segunda lo re-iconiza fotográficamente oponiendo al agravio de la inmersión la "purificación" en una nueva imagen. La serie da lugar a una colección de mortajas iconográficas recogidas en la memoria personal desde la infancia hasta la vida adulta, permitiendo que esas representaciones arquetípicas sobrevivientes colaboren en la construcción actual de esa memoria. El DVD registra la reproducción de esta matriz ritual por parte de otras personas con sus propios objetos, brindando una salida ética despersonalizante a las posibles connotaciones narcisistas del proyecto.[1]

La clave está en el doble gesto sobre el objeto-símbolo: inmersión física que se revierte en ascenso al espacio virtual de la fotografía. La deglución terrenal proseguida de un redescubrimiento supone una doble metáfora, arqueológica y bautismal, ya que la regresión al seno materno implica la esperanza de un renacimiento.[2] Esperanza burlada cuando Bentancur representa –en una de las fotografías– el suicidio del objeto. Este acto fallido es una forma oblicua de representar el olvido; sin culpa para quien olvida, ya que es el propio objeto-persona recordado el que, por voluntad autónoma, se quita la vida.

La materialidad afecta a una sola de las piezas, *Wedding ring*, un anillo de abrojos, objetualización íntima del martirio amoroso mediante la miniaturización de la "corona de espinas". Resurge la fantasía de deglución, pero encarnada en una miniatura cuya esperanza de salvación está en la más pequeña cavidad del vientre y de la gruta.[3]

Juan Angel Urruzola
Ausencias y presencias

Los recuerdos y olvidos acumulados pasan a ser memoria social sólo cuando son ubicados dentro de una estructura imaginaria –histórica y ética– que les da sentido. Nuestra memoria regional, cargada de sepulturas y amnesia colectivas, de fragmentos dispersos de historia cultural y de vacíos dejados por las desapariciones forzadas,[4] invoca la actitud arqueológico-crítica contra el olvido.

Susan Sontag dice que "todas las fotografías son memento mori. Fotografiar es participar de la mortalidad, vulnerabilidad, mutabilidad de otra persona o cosa...".[5] Esta condición ontológica de la imagen fotográfica se potencia cuando ella pone en escena –como en el caso de Urruzola– una situación de anamnesis social.

La detención del tiempo y retención del instante posibilitan una distancia de reflexión.[6] Urruzola multiplica esa distancia al efectuar dos operaciones simultáneas: 1) introduce la fotografía dentro de la fotografía; 2) introduce la medida de su propio brazo –mensurable y fija– para separar al observador del observado –condiciones, éstas últimas, intercambiables.[7] Al incorporar una fotografía dentro de otra –un retrato dentro de un paisaje– carga el resultado con la suma de los tiempos estáticos de cada una de aquéllas.[8] Pero además, su involucrar físico en la imagen determina que sea él, su brazo, el que extiende el retrato y lo expone. Es él quien elige el trozo de ciudad. Es su acto intelectual el que reinstala al desaparecido en el mundo convirtiendo a ambos en ficción.

Este acto poético y demiúrgico portador de denuncia social, viene a recordarnos que la fotografía es tanto un ritual contra el olvido como un instrumento de poder, es tanto una gramática como una ética de la visión.[9]

Origen y desvanecimiento

Marco Maggi
Construcciones y demoliciones

Zona 1: 125 mil hojas de papel blanco formato *letter* conforman una topografía de piso "blando" que puede transitar el visitante. Zona 2: esgrafiados en diversos materiales sometidos al protagonismo de la luz[10] generan un mapa discontinuo de líneas rizomáticas. Ambas zonas arman un muestrario de procesos discursivos: "un Manual para acumular sedimentos", dice Maggi.

La magia consiste en evadir el dato informativo mostrando solamente la mecánica del enunciado. Mediante esta trama de enunciados posibles,[11] Maggi explora la grieta abierta por la cultura moderna entre conocimiento y moral; consecuencia de la tecnificación y sistematización del saber. Para suturarla introduce en el vacío de la enunciación tecnomediática los artilugios de un saber manual basado en el esgrafiado y la incisión –los códigos operativos del cirujano– reinstalando el problema de la dimensión ética en el conocimiento y en el arte contemporáneos.

Construye el más diáfano esqueleto del escepticismo epistemológico, mientras su finísima incisión demuele, desmaterializa el optimismo fácil del saber instituído. Propone la miopía universal como terapéutica contra la globalización, aunque su microfísica del arte manual asume la apariencia pura y minimal de la cibertecnología.

La analogía arqueológica y urbana incorpora al visitante dentro de la obra. "La zona de riesgo" que implica este campo minado de papeles rigurosamente estructurado pero al mismo tiempo alterado por un ligero desorden de sus márgenes,[12] restituye el ámbito de la subjetividad, de la cercanía, de la territorialidad del lugar; aunque al mismo tiempo remite a sus opuestos: al individuo solitario-telecomunicado, al no-lugar urbano, a la asepsia de un espacio a-social sin referentes posibles de identidad y de escala.

Ernesto Vila
Imagen-ex

"La lengua determinó que la memoria no es un instrumento para explorar el pasado, sino solamente el medio (...). Las imágenes arrancadas de todos sus contextos anteriores sólo cobran vida aislada en los sobrios aposentos de nuestra comprensión tardía".[13]

Vila proviene de la pintura y continúa apegado a ella. Cuando toma como medio el agua, el papel, el débil cartón con incrustaciones de desechos urbanos, cuestiona el concepto clásico de superficie pictórica excavando y descarnando el soporte tras la pesquisa de una imagen fugaz, a veces en el límite del desvanecimiento. Pero hay una segunda dimensión arqueológica de esta obra que no está referida a los procedimientos de materialización sino a los de simbolización, pues opera con retratos, figuras y elementos pertenecientes a la memoria visual del Montevideo urbano, extraídos entre el caos de la nueva visualidad metropolitana y mediática asociada a la cultura del des-arraigo y del des-afecto. En su obra discurren siluetas reiteradas hasta el infinito (Carlos Gardel, José Gurvich, Pepe Schiaffino, Alfredo De Simone, o también rostros de personas desaparecidas en tiempos de la dictadura militar)[14] en una suerte de flotación solitaria y solidaria.

El resultado es la melancolía de la imagen; pero también la melancolía de la pintura que reconoce, a través de estos fragmentos de mundo, sus propias limitaciones en el memento mori del lenguaje.

Lugar y poder

Ricardo Lanzarini
Industria uruguaya

Quinientos envases metálicos de comestible exhibidos a la manera de un supermercado.

A primera vista Lanzarini evoca la obra de Andy Warhol y su célebre serie de las sopas Campbell. Pero hay fuertes diferencias históricas e ideológicas detrás de esa fácil analogía. El Montevideo actual de la pobreza ha generado infinidad de "ollas populares" que Lanzarini recorre y en las que incluso convive. Su obra encierra el gesto de "envasar la crisis" como objeto "shoppingizado".[15]

Lanzarini utiliza –como Maggi– la misma estrategia formal del objeto al que renuncia, creando una paradoja crítica de alto poder metafórico. Invierte el sentido de la acumulación fetichista del objeto industrial para el consumo, mediante una evidente operación paródica. Los envases parecen iguales pero son todos distintos y realizados artesanalmente, pues dibuja cada etiqueta. Pero además incorpora fotografías del marginado en la etiqueta "publicitaria" del producto, provocando que la mirada del consumidor de arte que visita la exposición se encuentre inesperadamente con la del "consumidor sumergido" de las "ollas populares". Es éste quien mira desde su comida frugal a la sociedad opulenta. Lanzarini otorga un lugar en el mundo ficticio del consumo al nuevo hablante popular del hambre. Esta construcción ética del sentido desde un lugar de exclusión social desafía al fatalismo de la mercancía y plantea una crítica a la manipulación hegemónica de los lenguajes por parte del mercado.

La obra incita a una reflexión sobre las relaciones entre capital alimentario y capital cultural, entre alimento y memoria de la comunidad, entre filantropía y marginalidad.

Carlos Capelán
La marca y la mirada

El PCLA[16] proclama que "si por el hecho de funcionar dentro de los sistemas de una categoría como lo es el arte, sus objetos son percibidos como singulares y diferentes de los otros, esa percepción es una instancia de poder del grupo que la genera".

Carlos Capelán, uruguayo radicado en el extranjero desde hace casi 30 años, permanente migrante, tiene una obra tan extensa y compleja como ideológicamente compacta. Su arcaísmo es una memoria antropológica que explora estrategias simbólicas de poder.

En la obra presentada replantea el problema de la mirada como instrumento de poder tal como surgió por primera vez en *El ser y la nada* de Sartre. Una mirada que Capelán vehiculiza en el autorretrato, género de larga data en la historia moderna de la representación occidental del yo. Su autorretrato se reitera de variadas maneras en una misma obra –o en un mismo espacio– recordando los "autorretratos en serie".[17] Aún cuando eluden la mirada del espectador (por lo general carecen de pupilas), la reiteración establece un juego discursivo –en el sentido de las estrategias de dominación implícitas en todo diálogo– entre el "yoísmo" del artista y el anonimato inquisidor del visitante. Al mismo tiempo, Capelán hace sufrir a la mirada la nostalgia del lugar[18] –el espectador no se detiene, pasa– en la metáfora de las sillas cubiertas y en el lenguaje que él descubre en las marcas o huellas indiciales de los muros, activando un juego de similitudes y enunciados escritos que no afirman, sólo preguntan.[19]

Pablo Uribe
Proyecto vestidor

La cita a Juan Manuel Blanes es el extremo del hilo que devana esta obra de Uribe. Blanes, pintor académico uruguayo del siglo diecinueve que iconizó la patria en su pintura, realizó también una larga serie de "gauchos" floridos, para lo cual usó modelos italianos de la ciudad de Florencia.

Este hecho acerca una primer interrogante teórica que aborda Uribe: la identidad del modelo. La identidad no se constituye solamente por la dimensión burocrática (el ser italiano, uruguayo, argentino...), sino sobre todo por dos atributos concomitantes: el vestido y el paisaje; la máscara y el contexto. En las grandes imágenes de video –contrastantes con las "miniaturas" de Blanes– Uribe desarrolla la idea de una identidad mutante[20] para cuyos fines elimina la propia escena como tal, al prescindir –mediante el fondo blanco– de todo contexto referencial. La identidad mutante no tiene lugar, o su lugar es tan ficticio como el paisaje de Blanes.

Mediante la mutabilidad y el simulacro, Uribe parece representar el reverso de toda construcción de identidad. Deconstruye y cuestiona irónicamente la autenticidad de los arquetipos sociales, mostrando las debilidades epistemológicas de una "antropología visual".[21] Pero este cuestionamiento recurre también –como en el caso de Lanzarini y de Capelán– a la política sartreana de la mirada, ya que va dirigido al propio espectador a través de la mirada frontal –fluctuante pero insistente– del personaje mutante, que no permite que aquél pueda gozar como impune *voyeur* de su propio acto travestista.

notas

1 Esta participación supone la esperanza de que esos objetos transiten desde las categorías freudianas a las junguianas.

2 Si nos atuviéramos al dualismo que Gilbert Durand llama *régimen nocturno* (descenso) y *régimen diurno* (ascenso) de la imagen, la iconografía de Bentancur participaría de ambas categorías epistemológicas en el proceso operativo de su construcción. DURAND, Gilbert. *Las estructuras antropológicas de lo imaginario*. Madrid, Taurus, 1982.

3 Esta relación entre la miniatura y la analogía de la gruta es casi una constante en la obra reciente de Bentancur, en cuyas instalaciones esta idea adquiere incluso la forma de una pequeña casa donde el visitante se aísla. En el caso de *Re-visitaciones*, la condición miniaturesca que guardan todos sus objetos queridos continúa presente en la representación fotográfica ampliada, como si el cambio de escala no afectara la índole ontológica del "estado de miniatura". Susan Sontag ha establecido un poético paralelismo entre la cámara oscura de la máquina fotográfica y la gruta platónica.

4 Al respecto, hay una abundante bibliografía de los años recientes, en la que cabe destacar: PERELLI, Carina & RIAL, Juan. *Mitos y memorias políticas*. Montevideo, Banda Oriental, 1986; BERGERO, Adriana & REATI, Fernando (compiladores). *Memoria colectiva y políticas de olvido*. Rosario, Beatriz Viterbo, 1997.

5 SONTAG, Susan. *Sobre la fotografía*. Buenos Aires, Sudamericana, 1980, p. 25.

6 Esta distancia crítica había sido ya percibida por el antropólogo y el iconólogo de fines del siglo XIX (basta pensar en Boas o en Warburg) y está implicada en el "aura" de la imagen sobre la que discurre Walter Benjamin.

7 El montaje disperso de cada imagen en los distintos espacios de musealización, así como su dispersión en "gigantografías" urbanas, son también factores que reproducen esa distancia de reflexión por el descubrimiento reiterado del ícono en diversas escalas y lugares.

8 Este incremento de la monumentalidad debe entenderse, en realidad, como un reforzamiento del aura de la imagen: "¿Qué es propiamente el aura? Una trama muy particular de espacio y tiempo: irrepetible aparición de una lejanía por cerca que ésta pueda estar...". BENJAMIN, Walter. "Pequeña historia de la fotografía". En *Discursos interrumpidos I*. Madrid, Taurus, 1988, p. 63.

9 SONTAG, Susan. *Op. cit.*, p. 13.

10 Según Plotino –siguiendo la tradición platónica– la luz es capaz de generar conocimiento de la nada, un conocimiento sin corporeidad al operar un orden visual de transparencias.

11 En palabras de Foucault, ese sistema constituye "un conjunto finito de reglas que autoriza un número infinito de pruebas". FOUCAULT, Michel. *Arqueología del saber*. México, Siglo XXI, 2002, p. 44.

12 Esta traza geométrica sobre el suelo, desdibujada en su racionalidad por un desorden externo de origen arbitrario y desconocido, me recuerda el "ritual de la serpiente" entre los indígenas de Nuevo Méjico, tratado por Aby Warburg en su célebre conferencia de 1923 dictada en la clínica siquiátrica donde estaba internado. En ese ritual, una serpiente viva –símbolo del rayo– es arrojada sobre una trama de dibujos geométricos esgrafiados sobre la arena para que los altere con sus contorsiones corporales. Se trata de la representación de un orden mental alterado por pulsiones fóbicas externas a él. Algo parecido sucede con el rito del "pájaro australiano" citado por Deleuze y Guattari; pájaro que es llevado a modificar su plumaje y su discurso melódico a través de un diálogo complejo entre cuerpo y territorio.

13 BENJAMIN, Walter. "Desenterrar y recordar". En *Cuadros de un pensamiento* (Sel. de Adriana Mancini). Buenos Aires, Editorial Imago Mundi, 1992, p. 118.

14 Los íconos de Vila, repetidamente dispuestos en forma serial o en tramas planas recuerda en algo el célebre *Atlas de imágenes* (la Mnemosyne) de Aby Warburg, el genial iconólogo que murió buscando la imagen primordial, el origen fóbico de la memoria y las pasiones humanas. El hecho de que Vila busque eliminar la carnalidad de la imagen, remite también al pensamiento de Sartre: "La imagen no es más que un objeto fantasma (...); todas las cualidades de la imaginación suman nada".

15 ¿"Shoppingización" y musealización pueden ser la misma cosa? Parodiando una frase de Rem Koolhaas sobre la neutralidad simbólica de los aeropuertos, podría decirse que en términos de iconografía/productividad tanto el shopping como las bienales internacionales de arte contemporáneo son un concentrado de lo hiperlocal y lo hiperglobal simultáneamente. KOOLHAAS, Rem. "Generic City". *Apud* IBELINGS, Hans. *Supermodernismo*. Barcelona, G. Gilli, 1998.

16 El "Post Colonial Liberation Army (rematerialización)" pretende ser una semilla programática para el arte cargada de ironía política.

17 Este asunto remite al retrato de dobles que realizara Egon Schiele hacia 1910. Ver GOTLIEB, Carla. "El autorretrato en el arte posmoderno". En *La iconografía en el arte contemporáneo*. México, UNAM, 1982.

18 Este *lugar* espacialmente estable, dentro del cual se produce la dialéctica del mirar, es el anti-panóptico de Foucault. Acerca de la tríada de miradas "sartreana", "foucaultina" y posmoderna, ver JAMESON, Fredric. "Transformaciones de la imagen". En *El giro cultural*. Buenos Aires, Manantial, 1999.

19 Para discutir la pertinencia de los conceptos antagónicos de *similitud* y *semejanza* en la obra de Capelán, ver FOUCAULT, Michel. *Esto no es una pipa. Ensayo sobre Magritte*. Barcelona, Anagrama, 1981.

20 Ver GARCIA CANCLINI, Néstor. *Consumidores y ciudadanos*. México, Grijalbo, 1995; PELLEGRINO, Adela (Compiladora). *Migración e integración*. Montevideo, Trilce, 1999; CASTELLS, Manuel. *La era de la información. El poder de la identidad*. Madrid, Alianza Editorial, 1998, p. 27-90.

21 Ver GARCIA CANCLINI, Néstor. "Viajes e imaginarios urbanos". En *Imaginarios urbanos*. Buenos Aires, EUDEBA, 1997.

Sin tí > 2003 > Pintura em canto de parede e chão com escultura de bronze > Dimensões variadas > Coleção Centro Gallego de Arte Contemporáneo de Santiago de Compostela, Espanha

Carlos Capelán

Série Imagen-ex > 2002-2003

Ernesto Vila

Coca-Cola

Juan Angel Urruzola

Miradas ausentes › 2000 › Fotografia › 200 x 85 cm

Marco Maggi

J.M. Blanes > *Gaucho viejo* > 1880 > Lápis s/ papel > 25 x 15 cm

Caperucita (detalhe políptico) > 2003 > Fotografia em cores > 93 x 558 cm

Patricia Bentancur

Ricardo Lanzarini

Industria uruguaya > 2003 > Instalação com latas de conserva

GUISO DE LA OLLA POPULAR

José Clemente Orozco

★ Zapotlán, México, 1883
† Cidade do México, México, 1949

Considerado um dos grandes pintores da vanguarda mexicana, Orozco mudou-se quando criança para a Cidade do México, onde estudou na Escola Nacional de Belas Artes. Foi ali que conheceu o gravador José Guadalupe Posada, cuja influência marcaria toda a sua obra.

De 1910 a 1916, ano de sua primeira exposição individual, realizou caricaturas, fez parte de um grupo de ilustradores, pintou aquarelas e óleos. Com o renascimento da pintura de mural, em 1922, Orozco fez suas primeiras incursões e pintou as paredes da Escola Nacional Preparatória, antigo colégio jesuíta de San Ildelfonso. A série trata da conquista, da colonização e da revolução no México. Devido aos temas políticos e sociais que desenvolveu em seus grandes murais, Orozco é tido como um intérprete plástico da história na América Latina. E, mais especificamente, um arguto narrador da história do México, retratando o mundo indígena, os conquistadores europeus, imbuídos de ideais heróicos e religiosos, mas transbordantes de violência, a visão dos agredidos, o crescimento das cidades, a ditadura. O artista colocou a serviço desses temas um estilo heróico, fundamentado no realismo, ligado de forma consciente às tradições artísticas mexicanas e de um violento dinamismo.

Sua arte floresceu nos sete anos em que morou nos Estados Unidos, de 1927 a 1934, onde pintou murais em instituições como o Pomona College, na Califórnia, e a Biblioteca Baker do Dartmouth College, em New Hampshire. Na década de 1940, as telas de Orozco apresentavam características já observadas em seus murais, como as linhas diagonais e a cor cinza. Trabalhou com gravuras entre 1935 e 1944, e com litografia em três períodos distintos, entre 1926 e 1935. Nos últimos anos de sua vida, nota-se uma simplificação em seu estilo, provavelmente refletindo a busca de um caráter mais dramático e violento, ainda mais próximo do expressionismo.

Antonio Berni

★ Rosário, Argentina, 1905
† Buenos Aires, Argentina, 1981

Filho de pai italiano e mãe argentina, Berni estudou desenho no Centro Catalán de Rosário, em 1916, e realizou sua primeira individual em 1920. Em 1925, ganhou bolsa de viagem à Europa; visitou Madri e estabeleceu-se em Paris, onde estudou sob orientação de André Lhote e Othon Friesz. Nessa época, interessou-se por idéias socialistas, associou-se aos surrealistas, e sua pintura começa a seguir esse movimento. Em 1930, voltou à Argentina e, em 1932, expôs obras surrealistas em Buenos Aires. Três anos depois, o muralista mexicano David Siqueiros visitou a cidade, e Berni ajudou-o no único mural daquele artista na Argentina, *Ejercicio plástico*. Em meados dos anos 1930, fundou o grupo do realismo social, em que empregou grandes angulares e tomadas próximas, assim como protagonistas austeros semelhantes aos do renascimento italiano. Em 1939, com Lino Enea Spilimbergo, pintou um mural para o pavilhão argentino na Feira Mundial de Nova York. Em 1941, viajou pela costa pacífica americana e produziu uma série de trabalhos baseados em culturas indígenas. O interesse de Berni pela pobreza proletária e camponesa continuou mesmo ao abandonar o estilo realista, nos anos 1950. Na década seguinte criou uma famosa série de grandes colagens e *assemblages* baseadas num moleque de rua inventado, Juanito Laguna, e na prostituta Ramona Montiel, personagem também criada e namorada de Juanito. Esses trabalhos, que empregam lixo e material encontrado nas ruas, combinam as técnicas surrealistas de colagem com as preocupações do período. Em 1962 conquistou o grande prêmio de gravura na *Bienal de Veneza*. Sua obra está representada em museus do mundo inteiro.

Pierre Verger

★ Paris, França, 1902
† Salvador, Bahia, 1996

Fotógrafo e etnólogo, Pierre Verger partiu, em 1932, em viagens pelo mundo durante 15 anos, recolhendo documentação preciosa sobre civilizações remotas ou em vias de desaparecimento e sobre as profundas transformações que sofriam as tradições culturais de diversos grupos humanos. Visitou o Taiti, o Japão, a China, diversos países da África, as Antilhas, as Filipinas e a Indochina (então constituída por Tailândia, Laos, Camboja e Vietnãs). Na América do Sul, visitou Guatemala, Equador, Argentina, Peru, Bolívia e Brasil.

Seu trabalho minucioso, sensível e consistente como repórter fotográfico e pesquisador garantiu-lhe projeção em diversas searas. Mesmo sem completar o curso secundário, obteve o título de Doutor na Université Sorbonne (França), em 1968. Foi pesquisador do Musée d'Ethnographie du Trocadéro (atual Musée de l'Homme), diretor de pesquisa do Centre National de La Recherche Scientifique (Paris), membro correspondente do Musée National d'Histoire Naturelle de Paris e correspondente da Agência Alliance Photo.

Em 1946, Verger radicou-se em Salvador (BA), e aprofundou-se nos estudos sobre a população de origem africana. A Fundação Pierre Verger, constituída em 1989, em Salvador, abriga uma rica biblioteca, o arquivo pessoal e mais de 60 mil negativos da produção do artista. O fotógrafo tem ainda diversos livros publicados que se tornaram referência para o estudo do tráfico de escravos no Brasil e das religiões e cultura oriundas da África e aqui enraizadas.

Saint Clair Cemin

★ Cruz Alta, Rio Grande do Sul, 1951

Saint Clair Cemin é escultor por vocação. Iniciou sua formação artística no Brasil e estudou na École Nationale Supérieure des Beaux-Arts de Paris, França. Mas o encontro definitivo com a escultura aconteceu em Nova York, para onde se mudou em 1978.

Seu trabalho como escultor começou com a premissa da liberdade total, com objetos pequenos que pouco a pouco evoluíram até outros de grandes dimensões, sem qualquer vinculação com a escultura clássica. O ecletismo é total nos materiais, temas e formas, que podem ser inspirados por um repertório de lendas e da mitologia, pelo barroco mineiro, pela experiência pessoal. Talvez por conta desse polimorfismo, Saint Clair Cemin seja com freqüência associado ao surrealismo. Essa opção pela heterogeneidade poderia, eventualmente, impor barreiras ao espectador, pelo fato de os trabalhos do artista não serem fáceis de reconhecer, estilisticamente unificados. Mas não é o que acontece. Há uma transmissão do inconsciente de Cemin para o do espectador por meio da obra, a qual não se propõe a ser ilustração, teoria ou narração.

Para ele, o estilo é questão de comunicação, é parte da obra: "Troco de um estilo para o outro porque o que me interessa é a expressividade", diz. Tanta liberdade de trânsito entre os materiais é atribuída à latinidade, presente mesmo depois de duas décadas no exterior. Àqueles que procuram uma referência brasileira em seus trabalhos, o artista afirma a existência "de uma estrutura, uma mentalidade presente na liberdade, na integração do material e do conceito", que ele acredita "natural do brasileiro". Integrante da geração dos anos 1980, Saint Clair Cemin vai além das circunstâncias que deram origem ao movimento ao qual pertenceu, tendo conservado o respeito, a consideração e a admiração do público por seu trabalho.

O reconhecimento de Cemin no Brasil deu-se apenas em 1992, quando o artista foi escolhido para representar o país na *Documenta de Kassel*, Alemanha. Sua obra integra hoje coleções importantes, como a do Whitney Museum of American Art, Estados Unidos; Hakone Open-Air Museum, Japão. e do Fonds National d'Art Contemporain – FNAC, em Paris, França. Saint Clair Cemin foi convidado também a projetar obras públicas nos Estados Unidos, na Suécia e Noruega.

Roberto Matta

★ Santiago, Chile, 1911
† Civitavecchia, Itália, 2002

Filho de família basca, Roberto Matta graduou-se em arquitetura pela Universidade Católica de Santiago. Mudou-se em seguida para Paris, França, onde trabalhou no estúdio de Le Corbusier. Em viagem pela Itália, Rússia e Espanha conheceu o poeta Federico García Lorca, que lhe deu uma carta de apresentação para Salvador Dalí. No final dos anos 1930, Matta exibiu seus primeiros desenhos e juntou-se ao grupo de surrealistas liderado por André Breton. O artista foi sempre atraído pelo eu interior e pelo inconsciente. Suas pinturas desenvolveram-se com o movimento surrealista e representavam o imaginário do inconsciente. Desenhos figurativos com o tempo evoluíram até a abstração, com referências a artistas da época, como Dalí e Picasso, e com a influência de El Greco. Seu trabalho mudou de direção quando conheceu Marcel Duchamp e, ao mesmo tempo, Matta fascinou-se pelas relações entre o homem moderno e o mundo tecnológico.

Em 1960 tornou-se cidadão francês. Sua obra passou a ser mais expressionista e a refletir o que veio a ser sua principal preocupação a partir daquela década: temas mais políticos, mas ainda prosseguindo em sua busca do inconsciente. Considerado um dos mais importantes artistas do movimento surrealista, Matta trabalhou até a década de 1990, o que compreende um período superior a cinqüenta anos de atividade artística.

Lívio Abramo

★ Araraquara, Brasil, 1903
† Assunção, Paraguai, 1992

Filho de imigrantes italianos, Abramo cresceu num ambiente liberal e culto. Seu avô materno, seguidor do anarquismo, contribuiu para fixar nele os ideais político-humanistas que caracterizaram sua obra plástica e sua militância sindical. Começou a desenhar ainda adolescente, em 1917, e estudou com Enrique Vio. Abandonou os estudos em 1921. Cinco anos depois, casou-se e teve três filhos; nesse mesmo período entrou em contato com a obra das vanguardas arquitetônica e artística européia e com a vanguarda modernista brasileira. Suas primeiras xilografias datam de 1926. Paralelamente, desenvolveu intensa atividade político-social e jornalística. Foi membro do Partido Comunista Brasileiro, do Partido Socialista e fundador do Sindicato dos Jornalistas de São Paulo. Trabalhou como ilustrador e redator no *Diário da Noite*, de 1931 a 1962.

A partir de 1940, quando conheceu Adolphe Kohler, seu trabalho de gravuras acusou significativa depuração formal e técnica. Um ano depois realizou sua primeira individual na Galeria Clovis Graciano. Na mesma década criou ilustrações arquitetônicas, painéis e mosaicos. Em 1948, conheceu Dora Guimarães, sua companheira até o fim da vida. Em 1950 ganhou uma bolsa de estudos na Europa, onde residiu entre 1951 e 1953. Freqüentou museus e o Atelier 17, de Stanley Hayter, onde faria gravuras em metal. Em 1953 ganhou o prêmio de melhor gravador na *2ª Bienal de São Paulo* e passou a lecionar na Escola de Artesanato do Museu de Arte Moderna de São Paulo. Em 1956 fundou com artistas paraguaios o Taller de Grabado Julián de la Herrería. Em 1961 organizou uma mostra de esculturas missioneiras, exibida na *6ª Bienal de São Paulo*. No ano seguinte radicou-se no Paraguai, e até pouco antes de morrer atuou excepcionalmente como professor e promotor cultural. Expôs em diversos países da América do Sul e da Europa, nos Estados Unidos e Japão. Sua obra figura em museus como Louvre, Bibliothéque National de Paris e Biblioteca do British Museum, e em numerosas coleções particulares.

María Freire

★ Montevidéu, Uruguai, 1917

María Freire descobriu precocemente o prazer de desenhar. Aos 21 anos foi estudar escultura com Antonio Pena e continuou, posteriormente, no Círculo de Bellas Artes. Em 1943 abandonou os estudos e partiu em busca de um caminho pessoal em arte. Mudou-se para Colônia, na Alemanha, onde lecionou desenho e história da arte. Lá entrou em contato com o cubismo e as formas da chamada "arte africana", com o construtivismo, com o neoplasticismo e com a obra de artistas como Lipchitz, Mondrian e Van Doesburg. Ao final da década de 1940, a artista já trabalhava havia dez anos com máscaras de gesso e argila, que a partir de 1945 constituíram uma maneira consciente de abordar a síntese formal por meio da geometria em sua obra.

Em 1952 conheceu o pintor uruguaio José Pedro Costigliolo, que incursionava solitariamente pela abstração geométrica desde 1946 e que teria papel fundamental em sua vida. Juntos participaram de exposições em Montevidéu, Rio de Janeiro e São Paulo, onde entraram em contato com artistas concretistas e abstrato-geométricos brasileiros. Viajaram juntos à Europa entre 1957 e 1960, o que lhes permitiu conhecer diretamente artistas e obras das vanguardas do pós-guerra.

Uma viagem a Córdoba, Argentina, em 1967, permite a Freire recuperar a idéia do signo arquetípico a que havia recorrido nove anos antes. Em meados da década de 1970, sua obra parte para outro tipo de investigação plana com base em seqüências cromáticas contidas em uma rigorosa subdivisão da superfície segundo bandas ortogonais.

Depois do falecimento de Costigliolo, em 1985, María Freire entrou num período de meditação que a conduziu à retomada do trabalho por meio de uma revisão renovada de sua própria obra. Surgem assim séries como *América del Sur* e *El oro de los tigres*. "As formas/tendências do passado invadiram meu pensamento e me impulsionaram a voltar a pintar. Mas retornaram com exigências de renovação, com as exigências de outra modernidade", disse a artista

Ari Marcopoulos
Amsterdã, Holanda, 1957

Exposições Coletivas
2003
- *The Bowl*. Jeffrey Deitch, Nova York, EUA

2002
- *Overnight to Many Cities* .The Photographers' Gallery, Londres, Inglaterra
- *Strange Glue*. Ratio 3, Brooklyn, Nova York, EUA
- *Whitney Biennial*. Whitney Museum of American Art, Nova York, EUA

2001
- *Overnight to Many Cities*. *3o3 Gallery*, Nova York, EUA

Exposições Individuais
2002
- *Pass The Mic 1991-1996*. Shibuya Tower, Tóquio, Japão

2001
- Alleged Galleries, Nova York, EUA
- The Deep Gallery, Tóquio, Japão
- Partobject Gallery, Carrboro, Carolina do Norte, EUA

1990
- Midtown-Y-Gallery, Nova York, EUA

Artur Barrio
Porto, Portugal, 1945

Exposições Coletivas
2001
- *Da Adversidade Vivemos*. Musée d'Art Moderne de la Ville de Paris, França

2000
- *Versiones del Sur: Cinco Propuestas en Torno a la Arte en América*. Museu Nacional Centro de Arte Reina Sofia, Madri, Espanha
- *Situações: arte brasileira – anos 70*. Casa França-Brasil, Rio de Janeiro
- *Bienal de Kwangju*. Coréia do Sul
- *Mostra do Redescobrimento*. Fundação Bienal de São Paulo, São Paulo

Exposições Individuais
2001
- *A Metáfora dos Fluxos*. Paço das Artes, São Paulo; Museu de Arte Moderna do Rio de Janeiro, Rio de Janeiro

2000
- *Desígnio*. Artur Fidalgo Escritório de Arte, Rio de Janeiro
- *Regist(R)os*. Museu de Arte Contemporânea de Serralves, Porto, Portugal

1999
- Nova Galeria de Arte, São Paulo
- Centro Dragão do Mar de Arte e Cultura, Fortaleza (CE)
- Pinacoteca Barão de Santo Ângelo, Porto Alegre (RS)

Arturo Herrera
Caracas, Venezuela, 1959

Exposições Coletivas
1998
- *Arturo Herrera and Kara Walker*. Stephen Friedman Gallery, Londres, Inglaterra

1996
- *Arturo Herrera and Carla Preiss*. Thread Waxing Space, Nova York, EUA

1995
- *Crystal Blue Persuasion*. Feature, Nova York, EUA
- *Some Late 20th Century Abstraction*. LACE, Los Angeles, EUA

1994
- *Arturo Herrera and Steven Rotter*. PS 122, Nova York, EUA

Exposições Individuais
- *Party for Tom*. P.S.1 Contemporary Art Center, Nova York, EUA

1998
- The Art Institute of Chicago, Illinois, EUA
- Worchester Art Museum, Worchester, Massachusetts, EUA
- The Renaissance Society at The University of Chicago, Illinois, EUA
- Wooster Gardens, Nova York, EUA

Frank Thiel
Kleinmachnow, Alemanha, 1966

Exposições Coletivas
2003
- *Arquivo e Simulação*. Centro Cultural de Belém, Lisboa, Portugal
- *La ciudad radiante*. II Bienal de Valencia, Fundación Bancaixa, Valencia, Espanha
- *La photographie allemande*. Galerie Art+Public, Genebra, Suiça

2002
- *Iconografias Metropolitanas, Cidades*. XXV Bienal de São Paulo, Fundação Bienal, São Paulo
- *Human Park. An exhibition of global creatures*. Palau de la Virreina, Barcelona, Espanha

Exposições Individuais
2003
- Galeria Helga de Alvear, Madri, Espanha
- Galerie Krinzinger, Viena, Áustria

2002
- Sean Kelly Gallery, Nova York, EUA
- Galerie Art+Public, Genebra, Suiça

Los Carpinteros
Marco Antonio Castillo Valdés
Camaguey, Cuba, 1971

Dagoberto Rodriguez Sanchez
Caibarién, Las Villas, Cuba, 1969

Alexandre Jesús Arrechea Zambrano
Trinidad, Cuba, 1970

Exposições Coletivas
2003
- *Stretch*. The Power Plant Contemporary Art Gallery, Toronto, Canadá
- *Sentido Común*. Habana Gallery, Havana, Cuba
- *Dreamspaces – Entresueños*. Deutsche Bank Lobby Gallery, Nova York, EUA
- *Rest in Space*. Kunstlerhaus Bethanien, Berlim, Alemanha
- *Kaap Helde*. Oulde Rijkswerf Willemsoord, Den Helder, Holanda

Exposições Individuais
2002
- *Artists in residence*. The Center for Contemporary Art, New Castle, Inglaterra
- *Ciudad Transportable*. Contemporary Art Museum of Hawaii, Honolulu, Havaí, EUA

2001
- *Tuneles Populares*. Palacio de Abrahante, Salamanca, Espanha
- *Los Carpinteros*, Grant Selwyn Fine Art, Los Angeles, EUA
- *La Plantación de Café*, Galeria Camargo Villaça, São Paulo

Luis Molina-Pantín
Genebra, Suíça, 1969

Exposições Coletivas
2002
- *Iconografias Metropolitanas*. XXV Bienal de São Paulo, Fundação Bienal, São Paulo
- *Europa-América. Selección 25ª. Bienal de São Paulo*. Museo de Arte Contemporáneo, Santiago, Chile
- *Nuevas Adquisiciones 1999-2002*. Galería de Arte Nacional, Caracas, Venezuela
- *Rare (Ad) diction*. Museum London, London, Ontario, Canadá

2001
- *Buried Mirrors*. Center for Curatorial Studies at Bard College, Nova York, EUA

Exposições Individuais
2002
- *Best-Sellers*. Sala Mendoza, Caracas, Venezuela

2001
- *New Landscapes*. Onefront Gallery, Nova York, EUA

2000
- *Confort 1996-2000*. Museo Alejandro Otero, Caracas, Venezuela

1999
- *Apocalyptic Beginning*. Canvas Art Foundation, Amsterdã, Holanda

María Fernanda Cardoso
Bogotá, Colômbia, 1963

Exposições Coletivas
2002
- *Material World: 25 Years of the Fabric Workshop and Museum*. Museum of Contemporary Art, Sydney, Austrália

2001-2003
- *Final Del Eclipse (End of the Eclipse)*. Fundacion Telefonica, Madri, Espanha; Museo de Arte Moderno de Mexico, Cidade do México, México
- *Politicas de la Diferencia: Arte Iberoamericano de Fin de Siglo (Politics of Difference: Ibero-American - Art at the End of the Century)*. Centro de Convenções de Pernambuco, Recife; Museo Sofia Imber, Caracas, Venezuela

2000-2002
- *Ultra Baroque: Aspects of Post-Latin American Art*. Museum of Contemporary Art, San Diego, EUA; • The Art Gallery of Ontario, Canadá

Exposições Individuais
2002
- *Sheep*. Art Museum of the Americas, Washington D.C., EUA
- *Butterfly Drawings*. Galeria Casas-Riegner, Miami, EUA
- *Dibujos de Mariposas (Butterfly Drawings)*. Galeria Diners, Bogotá, Colômbia

2001
- Project Room, Miami Art Fair, Felipe Grimberg Fine Arts, Miami, EUA
- *Multiples y Dibujos (Multiples and Drawings)*. Galeria Sala Alternativa, Caracas, Venezuela

Martin Chambi
Coaza, Peru, 1891 – 1973

Martin Chambi é fruto de uma época em que o Peru viveu uma grande transformação em sua estrutura social e econômica. Sua família, de origem camponesa, abandonou o cultivo de batata e coca para trabalhar numa mineradora de ouro. Foi lá que Chambi travou seu primeiro contato com a fotografia por meio do fotógrafo da companhia, que lhe ensinou os rudimentos da técnica. Esse golpe de sorte o levou a deixar a região e tentar a sorte na cidade de Arequipa, em 1908.

Lá, Chambi empregou-se como aprendiz num estúdio fotográfico, onde permaneceu por nove anos. Foi Arequipa que assistiu o surgimento do grande fotógrafo e a exposição de suas primeiras fotos. Mas sua carreira ganhou impulso definitivo com a mudança para Cuzco, em 1920, onde ele abriu estúdio próprio. São desta época suas primeiras paisagens andinas e outras fotos famosas, vendidas aos milhares e publicadas como cartões-postais, especialidade na qual Chambi foi o pioneiro em seu país. A prática como retratista e com os registros de paisagens conferiu-lhe um grande domínio da técnica fotográfica, além de desvelar uma prodigiosa intuição para o uso da luz, sensibilidade extrema para retratar grupos humanos e um sentido de composição original. Tornou-se o fotógrafo das elites e, ao mesmo tempo, de seu povo de origem, os índios peruanos, que também posaram para a sua lente, em estúdio. Mas a intensidade dramática ganha nova dimensão quando Chambi toma esses retratos sem nenhum recurso de cenografia. O mesmo efeito está presente nos registros de cenários naturais, de vestígios arquitetônicos do império inca e de diversos aspectos da cultura quíchua.

O reconhecimento internacional de seu trabalho aconteceu no final da década de 1940, pelas mãos do antropólogo e fotógrafo norte-americano Edward Ranney, que classificou as 14 mil placas de vidro do arquivo do artista. Dessa investigação resultou uma grande mostra no Museu de Arte Moderna de Nova York e outras tantas em diversas capitais do mundo, como Londres, Paris e Zurique.

Maurício Dias
Rio de Janeiro, RJ, 1964

Walter Riedweg
Lucerna,Suíça, 1955

Principais Exposições
1999
- 48ª Bienal de Veneza, Itália

1998
- 24ª Bienal Internacional de São Paulo, São Paulo

1996
- *Conversations at the Castle*. The Arts Festival of Atlanta, Georgia, EUA

Michael Wesely
Munique, Alemanha, 1963

Principais Exposições
2003
- *New York Verticals*. Galerie Fahnemann, Berlim, Alemanha
- *Interrogare il luogo*. Studio La Città, Verona, Itália

2002
- Walter Storms Galerie, Munique, Alemanha

2001
- *American Landscape*. Galerie Fahnemann, Berlim, Alemanha

2000
- Walter Storms Galerie, Munique, Alemanha

Rachel Berwick
Somers Point, New Jersey, EUA, 1962

Exposições Coletivas
2002
- *Keep in Touch*. Brent Sikkema, Nova York, EUA
- *How Extraordinary That the World Exists!* California College of Arts and Crafts Wattis Institute for Contemporary Arts, San Francisco, EUA

2001
- *7ª Bienal Internacional de Istambul*. Istambul, Turquia

2000
- *The Greenhouse Effect*. Serpentine Gallery, Londres, Inglaterra

1996
- *A Scattering Matrix*. Richard Heller Gallery, Los Angeles, EUA

Exposições Individuais
2000
- Brent Sikkema, Nova York, EUA

1998
- *May-por-e*. Brent Sikkema/Wooster Gardens, Nova York, EUA

1997
- *May-por-e*. Real Art Ways, Hartford, Connecticut, EUA

1995
- *Two Fold Silence*. Thomas Nordenstad Gallery, Nova York, EUA

1993
- *Sounding Measures*. Thomas Nordenstad Gallery, Nova York, EUA

Tato Taborda
Curitiba, Paraná, 1960

Compositor, pianista e professor, Taborda participou como aluno e como docente de nove edições dos Cursos Latino-Americanos de Música Contemporânea, que itineram por diversos países latino-americanos. Entre 1980 e 1986, organizou e dirigiu o grupo Juntos-Música Nova, dedicado ao repertório contemporâneo, especialmente das novas gerações. Como compositor, tem participado da programação de festivais e grupos como as Bienais de Música Brasileira Contemporânea, Bienal Internacional de São Paulo, *Festival Anacrusa-Chile*, *Donaueschinger Musiktage* (Alemanha), *Ensemble für Neue Musik Zürich* (Suíça), *The Festival of Perth* (Austrália) e *Ressonance Contemporaine* (França), entre outros. Em seu trabalho para televisão e teatro, chegou a produzir trilha sonora para mais de 40 peças teatrais. Idealizou e organizou diversos eventos e festivais, como os ciclos *Música de Invenção* (1995), *Fronteiras* (2000) e *Diálogos* (2002,) no CCBB do Rio de Janeiro, e o festival *ESCUTA! – Um abraço Sonoro na Cidade* (1998/2000), também naquela cidade.

Tato Taborda atua ainda como professor em cursos universitários e também em eventos como oficinas de música e festivais.

México

Betsabeé Romero
1963

Exposições Coletivas
2002
- *Géneros en Tránsito*. Centre Culturel du Mexique, Paris, França
- *Mesoamérica: Oscilaciones y Artificios*. Centro Atlántico de Arte Moderno, Las Palmas de Gran Canaria, Espanha
- *Agua Wasser*. Site Specifique Installations, Goethe Institute, UNAM, DDF, Cidade do México, México

2001
- *La Persistencia de la Imagen*. Museo de Arte Carrillo Gil, Cidade do México, México
- *Derby Demolition*. Arbis Gallery, Amsterdã, Holanda

Exposições Individuais
2003
- *On Tires*. New Jersey Museum of Art. Nova York, EUA

2002
- *Body Shop*. Ramis Barquet Gallery, Nova York, EUA
- *On The Freeway*. Drill Hall Gallery, University of Canberra, Austrália
- *Palabras que Ruedan*. Salón México, Madri, Espanha

2001
- *Autoinmoviles en East L.A. y La Colonia Buenos Aires, Binacional Project*. Absolut LA International. Los Angeles, EUA; Galería de Arte Mexicano, Cidade do México, México

Claudia Fernández
1965

Exposições Coletivas
2001
- *Politicas de la Diferecia, Arte Iberoamericano de Fin de Siglo*. Generalitat Valenciana, Valencia, Espanha
- *Frankenstein*. ExTeresa Arte Actual, Cidade do México, México

2000
- *Cinco Continentes y una Ciudad*. Museo de la Ciudad de Mexico, Cidade do México, México
- *Contemporary Mexican Artists*. San Diego State University, San Diego, EUA

Exposições Individuais
2001
- *Panorámico*. Espacio 3, Cidade do México, México

1998
- *Aqui, afuera*. Museo de Monterey, México
- *Claudia Fernández*. Museo de Palácio de Bellas Artes, Cidade do México, México

1995
- *La Verdad Interior*. Galería Secretaría de Desarrollo Social, Cidade do México, México

Colectivo Tercerunquinto
Julio Cesar Castro (1976), Gabriel Cázares (1978) e Rolando Flores (1975)

Exposições Coletivas
2003
- *Instant City*. Centre Culturel du Mexique, Paris, França

2002
- *Sensitive Negotiations*. Instituto Cultural de Mexico en Miami, EUA
- *Zebra Crossing*. Haus der kulturen Der Welt, Berlim, Alemanha
- *Intangible Homenaje a Luis Barragan*. ITESO, Guadalajara, México
- *Sala de Recuperaciòn*. Museo Carrillo Gil, Cidade do México, México

Enrique Jězik
1961

Exposições Coletivas
2002
- *Zebra Crossing*. Haus der Kulturen der Welt, Berlim, Alemanha
- *Teresa Margolles-Enrique Jězik*. Galerie L'Oeil de Poisson, Montreal, Canadá

2002
- *Sensitive Negotiations*. Instituto Cultural de México, Miami, Estados Unidos

2001
- *Asamblea*. Centre Culturel du Mexique, Paris, França

2000
- *Arte Contemporáneo de México*. Ludwig Museum, Budapeste, Hungria

Exposições Individuais
2003
- *Pieza Sonora sin Título para Cuatro Máquinas*. Sala de Arte Público Siqueiros, Cidade do México, México

2002
- *Sécurité*. Le Confort Moderne, Poitiers, França

2001
- *Esgrima*. Ex Teresa Arte Actual, Cidade do México, México
- *La Fiesta Interminable*. Caja Negra-Museo Universitario de Ciencias y Artes, Cidade do México, México

2000
- *Trois Barques, Deux Tours*. Camac Centre d'Art. Marnay-sur-Seine, França

Fernando Llanos
1974

Exposições Coletivas
2001
- *Cuatro: form & light in cyberspace*. California Museum of Photography, Riverside, EUA

2000
- *Momenta, Arte Electrónico*. Centro Nacional de las Artes, Cidade do México, México

1999
- *I, and my circumstance (Mobility in Contemporary Mexican Art)*. Montreal Museum of Fine Arts, Canadá

Francis Alÿs
1959

Exposições Coletivas
2001
- *Da Adversidade Vivemos*. ARC/ Museé d'art Moderne de la Ville de Paris, França
- *The White Chapel Centenary*. Whitechapel Gallery, Londres, Inglaterra
- *Subject Plural: Crowds in Contemporary Art*. Contemporary Arts Museum, Houston, EUA
- *Nothing*. Contemporary Art Centre, Vilna, Lituânia

Exposições Individuais
2001
- Peter Kilchmann, Zurique, Suíça
- *The Last Clown*. Lisson Gallery, Londres, Inglaterra
- Museé Picasso, Antibes, França

2000
- *The Last Clown*. Galerie d'art de l'Université du Québec, Montreal, Canadá

Richard Moszka
1968

Exposições Coletivas
2003
- *8ª Bienal de Havana*. Centro Cultural Wilfredo Lam, Havana, Cuba

2002
- *10ª Bienal de Fotografía*. Centro de la Imagen, Cidade do México, México
- *Gráfica actual*. SNAP Galery, University of Alberta, Edmonton, Canadá

2001
- *Ubicaciones*. Museo Universitario Contemporáneo de Arte, Cidade do México, México
- *Mutations, la Vidéo Mexicaine Actuele*. Palais des Arts, Toulouse, França

Exposições Individuais

2002
- *Sobas*. Centro de la Imagen, Cidade do México, México

2000
- *Ticks*. Mercer Union Platform Program, Toronto, Canadá

1999
- *Mi niñez*. La Panadería, Cidade do México, México

1996
- *Sour Times*. Galería arte Contemporáneo, Cidade do México, México

Teresa Margolles
1963

Exposições Coletivas

2003
- *2ª Bienal de Gotemburgo*. Gottenburg, Suécia
- *Banquete*. Zentrum für Kunst unt Medientechnologie, Karlsruhe, Alemanha
- *Espetacular*. Centro Cultural Español, Cidade do México, México

2002
- *México: Sensitive Negotiations*.Consulado General de México, Miami, EUA
- *Zebra Crossing*. Haus Kulturen, Berlim, Alemanha

Exposições Individuais

2003
- *Das Leichentuch*. Kunsthalle Wien, Viena, Áustria
- *Teresa Margoles*. Galerie Peter Kitchmann, Zurique, Suíça

2002
- *Aire*. Art Palace, Madri, Espanha
- *Fin*. La Panadería, Cidade do México, México
- *Edificio Intervenido*. Plaza San Mateo, Lucca, Itália

Argentina

Augusto C. Ferrari
★ San Possidonio, Itália, 1871
† Buenos Aires, Argentina, 1970

Diego Levy
Buenos Aires, Argentina, 1973

Trabalha como fotojornalista desde 1991.

Fabián Trigo

Gyula Kosice
1927

Jorge Macchi
Buenos Aires, Argentina, 1963

León Ferrari
Buenos Aires, Argentina, 1920

RES
Córdoba, Argentina, 1957

Principais Exposições

2002
- *Intervalos Intermitentes*. Galería Ruth Benzacar, Buenos Aires, Argentina

2000
- *Regreso al Desierto*. Centro di Ricerca e Archiviazione della Fotografia, Spilimbergo e Venezia-Giulia, Itália

1998
- *Yo Cacto*. Centro Cultural Ricardo Rojas, Buenos Aires, Argentina

1997
- *NECAH*. Galeria del Teatro San Martín. Buenos Aires, Argentina
- *6ª Bienal de Havana*. Centro Cultural Wilfredo Lam, Havana, Cuba

Sergio Avello
Mar del Plata, Argentina, 1964

Principais Exposições

2002
- *Semana Gal Dabbah*. Torrejon Arte Contemporaneo, Buenos Aires, Argentina
- *Contemporanea Art*. Miami, Estados Unidos
- *Sortilegio*. Fondo Nacional de las Artes, Buenos Aires, Argentina

1999
- *Transliminares*. Fondo Nacional de las Artes, Buenos Aires, Argentina
- *Festival de Arte Electronico*. Museo Nacional de Bellas Artes, Buenos Aires, Argentina

Bolívia

Cecilia Lampo
1952

Exposições Coletivas

2002
- *Feria del Libro*. La Paz, Bolívia
- Galeria de Arte Nota, La Paz, Bolívia

2001
- Espaço Patiño, Cochabamba, Bolívia
- *7ª Bienal Internacional de Pintura de Cuenca*, Equador
- *Arteba 2001*. Buenos Aires, Argentina

Exposições Individuais

2000
Galeria Nota, La Paz, Bolívia

1998
Galeria Emusa, La Paz, Bolívia

1996
Galeria Emusa, La Paz, Bolívia

1995
Galeria BHN, La Paz, Bolívia

1994
Galeria Emusa, La Paz, Bolívia

Gastón Ugalde La Paz, Bolívia, 1946

Exposições Coletivas

2003
- *Art New York*. Javits Gallery, Nova York, EUA

2002
- Gallery Evan, Nova York, EUA

2001
- *49ª Bienal de Veneza*, Itália

1999
- *7ª Bienal de Havana*. Centro Cultural Wilfredo Lam, Havana, Cuba
- *6ª Bienal Internacional de Pintura de Cuenca*, Equador

Joaquin Sánchez
1973

Principais exposições

2003
- *"Santa Chola" Zona en Movimiento*. Galeria Nota, La Paz, Bolívia

2002
- *Peti Tendare Arapype*. Casanova Santibáñez, Cochabamba, Bolívia
- *Che Rupa*. Manzana de la Rivera, Assunção, Paraguai
- *Batallon 60*. Plaza de los Heroes, La Paz, Bolívia
- *Eleven Matriki*. Aliança Francesa, La Paz, Bolívia

Brasil

Ivens Machado
Florianópolis, SC, 1942

Exposições Coletivas

2002
- *Cidadeprojeto / cidadeexperiência*. MAM/Villa-Lobos, São Paulo
- *Caminhos do Contemporâneo 1952-2002*. Paço Imperial, Rio de Janeiro
- *Mapa do Agora: 50 anos da Arte Brasileira Coleção Sattamini*. Instituto Tomie Ohtake, São Paulo
- *A Forma e a Imagem Técnica na Arte do Rio de Janeiro: 1950-1975*. Paço das Artes, São Paulo

2001
- *O Espírito de Nossa Época*. Museu de Arte Moderna do Rio de Janeiro, Rio de Janeiro
- *Espelho Cego: Seleções de uma Coleção Contemporânea*. Museu de Arte Moderna de São Paulo, São Paulo

Exposições Individuais

2002
- *O Engenheiro de Fábulas*. Museu Vale do Rio Doce, Vila Velha (ES)

2001
- *O Engenheiro de Fábulas*. Paço Imperial, Rio de Janeiro

1994
- Paço Imperial, Rio de Janeiro

1991
- Galeria Luisa Strina, São Paulo

1990
- Galeria Thomas Cohn, Rio de Janeiro

Janaina Tschäpe

Exposições Coletivas

2003
Unesco Salutes Women in Art. Unesco HQ, Paris, França

2002
- *Interventions-Nuit des Museés*. La Fondation Musée d'Art Moderne Grand Duc-Jean, Luxemburgo

2002
- *Nuites Blanches*. Palais de Tokyo, Paris, França
- *Stories*. Haus der Kunst, Munique, Alemanha

2001
- *Panorama da Arte Brasileira*. Museu de Arte Moderna de São Paulo, São Paulo

José Damasceno
Rio de Janeiro, RJ, 1968

Exposições Coletivas
2003
- *Living inside the grid*. New Museum of Contemporary Art, Nova York, EUA

2002
- *25ª Bienal de São Paulo*, São Paulo, Brasil
- *Vivências*. The New Art Gallery Walsall, Reino Unido
- *Caminhos do Contemporâneo*. Paço Imperial, Rio de Janeiro

Exposições Individuais
2003
- *Culturgest*. Porto, Portugal
- Galeria Fortes Villaça, São Paulo

2002
- *The Project*. Nova York, EUA

2001
- *Cinemagma*. Museu Ferroviário do Espírito Santo, Vitória; Museu de Arte Moderna do Rio de Janeiro, Rio de Janeiro; Museu de Arte Moderna da Bahia, Salvador(BA); Museu Aloísio Magalhães, Recife (PE)

2000
- *Utopia Present*. Galeria Presença, Porto, Portugal

Laércio Redondo
Paranavaí, PR, 1967

Exposições Coletivas
2003
- *Arghh*. Edsvik Konst & Kultur, Estocolmo, Suécia
- *Rumos Visuais*. Instituto Itaú Cultural, São Paulo; Belo Horizonte (MG); Recife (PE)

2002
- *Matéria-Prima da Arte Brasileira*. Novo Museu, Curitiba (PR)
- *Artgenda*. Hamburgo, Alemanha
- *Prêmio Sérgio Motta*. Paço das Artes, São Paulo

Exposições Individuais
2002
- *Listen to me*. Espaço Cultural Sergio Porto, Rio de Janeiro

2001
- Galleri Konstfack, Estocolmo, Suécia

2000
- Instituto Grego, Estocolmo, Suécia

1998
- Adriana Penteado Arte Contemporânea, São Paulo

1995
- *Arenas*. Divisão de Arte, Universidade Estadual de Londrina (PR)

Laura Lima
Governador Valadares, MG, 1971

Exposições Coletivas
2002
Ciclo de Performances. Museu da Arte Moderna do Rio de Janeiro, Rio de Janeiro

2001
- *Machado/Homem/Maria-Mole*. Espaço Agora/Capacete, Rio de Janeiro
- *Virgin Territory*. National Museum of Women in Arts, Washington D.C., EUA
- *A Little Bit of History Repeated*. Kunst Werke, Berlim, Alemanha

Exposições Individuais
2002
- *Homem=carne/Mulher=carne*. Moderna Galerija, Liubliana, Eslovênia
- Casa Triângulo, São Paulo
- *Project Rooms*. Feria ARCO, Madri, Espanha

1999
- *Puxador*. Fundição Progresso, Rio de Janeiro

1998
- *Projeto Digestão*. Centro Cultural São Paulo, São Paulo

Lia Mena Barreto
Rio de Janeiro, RJ, 1959

Exposições Coletivas
2000
- *Ultra Baroque*. Museum of Contemporary Art, San Diego, EUA

1999
- *Objeto Anos 60/90 – cotidiano/arte*. Instituto Itaú Cultural, São Paulo
- *The Anagrammatical Body*. Neue Galerie Graz com colaboração de Kunsthaus Múrzzuschlag, Graz, Áustria

1998
- *Exercícios Afetivos*. Museu de Arte do Rio Grande do Sul, Porto Alegre (RS)
- *Der Brazilianisch Blick*. Haus der Kulturen der Welt, Berlim, Alemanha

Exposições Individuais
2000
- Galeria Camargo Villaça, São Paulo
- *Diário de uma boneca, Obra Aberta*. Galeria Pedro Cera, Lisboa, Portugal

1998
- *Exercícios Afetivos*. Museu de Arte do Rio Grande do Sul, Porto Alegre (RS)

1997
- *Kit Afetivo*. Torreão, Porto Alegre (RS)

1996
- *Origem do Afeto*. Galeria Camargo Villaça, São Paulo

Lygia Pape
Nova Friburgo, RJ, 1929

Exposições Coletivas
2001
- *Lygia Pape e Nicola Tyson*. Galeria Camargo Villaça, São Paulo

2000
- *Arte Conceitual e Conceitualismos: Anos 70 no Acervo do MAC/USP*. Galeria de Arte do Sesi, São Paulo
- *Mostra do Redescobrimento*. Fundação Bienal de São Paulo, São Paulo
- *Quando o Brasil Era Moderno: Artes Plásticas no Rio de Janeiro de 1905 a 1960*. Paço Imperial, Rio de Janeiro
- *Século 20: Arte do Brasil*. Fundação Calouste Gulbenkian, Lisboa, Portugal

Exposições Individuais
2001
- Centro de Artes Hélio Oiticica, Rio de Janeiro

1999
- Gravura. Museu Castro Maya, Rio de Janeiro
- Galeria Canvas Arte Contemporânea, Porto, Portugal
- *Sedução II – Vai/Vem*. Paço Imperial, Rio de Janeiro
- *Toys*. Casa Amarela, Rio de Janeiro

Rosana Paulino
São Paulo, SP, 1967

Exposições Coletivas
2000
- *Fotografia Não Fotografia*. Museo de las Artes de la Universidad de Guadalajara, México
- *12ª Mostra da Gravura de Curitiba*. Museu da Gravura, Curitiba, Paraná
- *Século 20: Arte do Brasil*. Fundação Calouste Gulbenkian, Lisboa, Portugal
- *Mostra do Redescobrimento*. Fundação Bienal de São Paulo, São Paulo

1999
- *1ª Bienal Internacional de Fotografia do México*. Centro de la Imagen, Cidade do México, México

Exposições Individuais
2000
- *Desenhos*. Centro Cultural São Paulo, São Paulo

1997
- *Rosana Paulino: Álbum de Desenho*. Galeria Adriana Penteado, São Paulo

1995
- *A New Face in Hell*. Galeria Adriana Penteado, São Paulo

Solange Pessoa
Ferros, MG, 1961

Exposições Coletivas
2003
- *Pele, Alma*. Centro Cultural Banco do Brasil, São Paulo

2001
- *Mostra do Descobrimento*. Capc Museé d'Art Contemporain, Bordeaux, França
- *A Forma e os Sentidos*. Museu Ferroviário Vale do Rio Doce, Vitória (ES)

1999
- *Heranças Contemporâneas*. Museu de Arte Contemporânea da Universidade de São Paulo, São Paulo

Exposições Individuais
2000
- Sala Manoel da Costa Athaíde / Casa do Pilar – Anexos I e III, Museu da Inconfidência, Ouro Preto (MG)

1995
- Grande Galeria do Palácio das Artes, Belo Horizonte (MG)

1992
- Centro Cultural São Paulo, São Paulo

1987
- Itaú Galeria, Belo Horizonte (MG)

CHILE

Andrés Durán
Santiago, Chile, 1974

Exposições Coletivas
2003
- *El Lugar del Crimen*. Intervenciones Urbanas, Santiago, Chile
- *Proyecto Bohemia*. Galeria Animal, Santiago, Chile
- *Más allá del bien y del mal*. Museo de Arte Contemporáneo de Valdivia, Chile
- *Expecta 2002*. Galeria Animal, Santiago, Chile

2002
- *Pizarra Mágica*. Galeria Metropolitana, Santiago, Chile

Carolina Ruff
Santiago, Chile, 1973

Exposições Coletivas
2002
- *Paisaje Acondicionado*. Galeria Balmaceda 1215, Santiago, Chile
- *Cartografías del Deseo*. Centro Cultural Matucana 100, Santiago, Chile

2001
- *Laboratorio 5*. Galeria Balmaceda, Santiago, Chile

2000
- *Delicatessen*. Centro de Extensão da Universidad Católica de Chile, Santiago, Chile
- *El Lugar no Ideal*. Galeria Muro Sur Artes Visuales, Santiago, Chile

Claudia del Fierro
1974

Exposições Coletivas
2002
- *Arte y Catástrofe*. Museo de Arte Contemporáneo de Valdivia, Chile
- *Frutos del País*. Museo de Arte Contemporáneo, Santiago, Chile
- *Alter*. Centro Cultural de España, Santiago, Chile

2001
- *5ª Bienal de Vídeo y Nuevos Medios*. Museo de Arte Contemporáneo, Santiago, Chile

1998
- *Zona de Riesgo II: La densidade del gesto*. Museo de Arte Contemporáneo, Santiago, Chile

Juan Céspedes
Arica, Chile, 1972

Exposições Coletivas
2003
- *All about George/ Todo sobre George*. Espacio La Rebeca, Bogotá, Colômbia

2002
- *State of the Gallery*. Andrew Kreps Gallery, Nova York, EUA

2001
- *Visible Aspects*. Apex Gallery, Nova York, EUA
- *I Quadriennale Casino 2001*. Stedelijk Museum voor Actuele Kunst, Ghent, Bélgica

2000
- *Espacio Tiempo*. Galeria Gabriela Mistral, Santiago, Chile

Livia Marín
1973

Exposições Coletivas
2002
- *Frutos del País*. Museo de Arte Contemporáneo, Santiago, Chile
- *Arte/Naturaleza*. Keby Quarn Art Space, Uppsala, Suécia
- *Habitud*. Centro Cultural de España, Santiago, Chile
- *Piel artificial*. Centro Cultural Matucana 100, Santiago, Chile

2001
- *Yobjetoy*. Galera Carmen Codoceo, La Serena, Chile

Marcela Moraga
Santiago, Chile, 1975

Exposições Coletivas
2003
- *Arte y Catástrofe*. Museo de Arte Contemporáneo de Valdivia, Chile

2002
- *Frutos del País*. Museo de Arte Contemporáneo, Santiago, Chile
- *Jam*, Galeria Animal, Santiago, Chile
- *Ricos y Famosos*. Museo de la Solidaridad Salvador Allende, Santiago, Chile

2001
- *Concurso Web Art / Video Animación Experimental*. Kent Explora, Santiago, Chile

Exposições Individuais
- *Frutos del País*. Museo de Arte Contemporáneo, Santiago, Chile
- *Jam*, Galería Animal, Santiago, Chile

1999
- *Arte y Catástrofe*. Museo de Arte Contemporáneo de Valdivia, Chile

1998
- *Ricos y Famosos*. Museo de la Solidaridad Salvador Allende, Santiago, Chile

Mario Z
Santiago, Chile, 1970

Exposições Coletivas
2003
- *Cambio de Aceite*. Mostra de Pintura Chilena Contemporânea, Museo de Arte Contemporáneo, Santiago, Chile

2002
- *Speak System*. Centro Cultural Borges, Buenos Aires, Argentina
- *Proyecto Bohemia*. Galeria Animal, Santiago, Chile
- *Pizarra Mágica*. Galeria Metropolitana, Santiago, Chile

2001
- *4 Segundos*. Galeria Animal, Santiago, Chile

Pablo Langlois
Santiago, Chile, 1964

Exposições Coletivas
2003
- *Cambio de Aceite: Revisión Crítica de 20 Años de Pintura en Chile*. Museo de Arte Contemporáneo, Santiago, Chile

2002
- *Ruinas, Extremo Centro: Espacios de Arte Contemporáneo*. Museo de Arte Contemporáneo, Santiago, Chile

2000
- *El Lugar no Ideal*. Galeria Muro Sur Artes Visuales, Santiago, Chile
- *Arte y Política: Anomalías del Espacio*. Museo de Arte Contemporáneo, Santiago, Chile
- *Spirit du corp*. Galeria Balmaceda 1215, Santiago, Chile

Víctor Hugo Bravo
Santiago, Chile, 1966

Exposições Coletivas
2003
- *Cambio de Aceite*. Museo de Arte Contemporáneo, Santiago, Chile
- *Dos Puntas*. Universidad Complutense de Madrid, Facultad de Bellas Artes, Madri, Espanha

2002
- *Operacion Caballo de Troya*. Kunsthaus Tacheles, Berlim, Alemanha

2001
- *Máquina de Moler*. Galeria Animal, Santiago, Chile

1998
- *Arte y Política*. Museo de Arte Contemporáneo, Santiago, Chile

Virginia Errázuriz
1941

Exposições Coletivas
2001
- *Calle y Acontecimiento*. Museo de Arte Contemporáneo, Santiago, Chile

2000
- *Línea de Borde /Colectivo de Mujeres desde Chile*. Museo de Arte Contemporáneo, Centro Pedagógico y Cultural Simón I. Patiño, Cochabamba, Bolívia
- *Chile 100 años Artes Visuales: Segundo Período 1950-1973 Entre Modernidad y Utopía; Tercer Período 1973-2000 Transferencia y Densidad*, Museo Nacional de Bellas Artes, Santiago, Chile

1999
- *Memorias*, Museo de Arte Contemporáneo, Santiago, Chile

Yennyferth Becerra
1973

Exposições Coletivas
2003
- *P/A, Proyecto Intercambio Cultural Chile-Suecia-Alemania*. Galeria Keby Quarn Art Space, Uppsala, Suécia

2002
- *BECERRA+GELCIC+HERNÁNDEZ*, proyecto "*Extremo Centro*". Centro Cultural Balmaceda 1215, Santiago, Chile
- *¿Qué hace que los hogares de hoy sean tan diferentes tan atractivos?*. Centro de Extensión Universidad Católica de Chile, Santiago, Chile
- *Piel Artificial*. Centro Cultural Matucana 100, Santiago, Chile

2000
- *La Cuarta Categoría*. Galeria Gabriela Mistral, Santiago, Chile

Paraguai

Carlos Bittar
Assunção, Paraguai, 1961

Exposições Coletivas
2000
- *Tercer Mes de Fotografía Latinoamericana*. Centro Cultural Pasaje Rocha, La Plata, Argentina

1998
- *2ª Bienal de Internacional de Fotografia da Cidade de Curitiba*. Salão Memorial de Curitiba (PR)
- *Fotografía Paraguaya*. Dachau, Alemanha

1990
- *Homenaje a Van Gogh*. Instituto Cultural Paraguayo-Alemán, Assunção, Paraguai

1989
- *Nueve fotografos*. Centro Cultural Paraguayo-Americano, Assunção, Paraguai

Exposições Individuais
2002
- *Fin de Zona Urbana*. Centro Cultural Citibank, Assunção, Paraguai

2000
- *Entrecasa*. Centro de Artes Visuales/Museo del Barro, Assunção, Paraguai

1992
- *El Tren a vapor*. Fotogalería del Teatro Municipal San Martín, Buenos Aires, Argentina

1989
- *El Tren una visión particular*. Centro Cultural Paraguayo-Americano, Assunção, Paraguai

1988
- *Fragmentos urbanos*. Centro Cultural Paraguayo-Americano, Assunção, Paraguai

Carlo Spatuzza
1966

Exposições Coletivas
2002
- *Los Argumentos. Arte Paraguayo de la Década de los 90. Corazonada en Otra Versión.* Instituto Cultural Juan de Salazar, Assunção, Paraguai

2001
- *16 Artistas Paraguayos. Un Círculo Envenenado.* Museo de Arte Contemporáneo, Montevidéu, Uruguai

2000
- *FA-Feria Artística.Niño Cristian Planchando.* Instituto Cultural Juan de Salazar, Assunção, Paraguai

1999
- *Salón Tentaciones. Feria Estampa. Sobre Cáscaras y Pirecas.* Madri, Espanha

1998
- *Confrontación Paraguayo Italiana. El Viaje: Ida y Vuelta.* Palacio de la Santa Cruz, Roma, Itália

Claudia Casarino
1974

Exposições Coletivas
2002
- *Vis á Vis.* Museo D'Arte di Nuoro, Itália
- *Arte en Centímetros.* Galería El Museo, Bogotá, Colômbia
- *Tandem.* Museo del Barro, Assunção, Paraguai
- *Braziers.* Oxfordshire, Inglaterra

2001
- *Pay Attention Please.* Museo D'Arte di Nuoro, Itália

Exposições Individuais
2003
- *Ejercicio para la recuperación del horizonte (desde lo inofensivo).* Centro Cultural Citibank, Assunção, Paraguai

2000
- *Intervención.* Museo del Barro, Assunção, Paraguai

1999
- *UNO/A.* Galería Scappini-Lamarca, Assunção, Paraguai

Gabriela Zuccolillo
Assunção, Paraguai, 1967

Exposições Coletivas
2002
- *De Lluvias y Tormentas. Los Argumentos. Artistas Paraguayos de la Década de los 90.* Instituto Cultural Juan de Salazar, Assunção, Paraguai

2001
- *De Lluvias y Tormentas Al Sur del Lugar.* Photo España 2001, Museo de America, Madri, Espanha

2000
- *Paisajes de la Memoria – Bienal de Arte Joven.* Diario La Nación. Centro Cultural Citibank, Assunção, Paraguai
- *De Lluvias y Tormentas. Fotografia Paraguaya Contemporánea.*Tercer Mes de Fotografia Latinoamericana, La Plata, Argentina

2000
- *De Lluvias y Tormentas.* Bienal de Arquitetura, Veneza, Itália

Jesús Ruiz Nestosa
1941

Exposições Coletivas
2002
- *Celebración de la Ciudad.* 25ª Bienal de São Paulo, São Paulo
- *15 Artistas de la Bienal de São Paulo en el Museo de Arte Contemporáneo de Chile.* Santiago, Chile

2001
- *El Último Decenio – 21 Artistas Paraguayos.* Centro de Artes Visuales, Museo de Asunción, Assunção, Paraguai
- *Al Sur del Lugar. 11 Artistas del Paraguay.* Centro Cultural de Espanha, Assunção, Paraguai
- *Al Sur del Lugar. 11 Artistas del Paraguay.* Museo de América, Madri, Espanha

Jorge Sáenz
1958

Exposições Coletivas
1998
- *Bienal Internacional de Fotografia da Cidade de Curitiba.* Curitiba (PR)

1994
- *Premio Casa de las Americas.* Havana, Cuba

1992
- *Mother Jones Awards.* São Francisco, EUA

Exposições Individuais
1994
- *Los dias de Dachau.* Centro Cultural Paraguayo-Alemán, Assunção, Paraguai
- *Niños del Paraguay.* Foyer des Rathauses, Dachau, Alemanha
- *Paraguay Visiones.* Arquivo Fotográfico de Lisboa, Portugal

1992
- *Los Niños del Paraguay.* Fotogaleria del Teatro San Martín, Buenos Aires, Argentina
- *Mujeres.* Museo de Bellas Artes, Assunção, Paraguai

Juan Britos
1967

Exposições Coletivas
2001
- *Al Sur del lugar.* PhotoEspaña, Madri, Espanha

1998
- *Bienal Internacional de Fotografia da Cidade de Curitiba.* Curitiba (PR)

1990
- *Clinicas quiere vivir.* Assunção, Paraguai
- *Homenaje a Van Gogh.* Assunção, Paraguai

Juan Carlos Meza
1965

Exposições Coletivas
2001
- *Al sur del lugar.* PhotoEspaña 2001 Festival Internacional de Fotografia, Museo de America, Madri, Espanha

1993
- *Encuentro de Fotografia Latinoamericana.* Fundaimagen, CONAC, Caracas, Venezuela

1989
- *Images of Silence. Photography from Latin America and the Caribbean in the 80s.* Museum of Modern Art of Latin America, Washington D.C., EUA
- *Nueve Fotografos.* Galeria Agustin Barrios, CCPA, Assunção, Paraguai
- *Tan solo un detalle.* Cooperativa Universitaria, Assunção, Paraguai

Natalia Patiño
1972

Exposições Coletivas
2000
- *III Salón Nacional de Arte Joven.* Diario La Nación, Assunção, Paraguai
- *Premio Henri Matisse 2000.* Centro Cultural de la Ciudad, Assunção, Paraguai

1999
- *Collage.* Instituto Cultural Paraguayo-Alemán, Assunção, Paraguai
- *Siglo XX. Una interpretación de los artistas paraguayos.* Centro Cultural da Embaixada do Brasil, Assunção, Paraguai

1998
- *Artisti paraguayani e italiani a confronto.* IILA, Roma, Itália

Exposições Individuais
2002
- *Leyes de la Permanência.* Assunção, Paraguai

Pedro Barrail
1964

Exposições Coletivas
2003
- *First Latin American Video Art Exhibit.* BID, Washington, EUA; Roma, Itália

2002
- *Los Argumentos.* Centro Cultural de España, Assunção, Paraguai

2001
- *3ª Bienal de Artes Visuais do Mercosul.* Fundação Bienal, Porto Alegre (RS)
- *Building Through Time.* University of Miami, Miami, EUA

2000
- *7ª Bienal de Havana.* Centro Wilfredo Lam, Havana,Cuba

Exposições Individuais
2000
- *TRES.* Galeria Fabrica, Assunção, Paraguai

1999
- *DOS.* Galeria Lamarca, Assunção, Paraguai

1997
- *UNO.* Galeria Fabrica, Assunção, Paraguai

uruguai

Carlos Capelán
Montevidéu, Uruguai, 1948

Exposições Coletivas
2002
- *Maps and Landscapes (tthe living-room), 1991-2002.* Tilflukt/Refuge, Henie Onstad Kunstsenter, Oslo, Noruega
- *Hommage a Ola Billgren.* Galerie Leger, Malmö, Suécia

1998
- *A painting representing space.* 24ª Bienal de São Paulo, Fundação Bienal, São Paulo
- *At the speed of your steps.* National Gallery of Canada, Ottawa, Canadá
- *Desembarco de los 33.* Bienal del Barro, Museo de Arte Contemporáneo Sofia Imbert, Caracas, Venezuela

Exposições Individuais

2002

- *Onlyyou*. Bildmuseet, Umeå, Suécia
- *Eisoptrophobia*. Galleri s.e, Bergen, Noruega
- *Low Tide /Technologies*. Gary Nader Fine Arts, Miami, EUA

2001

- *Post-Colonial Liberation Army (rematerialización)*. Galería Angel Romero, Madri, Espanha

2000

- *Jet Lag Mambo*. Henie Onstad Kunstsenter, Oslo, Noruega

Ernesto Vila

Montevidéu, Uruguai, 1936

Exposições Coletivas

2003

- *Arte en Progresión*. Encuentros sobre Tecnología y Experimentación Artística, Centro Cultural San Martín, Buenos Aires, Argentina

2002

- *Paisaje Artificial*. Molino de Pérez, Montevidéu, Uruguai

1997

- *6ª Bienal de Havana*. Centro Cultural Wilfredo Lam, Havana, Cuba

1995

- *Vento Sul*. Segunda Mostra de Artes Visuais Integração do Cone Sul. Cascavel (PR)

1989

- *Bienal Internacional de Pintura de Cuenca*, Equador

Exposições Individuais

2001

- *No abra ninguna igual*. Club de Arte Molino de Pérez, Montevidéu, Uruguai

1997

- Museo Juan Zorrilla de San Martín, Montevidéu, Uruguai

1995

- Museo Torres García, Montevidéu, Uruguai

1993

- Club Pinacoteca, Montevidéu, Uruguai

1992

- Museo Municipal de Bellas Artes Juan Manuel Blanes, Montevidéu, Uruguai

Juan Angel Urruzola

1953

Exposições Coletivas

1994

- *8 Artistas y el libro*. Casa Gandhi, Montevidéu, Uruguai

1993

- Exposição Itinerante da Associação de Críticos de Nova York, EUA

1992

- *Granja Pepita*. Fotofest, Houston, EUA

1990

- *Exposicion Multifoto*. Maldonado, Uruguai
- *Bienarte III*. Alianza Cultural Uruguay – Estados Unidos, Montevidéu, Uruguai

Exposições Individuais

2001

- *Miradas*. El Ciudadano, Montevidéu, Uruguai

2000

- *Miradas Ausentes*. Átrio da Intendência Municipal de Montevidéu, Uruguai

1995

- *Homenaje a Jose Bergamin*. Casa Gandhi, Montevidéu, Uruguai

1994

- *Granja Pepita*. Encontro Latino-Americano de Fotografia. Caracas, Venezuela

1993

- *Series*. Museo Municipal de Bellas Artes Juan Manuel Blanes, Montevidéu, Uruguai

Marco Maggi

Montevidéu, Uruguai, 1957

Exposições Coletivas

2003

- *Vision & Revision , Works on Paper Since 1960*. Boston Museum of Fine Arts, Boston, EUA

2002

- *25ª Bienal de São Paulo*. Fundação Bienal, São Paulo
- *Europa/America: Selección de la Bienal de San Pablo*. Museo de Arte Contemporáneo de Chile, Santiago, Chile
- *Yesteryears*. Hales Gallery, Londres, Inglaterra
- *Bienal Internacional de Arte de Buenos Aires*. Museo Nacional de Bellas Artes, Buenos Aires, Argentina

Exposições Individuais

2003

- *Constructing & Demolishing*. Cristinerose &Josee Bienvenu Gallery, Nova York, EUA
- *Construcciones & Demoliciones*. Centro Cultural de España, Montevidéu, Uruguai

2002

- *HotBed*. Sala Uno, Roma, Itália
- *Micro/Macro*. Dan Galeria, São Paulo
- *PreColumbian & PostClintonian*. Sicardi Gallery, Houston, EUA

Pablo Uribe

Montevidéu, Uruguai, 1962

Exposições Coletivas

2003

- *Pretérito Presente*. Centro Cultural San Martín, Buenos Aires, Argentina

2002

- *Trampas 02*. Subte. Municipal de Exposições. Montevidéu, Uruguai
- *Diez Grabadores Uruguayos*. Museo Nacional de Artes Visuales, Montevidéu, Uruguai

2001

- *El Ejercicio de la Memoria*. Subte. Municipal de Exposições, Montevidéu, Uruguai
- *Mayo Uruguayo*. Museo de Arte Moderno, Buenos Aires, Argentina

Exposições Individuais

2002

- *Proyecto Vestidor*. Galería Pancho Fierro, Lima, Peru

1999

- *Iguales*. Archivo Histórico Municipal, Montevidéu, Uruguai

1997

- *Cultura en Obra*. Exposição itinerante dentro de programa do Ministério da Cultura

1996

- *Domingo*. Aliança Francesa, Montevidéu, Uruguai

1990

- *8 Retratos sobre Laura*. Galeria Cinemateca, Montevidéu, Uruguai

Patricia Bentancur

Montevidéu, Uruguai, 1963

Exposições Coletivas

2003

- *25 hs*. The Video Art Foundation, Londres, Inglaterra; Barcelona, Espanha

2002

- *Interfaces_02 Arte Mediatico*. Instituto Goethe; Museo Nacional de Artes Visuales, Montevidéu, Uruguai
- *19º Festival de Cine y Video*. Museo de Arte Moderno de Bogotá, Colômbia
- *4º Salón y Coloquio Internacional de Arte Digital*. Centro Cultural Pablo de la Torriente Brau, Havana, Cuba

2001

- *Mayo Uruguayo. Belo como Vello*. Museo de Arte Moderno, Buenos Aires, Argentina

Ricardo Lanzarini

Montevidéu, Uruguai, 1963

Exposições Coletivas

2002

- *Comer o no Comer*. Centro de Arte Salamanca, Salamanca, Espanha.
- *50º Salón Nacional de Artes Visuales*. Museo Nacional de Artes Visuales,Montevidéu, Uruguai

2001

- *Cité Internationale des Arts de Paris*. Paris, França
- *Políticas de las diferencias. Arte Iberoamericano de fin de siglo*. Mostra itinerante

1999

- *Salón Municipal de Artes Plásticas*. Centro Municipal de Exposiciones Subte, Montevidéu, Uruguai

Exposições Individuais

2000

- *Diálogo interguisal: la orquesta de los guisos criollos*. 7ª Bienal de Havana, Centro Cultural Wilfredo Lam, Havana, Cuba

1999

- *El Baile*. Directione Regionale des Affaires Culturelles des Pays de la Loire, França

1998

- *28 Round. Lugar-Estrategia*. Alianza Francesa de Montevideo, Montevidéu, Uruguai
- *A veces somatizo la historia*. Galería Municipal Pancho Fierro, Lima, Peru

1997

- *Ensalada Rusa II*. 6ª Bienal de Havana, Centro Cultural Wilfredo Lam, Havana, Cuba

English version

The Mercosur Biennial of Visual Arts has become a reference for the international art circuit. Its successful previous renditions have given prominence to the city of Porto Alegre, which now comes forth as a major artistic center in Latin America. The art education program designed to make art production more easily understandable to the ordinary Biennial visitor, and students in particular, is one of the most noteworthy attributes of this exhibition. The learning program translates as a great concern with the improved qualification of our youths as well as with our continuing struggle to realize full citizenship for all Brazilians.

My administration views the Mercosur Biennial as a significant agent of cultural integration for Latin American countries, particularly within the context of the Southern Cone, in which we should join efforts to retrieve our shared history and values. This is how we will build prosperous and just societies, by coming together as a mutually supportive community of kindred peoples.

I congratulate Fundação Bienal de Artes Visuais do Mercosul directors, show curators, and participating artists whose contributions appreciate the shaping and diffusion of culture and citizenship, while projecting the city, the state and the country in the realm of all nations.

Luiz Inácio Lula da Silva
President of Brazil

Art and culture for all

The state of Rio Grande do Sul has the privilege to stage, at every two years, one of the leading cultural events in Brazil. On account of its attributes, the Mercosur Biennial of Visual Arts, presently in its fourth edition, has given our people several reasons for pride. The first and foremost is the high quality of works presented at the show. Yet, the competence of those individuals who exert themselves in obstinate manner to give thousands of people the opportunity to learn more about the universal artistic spirit is what makes everything possible.

During more than two months, the local residents as well as visitors to our capital city enjoy the opportunity to view and often to interact with the most varied types of art. The 4th Mercosur Biennial constitutes, therefore, a singular forum for cultural encounters and for appreciating the social value of artistic knowledge. This extraordinary ability to impress and to touch people's sensibilities is one of the most distinctive traits of this major exhibition. The Rio Grande do Sul state government acknowledges the importance of contributing to such grandiose event that provides access to art and culture for all.

Germano Rigotto
Governor of Rio Grande do Sul

Once again the Porto Alegre city administration has the honor to support the Mercosur Biennial of Visual Arts, an event of high socioeconomic and cultural significance for the city. The exhibition, which currently represents the most extraordinary event of Latin American visual arts, projects the city into the circle of global metropolises, and underscores its vocation as travel destination and cultural center. Moreover, the show offers a matchless opportunity to boost the aesthetic sensibility of the population in general, thus enhancing the learning of citizenship.

According to show organizers, approximately one million people including local residents and out-of-town visitors will attend the Biennial. The city of Porto Alegre is proud to host this event that asserts itself not only as a venue for the exhibition of art works, but also as a center for the discussion and communication of art, criticism and innovative artistic media.

The learning character of this 4th Biennial, a show that encourages student attendance, meets the priority goals of the People's Administration, which champions cultural actions and in particular those focusing the culture of South Cone countries. We wish to reaffirm our disposition to achieve economic and cultural integration among Mercosur nations; thus, while fostering the Biennial, our city administration contributes to the consolidation of Mercosur culture.

Besides bringing together art and citizenship, the 2003 Biennial will give back to the city four entirely renovated dockside warehouses. By initiative of Fundação Bienal de Artes Visuais do Mercosul, the 80,000-sq.ft. area has been restored so as to create a new linkage between downtown Porto Alegre, the historical district, and Usina do Gasômetro.

We wish to congratulate Fundação Bienal directors for their endeavor at planning the exhibition, and to acknowledge all curators and artists who have given it life and meaning. We trust that the population of Porto Alegre will greatly benefit from the cultural effervescence of this democratic event that the city welcomes with open arms.

João Verle
Mayor of Porto Alegre, RS

At the time we assumed the chair of Fundação Bienal with the mission to satisfactorily carry out the fourth rendition of the Mercosur Biennial of Visual Arts, we were perfectly aware of the twofold challenge we faced. To begin, we must keep in step with the history of successful of an event that the creators of our Fundação had conceived and implemented so admirably.

Secondly, we must validate the exhibition as the most important event in the realm of Latin American visual arts. To this end, we had to call for talent, commitment, support, interest, and capital within the private as well as public areas, in domestic as well as foreign circles, like we had never done before. What is more, given the national and international scene of the new era, it was also a must that we described the show, in unequivocal manner, within a political and cultural context of coalition of Latin American nations, particularly of people in Mercosur countries, within the broadest concept of South American bloc. In this role, the 4th Biennial intends to assume its the role of catalyzing agent of those Latin American movements and aspirations conveyed through the visual arts.

The subject of contemporary archaeology involves a proposal for rescuing the shared identity of our peoples, in our search for a historical horizon that while respecting individuality of nations still signifies the construction of a harmonic, balanced, and developed continental community.

We have worked painstakingly in search of partners in the private initiative as well as in public administration, as the estimated attendance of hundreds of thousands spectators at the 17 shows that make up the exhibition in itself reveals the size and aspiration of this undertaking. In no instance we have ever been denied support from city, state, and federal public officials, or the backing of different segments of our business community. Our council members, directors and numerous other collaborators working in close touch with us or by proxy have overexerted themselves to help us build one more cultural legacy of paramount importance, particularly for the new generations. I wish to emphasize the relevant and dedicated work of our curators working under the guidance of the celebrated Nelson Aguilar, who in turn has amply corroborated our decision to appoint him curator general of this 4th Biennial. I also wish to acknowledge two illustrious public men from Rio Grande do Sul who have contributed significantly towards the success of this venture, Gov. Germano Rigotto and Minister Tarso Genro.

While remaining faithful to principles established in previous renditions, we have incremented a policy of art education, beginning with the training of guides so they can promote an adequate relation between observer and work of art. In view of the estimated attendance of 300,000 students, particularly public school pupils, our Fundação carefully selected and instructed teachers, students, and art lovers to run a learning program designed for show visitors who appreciate but are unfamiliar with art. The objective is to make it easier for them to fully enjoy the exhibition and comprehend the artistic event as history undergoing continual renovation.

The concern with the democratization of aesthetic assets has informed our each and every action. We have always believed that the development of artistic sensibility among all segments of the population stands for one more accomplishment of citizenship, and a decisive factor in the political and cultural development of all people.

If we are hoping for a more prosperous and socially just country, and integrated American continent, and a world that is more fraternal and civilized, then we must invest in the development and broadcasting of cultural assets, placing them at easy reach of everyone, who in turn ought to be encouraged to plunge in this rich exchange of emotions and ideas.

In addition to bringing together Argentina, Bolivia, Brazil, Chile, Paraguay and Uruguay, the 4th Mercosur Biennial has taken one more step towards promoting an even greater integration of the American continent, when inviting Mexico to join in the event. This initiative was welcomed with candid enthusiasm on the part of that North American country, the government of which, represented in particular by its National Council for Culture and the Arts, as well as by Ambassador Cecilia Soto Gonzalez, has lent us remarkable attention and support. Focusing a Latin American subject par excellence—namely, the creative reception of the oeuvre of Simon Bolivar, the continent's builder— open to all countries, the transverse exhibition "O delírio do Chimborazo" gives proof to the universal character of our concerns.

Finally, the fellowship that permeates the most varied spheres, from country to ordinary citizen, shows from the very beginning the importance of fostering artistic culture as a means to overcome geographical barriers and bring together people of most diverse origins and conditions. As a consequence, we all come out winners in the end, particularly the great interpreters and cultivators of the human soul, that is the artists, to whom I wish to say a special word of incentive and acknowledgment, for their creative genius fuels tomorrow's grandeur.

In turn, Porto Alegre successfully climbs to new levels in the international art circuit, reasserting itself as cultural hub of the Mercosur. This strategic and geopolitical situation substantially unfolds the cultural roles and spaces of the city, at the same time that it offers the community different opportunities to become familiar and interact with the contemporaneity presented at these events.

Renato Malcon
President, Fundação Bienal de Artes Visuais do Mercosul

As if taking by the hand the many characters that dwell in the works of the Mexican muralists, the Fundação Bienal do Mercosul has generously invited Mexico to be the guest of honor at its fourth edition. For Mexico, it is certainly a great privilege to participate in such a magnificent celebration, a Bienal that has proven so daring and innovative in such a brief span of time, and which, in addition, is also a wonderful opportunity to learn.

In a mere four editions, this Bienal has proven to be one of the ripest fruits in the process of integration that began ten years ago in the south of the continent. The Fundação Bienal do Mercosul, led this year by our dear friends Renato Malcon, president, and Justo Werlang, vice president, mobilizes society, CEOs and government into strengthening this integration, with the energy of the region's contemporary artists which include, on this occasion, artists from the northernmost country of the Latin south of our America: Mexico.

Mexico perceives itself as belonging to the north as well as to the south. Geography placed us in the north, but our culture, which sinks its roots deep in thirty centuries of complex civilizations and intense blendings, identifies itself with that of the south. Our heart is indeed in the south.

And to the south we come, to the south of the south, to the hospitable city of Porto Alegre, to Brazil's deep south, where the sweet cadence of the Portuguese spoken by Brazilians shares accents with the Spanish spoken by its neighbors – thus *gaucho* (GAH-u-cho) becomes *gaúcho* (gah-U-sho). We arrive with José Clemente Orozco's fierce and passionate brush, whose art was so well described by Pablo Neruda, who stated before his grave: "His work is combat."

Thanks to the Fundação for reminding us that culture is the truest and most durable engine in the process of integration, and thanks for receiving Mexico and its artists in the heart of Mercosur.

Cecilia Soto
Ambassador of Mexico to Brazil

Chants of Origin

Nelson Aguilar
Chief Curator

The issue of origin is still candent among the peoples of Latin America, to the point of providing the keynote for the 4th Mercosur Biennial of Visual Arts. It does not matter whether its questioners are of African, Indian, Asian, or European descent. Everything converges to the mythical times of the creation, to the material vestiges of the first cultures, to the scientific confrontation that molecular biology launches on the arrival of man to the American continent, to the swiftness with which contemporary artists examine the beginning. When the speed with which information is processed soars in a vertiginous scale, it is the role of the curatorship of an artistic exhibition to inquire about the beginnings and set up a mosaic that compiles the archaeology seen from today onwards.

The initiative to organize an exhibition dedicated to the archaeology of the Andes, the Amazon, and the Atlantic coast in the core of a contemporary art biennial constitutes a first consultation to the oracle of times. Modern art, as it develops, always attests unexpected leaps in geography and history. Impressionism delves into Japanese prints, Cubism, into African art, Expressionism, into Polynesian production. The postwar period takes into account art brut and the divestments in everyday life; it reveals the extremely close as being extremely distant; and it takes in the landscape as territory, no longer as motif. The relationships between objects, the awareness of interval, the way to get close to and away from things all make the immaterial tangible. The promotion of archaeology in a contemporary event does not aim at paradox for the sake of paradox; rather, it questions the linear notion of history and asserts that art seizes the élan of different times and places.

It is befitting here to pay homage to U.S. archaeologist Anna C. Roosevelt, who pointed out the limitations of the theory of ecological determinism, which argued that the peoples from the tropical lowlands, having lived in an unfavorable adaptive environment given the deprivation of the soils, "got their 'civilization' from the insipid and temperate highlands of the Andes and Mesoamerica, the centers of the American civilization." The wealth of the archaeological findings, the revaluation of environmental analysis, the dating of archaeological sites through radiocarbon "conclusively document an Amazon transition to a tribal life that precedes all other examples of the New World by more than 1200 years and that is more ancient than the Andean and Mesoamerican pottery by more than 3000 years."

Up until the 1990s, pre-Columbian art was believed to encompass only the artistic production of the highlands. Brazilian archaeologists Eduardo Neves and Adriana Schmidt Dias have put an end to this hierarchy and examined the continent before the arrival of white men as a never-ending interchange in every direction.

One of the great privileges of the 4th Mercosur Biennial of Visual Arts is to establish a concrete link with the 26th São Paulo Biennial. To this end, Biennial curator Alfons Hug was commissioned with the organization of the transverse exhibition aimed at engaging the participation of artists from countries other than those of the Mercosur or from the guest country. The proposed theme concerned a Latin American story, i.e., the poetical reception of the work of Simón Bolívar.

Since its institution, the 52-year-old São Paulo Biennial has organized 25 shows, bringing together representatives from some 70 countries at each rendition. This credit is transferred to its younger peer, the Mercosur Biennial, which has been designed to draw attention not to the entire international art circuit, but to a regional hub that seeks to achieve its autonomy and contribute to the "balance of the universe," in the words of the great Liberator. The blow of utopia that ravaged America at the turn of the 19th century traversed the oratory piece by Bolívar *O delírio do Chimborazo* [My Delirium on the Chimborazo], which inspired the transcontinental exhibition. The show can be clarified by two participating artists, Martin Chambi, of Peru, and Michael Wesely, of Germany, both of them masters of light.

What is there to say about a photographer as bold as Cartier-Bresson, with no other needs except to travel his own world, the Incan-Andean universe, addressing his fellows in Quíchua, the language of the defeated? The record of someone who is in the skin of his models sets the distinction between Chambi's work and that of European travelers. In group portraits, each member feels welcomed by the same ancestry that drives the heart of all. A single breath articulates hundreds of lungs; a single gaze resorts to the camera lens in search of a faceless complicity.

As his preferred landscape, Wesely elects the Llanos region, i.e., the plains of the Orinoco river valley, the mixed population of which supported Bolívar in his campaign of liberation. The German photographer works with an extremely long light exposure time. He defines the constants of the visible. When documenting an urban scenario, as was the case in the 25th São Paulo Biennial, where he showed Berlin as a construction site, the phantoms of cranes, of new and old buildings, and the track of the sunlight sweep the image. When dealing with nature, age-old geology collaborates to expose horizontal layers enhanced by the eternal blue river waters.

Brazilian artists were invited to address the steps of the great South American hero. Bolívar looked into the tropical monarchy as a branch of the Holy Alliance, a *cordon sanitaire* that protected the old order from libertarian anxieties of the new republics. Consequently, the Liberator welcomed with wide-open arms those warriors who had escaped from anti-Lusitanian upheavals, particularly those from Pernambuco, in northeastern Brazil. The rebels took their passionate claims for an autonomous and human-rights-abider America to the extreme, though still recognizing the advantages that the imperial ruling brought for the country's unity. Artur Barrio, Maurício Dias, and Walther Riedweg, along with Tato Taborda, address the great paradoxes of the Brazilian continent.

Curator Alfons Hug brings from his homeland the free spirit and the universalism embodied in the oldest systematic program of German Idealism, which proclaims: "we must have a new mythology, but it has to be at the service of the ideas, it has to be a mythology of reason." He invites to *O delírio do Chimborazo* the U.S. artist Rachel Berwick, who revisits the feat of German naturalist Alexander von Humboldt, who learned the Maipure language from a parrot that had survived the massacre of this ethnic group. In her installation, two birds recite dead words. Did she perhaps aim at the ambition of Hölderlin, who re-created in his native German tongue the odes and tragedies of ancient Greece without reducing them to any existing interpretation scheme? Berwick transforms history into the history of genocide or, to state it even more radically, the animal species metamorphoses itself into a Herodotus of the human species. When Mário de Andrade, the founder of Brazilian modernism, decided to learn German, one of his aims was to read naturalist authors such as Theodor Koch-Grünberg and Karl von den Steinen. *Macunaíma* owes much to the collection of indigenous sagas by these humanists.

To properly feature Mercosur countries and also the guest country – Mexico – the participating nations are each bringing to this Biennial an exhibition that pays homage to a renowned artist, apart from the respective national representation of contemporary art. This initiative underscores the Biennial character as a gateway to Latin American art.

José Clemente Orozco did not benefit from the recent prestige of his peers David Alfaro Siqueiros and Diego Rivera, not to mention the curiosity aroused by the life and work (in this order) of Frida Kahlo. Orozco's oeuvre seems to have emerged untouched from the night of times, as if it were suddenly revealed by a successful archaeological excavation. From the start, the artist has placed himself against the good taste nurtured by the academy. He perceives the extreme singularity of José Guadalupe Posada's engravings, which seem to germinate directly from the soil. Curator Agustín Arteaga, who was commissioned with the responsibility of organizing the exhibition, is quite knowledgeable about the ebb and flow of Orozquian reception. If there is a point at which North Americans and Latin Americans do not drive apart, it is parallel to the work of Jackson Pollock, who felt the impact of the mural paintings of Pomona College, in California, in which the figure of Prometheus rules. The Titan favors the homology of art making in a barren world.

The artist disdains the consent of ideologies; he has a lucid notion of history as a sea of blood and injustice, filled with sound and fury. For this reason, cataclysm is familiar to him: *Los muertos* [The Dead] works as a reversed bucolic landscape, in which buildings are crumbling down, solids in a swirl. In this universal distortion, bold elements grow next to ectoplasms as in *La casa blanca* [White House], which inspires a fellow countryman, Jaliscan architect Luis Barragán, to affirm the severe geometry of his building designs, where light and color are severed, living in their own time. Through the National Council for Culture and the Arts, which allows the loan of masterpieces to exhibitions abroad, the Mexican government leverages the amazement of discovery to an unprecedented level by authorizing the loan of the mural *Piel en azul* [Skin in Blue], which belongs in the Instituto Cultural Cabañas collection, in Guadalajara. The synthetic paint sinfully obeys the order of decomposition of the human body, by not subjecting itself to the rectangular shape of the support. The body painting worthy of Aztec pottery renders trunk and limbs resplendent; the head twice beheaded, facing front and in profile, belongs to a universe in which sacrificial cults are part of everyday life. Everything is done taking into account the interval voids that mobilize the figure devoid of physical integrity, yet resplendent because of the tribal emblem.

Argentina contributes to the constellation of pioneers with Antonio Berni. It is not a question of promoting an overdue monographic show, given that Berni represents the process of transculturation of modern art in Latin America more than any other artist. In 1930s Europe, he received the stigma of metaphysical painting and surrealism. He joined Siqueiros, developing a social realism and showing jobless people, peasants, and other anonymous martyrs – a militant of the visual arts like [Brazilian painter] Portinari, for whom he nurtured great admiration. In the 1950s, he left his supporting role to become the author of himself, producing works that are pure painting, in which oil agglutinates and coagulates to form a still life such as *La olla e la carne* [The Pan and the Meat], of such strong density that it synthesizes past and future history, for the soup ladle, the pan, and the ghostlike presence of meat bring together all the elements of the *panelaços*.[1] In his work, he no longer resorted to image intermediation in the re-creation of painting, he exposed texture directly, the rough datum as raw material. In painting as such, all conflicts are present, contrary to what happens in a scenario in which the main characters give themselves airs.

Berni was awarded the Great International Prize of Drawing and Engraving at the 31st Venice Biennale in 1962, being the first Latin American artist to be honored in Venice. To assess the importance of such a feat, it is enough to remember that New York was acknowledged as the Mecca of Art when Robert Rauschenberg was awarded the Grand Prize for Painting at the 1964 Venice Biennale. Berni mastered many languages, but in a time and place that praised ethnocentrism, to receive homage for his woodcut collages was a great accomplishment. He used discarded materials as expressive medium. This is clear in the two fictional inhabitants of the working-class suburbs that obsess him in this phase: the street kid Juanito Laguna, and his girlfriend, the prostitute Ramona Montiel. Two masterpieces are the fire and the flood of Juanito's neighborhood, in which oxidized iron sheets fight for space with signboards and ornaments to tell of the "natural" catastrophe that stalks the marginalized. Such great intensity is not seen in the works of social realism and, as a theme, it prevails to this day. In this sense, Berni marks the new European realism. The great promoter of this movement, Pierre Restany, took part in the curatorial design of this exhibition, which is dedicated to him.

Pierre Verger visited Bolivia three times between 1939 and 1946, in which occasions he undetook the recording of Andean festivals. Today, one of such celebrations, the Oruro carnival, is listed by UNESCO as a living world heritage. In those days, photography was Verger's only professional activity, he made a living from copyrights of images syndicated through press agencies, or from illustrating books on exotic countries and special events. According to Alex Baradel, photo collection coordinator of the Pierre Verger Foundation in Salvador, in the state of Bahia, the interwar years mark the heyday of the photographer's visual production, which started to fade from the 1950s onwards, as he became systematically involved with Black-Atlantic-oriented ethnography, particularly issues related to slave traffic and the worshipping of African-Brazilian deities, the *orishas*. One recognizes in the very choice of theme for the feast animated by the procession of angels and demons the surrealist extraction of the inventor of poetical photojournalism. The availability with which he takes each trip around the world has something of the disobedience to bourgeois order, which he learned at home from his parents. Exile is the natural destination for those who refuse to accept the value system that fueled European bloodsheds. The West does not have any lessons to teach. The Incas were defeated by Spaniards, but remained awake, reviving the monochromatic landscape of the Andes with the lights of their garments, wandering about the markets in which fabric, food, and utensils fill stands throughout time. The carnival merriment brings together floats, masks, costumes, and a popular beverage called *chicha*. The difference between the Peruvian and the Bolivian cordilleras is more political than cultural, and this distinction exposes two attitudes in the iconographical corpus of Verger and Chambi, namely the germinal ethnographer and the autochthon. Verger at times climbs up a house to take the carnival parade by surprise, an unimaginable behavior for Chambi, who fixes in a middle plane the brotherly truth. In the lens of the French photographer's camera, shadow plays the role of an unsubstantial witness, an advanced state of dematerialization, in which the etymon of light recites its prayers. Such spiritualization informs from the inside the battle between the angel, light, and the chthonic demon characterized by a rich Kabuki-like makeup.

Saint Clair Cemin undertakes the task to artistically configure Brazil and operates the passage from modern art to contemporary art. His pieces enjoy unparalleled freedom in the history of sculpture. They break away from the genetic chaining of modernism, which demands from each of its descendants an economic attitude of high abstract content. The titles also escape the austere diet of pioneers, stir rich associations that open up new perspectives to objects, and people their content with fables.

The dilemma between figuration and abstraction loses meaning, since Cemin travels though a field in which the object is neither an institution, nor contains an end in itself. Rather, it consists of the remains of a vast imaginary network. The environment is as sensitive as the cultural world. Perhaps for this reason, anthropologists and writers so keenly ponder his productions, some of which appear to have just emerged from some archaeological excavation.

Materials condemned to the past, such as bronze, marble, and wood, reappear in a surprising way. The polychromy sets some pieces on fire, whereas contrasting colors animate others. At times, the color of elements, the internal undulating vectors, and the concise expressive syntax coincide better with the baroque than with neoclassic sensibility. The tension between full and void, the keen awareness of scale and the spatial development of his works are destined to public spaces. The sculptor realizes that the universe comes from a module and is constantly in search of this material phoneme. In its facets, *Hipercuia* [Hypergourd] enunciates the cosmic way of being a Gaucho.

Roberto Matta joined the surrealists when still young, aware that from then on he would deal with the most radical state of poetical and political knowledge. His experiments linked to the study of the fourth dimension, of topology, and the discovery of regions of space until then unexplored in the art domain (Marcel Duchamp) are symmetrical to the nonconformism, to the suspicion of virtues spread by the establishment, to the demand for a planet without a visa. He was a militant in Latin America on least two occasions: to pay homage to the Cuban revolution, and to support Salvador Allende's administration in Chile. His canvases posit a landing field for the unknown, for the unexpected, for the instant of mutation. The war exile in New York jeopardizes his early icons – Yves Tanguy, for instance. His activity as a colorist collapses by the direct contact with pre-Columbian expressions absorbed in his passage through Mexico. From this moment on, the line regains power and totemic forms populate the horizon, making no reference to the continual fabric of his previous attempts. Matta asserts himself as a test pilot for the most demanding exiles such as André Breton, Claude Lévi-Strauss, Georges Duthuit, and Max Ernst. Professionally, he visits with his peers Arshile Gorky, Jackson Pollock, Mark Rothko, and Robert Motherwell. His interior landscapes (*inscapes*) ban indications of the background, deem any localization impossible, and inspire the subsequent essays of action painting. Curator Francisco Brugnoli asks the artist for his birth certificate and declares him as irrecoverable through nationalism as poet Vicente Huidobro, for example. Matta passed away in November 2002. A recording was found in his estate that raised great expectation. In it, the painter's voice repeated over and over again: "Me morí" [I have died].

Lívio Abramo is in attendance as a master of Paraguayan art. This fact sustains the pride of his fellow countrymen, old and new. He should be called a *Brasiguaio*,[2] as he settles permanently in Asunción in 1962, after six years of flirting with the country. A profound affinity develops between his art and his living space. Paraguayan-born Augusto Roa Bastos once defined Abramo's adopted country as an island surrounded by earth. The centripetal situation of the nation placed in the center of the continent does not escape the colonial fate, when Jesuit missionaries demanded from the metropolitans a delimited, closed space, which they called "reduction," for their Guarani sheep. At birth, Abramo's engraving is fully aware of its generative wrapping, which the obstinate engraver carefully cultivates. There are some pre-Paraguayan landscapes, so to speak, in many Brazilian series by the artist, rendered through the constant elaboration of dominant horizontal and vertical lines that echo the support, enhanced by diagonal tensions that eventually reached their apogee in the series *Chuvas* [Rains]. Paradoxically, his engraving is placed between the embryonic and public spaces by virtue of its reproducibility. In any case, in his life story, one aspect alternates with the other. In the beginning, the political had the upper hand over the artistic. Abramo militated first in the orthodox left wing and then in the dissidence, always side by side with Mário Pedrosa, the greatest critic of Brazilian art in the 20th century. Upon directing the 6th São Paulo Biennial, Pedrosa entrusted Abramo with the duty of producing an exhibition to celebrate the Guarani missionary sculpture. The unprecedented initiative reached notable repercussion. It revealed that the love of the artist for the new land took into account the historical legacy as the magma of the very artistic activity. Curator Javier Rodríguez Alcalá intends to stress that the oeuvre of the iconic artist took art history as a shining force, not as an official, passive collection, anxious for museological canonization. The Ñandutí textiles become a filter that sees the earth and waits for things to happen.

María Freire guarantees the primacy for concrete art from Argentina within the South American production. Ignoring the ideological quarrels of her Argentinean peers, she takes care of the cleanness of the drawing of paintings and sculptures as a major motif for her action. The premature arrival of constructivism in the southern countries shows that Brazilian modernism functioned as an obstacle to the penetration of a less figurative movement, more driven to the formulation of a universal language. Only in 1952, the group Frente, from São Paulo, and, in 1953, the group Ruptura, from Rio de Janeiro, organized themselves to exercise the openness and the concision of parageometric art, while Argentineans and Uruguayans had been on this track since 1945, getting away even from procedures like that of Joaquín Torres-García, who still worked with forms, images, and signs in his melting pot. María Freire does not identify herself with any realist word of order, which she considered to be associated with the anti-humanitarian acts of the last war. Art now demands a clean slate, a ground zero, transparency, and agility. The proposal to build a capital city in the heart of America made possible by Lucio Costa and Oscar Niemeyer's magical mathematics shook down Brazilian artists, who banned the delay, transforming the laboratory of the River Plate area into a public square for cultural development. The Concrete concept was assessed, live. This lent epic content to the pieces of Luís Sacilotto, Lygia Clark, Waldemar Cordeiro, and, as on the other hand, led to the perception of a more lyric conduct, reserved to the poetics of María Freire and her husband, the artist José Pedro Costigliolo. The comings and goings to and from Brasília and Montevideo allowed for the more pertinent grasp of the singularity of each contributor to the formation of the South American panel. Curator Gabriel Peluffo Linari offers us a glimpse of how passions intertwine and tighten the bonds between three friends and practitioners of formal plenitude – María Freire, Lívio Abramo, and Lygia Pape – thus setting up one of the greatest colloquia of the 4th Biennial. Another unforgettable lesson of the Uruguayan master indicates how kinetic art that mobilizes South Americans in Paris acquires its own statute in her *Radiantes* [Radiant] and *Vibrantes* [Vibrant].

The national representations rescue the exercise of art in the heat of the moment. The insurmountable quality of pre-Columbian Mexican art does not intimidate the questioning of archaeologists/artists brought together by curator Edgardo Ganado Kim. The team spreads throughout different urban landscapes with the aim of revealing senses that emerge but nevertheless go unnoticed by the collectivity. Francis Alÿs has played the role of pioneer since he took part in the 5th Bienal de la Habana, in 1994, with his pair of magnetic shoes that collected metallic scrap from the streets of the Cuban capital. Giving the title role to the disposable and the conveniently invisible works like a lightning bolt in the dark night, the bustle of researchers involves refuse, a variety of façades, security gadgets, a slum shack pierced by gun bullets, water used for washing corpses, incompatible noises and images of three cities, and limited notions of functionality.

We have asked curator Adriana Rosenberg to develop a very precise proposal within the Latin American poetic field: Buenos Aires, the psychoanalytical capital. The manner in which Freudian doctrine spreads and matures in Argentina causes widespread awe. Just as chemical constituents of the southern soil deem cattle raising, wheat plantations, and vineyards possible, psychoanalysis renders dialogue effective. León Ferrari, a dear artist to the Brazilian people who welcomed him in São Paulo during the so-called "years of lead," presents a readymade about the Oedipal triangulation. In one of the vertices is the work of his father, Augusto Ferrari, who brought from Italy, in 1914, a terrible presage of the new times: the photographic coverage of the aftermath of an earthquake in Messina, a Sicilian city. In Argentina, he established his heritage by marrying Susana Celia Del Pardo, his lovely camera model. In his turn, León Ferrari practices an anti-hegemonic art, driven against the world's powerful people, producing prints the editions of which are rigorously indicated in the lower part of the drawing, featuring the proof number followed by the infinite symbol.

The confederative artistic project that Gastón Ugalde carries out in the cordilleras is homologous to a work by Lygia Pape, in which a single cloth covered many heads. The Bolivian artist traveled around the country in search of the textile work woven by each community. The global outcome is a huge sail able to receive the wind to propel the nation guided by his sensibility. It results in a collective and conceptual operation that tenderly takes over the country without leaving any remains. Curator Cecília Bayá is responsible for the national representation.

Genetics in Brazil has gained a notable development by the sequencing of the genome of a bacterium that causes a plague in agriculture, and by research work aimed at clarifying the origin, composition, and migratory movements of Brazilian and world population. Professor Sérgio Danilo Pena, from Universidade Federal de Minas Gerais, investigated the population's genetic makeup by studying the DNA of 200 white Brazilians, using as biological markers the variation of the Y chromosome, exclusively masculine, and that of the mitochondrial DNA that marks the maternal lineage. The results showed that 60 percent of the maternal lineage is of Amerindian or African ancestry, and 90 percent of the paternal lineage is of European ancestry, thus configuring the social characteristics of the tropical Adam and Eve. This year, Prof. Pena collected genetic material from artists and cultural producers in attendance at the 4th Mercosur Biennial of Visual Arts to perform ancestry testing. Engineer Ary Perez designs a spatial wrapping that shows the kaleidoscope of active origins in the Latin American show.

This is the vantage point from which curator Franklin Pedroso asks Brazilian artists to conduct their works. Lygia Pape has been keenly aware of origins, be it in her *Livro da criação* [Book of Creation] or in *Manto Tupinambá* [Tupinambá Cloak]. Her art always lends science a poetic dimension. The gathering of basins containing colorful liquids has something to do with the visual programming of a genetic sequence, and the grains of rice and beans dispersed on the floor reconstitute a dimension of the Brazilian people that is stronger even than genotypes or phenotypes. Each participant in the national representation displays a case involving DNA, thus corroborating Georges Braque's motto: "Art is made to disturb. Science reassures."

Curator Francisco Brugnoli interprets the exhibition theme from the singular conditions of the Chilean art circuit, the contemporary production richness of which rivals the lack of art understood as the worship of cultural memory that presupposes collections, firsthand knowledge of masterpieces. In face of the victory of reproduction over the unique piece, of illustration over the original, art requests the services of the resources of the great vehicles of communication. It is pop at birth, so to speak, without tradition. Marcel Duchamp is its remotest ancestor. The anxiety that gives the exasperated tone to the immediately present, to the playful ability offered by virtual reality, is born from this Alphaville.

Curator Javier Rodríguez Alcalá chooses to show artists who work with photographic image and are interested in carrying out an archaeological interpretation of the present. In many followers of this artistic medium, the desire to undo the cultural identity imposed by authoritarian regimes is revealed. The critique penetrates the most poetical themes, like rain, for instance. The abundant precipitation reaches alarming proportions in the center part of South America on account of the arrangement of mountain ranges and the torrential rivers, which turn hydroelectric power into the region's greatest export. The photosensitivity of the national representation captures the physical consequences to the forsaken community, escaping the pragmatic overdetermination of the vehicle assumed by hegemonic universalisms. The mere focus on the scrubland acquires an unexpected political meaning, since the native Guarani language questions the very Western notion of landscape.

Uruguayan curator Gabriel Peluffo Linari links contemporary archaeology to virtual digging into memory. The proposal has as its starting point the lyrical evocation of the appearance and disappearance of objects, and of people incidentally eliminated by dictatorships. Artist Ricardo Lanzarini collides with images canonized by the Gotha of international art when he deals with soup cans. He provides Andy Warhol simulacra with an almost hallucinated dimension of reality when he associates his handmade containers to popular soups. It is not a question of cultivating naturalism in the installation for stylistic reasons, but for surviving reasons. Walter Benjamin becomes a strong reference for the cultural everyday life of our countries that deals with the constant devaluation of experience and the rising poverty.

notes

1 In the final decades of the 20th century, military dictatorships tumbled in Latin America and were replaced by democracy. The reinstatement of democracy was due in part to the populations' upheavals against stricken poverty and hunger. A very traditional way to demonstrate against military rulers was to beat aluminum pans with sticks and/or ladles. These demonstrations were known as *panelaços*. This was how, in 1984, the Brazilian population kept its night watch on April 25, while congressmen voted for free elections in Brazil. The presidential elections marked the end of the military regime in Brazil.

2 Both Brazilian and Paraguayan.

Identity in Change: Transformation and Reproduction in the Pre-Columbian Art of the South American Highlands and Lowlands

Eduardo Góes Neves
Curator
Adriana Schmidt Dias
Assistant Curator

Amerindian thinking presupposes, on the other hand, a unity of spirit and diversity of bodies.
—E. Viveiros de Castro, 2002

The European conquest brought an abrupt end to a historical trajectory that had begun at least 15,000 years before. From the 16th century on, the oral, written and material sources of pre-Christian American history were forgotten as a result of the physical extermination of the native populations, the submission of the remaining cultures to the worldview of the new lords of the land, and the pillaging of their buildings and objects. It was only in the middle of the 19th century that the cultural diversity that had existed prior to the conquest became the object of scientific interest, its study being linked to the birth of academic archaeology.

The rediscovery of the great Mayan urban centers "lost" in the jungles of Central America in 1841 fuelled the development of archaeological studies across the entire continent, which strove to locate, document and chronologically classify the architectural and artistic records left by the pre-Columbian peoples. Written records from the time of the conquest and native oral traditions were also revisited as they bore testimony to ways of life which existed prior to the arrival of the Europeans. Max Uhle conducted pioneering studies in this field in Peru, Bolivia, Chile and Ecuador from 1892 to 1920. At the end of the 19th century and the beginning of the 20th, interest in Brazil's indigenous past brought about the first archeological excavations in the Amazon, carried out by Ferreira Penna, Charles Hartt, Barbosa Rodrigues, Orville Derby, Lima Guedes, Emílio Goeldi, and others. Some of these efforts resulted in the large *Exposição Antropológica* [Anthropological Exhibition] organized by Ladislau Netto at the Museu Nacional in 1885. In the south of Brazil, prehistoric shell mounds were also studied during the same era by Hermann von Ihering, Karl von den Steinen and Carlos Wiener. The archaeological and ethnohistorical studies conducted over the last one hundred years now allow us to reconstruct the history of the pre-Columbian cultures which, beginning from a common origin, followed individual trajectories for millenniums.

The first groups of humans to establish themselves in the Americas were originally from Eurasia, and probably began their colonization 10 to 18 thousand years ago. That was at the height of the last ice age, when the sea level was as much as 100 meters lower than it is today. The first colonizers reached the continent across the Bering Strait, which was then a more than 1,000-kilometer-wide stretch of land connecting Asia and America. It disappeared 10,000 years ago, when Earth's climate began to warm and the glaciers covering the Northern Hemisphere melted, causing the sea level to rise.

To the south of the glaciers that covered what is now Canada, these first settlers found a favorable environment abundant in resources for hunting and gathering, whose heavy exploitation gave rise to a period of rapid demographic and territorial expansion. Nine thousand years ago, the entire American continent, from Alaska to Patagonia, was occupied by egalitarian nomadic groups, which gradually developed into separate cultures and adapted to the environmental characteristics of their respective regions. In South America, the groups occupying the Pacific, Atlantic and Caribbean coasts developed economies based on fishing and the gathering of mollusks, whose shells were deposited at specific sites. In Brazil, these shell mounds, called *sambaquis*, began to be formed 6,000 years ago, mostly between the states of Rio de Janeiro and Rio Grande do Sul, although they were also common in the Amazon. Some Brazilian shell mounds are as high as 30 meters and were generally associated with the rituals of their builders, being used to bury their dead. They are sometimes accompanied by polished stone sculptures representing animals (zooliths) or human figures.

Plant collection played a fundamental role in the economy of these groups, who developed techniques for manipulating plant species in order to increase their productivity. These environmental management strategies led to the domestication of various plant species 7 to 9 thousand years ago. There is evidence of the domestication of corn, beans, chilies, calabashes and cacao in Mesoamerica around 7000 BC. The domestication of various species of tuberous plants as well as beans and corn began in the Central Andes in 5000 BC. Manioc was probably domesticated in the lowlands in this same period, and its cultivation spread to the tropical regions of Brazil, Colombia, Venezuela and Ecuador. Pumpkins, tomatoes, avocados, sunflowers, cotton, coca and tobacco were also farmed.

Beginning 4,000 years ago, the increasing population in different parts of the American continent led to lifestyle changes, giving rise to hierarchical social structures based on the intensive production of food, and characterized by sedentary settlements and specialized artistic forms. Of the technological innovations that characterized this period, pottery production was of particular importance, with distinct regional styles appearing right from the outset.[1]

These societies were organized around chieftaincies that held economic, socio-ideological and political control over vast areas, organizing religious life, production, collective and specialized work and long-distance trade networks.

In the South American lowlands, population increases among the peoples of the lower Amazon River gave rise to a process of territorial expansion and social complexification that only stabilized at the end of the first millennium of the Christian Era. Groups also migrated south and towards the Atlantic coast from the Amazon, occupying lands traditionally inhabited by hunter-gatherers, who were restricted, up to the time of the conquest, to the southern part of the continent. These sedentary agricultural societies were the ancestors of the indigenous groups that occupied most of what is now Brazil until the 16th century. In turn, the groups that remained in the region of the Amazon and Orinoco rivers developed complex social structures, extending as far as the foothills of the Andes and the Caribbean coast. Examples of this type of society in the Brazilian Amazon are the Marajoara culture (AD 400–1300) at the mouth of the Amazon; the Guarita culture (AD 900–1500) at the confluence of the Solimões and Negro rivers, and the Santarém culture (AD 1000– 1500), at the confluence of the Amazon and Tapajós rivers.

Some Marajoara villages had as many as 2,000 inhabitants. Archaeological sites associated with this culture are located in the marshy areas on the eastern portion of Marajó Island, with one or more circular or elongated artificial mounds, 0.5 to 5 meters high and 10 to 70 meters long. Archeological studies have shown that several were simultaneously used for different purposes. The smaller mounds generally held elongated houses made of perishable materials, organized around a central square and inhabited by related families. Many simple nondecorative ceramic objects have been found at these sites. The larger mounds were used for ceremonial purposes, with various primary or secondary burial sites. Urns have been found at these sites, painted with red and black geometric designs against a white background, depicting female figures and zoomorphic representations. Other ceramic artifacts connected with these ritualistic contexts were loincloths, phallic statues, seats, spindles, whistles and rattling gourds.

Belonging to the polychromatic tradition of the Amazon, Guarita pottery was produced in the central Amazon from the end of the first millennium AD until the 16th century. The Guarita sites are very big, in some cases as large as 90 hectares. Guarita ceramics demonstrate a range of decorative techniques; they are often painted red, black and white, or are modeled and decorated with incisions and grooves. Their funeral urns are often decorated with anthropomorphic and zoomorphic designs. The peoples that produced this pottery were probably those described by the first European chroniclers in the middle Amazon. Gaspar de Carvajal, expedition chronicler for Francisco de Orellana in the 16th century, compared it to the most beautiful Sevillian china.

The Santarém sites are located along the right bank of the Amazon River where it meets the Tapajós, between the drier upland and the flooded lowland forests. They may be the remains of federations of large villages with an average of 500 families, which were governed by a centralized chieftaincy and sustained by large-scale corn and manioc farming. These sites often have concentrated areas of black soil called *terra preta*, created by the decomposition of organic material deriving from house construction and from the community middens of these large villages. Santarém ceramics have elaborate shapes: closed vessels with conical necks, base supports and appendices, as well as open bowls held up by caryatids. Their decoration is usually textured, with patterns of dots or incisions and attached zoomorphic, anthropomorphic or anthropo-zoomorphic elements. Popular animal representations include alligators, agoutis, monkeys, bats, hawks and vultures. This culture also produced anthropomorphic ceramic statues and small zoomorphic amulets of polished stone.

Similar processes of territorial occupation and social organization appeared in the highlands of South America throughout the first millennium BC.[2] The forms of social organization that appeared during this period lasted until the conquest. These were mostly village communities based on collective production in different environments; the high plains being used for the farming of tuberous plants and as pastureland, while corn was grown on the slopes. Most villages also had "colonies" for extractive activities in other environments, such as the collection of salt on the coast or coca in the tropical forests. Production was controlled by local leaders, who played a central role in the religious and socioeconomic life of these communities, organizing the circulation of goods and collective work to expand farming areas and to build and maintain urban centers where rituals were held. In the central Andean region ceremonial centers sprang up with distinct architectural styles and a unified manual production of ceramics and fabrics, Chavín de Huantar being an excellent example. Situated at an altitude of 3,177 meters in the Mosna River valley in Peru, it was a religious center and strategic point for controlling trade between the coast and the forest. Its main religious construction is a 12-meter-high pyramid on a platform, inside of which is a series of passages used as deposits for votive offerings and pillars decorated with representations of anthropo-zoomorphic deities in low relief. The outside walls are decorated with low-relief designs of both anthropomorphic and zoomorphic mythical figures, mostly representations of jaguars, alligators and birds, showing the influence of the Amazonian cultures in their religious system. Other important urban ceremonial centers from this period are Cajamarca on the high plains, and Serro Sechin, Serro Blanco, Maqeke and Pukunkín on the coast.

In the following millennium, these centers from the previous period took on the characteristics of city-states, with large territories unified by common ideological systems that justified and sustained the power of the local elites. There was a marked development in economic production, triggered by public irrigation works which led to the production of surpluses and population growth. Similar historical processes throughout the first millennium AD took place in Mesoamerica, related to the rise of Teotihuacán (AD 100–750) in central Mexico, and the Mayan city-states (AD 250–900) located throughout lands which are now part of Mexico, Guatemala, El Salvador, Belize and Honduras. The cities had small urban areas, where the military, administrative and religious elite lived, surrounded by rural communities. The identity of these regional states was materialized in artistic styles reflected in the architecture and specialized production of ceramics, as well as in textiles and metallurgy. Good examples of this were the Moche culture (200 BC–AD 700) on the north coast of Peru, and the Nazca culture (AD 200–1100) on the south coast of Peru.

The Moche capital has adobe monuments and two pyramids on platforms called Huaca del Sol and Huaca de la Luna, 41 and 23 meters high, respectively. Both are located near a large central square, around which an extensive residential zone was built to house the ruling elite. The village communities were located around these urban centers and it is estimated that every fertile valley was home to up to 25,000 inhabitants. The economy was based on agriculture irrigated by extensive systems of canals and aqueducts. The high degree of artistic specialization can be seen in the variety of techniques for working with gold, silver and copper (hammering, relief, casting, welding or lost wax) used in the production of ornaments, weapons and farming instruments. Moche ceramics were produced in series using molds and were decorated with highly realistic scenes of sex, war and religious rituals.

The Nazca people traditionally lived in small to medium-size villages scattered throughout the valleys of the southern coast of Peru, and no ruins of buildings used for religious worship or collective work have been found. The geoglyphs of Nazca, located on the plateau of Ingênio – which probably marked a religious center – are the only exception. Enormous lines of rocks depict geometric or zoomorphic designs of monkeys, hummingbirds, spiders and fish. Nazca textiles and ceramics were also highly specialized, and the ceramics were also produced in series using molds. Decorations were predominantly paintings of animal and human figures related to the system of worship.

Cultures which did not occupy much territory, such as the Recuay and the Huarpa, were located along the river valleys of the central Peruvian coast, and produced ceramics with distinctive styles. Other examples of regional states in this period are the Tiahuanaco (or Tiwanaku) culture (200 BC to AD 900) in Bolivia, and the Quimbaya culture (AD 800–1000) in Colombia. The main Tiahuanaco cities are Tiahuanaco and Pukara, located on the edge of Lake Titicaca at an altitude of 3,800 meters. Tiahuanaco has a central area measuring four square kilometers, surrounded by a residential zone scattered across 50 hectares. Its estimated 20,000 inhabitants earned their livelihood from collective farming, irrigating their crops with water drained from swampy areas. The main religious buildings are three stone temples on platforms, situated around two large avenues. Their walls are decorated in low relief with designs of felines and anthropomorphic deities, and are not stylistically unlike those of Chavín de Huantar. This culture's characteristic votive ceramic work is the *kero* (or cup), usually decorated with a painting of the jaguar-god.

The Quimbaya and Calima cultures, which developed around the Cauca River valley in central Colombia, produced ceramic statues representing human figures with flat profiles, usually sitting on stools, as well as a large variety of pots, plates and urns. The archaeological sites reveal large villages linked to complex land-drainage systems for farming purposes and numerous tombs, where metal artifacts were found. The Quimbaya culture was skilled in working with gold, used in the production of ornaments and small statues representing local government or religious leaders.

In the 500 years prior to the European conquest centralized militarist states emerged, both in Mesoamerica and Andean America. In Mesoamerica, this period was characterized by the existence of several rival city-states associated with the Toltec, Tepanec, Mixtec, Zapotec and Aztec cultures. Political organization between 1200 and 1438 was mostly decentralized, similar to the Mayan model. The administrative reforms implemented by the Aztecs in 1438, however, had the effect of subordinating the local elites to a centralized power, marking the rise of the first imperial state in the region, similar to the political structure common in the Andean region at the time. However, this did not last long. The Spanish conquest in 1519 brought about the collapse of the Aztec Empire.

Besides being religious centers, the capitals of these imperial states began to play an organizational role in a political system composed of multiple urban centers that exercised bureaucratic and military control over the conquered areas. In the Andes, there were periods of political unification under the Huari (AD 600–1200) and Inca (AD 1438–1532) empires, between periods of decentralization, when power was spread among the regional states of Chimu, Chancai and Cuzco.

The most important of the independent regional states was Chimu, which flourished between 1200 and 1438 along the north coast of Peru and in the south of Ecuador. The capital, Chan Chan, was the largest urban center of the period, occupying approximately 22 square kilometers, with an estimated population of 80,000 inhabitants scattered among outlying communities which were dependent on the city's trade networks, irrigation canals and the infrastructure associated with corn farming.

The Huari Empire was responsible for developing urbanization in the Andes, creating a model of planned, fortified administrative centers which replaced the cities centered on royalty and ritual, characteristic of the previous period. It was also responsible for constructing a road system in the Andes and expanding the production of surpluses through systematic investment in farming infrastructure and intricate irrigation systems.

The Inca Empire was the final stage in a state model implanted in the Andes by the Huari Empire, known only archaeologically. The prominence given to it in the history of the region is the result of the large number of records available from the 16th century.

•

Knowledge of the different societies that flourished in pre-Columbian America is based on the material vestiges of what they produced, consumed and discarded. The pottery they produced is of particular interest. Work with clay is practically free of the restrictions on form or decoration imposed by other types of material, such as rock. As such, its formal and decorative possibilities are practically infinite. An examination of the objects selected for this exhibition, however, reveals an interesting phenomenon: within the great formal and decorative diversity of the ceramics produced in pre-Columbian South America, there is a series of underlying common references which are manifested in different ways according to the historical context in which they were produced. Such references are based on two recurrent themes in the pre-Columbian art of the continent: iconographies of transformation and reproduction.

Transformation is symbolically represented by figures with different combinations of human and animal features. Typically, such representations depict figures with human bodies and animal heads. In some cases, the representation can be metonymic: animal features are indicated only by sharp feline teeth, modeled or painted on human faces. In other cases, such as the pottery of the Tapajós region, transformations can be seen in the artifacts known as "dual figures," where human figures assume the form of birds and vice-versa. In addition to the pottery, these iconographies are found in wooden and metal artifacts and textiles from both the highlands and lowlands. Such representations first became common in the Peruvian Andes in the first millennium AD in the Chavin culture, later appearing almost continuously in different contexts – even in Tapajós pottery dating from the arrival of the Europeans in the Amazon, in the 16th and 17th centuries.

Objects decorated with the iconography of reproduction depict individuals, gestures, organs and artifacts linked to pregnancy, sexual intercourse and the genitalia. Like those showing the iconography of transformation, they were widely produced throughout pre-Columbian South America. Some of the most typical examples are the painted funeral urns from the Marajó phase, representing pregnant women, or the stirrup-spout vessels of the Moche culture, with realistic representations of different scenes of sexual intercourse. In the Marajó pottery, many funeral urns are decorated with pregnant human female figures (the most appropriate term thus being *gynecomorphous* figures). Such a relationship indicates a cyclical understanding of existence, in which birth and death are united in the same category of objects through their content and decoration.

The wide geographical and chronological distribution of objects with the iconography of transformation can be attributed to a series of basic religious principles found throughout pre-Columbian America. This diffusion attests to the length, breadth and age of the networks that crisscrossed the continent. Such principles may have been intimately associated with the experiences and sensations induced by the consumption of hallucinogens or toxic substances extracted from plants such as *Banisteriopsis caapi* (ayahuasca, caapi vine or Daime), *Virola sp.* (ebene), *Anadenanthera peregrina* (yopo) and *Erythroxylon sp.* (coca). Archaeological evidence indicates that these plants are among the oldest domesticated species on the continent, consumed by different indigenous groups in the Andes and the Amazon.

Anthropologists and travelers have reported that in different contexts shamans consume one or more of these hallucinogens, and, during their hallucinations, narrate their passage through a process of transforming from human to animal forms, especially the jaguar and the king vulture. The objects showing the iconography of transformation are thus the material representation of these experiences. It would be limiting, however, to define the iconographies of transformation as only the manifestation of this experience. They may, in fact, represent the manifestation of a basic principle common to different peoples of South America, which anthropologist Eduardo Viveiros de Castro calls "Amerindian perspectivism." Such a principle would be related to a worldview marked by a kind of *multinaturalism*, characterized by an ontology radically different to the contemporary Western worldview. While the latter understands existence as different forms of culture as opposed to nature as a single entity, perspectivism inverts this relationship in its understanding of existence as different forms of nature as opposed to a basic form of existence, divided into humans and animals. As such, "animals are people or seen as people. Such a concept is almost always associated with the idea that the manifest form of each species is a covering ("a clothing") to hide an inner human form, normally only visible to the eyes of the species itself or certain trans-specific beings, such as the shamans."[3]

The objects selected for this exhibition depict humans and animals in different stages of the transformation process. They indicate that the principles of perspectivism do not only apply to contemporary indigenous societies in the Amazon, but also to the complex societies that flourished there in the precolonial past. The most interesting thing, however, is that these principles can be a useful tool in understanding the iconography produced by different pre-Columbian Andean societies. It is thus another element to help overcome the artificial division between the highlands and the lowlands that has, to some degree, been characteristic of South American archaeology since the Second World War.

The objects presented indicate a distinct notion of identity, whose essence lies in transformation, reproduction and change, rather than permanence. Such a notion is still alive in Latin America and is often cause for perplexity and disapproval on the part of those who are not accustomed to such. In these parts things go unfinished; works decay before they have time to grow old. Those seeking finished images in Latin America will come face to face with a broken mirror.

BIBLIOGRAPHY

BOOMERT, A. *Trinidad, Tobago and the Lower Orinoco Interaction. Sphere; An Archaeological/Ethnohistorical Study*. Alkmaar, Cairi Publications.

BRUHNS, K. *Ancient South America*. New York, Cambridge University Press, 1996.

BURGER, R. *Chavin and the Origins of Andean Civilization*. London, Thames and Hudson, 1992.

CASTRO, E.V. *A Inconstância da alma selvagem – e outros ensaios de antropologia*. São Paulo, Cosac & Naify, 2002.

DILLEHAY, T. *The Settlement of the Americas: a New Prehistory*. New York, Basic Books, 2000.

FAGAN, B. *Precursores de la arqueologia en America*. Mexico, Fondo de Cultura Económica, 1984.

FIEDEL, S. *Prehistoria de América*. Barcelona, Editorial Crítica, 1996.

LAVALLÉE, D. *The First South Americans: The Peopling of a Continent from the Earliest Evidence to High Culture*. Salt Lake City, The University of Utah Press, 2000.

McEWAN, C., BARRETO, C. & NEVES, E. G. *Unknown Amazon*. London, British Museum Press, 2001.

MURRA, J. *La organización económica del estado Inca*. Mexico, Siglo XXI, 1983.

PROUS, A. *Arqueologia brasileira*. Brasilia, Editora UnB, 1991.

RICHARDSON III, J. *People of the Andes*. Montreal, St. Remy Press/ Washington, Smithsonian Books, 1994.

ROSTWOROWSKI, M. *Historia del Tahuantinsuyu*. Lima, Instituto de Estudios Peruanos, 1988.

VON HAGEN, A. & MORRIS, C. *The Cities of the Ancient Andes*. London, Thames and Hudson, 1998.

WILLEY, G. & SABLOFF, J. *A History of American Archaeology*. New York, W. H. Freeman and Cia, 1993.

notes

1 The oldest datings are from the shell mound of Taperinha in the Brazilian state of Pará, believed to date from 5000 BC. In the Andes, the oldest pottery so far discovered (dating from 4000 BC) was found in San Jacinto in the north of Colombia, and on the Ecuadorian coast (3200 BC). The earliest evidence in Mesoamerica dates from 2400 BC.

2 These processes corresponded chronologically to the rise of the Olmeca culture in Mesoamerica.

3 VIVEIROS DE CASTRO, Eduardo. *A Inconstância da Alma Selvagem – e outros ensaios de antropologia*. São Paulo, Cosac & Naify, 2002, p. 351.

FOR PICTURES SEE PAGES 52–69

A Genic Photography

Ary Perez

Here we address Genetic Art, or any equivalent expression used to denote the fusion of genetic science with art making. Science must be verifiable; art must not. Despite both having always walked arm in arm, contemporarily they have split apart. Having nurtured one another historically, now they offset one another in their dispute over the supremacy of a single discourse.

Beginning in the 20th century, quantum mechanics introduced chance in the evolution of thought as a complement to the determinism of Newtonian mechanics. Chance ensures the development of species and human adaptation to the environment. It occurs in the fundamentals of science and art, creation and life. Art makes it into its path, transforming wrong into right as well as into logics of creation.

The ongoing biotech revolution has a new code that is no longer a string of ones and zeroes, but A's, T's, C's, and G's – for adenine, thymine, cytosine, and guanine, respectively – that make up a powerful communication base. This revolution is producing "a new world hierarchy, one that separates those nations and regions that are bioliterate from those that are bio-illiterate." (Rodrigo Martinez, Harvard Business School, 2003).

As a set, the individual genetic photographs of artists and cultural agents in attendance at the 4th Mercosur Biennial of Visual Arts map the ancestral lineage of South American artists. These photographs tell not only part of these artists' history, but also the history of Latin-American art as seen from the viewpoint of genetics.

This project also presents the complex systems we manipulate, which comprise a diversity of overlaid data and communication networks, and no longer has a single diffusion center, but thousands of them, linked in a rhizomic structure. Here we have taken a fragment of this structure, which includes two poles continuously exchanging genetic codes, and the interaction of exhibition visitors, who cross a bridge connecting these two poles.

The installation has three main physical components: a suspension bridge, a membrane, and a reaction framework.

The suspension bridge resembles the one I used to cross over São Vicente Bay, on the coast of the state of São Paulo, in my childhood days. It makes people soar over the codes; it provides passage, it allows for the transformation of perception, such as, for example, in the moment of conception in the Fallopian tube.

A great stretched membrane onto which the genetic codes of all participating artists have been stamped resembles a Fallopian tube in the female reproductive system of human beings. It is in the Fallopian tube, rather than the uterus, that egg fertilization takes place. The tube is a slender duct shaped like a venturi device with fast flow rates. Based on the theory of fluid mechanics and the mass conservation equation, here this device is used to speed up the perception of genetic codes, which are increasingly more complex, intense and virtual. Although invisible in our everyday lives, these codes become evident and effectively determine the dynamics of life, both in the human proteome and in art.

Like a double-coupling condom, the membrane is quite soft. The life codes printed on them produce a comprehensive profile (metabolome) of other membranes. To sustain this membrane, we have designed light and slender structures resembling those used in dirigibles and hot-air balloons – old-time creations that now reveal technological trends. Here I pay a tribute to German architect and researcher Frei Otto, a pioneer of tensile structures.

In this project we have strived to eliminate the border between art and science. We have left it up to the audience to assess and ponder what is one, the other, or both.

Genetic Archaeology

Sergio Danilo Pena

The current population of Latin American countries originated from a complex interbreeding process involving Amerindians, Europeans, and Africans. The relative proportions of the three ancestral descents vary from country to country. For example, the genetic assessments of DNA strands of white-skinned Brazilians reveal that the overwhelming majority of their paternal lineages are European, whereas 60% of maternal lineages are Amerindian or African. The maternal lineages are thus more heterogeneous and more informative in terms of our historical past, and for this reason have been selected to represent the genetic diversity of Latin American artists showing in the 4th Mercosur Biennial of Visual Arts.

The analysis of DNA in human cells has revealed copious sequence variations, known as polymorphisms, among normal individuals. There are different types of DNA polymorphism that may be designated according to their molecular nature and their position in the genome. Mitochondrial DNA (mtDNA) polymorphism boasts unique characteristics that make it particularly useful for genealogical reconstructions. To begin with, it is inherited exclusively from the maternal ovum; thence, it is maternally inherited. Each cell contains thousands of identical copies of mitochondrial DNA. Secondly, these DNA polymorphisms do not exchange genes with any other genomic segment, they do not recombine; they are transmitted to the following generations as strands of genes called haplotypes. These mitochondrial DNA strands remain unaltered in maternal ancestry patterns until a mutation occurs.

The mutations taking place during human evolution generate haplotype variations (polymorphisms) that serve as genetic markers. The mitochondrial DNA supplies data used to trace maternal ancestry back several generations. It should be noted that even though mitochondrial DNA haplotypes provide us with precious genealogical data, they constitute but a very small share of the overall genetic contribution of an individual's ancestors, which comprise four grandparents, eight great-grandparents, 16 great-great-grandparents, and so on. The analysis of mitochondrial DNA reveals data on a single ancestor, and no data on all the others, who had thousands of genes.

The circular and quite small human mitochondrial DNA is found in the cytoplasm of cells, in organelles called mitochondria that are the power generators of the cell. The mitochondrial DNA has two regions with different evolutionary properties. The largest region, which takes up more than 90% of the DNA is coding, and it is used for the synthesis of mitochondrial genes. The rate of mutation in this region is approximately five-fold that of nuclear DNA. The second region, known as the "control region" is noncoding and evolves five times faster than the rest of the molecule (hence, 25 times faster than nuclear DNA). In most analyses, both regions are studied through the sequencing of the control region and the search for sequence polymorphisms in specific loci within the coding region. Restriction enzymes search for polymorphisms as they cut the DNA into specific sequences – alterations in mitochondrial DNA sequencing may create or destroy a restriction site. Polymorphisms analyzed with restriction enzymes are known as RFLPs (restriction fragment length polymorphisms).

Allan Wilson, from the University of California at Berkeley, and his coworkers published the best data on evolutionary reconstruction through mitochondrial DNA in 1987. The research group studied RFLPs in the mitochondrial DNA of 147 individuals of diverse geographic origins and then mapped it on a branching phylogenetic tree of life, working back to a common stem: the mitochondrial DNA of a woman who lived in Africa some 200,000 years ago. Although Wilson's statistic model was later criticized and the estimated age reduced to 150,000 years, his hypothesis that *Homo sapiens* originated in Africa in relatively recent times has been fully corroborated by other genetic studies. What is more, in June 2003 it was ratified by the discovery in Ethiopia of three skulls dated at 160,000 years ago, presenting the morphology of modern humans.

As the human species migrated from Africa and progressively occupied various regions of Earth, successive mutations occurred in mitochondrial DNA. Thus, those mutations that occurred in a certain geographic region became genetic markers of the matrilineal genealogy of that specific region. Despite being characterized individually by a different haplotype, matrilineal parties share common features and geographic distributions, and for this reason can be brought together into haplogroups. Thus, the mtDNA lineages in the entire world are grouped into three major sets known as super-haplogroups L1, L2 and L3. The former two are specifically African, whereas the latter occurs in all continents and encompasses haplogroups typically formed in African, European, Asian and Amerindian populations.

For pictures see pages 73-75

Transversal

The Delirium of Chimborazo

Alfons Hug
Curator

"I came enveloped in a mantle of iris from the place where the brimming Orinoco pays tribute to the god of the waters. I had visited the enchanted sources of the Amazon and resolved to climb to the watchtower of the universe. I sought the tracks of La Condamine and Humboldt; I followed them boldly, nothing held me back; I reached the glacial region; the ether suffocated my breathing. No human plant had stood atop the diamond crown that the hands of eternity had placed over the sublime temples of the denominator of the Andes. I told myself: this mantle of iris that has served me as an ensign has, in my hands, traversed infernal regions, plowed the rivers and oceans and climbed onto the shoulders of the Andes; the Earth has flattened itself at the feet of Colombia and time has been unable to halt the advance of freedom. Bellona has been humbled by the splendor of the iris. Could I not climb atop the white hair of the giant of the earth? I could, indeed; and swept up in the violence of a seemingly divine spirit unknown to me, I left behind the tracks of Humboldt and the eternal crystals surrounding Chimborazo. It arrived as if driven by the genius that emboldened me, and I swooned upon touching the crown of the firmament with my head; at my feet lay the threshold of the abyss."

—Simón Bolívar, *Mi delirio sobre el Chimborazo*, 1823

The title of the exhibition, *The Delirium of Chimborazo*, refers to the poem entitled "Mi delirio sobre el Chimborazo" [My Delirium on Chimborazo] by the heroic Venezuelan liberator, Simón Bolívar, who, at the beginning of the nineteenth century, climbed the 6,300-meter-high volcano in Ecuador, where he fell ill with *soroche*, or "altitude sickness", which sent him to the edge of delirium. Bolívar's poem is not just about an intense experience with nature, but also the highs and lows of the human spirit. In this sense, the poem serves as a point of departure for an exhibition that traces the human condition. The historical component of the text adds an additional dimension to the theme of the Biennial — "Contemporary Archaeology" — and occasions a contemporary exploration of old ideas.

Art is a time machine, equally at home in both the immemorial past and the present, and one of its paradoxes is that the ancient and the new unexpectedly discover a great proximity. If modernity is constantly at odds with certain forms of classicism, even rejecting them for reasons of coherence, it welcomes ancient, primitive and even pre-Columbian art with open arms, allowing itself to be seduced by the wealth of forms and humanist content.

Compared to Bolívar, who gives free rein to his poetic sensibility in this poem and meditates on timeless principles of life and death, the current *realpolitik* promoted on a global scale, worn thin in the constant struggle to overcome crises, seems quite banal. On the other hand, the Liberator's stanzas, which appear to have been sculpted in eternal ice, allow aesthetic positions to be clarified through art. How closely can art approach the everyday, how far can it distance itself from today's burning problems? Where does history obstruct the path and where can it serve as a plumb line?

In his famous *Carta de Jamaica* [Letter from Jamaica], the Liberator — who freed half of South America and is considered the greatest Latin American politician of all time — proposed a union of American nations or, more specifically, the nations of South America. Bolívar's legacy has still not been fully realized. Brazil and the Hispanic world still live with their backs turned to one another. Mount Chimborazo is as strange to the inhabitants of the Atlantic coast as Sugarloaf Mountain is to the Andean peoples.

If there is now a true chance to unite the continent, a modern *Carta de Jamaica*, it finds its best expression in cultural events and, above all, in biennial art exhibitions, which deliver a message not only about political unity, but also emancipation through aesthetics. The Mercosur Biennial of Visual Arts — one of the most recent, although not the least important of the world's 50 biennials — is a crucial paragraph in this new *Carta*. Initially conceived of as a unifying pole for the Southern Cone, it is increasingly compelled to reflect on the destiny of the entire continent and its connections with the rest of the world. As such, it frees the creative energies of America and other continents.

The emphasis of the 4th Mercosur Biennial of Visual Arts is still on the southern part of South America, but it has allowed itself, for the first time, a small digression on the continent as a whole and even on Europe. *The Delirium of Chimborazo* presents 12 artistic positions: from Brazil, Venezuela, Colombia, Cuba, Peru, USA and Germany. The latter is not included merely because German immigrants played a fundamental role in settling the state of Rio Grande do Sul and continue contributing to its culture to this very day, but also because Bolívar's theory of liberation is in no way dissimilar to the suggestions of the great humanist Alexander von Humboldt. A contemporary reading of Bolívar's work should consider the artistic positions available within the incisive and profound social and cultural transformations that the countries of America have undergone in contemporary times.

We shall not neglect to question whether Bolívar's ideals should be buried once and for all in a neoliberal American continent, or whether the social upheavals that arise from time to time — most recently in Argentina, previously in Chiapas, and now, above all, in Caracas, Bolívar's hometown — are an indication that new paths should be taken. Naturally, one does not expect that artists provide recipes for everyday politics, nor a "political design". Quite to the contrary, they shall reinterpret or perhaps even continue Bolívar's utopian project using their own aesthetic resources and in an entirely subjective manner. They will allow themselves to be guided in this effort by the internal inquietude that gripped the Venezuelan dreamer and transformer of the world, who carried his great mission throughout his entire life like a priest, and experienced, from his triumphant entry in Caracas to his ignominious end in Colombia, all of the fortunes and misfortunes of the life of a revolutionary. Failure can be fatal to politicians and scientists, but artists find renewed hope in this painful experience.

Strange, virgin land

"Simultaneously, at the beginning of the Tertiary period, there occurred that prodigious event, the elevation of the Andes; new lands now made their appearance in the waters, and the Amazonian canal became transformed into the greatest of rivers; the scattered archipelagoes formed in clusters, joined by isthmuses; the major contours of the coast were rounded out; and America slowly became a whole."[1]

In the beginning there was the Word and nothing but pure nature. In the past, America was an empty continent. All Americans, even the aboriginals, arrived as foreigners. In the Western Hemisphere, Octavio Paz's phrase has always held true: "We Latin Americans are condemned to seek foreign countries in our own country, and our own in foreign countries."

When, over one hundred thousand years ago, *Homo sapiens* began to colonize the world from their origins in East Africa, the American continent was to remain slumbering like Sleeping Beauty for a long time to come, isolated from the rest of the world by unfavorable ocean currents and insurmountable mountain ranges.

Like a glacial fortress several kilometers high, Cordova Peak invades the wintry blue sky of Alaska, the last barrier for the intrepid immigrants from Northern Asia who, 15,000 years ago, dared to cross the Bering Strait, which separates Siberia from America. In the video *Summit* by Ari Marcopoulos, the mountain appears as a miracle of nature: on the one hand, a physical obstacle to great feats of humanity; on the other, the emblem of an undestroyed and eternally peaceful environment. The southern side extends like a sheet of immaculate white under the scintillating sunlight. At the peak, a snowboarder prepares for a risky descent: the size of the tip of a needle, he inscribes his sweeping curves like drawings on a white, monochrome canvas, at first hesitant, then increasingly bold. This is a fine parable for the first innocent appearance of humankind and the discovery of America, not by Columbus, but the original discovery by the indigenous population.

The skier intentionally provokes an avalanche that chases his heels in his delirious descent. Two deaths await the fearless sportsman: the torrential avalanche at his back and the threatening abyss in front of him. Adventure and risk seem to be constant companions to those who dare venture to America. Or could Marcopoulos's improbable cinematic mountain be a metaphor for an ungovernable America, in which, according to Bolívar, he who serves a revolution is "plowing the sea"?

An exhibition named after the highest mountain on the equator must include a photograph of Mount Chimborazo. Frank Thiel follows in the footsteps of Frederic Edwin Church, the North American landscape painter who painted Mount Chimborazo in 1864, although in a manner that was not entirely topographically accurate. Rather, Church compressed in a single painting all of the environments of Ecuador: the high plateaus, the tropical forest and the mountains. Thiel positions himself a few kilometers away from the throne of South America and reveals the splendor and magnificence of the mountain, which, in his depiction, appears like a divine platform from which one may contemplate the entire planet. The mountain is thus a symbol of invincibility and home to the sublime.

Bolívar's landscape poem and Thiel's photography forcefully remit to the question of beauty in nature and in art. In the eighteenth and beginning of the nineteenth, nature and natural beauty were fundamental concepts of aesthetics. Kant placed natural beauty above artistic beauty, since he considered one's delight in the former as evidence of moral character.

Contemporary German photography, especially that of the so-called Düsseldorf School centered around Andreas Gursky, Thomas Ruff, Thomas Struth and Axel Hütte, as well as that of Frank Thiel, falls within the Romantic tradition (as exemplified by the work of Caspar David Friedrich), insomuch as it makes landscape — which in the rest of contemporary art receives a more severe treatment — a dominant theme. These photographers have recognized that, even today, art and nature still share common ground, this being the premonition of liberty. Each image of natural beauty contains something that goes beyond the "administered world" (Adorno). In a certain manner, art even anticipates nature, while fulfilling its promises.

Michael Wesely comes down from the heights of the Andes to the hot, humid lowlands of the Orinoco, which take on an almost abstract character in his photographs due to his long exposures. The contours of the river are hazy, transitions between forest and river's edge are confused with river and sky. While in Marcopoulos's video the tone is set by pure, celestial white, in Wesely's work the colors of the earth are predominant: the green of lichens in the vegetation, the grayish-brown of the soil and the pale-blue of the water. Wesely also shows America before its occupation — primeval landscapes, without a single trace of human intervention. The jungle does not yet bear the scars of mines or the illegal landing strips of drug traffickers, who send half the planet into delirium with their smuggled merchandise.

The high degree of abstraction of the photographs, reminiscent of the paintings of Gerhard Richter, also produces a certain estrangement from this world. As if in a dream, the landscapes, of immemorial antiquity, parade before our eyes swathed in veils. The indistinct, diffuse lighting gives rise to fields of colors in smooth transitions, conveying a sentimental quality. At the same time, Wesely's nature photography appears to stop time, one's breathing slows and a subtle tiredness makes itself felt. The primeval world is still deeply engrained in our subconscious. And time, which appears in Bolívar's poem as an old man, survives even death.

Yuvi = Time

The missing link between archaeology and modern art is given to us in Rachel Berwick's installation, *may·por·é*. The artist sought inspiration in a diary entry by Alexander von Humboldt, who had acquired a parrot from the Carib Indians in his travels through Venezuela. The Indians had attacked a neighboring tribe and taken the bird as a spoil of war. Humboldt realized that the bird did not speak the language of the tribe he was visiting, but that of the exterminated ethnic group, called the Maypure. The bird was, in fact, the only surviving speaker of the language of the Maypure. The scientist wrote down a few words of the vanished language in phonetic transcription, which Berwick reconstructed with the help of linguists and ornithologists, and taught to two young *Amazona aestiva* parrots in Rio de Janeiro. One cannot help but be reminded of *Macunaíma* by Mário de Andrade, in which a parrot also utters the words of the "hero without a character".

The birds were isolated from all other languages, including Portuguese, and only learned Maypure words: *yuvi* = time; *sonirri* = good, beautiful; *vasuri* = devil; *nunaunari* = friend. What is curious about this bizarre training is not just that the Maypure is a dead language, but that it is birds that are learning and preserving it. Humans appear to have abandoned the thousand and one languages of America some time ago.

Rachel Berwick's parrots are displayed in their cage as a projection of shadows against a tropical backdrop, a melancholic evocation of an irredeemable loss, of decimated tribes and extinct languages. But could it be that the duty of art consists precisely in preserving lost traces and retrieving them for the present?

The place where indigenous culture has survived in its purest form, in the high plains of Peru, is where Peruvian photographer Martín Chambi (1891–1973) lived and worked. This legend of photography left a legacy of 30,000 negatives. Most of them are preserved on large-format glass plates. His studio on Calle Marqués was a meeting place for all of Cuzco's social echelons, from beggar to mayor, while his iconographic treatment of his models allowed no hierarchy to intervene. The photographer enjoyed developing close personal relationships with his models, as was also the case with studio photographers Seidou Keita and Mama Casset in West Africa. Here the medium of photography loses its characteristic distance and creates a kind of complicity between artist and object. No aspect of life in the small town escaped the master: he captured first communions, village festivals, bullfights, military parades and the arrival of the first automobile in the region. The social drama of this Andean region is lighter than the weight of history, which Chambi approaches from the point of view of a sworn indigenist.

In addition to the anthropological content of his work, the way in which Chambi worked with light and composed his images is also fascinating. Groups of people are often represented in the landscape arranged in diagonal lines whose vanishing points fade into a backdrop of majestic mountains. It may be that there are other places beyond these mountains, but who wants to see them after Chambi? We certainly will not find in them his warmth, as the Western Hemisphere has, in essence, always been the heart of the world, the photographer appears to be musing to himself.

The terraces and walls of the lost village Wiñay Wayna are so well presented by Chambi that they appear to have awakened from their ancient sleep and come to life. Chambi returns to the continent its cultural backbone, seriously damaged throughout centuries of conquests and civil wars. Not only the mountainous landscape is sublime, but also the demeanor of its inhabitants, their religion and dignity. Here one sees the germ of a new America, beyond the uncontrollable urban Molochs and teleguided economic models. It is in the humility of the poor organist at the Capella de Tinta and the pride of the railway workers of Santa Ana. And, in Chambi's photography, desperate guerrillas become performers in a dance of masks.

But our admiration of Chambi's well-ordered world is mixed with a growing sense of alarm in light of the definitive nature of his scenes and landscapes. The older a photograph, the stronger our impression of unrepeatability and loss, and the more transfigured our representation of a past that no one can ever reconstruct. Suddenly, our own past mixes with Chambi's tableaux. Confronted with his elegance and the vulgarity of our era, one is gripped by a feeling of shame. Since Chambi, no one has presented such a solemn vision of Nevado Ausangate or the mountain citadel of Machu Picchu, today laid waste by groups of tourists.

One almost has the impression that Chambi's path broke away forever from that of contemporary artists. They feel obliged to use the tumultuous political convulsions and ungovernable metropolises of modern times as a yardstick, whereas Chambi still managed to establish harmony. Pastoral idyll has given way to reinforced concrete. Before they can arrive at the essential, contemporary artists need to remove the debris of cheap reproductions.

But the most serious fact is the irreparable loss of Chambi's colors. It cannot be said that they are merely black-and-white photographs. Their hues of gray evoke an entire spectrum of colors, sometimes heading toward dark brown, sometimes toward beige and sepia. Chambi's colors do not suggest chemicals, but wet earth and old wood or, where they have a greenish hue, the dregs of tea leaves.

Chambi repeatedly suggests the transitory nature of his world, not only in his famous funeral scenes, but also in his photographs of the wedding of Don Julio Gadea, where the guests are swathed in a phantasmagoric black, looking more like a funeral procession; or the photograph of the bride on the stairs of the Mansión de los Montes, followed by the witchlike stare of an old woman dressed in black.

This foreshadows the macabre scene that Colombian artist María Fernanda Cardoso transforms into a true Calvary in her installation of animal bones. In the house in which Simón Bolívar was born in Caracas, cow bones connect the clay bricks of the floor. Cardoso has deprived them of their architectural and decorative function, and, using hundreds of scraped cow tibias, has created a sculpture that speaks of the massacres of contemporary metropolises.

Only Chambi's Giant of Paruro remains — dressed in rags, but a person, large as a monument, strong as the god Atlas: a survivor from another era, symbol of the self-affirmation and dignity of an entire culture.

Brazil may not have played a role in Bolívar's strategic reflections, but it is clear that the country can make its own contribution to the theme *Delirium of Chimborazo* — an important contribution with decidedly tropical colors. In their video installation *Deus é boca* [God Is Mouth], Maurício Dias and Walter Riedweg present a slice of Brazilian culture that ranges from court hearings to evangelic services, from politicians on the election trail to Umbanda rites. A toothless transvestite in Copacabana reads passages of the Federal Constitution, while, on a side screen, an alderwoman attends a funk dance. All of the syncretistic forms of religion are mobilized. In a suggestive visual language, the teeming life of the largest tropical country in the world bursts forth in an explosive mixture of sex, religion, mysticism and power, while actors play bingo in a glass box. The artists offer 44 different definitions of "God", among which figure *God is nothing*, *God is hate* and *God is art*.

But Dias and Riedweg's kaleidoscope goes much further than religion. It is a "carnivalization of life" (Roberto da Matta), a permeation of all of existence by carnivalesque values, which have far-reaching political and cultural consequences.

In this symbiosis between religion and carnival, the artists also evoke the total work of art (*gesamtkunstwerk*) of the colonial Baroque, which blended the Eucharist with the folk festival to form a new cultural synthesis. If, on the one hand, the Baroque was a pillar of faith and ethical standards, on the other, it also nourished utopian aspirations, anticipating paradise in a fusion of spirituality and sensuality. In a certain manner, *Deus é boca* is a modern reconstruction of the *Triunfo Eucarístico* [Eucharistic Triumph], the monumental Baroque multimedia spectacle held in 1733 during the consecration of the church Nossa Senhora do Pilar in the Brazilian town of Ouro Preto, and repeated half a century later in Cuzco, Peru.

In *Tao Sertão* [The Tao of the Backlands], consisting of both musical and visual elements, the Rio de Janeiro-based composer from Curitiba Tato

Taborda antithetically juxtaposes delirium and order. The piece is performed by Taborda with the help of a sculptural arrangement of percussion called *Geralda* and taps into the free flow of ideas in the best Latin American style, using surprise, the unpredictable and even magic. In a parallel video projection the author shows the austere world of the Japanese martial art aikido, and the strict discipline of a Brazilian farm worker, who has made the use of an axe into an art. Two practically incompatible worlds are contrasted: the improvisation of music and the highly controlled gestures of the Samurai, in which the sword has become the symbol of an entire civilization.

In the hands of farm worker Manoel Fremano the axe is a totally dominated tool, whose proper handling requires the level of skill comparable to that needed in the use of the weapon. In both cases the key to success is in constant exercise and repetition, in which the master's instructions must be followed to the letter. The order is based on the most banal things, while the beauty arises through the efficient use of available resources. The Asian warrior and the Brazilian farm worker seek perfect rhythm in the smallest possible outlay of strength, finally reaching a total state of freedom in their absolute command of their instruments.

Artur Barrio's installations are classically anti-economy. Far from the glitter of the modern world of merchandise, Barrio, an analyst of scarcity and economic calamity, retrieves the simplest everyday objects and gives them an artistic aura: discarded pieces of metal, a rusty bicycle, a bread roll, coffee grounds spilled carelessly on the floor and railway tracks leading nowhere — things without price tags, without any exchange value.

Barrio's spaces are dark, as if someone had removed the lighting in a hurry and left just a few straggling cables. He strips the tropics of their luster and leaves them the sadness that Lévi-Strauss identified as their most important distinctive feature. His dungeons are reminiscent of extinguished pyres or the famous cave of the *guácharos* or oilbirds, described by Alexander von Humboldt, where these crowlike birds spend their entire lives. Visitors become primeval speleologists, straining to see whether, at the end of the tomb, there isn't perhaps a little light.

Driven by extreme necessity, the artist has made a few sketches and shapes on the wall that give the impression that this will be his last lesson.

Barrio's art is not just anti-economy, it is also anti-design. Design and its closest ally, architecture, are founded on the belief that something can, someday, be fully realized and perfected. Art, on the other hand, is based on the assumption that nothing is ever fully realized. Design has an affirmative attitude toward society, while art is subversive. Design affirms, art questions. Restless, design flaunts its aspiration to be in fashion, while art is satisfied with itself. Design is intended to sell, art represents the unsellable, pleasure and displeasure, shadow and ecstasy.

Los Carpinteros, a group of Cuban artists, furnish the chronic delirium of America: pieces of furniture in the shape of hand grenades the size of an adult human being, cities of canvas tents that change location in a matter of hours, lookout towers waiting for an imaginary enemy, like the windmills of Don Quixote. A continent perpetually fleeing itself, armed with utensils that might have come from a collection of curious, bizarre objects.

For Porto Alegre, Los Carpinteros built a mobile settlement, a Legoland of wooden skyscrapers that can also double as wardrobes. The drawers look like the legendary Pandora's box, home to all forms of evil. Once open, the evil leaps out and spreads throughout the world, leaving only hope in the box.

The true queens

As delirious as Chimborazo is large, the spectacle of the election of Miss Venezuela is probably the largest event on the country's cultural calendar and the most frivolous on the continent after carnival in Rio. Luis Molina Pantín takes an indirect approach to this complex phenomenon. He does not show the misses themselves, but the home of producer Osmel Sousa, who, in his Fifth Miss Venezuela, prepares the candidates for an occupation that enjoys the highest authority. If this weren't the case, why would the dignitaries of the last few years have been rechristened with the title Miss Bolivariana de Venezuela?

Contrary to other Latin American countries, especially those in the Andes and Central America, with their thousand-year-old monuments that bear witness to remarkable indigenous cultures and hold an immense wealth of icons, Venezuela is poor in old icons. Thus, the country created new symbols in the twentieth century, of which Miss Venezuela is the most powerful and suggestive. Founder of an entire iconography, she represents aesthetic supremacy in society and has become politically virulent. While one might suppose that in other parts of the world power resides in politics and economy, Venezuelans know that true power resides in images. Those who control the iconography of a culture, which the pageant does with exemplary skill, determine the cultural superstructure and thus the tone of social discourse.

To defeat man not with weapons, but have him down on his knees before flawless beauty — this is the objective. Osmel Sousa has spent his life in service of these beauty queens. The apartment depicted by Molina Pantín is but a continuation of this dream, as if the train of Miss Venezuela's wedding gown extended all the way to his plush velvet and silk-lined bedroom, decorated in the colors of her coiffures. The spectacle, often bordering on kitsch, becomes a total work of art, a *gesamtkunstwerk* that lashes out in a final frenzy of desperation at the everyday dementia of the interminable political upheavals in today's Caracas. With its flowery patterns, Osmel's wallpaper is a last refuge from escalating violence and abject poverty.

Osmel's only allies in this struggle are his vestal virgins, who tend the flame of Venezuelan culture. But could these untouchable creatures also be responsible for the massacres perpetrated by their male counterparts of the same generation among one another?

A visit to Caracas's central morgue — where every morning the murder victims of the previous night are assembled and their cause of death carefully recorded — suggests an intrinsic connection between the deaths of the young men and the punitive beauty of the Amazonian castes.

In *The Flowers of Evil*, more specifically in his famous "Hymn to Beauty", Baudelaire describes the destruction inherent in beauty and measures the yawning abyss before it.

Could Simón Bolívar have forgotten, in his famous address to the Congress of Angostura, that deep in the cultural fabric of his continent lie powers that cannot be understood through political analysis, but, at best, only through the resources of art? Obviously, moreover, only through the resources of an art that abandons many dogmas of modernity and is not afraid of beauty or sex. Luis Molina Pantín invites us to abandon the beaten paths of sociology and the politically correct for a few minutes in order to enter this hazardous terrain, whose details we imagine in our most intimate desires.

The work of Venezuelan Arturo Herrera completes the exploration of our hero. His paintings reflect, in a highly abstract manner, both the dangers faced by Bolívar and the highly complex and indirect approaches the artists have taken to the exhibition's protagonist. Herrera's large mural dismembers the figures and dreams of delirium in an intricate network of geometric and organic forms. Each ascending line records some of the lofty flights of our protagonists – and behind every descending line hides an abyss.

The straight lines, angles and arcs form a dense network of slipknots that cannot decide if it should cling to the wall or abandon it. Imperceptibly, some figures end up separated from the physical space of the exhibition pavilion, clustering together in the labyrinth in which Simón Bolívar lost himself at the end of his life: "Then he crossed his arms over his chest and began to listen to the radiant voices of the slaves singing the six o'clock Salve in the mills, and through the window he saw the diamond of Venus in the sky that was dying forever, the eternal snows, the new vine whose yellow bellflowers he would not see bloom on the following Saturday in the house closed in mourning, the final brilliance of life that would never, through all eternity, be repeated again."[2]

notes

1 Euclides da Cunha, *Rebellion in the Backlands* [p. 16]. Trans. Samuel Putnam. Chicago: University of Chicago Press, 1944.

2 Gabriel García Márquez, *The General in His Labyrinth* [p. 274]. Trans. Edith Grossman. New York: Alfred A. Knopf, 1990.

For pictures see pages 82–107

OROZCO

A Book of Poems

José Clemente Orozco
1883 – 1949

*Agustín Arteaga**
Curator

As an introduction

A little more than fifty years after his death, José Clemente Orozco still draws the attention, admiration, and fascination of both the cognoscenti and the dilettanti, in the same way that he mystifies, surprises, or causes sublime anxiety to those who come across him for the first time. José Clemente Orozco created an awkward aesthetics, full of cryptic, philosophical, and mystical references, signed by a piercing facture and an overwhelming imagery that relates to Western European zeitgeist rather than to his local scenery; a mural painter and a painter on paper, printmaker, caricaturist, a writer of his memoirs – full of critical considerations – José Clemente Orozco was, and still is, the most universal master of the first generation of the Mexican School.

Inclined to bring out primarily the social contrasts of a people devastated by civil war, Orozco sees himself in his mature stages as an antihero of culture that moves freely from light to shadow and vice versa, opening doors that lead to opposing values: the underworld and superior strata, the rational man and his animal self. His work examines and reveals passions and weaknesses, including his own... "Orozco's gaze, like that of any satiric writer," Renato González tells us, "is that of a puritan."

Orozco's history is full of physical, geographical, emotional, and philosophical journeys; it is history that comes to life in a body of work full of questions and challenges: it is solitary and introspective work, but before anything else, he states, it is "a poem and nothing else," and as such it establishes a link between its public essence and the private reading of the spectator.

"A painting is a poem and nothing else. A poem made of relationships between forms, as other kinds of poems are made of relationships between words, sounds, or ideas. Sculpture and architecture are also relationships between forms. These word forms include color, tone, proportion, line, etc."[1]

Inspired by these words by José Clemente Orozco we have conceived this anthological exhibition that aspires to acknowledge the extraordinary dimension that places him among one of the most outstanding painters of the 20th-century art. So much has been written on this artist and so brilliantly that it is difficult, if not impossible, to achieve a good synthesis in few words, or to contribute new observations.[2] Even so, and trying to comply with the appointed task, the visitor will find a concise reflection on the aesthetic and human preoccupations of the painter through his best historians and critics, and by reading the author on his work, from commentaries on his works grouped under the subjects he dealt recurrently with: power, love, desolation, war, pain, and mysticism, without necessarily following a chronological sequence, but trying to illustrate his emotions and ways of thinking.

Known worldwide through his muralist production as one of the members of the Renaissance Mexican trilogy along with Diego Rivera and David Alfaro Siqueiros, the painter born in Zapotlán (currently Ciudad Guzmán), Jalisco, in 1883, moved away from them diametrically through an output that delved into emotional as well as theosophical fields, beyond militant political postures that they all shared at a given moment in their universal search for dignity and the rights of man.

To achieve this we must come closer to the human being, as described in 1913 by José Juan Tablada (1871–1945), the famous Mexican writer, after their first meeting as "tall, in mourning, bent shoulders, clumsy."[3] When this interview took place, Orozco was thirty years old,and at least 12 of those years, starting from 1890, he had devoted to art studies at the Academia de San Carlos in Mexico City, according to the exhaustive analysis Fausto Ramírez[4] conducted of the data on professors and events given by Orozco himself in his autobiography. I stress this fact because the Academy will be an essential reference throughout his life; it seems strange to say this of such a violent expressionist, if one thinks of his first published caricatures in the periodical *El hijo del Ahuizote* and in *La Vanguardia*. His first published illustration titled *El chirrión por el palito. Cuento mudo* [The Whip by the Handle. Silent Story][5] dates from 1906. It was not until 1910 that he published regularly in two weeklies: *Frivolidades* and *Lo de menos*, collaborating later with *Ojo pardo*, *México*, *La Vanguardia*, *Acción Mundial*, *El Heraldo*, *El Machete*, and *L'ABC* in which his last caricatures were published on January 17, 1926.

Carlos Monsivais, distinguished chronicler of Mexican culture, said of Orozco, the young caricaturist, "Orozco's drawings in these publications are frequently magnificent and frequently politically deplorable. No artistic excellence may redeem his anger against Madero, the democratic hatred (...) Orozco, not only 'rents' his talent: in a way he believes that as patterns of conduct have given way everything is allowed and nobody is right or nobody should be right." And he goes on to say: "Everything in Orozco (...) is the fruit of conviction that combines radical passions and a fiery belief in one and the same personality, disenchantments and whims, visionary intuitions and momentary fits of anger... the fury of these drawings of the 1910s is probably not only on behalf of the mercenary interest of his employers (and here I rely on coherence within a life of contradictions) but also due to someone

* Researcher/Centro Nacional de Información, Investigación, Documentación de Artes Plasticas (CENIDIAP)

who is inaugurating his political free will, overpowered by abstract idealism and by his annoyance with the failures of power. (...) He who says the revolution is a 'carnival' will describe it as a painful feat of a people in the shadows that are clearing up; he who despises the glebe will recover the muddle of habits and attitudes that define and vindicate beauty. In spite of himself (...) Orozco will go from right-wing disgust to civic will, from the idea of revolution as orgy and farce, to the idea of revolution as painful epic, from the ornamental use of armed movement to the critical and symbolic service to history (...)."[6]

In a few lines, Carlos Monsivais is able to synthesize a portrait of Orozco's volatile and explosive character; the evolution of he who, according to himself, moves away from history[7] and who in fact faces this history he has denied through his own work, taking a solid stance and discussing it. Orozco says, "Painting is a poem and nothing else. A poem made of relationships between forms (...) These word *forms* include color, tone, proportion, line." Let the artist himself speak in his own words.

The house of tears

The subject of women and the "feminine mystique" are the basis of one of the most important poems in the work of Orozco: the series is called *La casa de las lagrimas* [The House of Tears] or *La casa del llanto* [The Weeping House] – referring to life in a brothel – and is composed of more than eighty drawings, twenty-six of which were shown in his first conventional exhibition in May 1916. In this series, the artist acknowledges the decadence of women, subjected to moral and physical abuse in a world ruled by male chauvinism and violence. José Juan Tablada tells about his visit to the studio on Illescas Street where "women were the constant subject; a thousand bodies dressed up and on each of them I could see masks of passion (...) among their multiple variations only two types of women were discernable. The school girl, the adolescent becoming a woman, stressing the characteristics of her sex with affectionate caresses and prudishness and flirtatious gestures and hairstyle, and the 'prostitute,' on whose face the white lead and bloody vermilion, of eyes burning like hot coal in the dark rings around them, of ostentatious hairdos and showy clothes represented all the plasticity and the passionate psychology and sadness that women may feel." [8]

La carta [The Letter], *En acecho* [Lying in Wait], and *Desolación* [Desolation] are the works we show of this series. In all of them the skill of the draughtsman, who reveals the lost innocence and the pain without moral declarations, is apparent, laying bare the melodrama to give way to the raw nature of reality. In the words of Tablada, the feminine types go from infringed innocence to the desolation of sullied flesh.

Two other watercolors are included that are not usually considered part of this series, *La boda del general* [The General's Wedding] and *El regreso* [Coming Back], which are also about women who, as in real life, are elements – objects – in the composition; their presence stands out due to the aseptic representation of implicit tragedy.

Revolution, pain and desolation

Orozco stated that the revolution was "the funniest of carnivals"; there is an obvious intention in his words to deny the impact suffered by a people trying to redefine themselves as a nation during more than a decade of tragedy, misery, and sufferings. After his 1916 exhibition, Orozco emigrated to the United States, going first to the city of San Francisco, which did not satisfy his expectations, so he moved to New York in 1918, where he met with David Alfaro Siqueiros, who was on his way to Europe. It was a moment of transformations, of intellectual and political maturity; on one side the Bolshevik Revolution had succeeded in Russia, and the Mexican one came to a term with the signature of the new Constitution, both in 1917; the First World War redefined global geography and the establishment of the United States as the new power and "artists," in the words of Raquel Tibol, "came up with new proposals: the first *Dada Manifesto*; Ozenfant's and Jeanneret's *Purism Manifesto*; the first *De Stijl Manifesto*; the Bauhaus is founded in Germany; Naum Gabo and Antoine Pevsner make the *Realistic Manifesto* known in Russia; Rodchenko and V. Stepanova publish the *Productivity Manifesto*. Art changes places. Artists no longer wanted to make decorative objects for the bourgeoisie. Mexican artists became involved in this profound convulsion with their own proposals."[9]

José Clemente Orozco is no exception and very rapidly he worked out a sound new and mature language that stands out in the art and art-critic media. The works that belong to this group acknowledge this change and register the emotional experience lived by the artist in the convulsed period of Mexican history, bringing out a testimonial quality that does not deny the poetics of the author and his recurrent denunciation of barbarism.

As in the case of the women series, Orozco testifies the facts and reproduces them with a distressing distance, allowing the spectator to reach his or her own conclusion in the reading of the work. In these compositions he stresses a palette of browns, yellows, whites, and deep blues; volumes are heightened by light and contrasted by shadows: the scenes take place in great desolation and one can guess the motif of the tragedy and desolation, depriving the composition of anecdotal value as is the case in *La casa blanca* [The White House] and *El niño muerto* [The Dead Child], or in the lithographs *El requiem* [Requiem], *Aflicción* [Affliction], and *Fin de fiesta* [The End of the Party], or in *El pleito* [The Fight]. In an attitude strongly enforced in our time, the intention of the artist focuses on outlining ambiguity.

As it is obvious, pain is the main subject matter, the result of devastation, of the annihilation of man by man; there is no party, there are neither vanquished nor victorious, there is only the tragedy made visible in works of such strength that it is impossible not to acknowledge in Orozco the genius of the century he lived in. *El ahorcado* [The Hanged Man], *La explosión* [The Explosion], or *Fosa común* [The Common Grave] go beyond a personal testimonial sense to become universal elegies, so much so that in the lithograph *La retaguardia* [The Rear Guard], Orozco continues to speak of the living revolution, of displacement without beginning and without end; a decade later, with the perspective given by distance from history – in the works here, *Zapatistas*, *Protesta* [Protest], and *Masas* [Crowds] – he would take a stance to discuss the political and social event, its actors, and consequences.

Though beginning in 1927 Orozco settled in the U.S. for seven years, after showing several works on the revolution, he still seemed to be emotionally involved with his previous experiences in Mexico. The great depression, the miseries and uncertainties they entailed are illustrated, according to Renato González, in excessively expressionist works. "The buildings in those paintings are organic: their shapes do not answer to the draughtsman square and they twist and turn; we see their entrails; their structure is painfully torn apart."[10] González refers to *Los muertos* [The Dead], one of the highlights in the production of the artist; it is equally necessary to see the contrasts in the representation when he works with the human figure. In *Invierno* [Winter], all the characters move in opposite directions, avoiding bumping into or crossing each other; their heavy bulks are architectonic, solid, and without rifts. The cold does not answer to the season but to the devastating economic crisis and to the chaotic winds that already announce the establishment of totalitarian governments and the coming war.

The body

One of the constant preoccupations in Orozco's production is, no doubt, the concrete interpretation of the spiritual and physical fragility of the human condition, whether through drawings, paintings, or murals. Even if anatomy is the basis of the academic studies so dear to the painter, it is the quest for the new that drives him to his formal codifications, in which the body is often a mere schematic representation, as we can see in *Piel en azul* [Skin in Blue], where his deconstruction goes beyond fragmentation and the unfolding of the face.

The absolute control of scale and of dimensions is one of his virtues. Without worrying about shape, Orozco always brings out his extraordinary ability as a draughtsman; *Cadáver y dos brazos* [Corpse and Two Arms], *Figura en la cúpula* [Figure in the Dome], *Piernas* [Legs], and *El hombre de fuego* [The Man of Fire] from the series of studies included in this section are good examples. On the other hand, his painting always allows a second intangible reading, poking into the deepest layers of the human being, appealing to philosophical notions. "Orozco," says Fausto Ramírez, "like other symbolists, reflects constantly on the destiny of man, his raison d'être, his condition."[11] It is noteworthy that in the hundreds of works and drafts he did throughout his career, Orozco used his own being as a model of these concerns. So, in his self-portraits we find a concrete and recognizable character, solid and synthetic, but Alma Reed points out carefully "the potential of the man and of the artist, of *the wise man and of the clairvoyant* [italics mine] is locked in the generating secret of this unique genius. If there was anything in the ensemble of his features that allowed us to catch a glimpse of his wide creative field, it would be in the inquisitive look of his large brown eyes, in the spark of authority that radiated from beyond his thick bifocal glasses."[12]

But Orozco also painted the opposite motif, he who not only is not "enlightened" but who is imprisoned in blind ignorance (*Indio vendado*) [Blindfolded Indian]: "the contrast cannot be more pronounced between the clear forehead and the lucid eyes of the artist who paints himself and the miserable condition of those blinded and gagged by the chains that enslave them."[13]

Mysticism

From the beginning of his career, Orozco showed in his work the evolution of a profound mystical thinking, nourished originally by his Catholic upbringing and by Catholic symbolism, later transformed through the reading of philosophers José Juan Tablada and José Vasconcelos and enriched by encounters with Kahlil Gibran, Walter Pach, Demetrios Kalimacos, Paul Richard, Thomas Hart Benton in the Delphic Circle in New York.

It is also in this city where Orozco met Alma Reed in 1937, who was his first gallery director and biographer in the United States, and it was through her that he came into touch with the Greek poet Angelos Sikelianos and his wife Eva, who entertained "intellectuals, the great ones, the true elite of this earth, to coordinate talent for the progress of humanity"[14] in their home – known as Ashram. Orozco's active participation in the Delphic Circle showed his eagerness to develop his theosophical vocation. "Orozco," points out Alma Reed, "seemed to regard his creative ability as an instrument that had been granted to him for eternal purposes."[15]

In May 1930, Orozco took part in the Delphic Festival that was held in Greece, collaborating with two posters that advertised the event, which concluded with a representation of *Prometheus Bound* by Aeschylus. At that point he was very familiar with the Greek classics, as on his return from his first sojourn in the United States he worked as a draughtsman at the Universidad de Guadalajara illustrating vignettes and in printing design for their editions, among other things. At the same time, the representation of Prometheus appears for the first time during the production of the mural at Pomona College in California. A symbolic figure of his mystical thinking par excellence, Prometheus enlightens "the awareness of man, when he grants him the means to overcome a previous state of intellectual and moral depression. Both are," says Fausto Ramírez referring also to Quetzalcoatl, "hierophants who initiate humanity on the road to wisdom; both, finally, suffer the same disdaining ingratitude from those they have come to enlighten."[16]

Fausto Ramírez has developed an important essay on this subject, in which he accounts for the evolution of Orozco's thinking and its materialization in his plastic work from his first possible sources *Principios de estética* [Ethical Principles] by Antonio Caso, published in 1925, and *Pitágoras una teoría del ritmo* [Pythagoras, a Theory of Rhythm] (1917) and *El monismo estético* [Aesthetical Monism] (1918), both by José Vasconcelos, in which, according to Fausto Ramírez, "philosopher, artist, and mystic" come together. And he goes on to say: "And art is exalted when assigned a superior objective."[17] While Antonio Caso, the poet, describes the artist – in three different articles – as "the spokesman for the mystery of the spirit" who is able to "thanks to an inborn disposition of his nature... surprise the mysterious singularity of beings and shapes that (he expresses) in his productions", genial artists have always seemed like enlightened mysteries that receive from God a direct and terrible message that they soon disseminate."[18]

We find definite examples of this attitude in the first murals in the preparatory school of the old Colegio de San Ildefonso – that the very author destroyed a little later – and in the ones that replaced them at the same site, *Cristo destruye su cruz* [Christ Destroys His Cross], of which we exhibit the most outstanding draft of the version made for Dartmouth College, or in *Prometeo* [Prometheus] – currently part of the Museo Carrillo Gill and Mexico City's Museum of Modern Art collections in two versions – another one of the most extraordinary pieces produced by him. Regarding the object quality of this work, it is worthwhile to stress his powerful composition and violent coloring, drawn with long and quick gestures. As to its symbolic condition, Raquel Tibol said: "Orozco rescued in his visual poem the civic content of Greek theater. His crowd, defenseless before nature, struggles to survive, encouraged by the titanic energy of the hero, able to challenge superior forces to shower benefits among those who aspire to escape from helplessness and prostration."[19]

Similar conclusions may be drawn from other allegories that refer to religious matters, such as *El martirio de San Esteban* [Saint Stephen's Martyrdom] or *La resurrección de Lázaro* [Lazarus's Resurrection] – both in Mexico City's Museum of Modern Art – or those that refer to the Greek world, such as *Desnudo y figura vestida* [Nude and Robed Figure] or the peculiar example of syncretism, *Parnaso mexicano con catrinas de pulquería* [Mexican Parnassus with *Pulque* Mugs). In this last work the artist shows off his expertise, not only in the pictorial quality of the painting, but in the way he handled gracefully and with humor, in the manner of a caricaturist, *pulque* – the ritual drink of pre-Hispanic origin – with masked characters from the Greek theater staging a delirious scene on which Western culture is caustically criticized.

Power

As we have seen, his critical and caustic spirit of the caricaturist, which he drove to the ultimate consequences in his physical and artistic ripeness, is always present to denounce extreme situations. The position of the artist is always defined by an inquisitive look on the abuse of power, its symbols, and their consequences, though many times his protests and denunciations were generally disapproved of. We have seen that in his youth his personal political positions were volatile, according to the circumstances, but coherent with his personal experience. Very early, José Juan Tablada said, "Orozco was not only cruel but also gruesome. Wise and subtle, he knew how to exhibit the most ridiculous and notorious aspects of politicians who in Mexico, as everywhere else in the world, are excellent targets of satire and good humor. Just by underlying the physical characteristics of his victim, Orozco was ferocious and inexorable."[20] From the murals of the preparatory school, Orozco complied with his mission as a visionary and a denouncer of fascism – the *fascio* symbol and the swastika in a rubbish dump, pecked at by vultures, are the visual language of satire and of the grotesque. The subject of the social differences and ways of life is also represented in *Ricos cenando y obreros peleándose* [Rich People Dining and Workmen Fighting]. And, similarly, in *Las damas católicas* [The Catholic Ladies], from 1924, in which the artist makes fun of "Christian" charity exaggerating the volume of the characters and deriding their attitudes, their attires, and hairdos. Also present in the preparatory school mural, *La justicia* [Justice] "goes out on a spree with the criminal," says Raquel Tibot, and in the temple that bears the same name, without a date, an enormous and heavy Justice, deep in lethargy through excesses, is paralyzed and distant on her pedestal, lost among heaps of papers that nobody will see.

Orozco's ruthless critique is not geared exclusively against politicians, as can be seen in *Turistas* [Tourists], from 1928, where the reference brings to light the moral assault to whomever is observed with anthropological curiosity as if belonging to an unknown animal species, not only highlighting the difference but with an assumed superiority.

El tirano [The Tyrant] and *La victoria* [The Victory] are at the height of this genre. In the former, one, the vain character flaunts his nudity, wearing only socks and a military cap, like a god in authority at the Final Judgement; quasi-zoomorphic figures at his feet fall into the void – hell? – while in the background a military band – like an angel choir – sets the festive tone to the effeminate puppet scene. *La victoria* is, in contrast, a character with an enormous belly and flabby breasts, crowned and with a flag in her hand – in the manner of Marianne de la Croix – who marches in a sea of clotted blood leading a festive parade of corpses who, according to González are "skeletons, (...) a specific biblical evocation: the Apocalypse, the moment in which the dead rise from their graves, before the Final Judgement. The main figure thus becomes also apocalyptic. She is the great whore, she is Babylon."[21] This one is, no doubt, the most important poem that Orozco will dedicate to ultimate power, the one on total destruction at the end of time.

Painter, engraver, muralist, Orozco dedicated his life to work, trying to keep away from ambitioned fame, transgressing and challenging everything. "José Clemente Orozco's process includes everything or almost everything: the denial of the armed movement and the metamorphosis of a painter into a prophet of the revolution, contempt towards fame and the stubborn struggle for prestige, the denial of the current morale (...) hatred to easy symbols (...) moralism and orgiastic recreation, desperate love for the humble (...) passion for ecstasy and the decadence of the flesh (...)."[22] When Carlos Monsivais says this he has said it all. If I may say so, perhaps what was lacking was saying that his process was, and still is, primarily, poetical.

notes

1 José Clemente Orozco, *Orozco Explains* (New York: The Museum of Modern Art, 1940).
2 Lets us remember that Orozco himself was devoted to writing essays as well as extended correspondence; there are several compilations of his texts and the hemerography on his career extends from the first decade of the past century to today. For further information see the bibliography included at the end of the catalogue.
3 José Juan Tablada, "José Clemente Orozco, un pintor de la mujer," *El Mundo Ilustrado* (México City), 13 November 1913. Cit. in Raquel Tibol, *José Clemente Orozco. Una vida para el arte. Breve historia documental* (Mexico: Fondo de Cultura Económica, 1996), p. 43.
4 Fausto Ramírez, "Artistas e iniciados en la obra mural de Orozco," in *Orozco una relectura* (Mexico: Universidad Nacional Autónoma de México, Instituto de Investigaciones Estéticas, 1983), pp. 70–71.
5 *El Mundo Ilustrado* (Mexico City), 22 April 1906, nº. 18.
6 Carlos Monsivais, "Amoroso como un desollamiento," in *Sainete, drama y barbarie. Caricaturas. Grotescos* (Mexico: Museo Nacional de Arte, Instituto Nacional de Bellas Artes, 1983), p. 11.
7 "I never took part in any revolution, nothing bad ever happened to me, and I have never run any sort of risk, the revolution was to me the most joyous and funniest of carnivals (...)." See José Clemente Orozco, *Autobiografía* (Mexico: Planeta/Joaquín Mortiz, Ronda de Clásicos Mexicanos, 2002), pp. 33–36.
8 José Juan Tablada, op. cit., p. 44.
9 Raquel Tibol, *José Clemente Orozco. Una vida para el arte. Breve historia documental*, op. cit., pp. 62–63.
10 Renato González, "La utopía y el cementerio, la victoria y los libros," in *Orozco en la colección del Museo Carrillo Gil* (Mexico: Museo Carrillo Gil, Instituto Nacional de Bellas Artes, 1999), p. 64.
11 Fausto Ramírez, op. cit., p. 78.
12 Alma Reed, *Orozco* (Mexico: Fondo de Cultura Económica, 1955), p. 10.
13 Fausto Ramírez, op. cit., p. 64.
14 Alma Reed, op. cit., p. 44. Cit. in Fausto Ramírez, op. cit., p. 65.
15 Ibid., p. 65.
16 Ibid., p. 66.
17 Ibid., p. 66.
18 Antonio Caso, *Obras completas*. Vol. 4: *Ensayos, doctrinas, discursos* (Mexico: Universidad Nacional Autónoma de México, 1971), 40, 90, and Vol. V: *Estética*, XXII, respectively.
19 Raquel Tibol, op. cit., p. 130.
20 José Juan Tablada, "Orozco, The Mexican Goya," *Internacional Studio* (New York), no. 322 (March 1924): 492–500. Cit. in Renato González, op. cit., p. 48.
21 Renato González, op. cit., p. 69.
22 Carlos Monsivais, op. cit., p. 18.

For pictures see pages 114-153

Berni

The exhibition of Antonio Berni's works is dedicated to the memory of our friend Pierre Restany, who authored an as yet unpublished monograph on the artist. Thanks to Lily Berni's generous contribution, this catalog presents the monograph's chapters on the period in which the works shown at the 4th Mercosur Biennial were produced.

Nelson Aguilar
Curator

The Increasing Density of the Canvas and the Advent of Industrial Castoffs

Pierre Restany

On his return from Paris, Berni mobilized all the senses with his creative vitality, taking to extremes his spectral treatment of Argentina's poverty-stricken north in his *Chaco* series. Human specters are replaced by their architectural counterparts. Suburban landscapes begun in 1954 with *La casa roja* [The Red House] and *Ísla Maciel* [Maciel Island] culminate in the poignancy of his "metaphysical" void with *Iglesia* [Church], *El tanque blanco* [The White Tank] or *La calle* [The Street]. Of the aforementioned, all dating back to 1955, *La calle* is the work which most articulately evokes the disturbing analogy with the *La Torre Eiffel en la pampa* [Eiffel Tower in the Pampas] but with a difference: the bust of the nude woman appearing on the right of the painting in the 1930 composition has been replaced by an industrial complex to the left of the 1955 canvas.

The following years were to pass just as quickly. In 1956 the painter traveled to Eastern Europe, exhibiting in Bucharest and Berlin while visiting Leipzig, Prague, Warsaw and Moscow. By 1960 he had once again explored all the urban themes, drawing on the violent effects inherent in the subject matter, in stark contrast to the erstwhile smooth incisiveness of his brushstrokes. *La carne* (or *Carnicería*) and *La res y el cerdo* [The Beast and the Swine], painted in 1958, are large canvases in which joints of red meat are treated with the expressionistic intensity of *Soutine* in 1925. In his direct prolongation there appear several *Ollas* [Pots] and cooking utensils which, with his lumpy concentrations of paint, anticipate Arman's *colères*. Going even further towards *tachismo con espesor*,[1] between 1957 and 1958 Berni completed a series of urban landscapes and domestic interiors which, in their abstractness, recall Nicolas de Staël through the systematic juxtaposition of the brushstrokes using rectangular blocks of paste. He also employs cold colors and somber tones reminiscent of Staël. Somewhat later, at the beginning of the 1960s, in landscapes slightly reduced in format, discarded objects begin to fill out his paintings (*40º de calor* [40 Degree Heat], *Luna de carpetita blanca* [Moon Seen As White Rug], 1960, *Cielo Rojo* [Red Sky], 1960, *Mañana helada en el páramo desierto* [Icy Morning on a Deserted Plateau], 1961).

All this intellectual fermentation serves as a prelude to his justification for the objective appropriation used as an introduction of discarded objects of industrial production which were to enter his peripheral vision of the urban environment. In the catalogue for the 1958 exhibition (Galería Serra, Buenos Aires), Berni expresses himself unequivocally: "The realism of these landscapes is not representative of the manner of the naturalists, except in plastic equivalences, that is to say, color, pictorial paste, the texture and the arabesque all of which motivate chromatic forms and give substance to reality by their tactile presence. Stagnant waters, a lime-encrusted sackcloth, slats of disused wooden crates, metal sheeting, tar-covered canvasses, all become imbued with meaning."

Berni goes all the way in his crude treatment of pictorial matter in order to justify the use of industrial castoffs, at a time when Arman was painting his first trash cans (*La poubelle*) in 1959–60. The genius of Berni's intuition consists in his becoming aware of the global potential of this aspect of modern nature at the right time, which is the moment in which the New York Neo-Dadas and the Parisian Neo-Realists began to sense the immanence of a language peculiar to urban culture. This language in all its immediacy is that of production and consumption. Industrial areas, monolithic buildings and slums are contrasted with elegant suburbs framed by the global language of the city. The aesthetic recycling of the object as part of a series requires a great deal of skill, and more importantly, of imagination. It is the heritage of a noble misery that is condemned to intelligence in survival.

The second aspect of Berni's ingenious intuition is his internalization of the reporter's friendly and tender observation of universal poverty as seen in his two emblematic figures, Juanito Laguna and Ramona Montiel.

Who are those characters, who since 1960 begin to appear in Berni's work, constituting a secondary narrative constantly developing alongside the main body of his work? Firstly, for the artist, these represent the opportunity to create a particular xylographic technique incorporating different objects into the main xylocollages while systemizing the use of the object in structuring the image.

A second reason is that this particular aesthetic focus of the characters is fundamental. Whatever love Berni might feel for Juanito and Ramona and their fate, he observes them in his capacity as an artist, and not as a sociologist. The first of these creations is Juanito Laguna. Anticipated by the drawing in 1956, he arose from the deepest recesses of Bernian shadows, as evidenced by *El carnaval de Juanito Laguna* [Juanito Laguna's Carnival], 1960, in order to acquire the authentic substance of his personality through a series of works executed in 1961, constituting the beginnings of an authentic existence. We are there to observe his Christmas vigil, celebrated at the family hearth, consisting of one room with only enough space for the relatives and the children's rosary, the bed and the table where a minute Christmas cake and tree have been placed... We see them learning to read with their friends and the schoolmistress... We see the "flood and the fire in their neighborhood..." He shares with us the vision of a destiny that awaits them... The foregrounding of a shantytown where there suddenly emerge two multicolored branches like mushrooms with nuclear flashes and, finally, their portrait: crazed eyes with glossy shine emerging from a face made from pieces of corrugated cardboard and sheets of rusty metal!

What fascinates Berni is the extraordinary power of transmutation which human nature is capable of exercizing over industrial castoffs in order to guarantee his survival: both men and women use old cardboard boxes and bits of metal for both their dwellings and their furniture, tins and scrap corrugated iron for their kitchenware. It was this recycling of industrial production by those who are its immediate victims which caught the artist's imagination. It is through this obsolescent scrap material that the transmutation in his art is brought about: this transformation takes place on both thematic and chromatic levels: "I combine these scraps according to their color and matter into a possible expressive function, using them as I continue to assemble the painting, populating it with cruel phantoms suggested by their total reality which is both beautiful and elegant, yet full of infectious sores beneath its fine exterior."

At the phenomenological level of his art, Berni's discourse is extremely clear (bearing in mind that from 1936 to 1946, Berni was a professor at the Buenos Aires National School of Fine Art, becoming well-known for the excellent quality of his teaching). The appearance of the artistic creation of Juanito Laguna in 1960 is an important date in the globalized evolution of urban culture and the recognition of the expressive autonomy of the industrial object, which was to become the forte of the Parisian New Realists. Antonio Berni's participation in the extensive operation of artistic recycling of industrial production appearing in the background came to define his works. In the context of the age, the Bernian gesture of transforming trash into artistic material imbues the character with a dazzling modernity.

On an ethical level, Juanito Laguna appears as the universal archetype representing the dignity of poverty that exists at the heart of industrial society. He is the product of Argentina's shanties, the poverty of the urban peripheries which has spread to the outskirts of all the cities in the world. He represents the modern-day industrial incarnation of Victor Hugo's Gavroche; Berni's Juanito also refuses to beg. He seeks justice. Fools will give him alms, good men will give him justice. Berni even invokes Gagarin at the end of his first flight into outer space in 1961, in a work of that same year: *El cosmonauta Saluda a Juanito a su paso por el Bañado de Flores* [The Cosmonaut Greets Juanito in His Passage through Bañado de Flores]. The second of Berni's creatures is Ramona Montiel. She too corresponds to a universal archetype: she is the feminine product of consumer society. She is the natural successor to Zola's Nana and the cousin of Niki de Saint-Phalle's Nana, her contemporary. There is however a difference: Niki's Nana rebels against being exploited by consumerism. Ramona succumbs to it. They live out their condition as women-objects according to the simultaneous vision of their creators at the beginning of the 1960s, that of a woman of 30 and a man of 60.

Nana and Ramona share the same exuberant sensuality as well as its excesses, one in the intoxication of a recently won freedom and the other through her submission to the laws of the flesh trade. In order to get out of the material misery of the daily routine which Juanito has accepted, Ramona the factory seamstress who took her first communion in Berni's 1962 work, and whose marriage the painter anticipates in his 1959 canvas-collage, yields to the "great temptation" in 1962.

She will pass through all the stages of prostitution through the rites and rituals of the initiate, but with a different existential purpose to that of Juanito, since Ramona has a social function to fulfill in our media-obsessed society of global communication; that of demystifying the flesh market: doing in public that which Zola's Nana did in private and, with her, so many others in the intimacy of their own specially designated quarters or in the secrecy of their boudoirs or bedrooms. Ramona exhibits and sells her flesh by the kilo, thus satisfying the libidos of the sex-shop voyeurs and the porno magazines, which today have moved to Internet sites in the wake of specialized anti-privacy television broadcasts such as *Big Brother*.

Juanito Laguna in Venice and Paris

Berni en el tema de Juanito Laguna [Berni on the Subject of Juanito Laguna]: this is the title of the exhibition which the artist held in the Galería Witcomb towards the end of 1961, in which he presents his large composition-collages where industrial castoffs achieve, both formally and conceptually, their full significance of self expression.

A work measuring 2.10 x 1.50m, entitled *Juanito Laguna lleva la comida a su padre peón metalúrgico* [Juanito Laguna Takes Food to His Father-Cum-Steel-Worker], is particularly noteworthy, showing Juanito dwarfed by a billboard cut out of a magazine, while at the same time absorbed into the immensity of an archaic industrial landscape. Here Berni anticipates with utmost lucidity the larger phenomenon of the following decade, which will gather momentum with the student uprisings of May 1968: the transition of society from an industrial to a post-industrial era, characterized by a pervasive feeling of saturation with objects, which would soon yield to the postmodern renewal of design, architecture and fashion.

It was with this foresight and in the full blossoming of his recently acquired multimedia approach that Antonio Berni would present himself in 1962 at the 31st Venice Biennale, as a special guest of the Argentinian pavilion. The selection committee was made up of Rafael Squirru, director of the Museo de Arte Moderno de Buenos Aires and the general director of cultural relations at the Ministry of Foreign Affairs along with Professor Ernesto Rodríguez, general director of Art Education and Jorge Romero Brest, director of the Centro de Artes Visuales del Instituto Di Tella. The committee was called to task given the sudden arrival of the artist with his novel approach on the Buenos Aires art scene, where the dominant influence was abstraction. The omnipresence of industrial castoffs did not displease Rafael Squirru, who played a decisive role in the situation. The same was true of Gyula Kosice, a commissioner in Venice, who was able to obtain from the Italians the space necessary for the optimum display of Berni's most recent works (the artist was to show his gratitude by painting his portrait). Berni received the 31st Venice Biennale Grand International Award for Printmaking and Painting for his works comprising mostly engravings in wood belonging to the Juanito Laguna series – *Juanito Laguna pescando* [Juanito Laguna Fishing] – and, among others, the large composition collage *Juanito lleva la comida a su padre peón metalúrgico* [Juanito Brings a Meal to

His Steelworker Father]. This was the first time that a Latin American painter was to obtain an international prize of such importance, which had previously been awarded to Picasso, Miró, Matisse, etc. Other international prize-winners included Giacometti for sculpture and Manessier for painting. Italian prize-winners were Capogrossi and Morlotti for painting, Aldo Caló and Umberto Milani for sculpture and Virduzzo for printmaking.

The list of prize-winners shows how heated the debates between members of the international jury must have been. Its president, Georg Schmidt, as well as the other members, who included Philip Hendy, Zoran Krisznik and Tominaga, were all specialists who closely followed the progress of dominant trends in the world art scene. Berni belonged to none of the former, and yet his subject Juanito Laguna was to cause a sensation, both positively and negatively speaking, due to its astonishingly topical message: If industrial castoffs were capable of providing an artist with the raw material for his creation, this could only happen at the end of a formal and conceptual transmutation, signalling the decisive evolution of our urban culture, which had now moved one step closer towards globalization. Once again, Berni stood at the crossroads of this global trend, using the surplus of reality for the analysis of what was real within himself. If in 1930 he had found himself between the metaphysics of De Chirico and the existential surrealism of Magritte, thirty years later he would once again find himself situated somewhere between the Neo-Realism of Arman's trash cans and the Neo-Dadaism of Rauschenberg's combine-paintings, which were to herald the advent of pop art.

On handing Berni the prize, the Biennale had recognized the uniqueness and specificity of the artist, a decision which was to change his destiny: two years later the Venetian Gran Premio for painting was awarded to Robert Rauschenberg for his combine-paintings. The triumphant multimedia approach *made in the USA* marked the end of the domination of the Parisian school at the Biennale, without solving the problem which Berni was to pose in terms of European figure narrative, which was to seek its place in the sun within the globalized wave of pop art. Whatever the case may be, Berni was under no illusion, and between swigs at the Florian he proposed a toast to Juanito, "to whom I have to thank for the prize."

After receiving the prize in Venice, Berni, accompanied by his daughter Lily, passed through Paris, where news of his success had already spread. Michel Ragon, who had been most impressed with Berni's works which he had seen in Venice, received him with open arms before interviewing him (the text was to be published in *Arts* on December 8, 1962). This encounter proved to be important. Michel Ragon was at the time at the height of his fame and influence as a contemporary art critic. He was primarily interested in abstract and informal as well as basic art, to which he would introduce his friend Dubuffet, and to which he himself had been introduced via the architect Bourbonnais. He found agreeable the nightmarish and phantasmagorical aspect that occasionally found its way into Berni's sensual imagery. He was most attracted however, by the character of Juanito Laguna, which struck a resonant chord, being himself from a proletarian background and a provincial from the Vendée. Juanito reminded him of his own humble yet dignified childhood. Berni used the opportunity to announce that this proletarian saga was dualistic in nature with its feminine counterpart entitled Ramona Montiel. He had already thought of this in Buenos Aires, but it was the sight of the flea market that was most to inspire him. There he discovered the ideal fabric, the old variety show costumes from the Lido and Folies-Bergères, with their colored tulle and sequins, which he would use in his new collages to transform Ramona into a high-society woman. Ragon was taken with the idea, which would make Berni into a paragon for the wave of new figure narrative which was beginning to appear in the new pop culture, at the same time as the object-focuses which had emerged from the post-surrealist era of Jouffroy and Jean-Jacques Lebel. An entire world had by now been set in motion around the New Realists after the death of Yves Klein in Paris, 1962, which was to coincide with the opening of the Venice Biennale. It was this Realist movement driven by socio-political motivations which Gérard Gassiot-Talabot would soon thereafter try to capture in his *Mitologías cotidianas* [Daily Mythologies] exhibition, which was to take place at the Museum of Modern Art in Paris in 1964.

In fact, the New Realists with their different strategies of object-appropriation formed a strong core at the center of a vision related to the modern, urban and industrial nature and that of media, led by Paris thanks to its extremism: the void left by Klein, the accumulations of Arman, the compressions of Cesar, Tinguely's spirited contraptions made of scrap iron, the practical jokes of Niki de Saint-Phalle, Spoerri's trap-art, Christo's packaging, the torn-down posters of Hains, Villeglé, Dufrêne and Rotella, all offered the vast operative repertoire of an aesthetic destined for artistic recycling of industrial production. Would this new language of the global nature of urban culture once and for all substitute traditional artistic means of representing the real? As it happened, the issue was raised at least 40 or 50 years too soon, establishing itself definitively in the upcoming decades of the new century with its global consolidation and media coverage and its initial onslaught of the unwieldy electronic machinery of communication onto our collective consciousness and organs of perception. The issue would also present itself by way of a drastic change in civilization brought about by the emergence of a new man, confronted by an inexorable split in basic values, which had guided him since the origins of his fundamentally unitary vision. The cybernetic grafting and cloning would question the body's integrity, artificial life would begin to compete with its natural counterpart, and virtual realities would seal with the truth the moments of collusion between present times and past.

However, we are in 1962 and Ragon, as a keen observer of the problematic situation created by the radicalism of the New Realists, introduced me to Berni as a midway option in the transmutation of factors relating to art and industry. Berni, whom I now for the first time since Venice, was familiar with my opinions, which he respected. Once he spoke to me, smiling at the differences between our individual notions of realism. This time he appeared to me as someone who knew what he wanted: "In art, the most difficult thing is to reflect thoroughly on what is painted."

Pop culture, which integrates art into a more general phenomenon, the consumer society, would resolve momentarily the problem of aesthetic semiology replacing the art-industry relation by the pre-information relation, thus putting forward a combined solution: the collage of objects within the pictorial field (Dine, Rosenquist, Wesselman) and the technique of restructuring the image using industrial means of information (the photographic medium of Warhol or Lichtenstein's comic strip. This temporary solution would in no way affect the essence of Berni's work, beyond the tangential character of certain formal analogies. His position as a reference would earn him an increasing number of invitations to participate in exhibitions highlighting urban issues which were held in Paris during the 1960s. Finally, he set up a studio in Prost, on the outskirts of Bastille, which he would occupy until the end of the 1970s. This would enable him to "commute" constantly between Buenos Aires and Paris while maintaining an effective presence in Europe.

notes

1 Tachismo: an artistic movement in the 1940s and 1960s, displaying a technique where paint is applied to the canvas without any previous forethought, as if intuitively, or by allowing the paint to drip onto the canvas, thereby suggesting the intervention of chance into the work.

For pictures see pages 158-163

Verger

The Oruro Carnival According to Pierre Verger

*Cláudia Pôssa**

Introduction

Pierre Verger photographed a remarkable set of pictures of the Oruro carnival, in Bolivia, some of which will be presented at the 4th Mercosur Biennial of Visual Arts. Their uniqueness attests to Verger's photodocumentary ability applied in original manner to capture the meaning of the *diablada* masquerade.

A study of photos from the Oruro carnival should begin with the contextualization of Verger's Bolivian report within his own production. The next step is a comparison of this essay with pictures by the photographer featured in his other publications on Andean culture, as for example *Indiens pas Morts* [Indians Not Dead] and *Fiestas y Dansas en el Cuzco y en los Andes* [Festivals and Dances in Cuzco and the Andes]. Finally and in conclusion, this essay seeks to retrieve the meanings contained in the Oruro photographs.

The Oruro reportage

Sometimes the date of photographs by a traveling reporter is not easy to determine. For example, in his photo collection Pierre Verger gave priority to noting the names of sites. Yet in the case of his pictures of the Oruro carnival, in Bolivia, there are a few clues to follow. In the words of the photographer, he visited the country on three different occasions, in 1939, 1942, and 1946.[1] An indication that the Oruro pictures were not taken prior to 1946 is in the album *Fiestas y Dansas en el Cuzco y en los Andes*, of 1945, which does not feature any photo of the Oruro carnival among records of numerous festivals and dances of the Andean region, namely Bolivia, Ecuador, and mainly Peru.[2] What is more, entries in Verger's travel journals and diaries on file at Fundação Pierre Verger, in Salvador, have it that his visits to Bolivia in 1939 and 1942 did not coincide with carnival season. Finally, in his 1946 pocket diary the photographer noted his arrival in Oruro on March 2; "diablada", on March 3, and his departure on the following day.[3] As it seems, therefore, the photos shown in the Mercosur Biennial were taken in just a few days, in early March 1946.

The fact that Verger's archives contain more than one hundred photo negatives from Oruro is particularly noteworthy in view of his short stay in that town. By 1946, when he visited Bolivia just before settling in the state of Bahia, in northeastern Brazil, Verger was already an experienced photographer whose track record included years of photo-essay and reportage production. He had also put out the book with photos of festivities in Cuzco and the Andean region, and he had worked for the Museo Nacional de Lima. So, on his way to Oruro, Verger knew exactly how important it was to shoot a photodocumentary of its carnival, and he instructed his camera lens on what to capture. The photographer was more than an incidental tourist; he detained knowledge of and familiarity with the regional culture that most certainly informed the quality of his pictures.

The Oruro carnival in the contexts of *Fiestas y Dansas en el Cuzco y en los Andes* and of *Indiens Pas Morts*

Pierre Verger's photos of the Oruro carnival are best appreciated when compared to the book *Fiestas y Dansas en el Cuzco y en los Andes*, mentioned above. A small selection of photos of the carnival appeared for the first time in print in the book *Indiens pas morts*, of 1956.[4]

Let us begin with a look at the first publication. In this album, Pierre Verger gathered 148 photos recording scenes of the everyday life of native Andean peoples. Aside from their aesthetic quality, these pictures are particularly interesting to scholars for their documentary character. They feature a people's indigenous customs and habits that, having originated in ancient culture, were impregnated with elements introduced by European pioneers and over time generated a new culture. Andean festivities are highly significant for the people of this land. They are rich and complex religious manifestations endowed with inexhaustible visual appeal. In addition to the much-anticipated interval in the routine of everyday local life, the festivities entail a vast universe of signs. At the event, people show themselves off and a taciturn Indian exposes himself before the photographer's camera lens. The fiesta is fueled by *chicha*, a maize liquor on which the native population gets drunk and consequently gets friendlier, more favorably disposed to exposure and encounter.[5]

Verger's photographs show similar communities in Peru, Bolivia, and Ecuador. In their respective festivities, native dances of pre-Columbian origin appear in combination with dances learned from foreign settlers. The Roman Catholic Church is known to have also interfered with the introduction of certain dances in the region, by striving to replace profane celebrations with traditional religious rites. Verger's pictures in question show masks and costumes of clearly non-Catholic origin, as well as the hidden side of Andean dances. They include universal celebrations, such as carnival in different guise. Despite having destroyed a large part of the Andean material culture, colo-

* Professor at the Universidade Federal da Bahia and doctorate candidate at the Universidad de Barcelona, Spain

nizers did not eliminate the philosophical and religious foundations of the indigenous people, nor their perception of the cosmos and of human life.

Now let us look at the book *Indiens pas Morts*. The work title in itself bears a character of cultural accusation. This group publication features native South American peoples of Incan descent in photos by Werner Bischof, Robert Frank, and Pierre Verger. The album presents indigenous populations of Peru and Bolivia and remarks on the survival of this population after four and a half centuries of colonization.

The photos in *Indiens pas Morts* are quite similar in style, thus preventing on the spot associations of authors and their respective pictures. Even so and despite the high quality of all the pictures, the album allows a comparison between the work of Verger, Frank, and Bischof. As a precondition for this comparison we must place each of their works in context, both chronologically and quantitatively.

Verger contributes 50 photos that constitute the backbone of the album. Bischof and Frank attend with 13 and 14 pictures, respectively. Verger lived in Peru from 1942 to 1946, whereas his two peers only traveled in the land of the Inca as visitors. The pictures that Bischof took in 1954 comprise his last photographic work, given he was killed in a car crash during that visit to Peru. Frank's photos were taken after 1947, the year he moved from Europe to South America. In fact, these pictures date from the end of 1948, and early 1949.[6] Verger's photos are therefore the oldest shown in the album; they were taken even prior to the travels of Bischof and Frank in the Andean region. Before 1946, Verger had already produced a photo album on Peru.[7]

The photos by Robert Frank clearly render the gaze of the foreigner and the traveler. Frank photographs scenes along his route and also a few people singled out from the crowd. His work reveals the author's subjective vantage point. He pointed out eye-catching instances by clearly highlighting part of the scene, leaving out of focus all that does not interest him. "Mine is a personal viewpoint," Frank commented on the contrast between his photos and the documentary essay.[8]

Of all three, Bischof is the one who shows the greatest concern with artistic tone and technical skills in his photos. His photographic issues are associated with aesthetic aspects of planes, lines, colors, and brilliance. In his sketches of scenes, in the notes he wrote, and in his letters from Peru to his wife, Rosellina, Bischof often stressed those visually appealing aspects. What is more, he strived to shoot photographs that would be recognized as his own.[9]

In turn, Verger is the photographer who seeks to shoot rituals and acts of worship of the local culture. He photographed festivals, masks, worshippers, cemeteries, and mortuary scenes. His work covers a larger variety of photo subjects. Verger's photos show the indigenous population immersed in their culture. They are pictures of the Andean land that reveal the most characteristic and unique aspects of the local life, while underscoring the resistance of an Amerindian people with ancient roots and living traditions. In his pictures, the photographer strives to show things that were threatened with extinction and that still bear a trace of gloom and death, notwithstanding the resistance visible in festivities and masks. Just like the title of Verger's album, the photos it contains suggest literally, "the [Inca] Indians are not dead."

Death is a recurrent subject in the photos by Pierre Verger. On this subject, incidentally, a recollection is quite opportune regarding the photographer's timeline: Verger was in Peru when he turned 40, the age of his planned suicide.[10] The combination of death as a subject and the treatment the photographer gave to his pictures turned out remarkable results. In one photo series, Verger renders burial grounds with crosses, people at prayer, lighted candles, people holding their hats in their hands in reverential manner, and in awe before death. The last photo in this series features a death's-head mask produced for the Oruro carnival. The picture of the white skull clad in black cloth was shot from the bottom up, a perspective that considerably adds to the visual impact of the photograph.

Meanings

A few instances of reflection are sufficient to cast light on the meaning of Verger's documentary photos of the Oruro carnival as well as on the significance of this photo series for the history of photography. The oeuvre of Pierre Verger constitutes a rich combination of photo reportage, ethnography, and aesthetic trial. At first, the photographer's aim was to record contemporary cultural events, striving not to interfere in the scenes he captured. In those days he sought to deprive his pictures of any trace of authorship. To Verger, the objective result was consistent enough to justify itself without having to resort to aesthetics unconnected with the event.

Pierre Verger's photos take us straight to Oruro. On the street, devil heads topped with long and pointed horns bring to mind pre-Columbian deity masks. The mask is one of the signs that confirm the endurance of ancient indigenous traditions, and one that reveals the individual's participation in sacred primitive rites. The essence of culture is conserved in religious rites and festivities. The mask introduces transformations in everyday life; it exposes the common folk's hidden and resistant face. Pierre Verger captures a world. Celebration is plunged in a deep primitive ocean. The evasion that marks festivities allows for the exposure of hidden values. The photographer is attracted to elements inherent in the human landscape. The essence of culture is not in the heights, but in the soil. Verger exalts the atavism of the rugged and vigorous indigenous population. The festivities rock the local scenario. Celebration is the reversal of hard work in the mines. Adversity does not affect the delicate spirit of the creative artist translated into magnificent fabrics, embroideries and masks. The indigenous population conserves its original traits as top producers and minimal consumers.

In the *diablada* dance, masks reflect their pre-Columbian derivation. On the other hand, the festivity plot, the devils, and the Archangel Michael represent values assimilated from the colonizer.[11] Creations originated in ancient culture mixed with transformations produced in the Western world that the indigenous peoples incorporated and further modified so as to agree with their worldview. The play of symbolical images allows human beings to be at once sacred and profane for a moment. Ultimately, culture survives in the confluence of beliefs and icons from diverse sources.

Verger's contribution to the history of photography merged artistic practice and practical anthropology, thus yielding a unique combination. The photographer adequately apprehended the actions and contexts that pertain to the local culture. Although for their most part Verger's photos allow an ethnographic reading, the oeuvre by far transcends this reading. Likewise, the pictures may be keenly scrutinized without any scientific purpose. The collective appears as their co-author; the photographer mingles into the scene in a gesture of susceptibility as regards diversity. The photographer does not exert total control over the scene composition. Authorship subtleties are decisive and must be in attendance, particularly in this condition. Yielding to an event is a way to improvise. The moment the photographer yields to the scene, he makes himself available to learn social and human diversity. From the ethical viewpoint, Verger's respect for his kindred human being is quite evident. It is practically as if he were saying It is up to my subjects to show what they have. In his strategy of appreciation of the other, which turns out a polite gesture and a form of acquiring knowledge, Pierre Verger becomes invisible for the better, to personalize his own photography.

notes

1 In *50 Anos de Fotografia*. Salvador: Editora Corrupio, 1982, p. 197, translated herein: "It occurred to me to travel three times to Bolivia: in 1939, at the break of war; in 1942, on my way to Peru, and in 1946, before going to Brazil." During his four-year Peruvian sojourn, part of which was spent in Cuzco, Verger worked as an independent photographer and also for the Museu Nacional de Lima, documenting the culture of the Andean region. Most certainly, he had several opportunities to travel from Cuzco to Puno, a town that serves as starting point for the voyage around Lake Titicaca to Bolivia, on the opposite shore. It is likely, threfore, that Pierre Verger traveled from Puno to Bolivia on more than three occasions, as Le Bouler duly noted in *Pierre Fatumbi Verger: Um homem livre*. Salvador: Fundação Pierre Verger, 2002, p. 150.

2 *Fiestas y Dansas en el Cuzco y en los Andes*. Buenos Aires: Editorial Sudamerica, 1945. Featuring 148 photographs by Pierre Verger, and foreword by Luis E. Valcárcel.

3 From original pocket calendar conserved in Fundação Pierre Verger, by courtesy of Alex Baradel.

4 *Indiens pas morts*. Paris: Delpire Éditeur, 1956. Featuring 77 photographs of which 50 are by Pierre Verger, 14 by Robert Frank, and 13 by Werner Bischof. Essay by Georges Arnaud, photocaptions by Manuel Tuñon de Lara. The book was released together with a written announcement in which Verger stated his disagreement with Arnaud's essay. Each author assumes responsibility only for his own writing, Verger wrote. Following the original French edition, the album was translated into several languages for publication in different countries. These subsequent editions featured different essays than the original. In 1956, two editions were put out in English, one in the United States (*From Incas to Indios*. New York: Universe Books, 1956, introduction by Manuel Tuñol de Lara) and the other in England (*Incas to Indians*. London: Photography Magazine, 1956, introduction by Manuel Tuñol de Lara), in addition to one in German (*Indios*. Zurich: Manesse, 1956, introduction by Manuel Tuñol de Lara). In 1957, one edition was released in Italian (*Dagli Incas agli Indios*. Milan: Feltrinelli, 1957, introduction by Manuel Tuñol de Lara), and, in 1959, one in Spanish (*Alto Perú, el gran Imperio de los Incas*. Barcelona: Artco Ediciones de Arte y Color, 1959, essays by several autors including Rubén Dario and Carlos Bustamante Inca [Concolorcorvo]).

5 In the words of Pierre Verger, op. cit. *50 Anos de Fotografia*, p. 177, translated herein: "... only at fiestas, after drinking plenty of *chicha*, a maize liquor, they became less reserved. This is one of the reasons why I traveled to several regions to photograph groups of dancers..."

6 See Alexandre, Stuart. *Robert Frank. A Bibliography, Filmography and Chronology. 1946–1985*. Houston: Center for Creative Photography, University of Arizona / Museum of Fine Arts, 1986.

7 As previously mentioned, the op. cit. *Fiestas y Dansas en el Cuzco y en los Andes* was published in 1945. Verger produced other albums with photos of Andean peoples: *Indians of Peru*. Chicago: Pocahontas Press, 1950 (featuring 87 photos by Pierre Verger, essay by Luis E. Valcárcel); *Les Incas*. Paris: Editions du Seuil, 1962 (featuring photos by Pierre Verger, essay by Alfred Métraux).

8 Green, Jonathan. *American Photography. A critical history: 1945 to the present*. New York: Harry N. Abrams, 1984, p. 85.

9 On May 6, 1954 Bischof wrote on Machu Picchu: "It is the details of the old Inca city that are so wonderful: the play of colours, the flecks of light on the ancient walls. I photographed in rain and with little sunshine. I saw 'Klee', 'Braque', and here and there some 'Bischof' [...] The forms that emerged, and the sense of distance they evoked, were stunning." Bischof, Marco and Burri, René, *Werner Bischof. 1916–1954. His life and work*. London: Thames and Hudson, 1990.

10 In the op. cit. *50 Anos de Fotografia*, p. 14, translated herein: "I used to think that 40 was the maximum age limit beyond which I would inevitably turn into an old cuckoo. I used to say I ought to commit suicide in case I was still alive by November 4, 1942."

11 Manuel Tuñon de Lara's legends for photos of Oruro published in *Indiens pas morts*: photo 57, "Le masque est un signe à quoi se reconnaît l'insistance des traditions anciennes, autochtones ou d'importation africaine. C'est aussi un des signes qui dénonce la participation au sacré par les rites primitifs. Masque de carnaval à Oruro, la ville des mineurs, en Bolivie."; photo 75, "La *Diablada* à Oruro (Bolivie). La diablesse, la méchante *China-Supay*, a relevé son masque après sa défaite par l'archange saint Michel. Maintenant, elle fera sa prière devant l'image de la Vierge du *Socavón*."; photo 76, "Um moment pathétique de la *Diablada* Satan est porté en triomphe par les diables qui représent les sept péchés. Cet étrange mélange d'"auto sacramental" et de rite inca, n'est pas exempt d'analogie avec les danses noires."

cemin

Things

Pocketknives, pliers and eyeglasses are creations of the skeleton
Philosophy is the offspring of wine and rococo mirror
— Saint Clair Cemin, "Proverbs"

In 1987, just when I started thinking about a career in the visual arts, I suddenly came upon an object in an East Village gallery that seemed to clarify all my doubts in respect to what can and cannot be called art. Atop its long iron legs that brought it up to my eye level, a small plaster chair of modest scale and simple form stood there, inviting my touch. I could not help laying my hand on the small seat; at the same time, and somewhat bewildered, my mind envisaged other chairs, destined for other body parts. I thought of chairs and complete families of chairs with cousins, in-laws, grandkids; and I mentally reformulated the evolution of chairs. To my great surprise, the work was titled *Hand Chair* and its author was a fellow countryman with an eccentric name. More than 15 years later, the chair continues to inspire my then-just-founded artistic career. The artist's name was Saint Clair Cemin.

Saint Clair is the only genius among my friends. He is a breed of Edwardian polymath and mad scientist, whose work at once defines and queries the role of art in contemporary life. The free-spirited and humorous manner in which he travels between concepts and materials reflects the great magnitude of his domain. Saint Clair is an inspiring artist. Propped on ambition and transgression of style rules, he dissolves conventional links between ideas, materials, and forms, and in so doing reveals the oneiric nature of being in the supposedly factual realm of worldly things.

Vik Muniz

Vik Muniz – To a great extent, in your work you derive inspiration from the world of everyday objects and forms. What is your view on so-called art objects and commonplace objects?

Saint Clair Cemin – The answer to this question involves two additional and broader issues, namely what is a commonplace object and what is a sculpture (or an artistic object). In the early days of my career I began to view objects as highly powerful sources of spiritual energy. For example, a bottle belongs in the world of bottles, and a specific bottle conveys all the possible associations with this type of article. An object is like a clarion call in the middle of the night; it is something that reminds us of our own relation with the world, which it intermediates. A chair conveys notions of sitting, pressure on one's back and buttocks, wood, the grating sound of wooden legs scraping across the floor, and a whole gamut of somatic and sensorial impressions that evince the correlations of and the real knowledge on this object inscribed not only in our mind, but also in both our muscular and metabolic memories. A chair is a prosthesis, and as such it becomes a body part – an easily replaceable part, it is true, but a part nonetheless.

Handling objects becomes part of the learning process early in our childhood. After that, familiarity with ordinary articles informs our impressions about all new things. Things belong in a language, a hierarchy, and an order that we know intimately but never talk about because we take them for granted. Ultimately, things become "invisible" before our eyes. We do not see our own things, they have become imperceptible; yet, their power to be part of us is ever growing. Not seeing them is our way to use them; by using them we integrate them into our system, and this integration is the chimerical reality that expands through our individual instruments. An object stands for a universe of real associations derived from years of close contact with this thing, or a similar thing. A walking cane predisposes a person's hand to grab it; it predisposes a body to rely on it for aid; in other words, a cane is not a mere stick bent on one end, it is part of the human body. It integrates a metabolic system that is external to our body, but internal to the chimerical body, i.e., this immense body that brings together the individual and his/her home, things, instruments, habits, and ideas, as well as other human beings.

VM – What is an art object?

SCC – The status of an art object such as a sculpture, for instance, depends in part on the spectator's previous experience with other art objects. Even one's long exposure to art cannot compare in terms of strength and depth with the familiarity with other things such as mugs, spoons, bicycles, etc., that belong in the person's daily life starting in early childhood. On a previous occasion, I said that we neither learned from Moore what is a hole, nor from Giacometti what is a lean figure. These are primordial notions that we draw from life, not from art. Therefore, sculpture ought to use the spectator's body of information on things in the world; it ought to use up the energy of this world of everyday objects that are taken for granted and neglected; it ought to belong in the intimacy of everyday use, in the familiarity of forms that go unnoticed, and that for this reason are the strongest of all. Until the 1960s, a sculpture was in fact a statue. Later, it became other things as it sought inspiration in elements from the environment such as wall, floor, building framework, public works, etc. In this process, sculpture moved away from the statue, but it never came too close to everyday things as is the case, for example, with my pieces. In my work, the intention was to tease viewers by presenting them two sides of a same thing: the artistic, by presenting the work as something that replaces the statue; and the commonplace, by placing emphasis on an ordinary object. The sculptures I created were for their best part useless objects that alluded to forms of usage (including artistic), which in turn integrate something I call our external metabolism. As you can see, the art object integrates a superstructural system, the infrastructure comprising the network of ordinary objects that surrounds us. At one point I sensed that sculpture needed a booster shot, and that this energy was easily acquired. It was contained precisely in the objects and styles that had been turned down supposedly for lacking good taste or for being totally external to the preoccupations of contemporary art. At the same time that an object is something solid, it is also a door; a gateway to the world (if it is noticed); and the par excellence noticeable object is an art object.

VM – How would you describe your transition from drawing and engraving to sculpture?

SCC – It was a problematic transition. I had spent two years doing drawings and reliefs, and in this process I came closer and closer to sculpture, without realizing it. Finally I thought I would devise a conceptual context within which to start creating objects, freely choosing themes, media, etc. These objects were not meant as sculpture or even art. After about two weeks of diligent work, I found out that my conceptual framework had been far surpassed by a simpler, older, and more in-depth process which we can refer to as "sculpture" for the sake of commodity. A few years ago I asked a painter friend what was a painting: a window or a box? He replied that it was neither thing: a painting was a wall. Several years later, I have arrived at an answer that satisfies me: a painting is a sculpture.

VM – What I find interesting in your objects is that they prompt the spectator to imagine an ontogenic evolution, that is, one that is independent from other objects. The evolutionary history of the seat, from stone on which primitive man rested to the high-tech design Aeron chair seemingly provides a reference, though never in linear manner. In what way does the evolution of ob-jects inspire your work?

SCC – The history of an object is the object itself; that is to say, the history of an object is implicit in its form. The form of an object signifies its history, i.e., its processes of ontogenesis and philogenesis. Yet, the style of an object does not imply a need for history; rather, it conveys an impression of thoroughness, arbitrariness, and even randomness. Why did the Egyptians have an Egyptian style? Because it would be impossible to work without a style, so the Egyptians selected that aesthetic ideal instead of any other. Style is not a mask; it is the very countenance of the object. Style is in fact a guideline for imagination; not only do artists adopt a certain style in their work, but also their contemporaries perceive the world in that style. Objects are shaped as highly complex glasses through which the world is viewed. The object is an accident, an outcome of the encounter between medium (a language to which the great scholar Denis Saurat referred in his *Three Conventions*) with the vicissitudes of its history, i.e., the history of acquired habits, customs, styles, and fashions. However, style is associated to all aspects of the mentality in effect at any given time. We just talked about the Egyptian style: it reflects a social and psychological structure contained in hieratic, static, and aesthetically perfect forms. My main concern is with this intimate association of the object and its surrounding reality, for the unconscious awareness we have of these relations (whether it results from experience or from inference) is what confers meaning to the object, that is to say, its aura. This aura is only distinguishable when the object is displaced, or when it is transformed in such a way that we can see it. As I have mentioned, objects must become invisible so they can be useful.

VM – What happens, then, with an object produced by a culture such as ours that, unlike the Egyptian, has access to myriad style data? What role could be attributed to style, given it is constantly being negotiated between present and history?

SCC – We live in a paradoxical situation in which the past actually exists because it is made present in various manners. Nowadays we enjoy unprecedented access to images of old artifacts (and this includes entire towns), which have been discovered in recent times and can be recorded on formerly unavailable film and photo media. Now we can access not only the past but also other cultures and countries through visual documentation and in our travels. Thus, the past is not really past, it is present, and the old mentality that once produced these artifacts has been lost; only the part that actually remained in the forms of these artifacts has been preserved. These forms speak directly to our unconscious just as they spoke to the unconscious of those who created them. The power of synthesis of a form relates perfectly to our unconscious power of intuitive interpretation. As I see it, intuition takes roots in our survival need; we bring it into play every time we assess critical situations. This great style "mart" that we have at our disposition is made available to the sales industry, to attract potential customers. The industrially produced forms are put to proof on the very market that selects them. Anything that does not sell is not produced; all that sells is reproduced and periodically enhanced to sell even more. In my work, style is neither pure nor pressured by commercial demands. It is not pure because it takes up only one place among many others occupied by other considerations (such as medium, scale, possible narratives or execution); furthermore, it is modified by the fact that I seldom copy, I usually reinvent styles simply out of my recollection of them.

Styles are forms of being that involve representations of a certain form. Just take as examples the differences between a Spanish bullfighter and a Zen monk, a fat Black female streetmarket vendor of northeastern Brazil and a female New York attorney. When working with styles, I see them as roadways or as valleys in a mental landscape.

VM – We have spoken of the conventional usage that sets differences between one object and the other. This subject brings to mind the craftsmanship tradition and the development of technology for use in object manufacturing. In what way can bronze, marble, and wood inform an object in the 21st century?

SCC – The characteristics of the different materials are what they are, that is, they fully impose themselves on our senses; and we accept these characteristics out of economy. Steel serves for some things, and wood, for others; the former is worked in a certain manner, and the latter, in another. Yet, the geometry is the same, and it defines the shape of certain tools. Several instances of formal convergence are observed in sculpture or object manufacturing that have to do exclusively with the medium. African, Polynesian or Native American artifacts share certain aspects that have to do with the way in which a piece of wood is carved or perforated. Stone has its own characteristics and sets forth demands and preferences, so the artist must promote a consensus between conforming to the material and imposing his/her own will. Above all, however, materials have their own soul, which in turn plays a highly important role in an oeuvre. Joseph Beuys was an artist especially attuned to the soul of the medium. When I handled gold in the making of a few pieces, I realized that gold has a soul, and this soul resembles more that of wood than that of other metals.

Gold is tender, warm, and it sparks up one's imagination like fireplace flames. Gold is a pretty and demure woman; iron is a straight-laced old man, probably from the military; and copper is a priest or a magician. Silver, the lunar metal, is the most remarkable of all metals; and, should other metals be represented by various human beings, silver would be a goddess – probably Artemis (Diana). Bronze would certainly not be human, but an animal: a horse. In fact, a bronze horse is somewhat a pleonasm, for bronze is a horse in and of itself. We could ramble on about marble, different stones, the auspicious combinations of wood and metal, glass, synthetic resins, ambar, and all edible things including bread, wine and meat. Among eatables, only a few could be used in artworks; after all, they look as splendid on the table as they look repugnant in the gallery. For example, the use of liver or blood in a sculpture exhausts the work's puissance nearly at once, given their strident and repulsive looks, which substantially restrict the observation time that an artwork demands.

VM – These media are much more interesting when photographed and greatly enlarged. I reckon that for their better part the sculptures in Brancusi's photographs are models made of marzipan. Speaking of models, I heard that a somewhat senile Henry Moore enjoyed finding stones in his garden that resembled his sculptures. The old artist never suspected that the "stones" he found were actually models he had made, and that his assistant had strategically placed along his path everyday, so Moore would be happy to come across them. Now, your studio is teeming with small sculptures or "sculpture ideas." How do you deal with the relation between scale and medium in your works?

SCC – The first thing that comes to my mind is a physical issue that few artists take into account, but which is critically important in engineering. Every time we enlarge something while maintaining the same proportions, here is what happens: the surface area varies proportionally to length squared, while volume varies according to length cubed. Thus, volume (and consequently weight) grows proportionally more than the surface area, thus causing small objects to be much stronger than their large-scale equivalents. Insects breathe through their body surfaces, whereas human beings need the entire inner surface area of the lungs, which is immense – in fact, as large as a soccer field. This simple geometric ratio is consequential and becomes quite evident in sculpture, particularly stone. The artist who is dissatisfied with a stone measuring 12 inches in height and weighing 110 pounds for finding it too small must bear in mind that a stone with similar proportions and double the height will weigh 880 pounds (lineal dimensions are multiplied by two, and volume is multiplied by eight, that is, two cubed).

By and large, the body dictates the different scales such as hand scale, finger scale, arm scale, torso scale, body scale, elephant scale, pickup-truck scale, house scale. An interesting fact is observed in the specific case of the body scale, where a faithful reproduction always looks smaller in size. A dead person's body seems smaller than that of a living person's. Ancient people modeled representations of human beings that were at least eight feet. tall so that the statues would look life-size. Nowadays we see many artists modeling directly from the human body. Greeks and Romans did the same, except they would then reproduce figures on a 25% larger scale.

On occasion I have used a particularly interesting scale, the elephant scale. I was always keenly interested on the size of an elephant, but had trouble understanding why so. One day it dawned on me that from the viewpoint of two-year-old children, their father and mother seem as large as elephants. With this thought in mind, in 1991 I created an 11-foot-tall sculpture named *Toy*, which represented a toy in adult scale as seen through the eyes of a small child. Every time we run across famous actors on the street they look quite tiny to our eyes accustomed to seeing their large-scale figures on screen. The fact that some of these artists are actually short (the pop star Madonna, for example, stands just about five feet tall) further contributes to this impression. Scales used in sculpture range from hair scale (needles, pins, etc.) to the monumental (a tower). Beyond this point, things leave the realm of sculpture and move into those of architecture and city building.

VM – The hand size is not only related directly with the form of an object, but also with its texture. When changing scales, how do you deal with the texture of your objects?

SCC – Depending on the model, the enlargement of small sculptures might have interesting consequences. For example, enlarged finger and handprints acquire a totally different quality that might bring up a contradiction in the "warmth" of the natural gesture and the "coldness" of the facsimile. Recently I made a sculpture about six feet tall. It was an enlarged facsimile of a 12-inch piece that I had created in a very gestural and expressionist manner. Once copied in marble, the clay containing my handprints presented the sort of inner contradiction to which I referred earlier – in this case, between spontaneity and control – causing the mind to oscillate between one and the other without dwelling exclusively on either aspect.

Within the subject of enlargement, we also have the transformation of texture into fields of "wart-like excrescences." When exactly does a pattern turn into a collection of objects? Do you recall seeing photos of the first robot probe that explored the Martian soil? Do you remember how NASA scientists gave names to each stone and cavity, as if they were majestic mountains and valleys? That which appears as texture on one scale turns out a landscape on another, and vice-versa. I often try to avoid creating a texture or leaving marks of giant fingers on large-format works; in these cases, I create very small models, smaller even than my own fingers, so that they have a plainer surface. Elaborate surfaces on large-format works are either straightforward narratives (the gates by Ghiberti and Rodin, or the façade of the Expiatory Church of the Sacred Family, by Gaudí) or near narratives, such as the monument *The Verbs*, which I created for Motorola. There is a progression that starts from the field of texture and moves on to organized patterns, then to the lumpy, wartlike excrescences, and finally to separate objects. This progression runs parallel to the scale progression; it is qualitative, whereas the other is quantitative. In this case, what sort of scale do we find in natural things such as plants and animals? In nature we observe a scale progression that more or less follows either the Fibonacci progression or the so-called golden ratio. In the human being, the relation of dimensions in different body scales represents this ratio. Classic art applies these rules in all forms it produces; as a result, a monumental character is conferred on works of any size.

VM – You are a Brazilian artist whose career developed mainly abroad. How do your Brazilian roots inform your work?

SCC – I take great pleasure talking about Brazil, Vik. Don't you find it only natural for an extremely rich person to look around, now and then, and derive great satisfaction from what he has? This is exactly how I feel in regard to Brazil: as someone who possesses an extraordinary and inexhaustible treasure. Brazil is not a culture, it is a second nature; it is a special, Dionysian, Quixotic, and supernatural manner destined for transcendence. It is not by chance that Brazilians have such great music. Music is the highest form of art, one that brings together all aspects of art into a line that expresses the passage of time and that combines spectator, artist and environment into a single chimerical being. The Brazilian spirit gives proof to Blake's idea that the body is a portion of the soul. In fact, the notions of body and soul are nothing but discourse; Brazilians are not body and soul, they are also "yearning," "my sorrow," "my darling," "samba" – all of them entities-qualities-feelings-verbs, an all-in-one thing. No artist has been as privileged as the Brazilian artist, who thrives not only on the arts but also on the subtle manner in which he has learned to face his human condition, his troubles, and so on. Am I perhaps idealizing Brazil and overlooking its problems? Yes, I most certainly am! I am in fact idealizing, which is what allows me to view Brazil as more than a country, as a poetic way of being, which can fully realize its inspiring and sotereological potential.

At each new day I am aware of my growing Brazilianness, and I take more pleasure from speaking our beautiful language, so palatable, so full of rich words such as *mambembe*, *frajola*, *taquara*, and *modorra*.

Brazilian artists enjoy access to the entire Brazilian popular culture, beginning with carnival, which is a tacit celebration of the Brazilian Empire. I had never grasped so fully the significance of my Brazilian upbringing and education as in the last few years. At times the deepest and most obvious things are the hardest to perceive.

VM – The production of an artist who shows in the international circuit is exposed to different (if not conflicting) readings. How do you deal with this issue?

SCC – Can we assume that an artwork exists before it is noticed? No, we can't; up until then it is only latent art, like money in one's pocket. An artwork only comes into existence the moment the observer becomes aware of it; after that, there is no going back. A work of art is what those who keenly perceive make of it. In this case, the awareness of an artwork is its own translation, and all translations depend on the translator's knowledge. Do you know, by any chance, that the phonetic sound of Rui Barbosa, the name of Brazil's famous poet and diplomat known as the Eagle of the Hague, means "penis of a mongrel dog" in Russian? There are not diverse readings of a work, but diverse pieces reworked with an original material that the artist selects. At each new viewing the work is a different thing, even before the eyes of the artist himself. I have always been aware of this multiple reality, so I cannot possibly wish, in all good faith, that there be a sole reading for my work, because it is simply not feasible, not even before my own authorial eyes.

For pictures see pages 180-185

Matta

Matta: The Difficulty of a Local Landscape

Francisco Brugnoli
Curator

It is a well-known fact that Matta's training took place in a universe that exceeded Chile's contemporary reality, and the very concept of citizenship he acquired is beyond any territorial concept. But in our particular case, we could state that he is really unknown to us, his reality is always mythical, which paradoxically is contradicted by the quantity of his work exhibited in this country after his death, raising unavoidable and innumerable questions we had not thought of on the reasons for collecting his work. The writing of this text that must be worked out from the artist's origins also raises questions.

We have tried to approach the difficulty of this contradiction in the title, taking metaphoric refuge in the history of painting. When Baudelaire[1] compares the existence of a landscape of "fantasy, where human selfishness replaces nature" to one by Corot, in which he celebrates his harmony and unity, as they are "necessary to memory", and another by Thoreau, in which he claims the ducks are of an "extraordinary beauty" because as a matter of course they look like ducks and make "duck-like gestures", forgetting in this case what the obvious programmed discourse of the artist does, this is to point to the arbitrary framing as a cutout to turn nature into landscape. Thus achieving both polarities, dreaming conditions and a selective, projected look, as examples of the way we see painting, in this manner, painting as an exercise of the imagination closes, leaving with us only a romantic premonition of its existence.

The word *local* stems, in this case, from *local colour*, as a definition of chromatic quality, belonging to an object isolated from any relationship to environment. Both concepts seem useful to us to avoid the constant centripetal action developed by the main part of our art history. A condition that refers to the risk of astonishment and brings us close to Breton's warning on the sentence imagination imposes on us, in our case because of the difficulty in understanding what is missing of the totality that completes any framing.

Matta left the country very young in 1933, when he was 22 years old. Before that he worked in interior design after majoring in architecture. He left the country after having a fundamental experience on his visit to Hernán Gazmuri's[2] studio, where he found the necessary fracture within the frame he needed for the trip. A trip that, in his case, was carried on to its maximum potential, running into infinite territory. This was possible because Gazmuri was also a stranger to local colour and, because of this, his impertinence was rejected.[3]

Training institutes and the action of the international tendencies that they achieve played a role in the constitution of our landscape. This was the case with the so-called generation of 28, made up of young men who, because of the closing of the School of Beaux Arts during Carlos Ibáñez del

Campo's dictatorship (1927–1931), were given grants to go Europe, and when the regime fell and the school was reopened they were appointed to the faculty. These artists focused mainly on Cézanne, the Fauves and on a budding Cubism. This focus repeated a previous one, when, in 1915, another group called Montparnasse made the same trip, bringing back their innovating gaze, the necessary multiplication of which they were not able to impose for lack of presence in a training center, in spite of the support by the brilliant critic Juan Emar.

In any case, both contingents would have to face a tendency as yet unknown, of a pictorial nature due to the influence of the Spanish painter Alvarez de Sotomayor and his projection in the so-called generation of 13, represented by a sensitive treatment of rich painting and a realist character.

We think this may be the origin of a real absence of Cézanne's inheritance and of the absence of Cubism in our country. As a matter of fact, of this generation of 28, who could have best designed this is Augusto Eguiluz, but he would not be able to compete with Pablo Burchard, who admired Bonnard, for the attention of the pupils, a situation that went on until the early 1960s. We believe this is also the difficulty of other *hard* tendencies, such as Surrealism itself, that were to lack teachers to represent them during those years under Rodolfo Opazo.

Hernán Gazmuri, because he was their contemporary, traveled at his own cost to Europe together with the generation of 28, and studied principally with Lhote and Léger. He also took up a teaching position, but after two years his own colleagues obliged him to quit because his discourse was too disquieting to those who were only starting to see and who, at the same time, still admired the generation of 13. A disquieting discourse in which Matta was to find the necessary opening, which had been already discovered by Vicente Huidobro, the poet, one of the most marvelously strange creatures of our time, who has not yet been duly acknowledged.

Of Matta's history we know of his arrival, and of his short stay at Le Corbusier's studio, a deception that allowed him the chance to be received by the Morla Lynch family, his relatives in Madrid. Their house was frequented by important literary and art figures, and there he met García Lorca, who would be another instigator of his *trip*, since his letter of presentation to Dali would lead him to Breton and from there without a stop to his destiny that now obliges us to refer to him. A road that was to lead him to Max Ernst and his statement "every *normal* man (and not only artists) carries an inexhaustible wealth of buried images in his subconscious mind. It is a question of value, that of a liberating procedure (such as automatic writing) to bring out these true (untainted by any control) finds (images) and their connection may be defined as irrational knowledge or as poetic objectivity".[4] Thus expressing two fundamental ideas of the Surrealist movement: automatism and the need to achieve the process of "communicating vessels" suggested by Breton.

With Yves Tanguy, another of his new acquaintances, he initiated an associative contemplation of the transparent reservoirs of water along the coast in Bretagne, an experience that led to the same associative and derivative process of Ernst's *frottages*, traces of which may be recognized in his work. His contact with his compatriot Gordon Onslow Ford, who invented the automatic pictorial procedure of "coulage", a literary version of automatism, is especially important. This, together with his knowledge of André Masson's work, would precipitate a creative process that was to be immediately acknowledged.

The Museum of Contemporary Art keeps in its collection a great painting by Matta of the 1950s: the *Nacimiento de América* [The Birth of America], dated 1952, its name and date are something of a paradox, since exactly in 1950 the first great international art exhibition took place in the country. This was the *Exhibition of Contemporary French Painting. From Manet to Today*, considered one of the renovating milestones in our art history. In a text signed by René Huyghe in the catalogue we read: "Surrealists brought anarchy after introducing the revolution..." And further on, "When liberation arrived, the French School was divided into two branches that had had no contact nor interchanges for four years. A few artists who had chosen exile rather than suffer the presence of the conqueror had crossed the Atlantic and had settled in the United States. Through the singularity of chance they turned out to be the Surrealists. In consequence, in Paris the situation became simpler, removed from that Surrealism that drove the creative impulses to irrigate areas of the subconscious".[5] A fragment full of connotations that is, no doubt, the reason for the selection of work, in which André Masson's solitary presence seems to rely more on the apparent proximity to abstract works that stem from Fauvism, such as Bazaine's, than to his relationship with Surrealism. A paradigmatic exhibition, not only for its content but also because of having brought together the two most culturally influential institutes – the University of Chile and the National Museum of Fine Arts – would act as arbiter of landscape by not leaving the imagery of the Surrealist movement.

The paradox is that Matta had already achieved what is to many the most significant part of his history, determining famous influences and giving way to very important work, through the reprocessing of some of the dearest quests of the avant-gardes, redefining with this a new impulse for Surrealism, allowing for a pivotal action that we may qualify as epic. This was to be particularly apparent in his stay in the United States (1939–1948), and especially because of his relationship with a group of young people of his own generation, to whom he introduced exactly what is at the heart of his great eagerness: the knowledge and practice of associative processes and, particularly, automatism. This encounter is acknowledged as the origin of the New York School.

Another highly significant meeting was to take place with the charismatic Stanley W. Hayter, whose engraving studio was to be the meeting place of the young New Yorkers, and the result of which seems apparent to us through the spatial treatment of several of them, through their committed discourse on abstraction and experimentation, but also through their joining files with the Surrealism he designed in his automatic drawings. It seems to us that it is exactly his spatial treatment, discussed in his "Theory of the line", that caused the greatest impression. It is possible to notice it in those Chilean artists: Enrique Zañartú, Nemesio Antúnez, Juan Downey, Eugenio Téllez, Bernal Ponce and even in Delia del Carril, who attended his famous "Atelier 17", be they in the Parisian or the New York versions.

In the necessary reconsiderations that have been made in Chile on Matta's personality, the stress has been on how decisive his architectural studies have been for his spatial conceptualization, considering the geometric knowledge they involve. Nevertheless, in 1980, I asked him directly for his reasons to approach Le Corbusier's studio. As an answer he took a piece of paper on which he drew the naked body of a woman lying, with bent knees, while he explained that while studying architecture he attended an evening course on sketches at the School of Beaux Arts, and that it was through a drawing like this one that he had come across the concept of habitability, given the encircling forms of sketches, that he related to Le Corbusier's architecture, who, in spite of his adherence to geometric strictness relevant to "purism", did not reject elemental natural objects such as "a stone, an egg, a snail...",[6] that may be related to his chapel at Ronchamp, which implies that in the beginning it was not his relationship to geometry that would lead him to his spatial exercises, but rather only the ease for finding the sense that blended his new interests.

Hayter states his theory of the line from the example of the mirrors introduced into the birds' cages, allowing for the illusion of an extensive space and of liberty. In the case of a spectator, the distinction between the space occupied by him and the "phenomenal world" around him is lost, taking into account the illusion of sailing outside his own body, or in an interpretation with it. The line as a description of a limit must be also understood as a link with the other. In its origin, the line would have pointed to the first identification of its own traces and, therefore, to the ability of the imagination to acknowledge its design in an open landscape as well. To him, the approach to mathematics would be totally logical, acknowledging that it works within the same space artists do.[7]

If to Hayter's discourse, so brutally and briefly treated here, one adds the conversations with Duchamp and his having shared with him concepts relative to a fourth dimension, we will have to agree that we are in the "geometrical place" of the known spatial operations. In Duchamp's case, his interest in the subject would date from 1912, due to the reading of Pawlowski's *Voyage au pays de la quatriéme dimension* [Journey to the Land of the Fourth Dimension];[8] but we should remember that it is a common interest of the avant-gardes whose origins would coincide with Cezanne's studies and with Möbius's research on topological geometry.[9]

It seems to us that this is the moment of full sense for the contents contained in *Inscape* (1938), reached through his proximity to Onslow Ford: "I want a morphology that is not distinguishable from the silhouette, in the skin of beings and things. The image of a tree is not the green mass around the trunk that stands out more or less precisely and gracefully on a colour background. This image is to us what we really know of the seed, germination, the abrupt blooming of the buds, the shade the tree gives... and also everything the word – *tree* – may bring to the field of our conscience, such as emotional images, many of which, nevertheless, do not relate to the image of a tree, though they need the presence of this image to exist".[10]

The concept of four-dimensional space that allows every dimension of an object and its representation becomes an opening to other possibilities of this object and, therefore, of the same space, an object thus freed is available to infinite associations.

We also feel that as did *Inscape*, the hasty moment of his *Psychological Morphology*, put forward that same year, defined the "graphic of the transformations achieved by absorption and the emission of energy by the object, from its initial aspect to its final form in the middle of psychological geodesic. / In the field of consciousness, a graphic of ideas would stand for psychological morphology. It ought to be conceived before the optic images illustrate the shape of those ideas, if we want to remain in the middle of the transformation".[11] This opens new possibilities for the liberation of the image as a condition that outlines pre-Mattian Surrealism, thus taking into account a critical concept of imagination, in which abstract deviations are possible. It would be about the continuum that leads further than the immediate conception of space-time, since "every form is the resulting graphic of the adjustment of internal energies in movement to the obstacles created by the environment / the fourth dimension would be the graphic of the threats suffered through the duration of the transformations". An image may be retained to calm disquiet, keeping only "one of the possible forms of the object".[12]

This world, in perpetual possibility, in the interaction psyche/world as an exercise of being, relates also to the interactivity between body and space, expounded by Merleau-Ponty,[13] which Matta was to accomplish in its total identification of the gesture of painting as a body effort, a frenzy that he would turn into very large canvases. In 1946 Duchamp acknowledges in Matta, "his first contribution to Surrealist painting and the most important one was the discovery of the regions of space till now unexplored in the art field."[14]

The relationship between dream and image that seemed unavoidable is broken, the traditional concept of being awake is broken, opening new poetical possibilities of the "communicating vessels", and all this happened before the 1950 French exhibition, contemporary to the heroic efforts of a mainly literary group, who started in Chile the first Surrealist movement with the edition in 1938 of *Mandrágora* magazine (the same date as the Matta texts quoted here) with the collaboration of Braulio Arenas, Teófilo Cid and Enrique Gómez, joined later by Jorge Cáceres and Gonzalo Rojas, the same ones who in 1941 organized an exhibition with work by Arenas and Cáceres. In 1928 in Buenos Aires, Aldo Pellegrini published *Que* magazine, four years after the publication of the first *Surrealist Manifesto*, and in 1933 Emilio A. Westphalen published *Las ínsulas extrañas* [The Strange Islands] in Lima.

Braulio Arenas carried on his efforts with admirable panache and in 1941 published *Mandragora*'s last number. In 1948, the Dédalo gallery announced the first international Surrealist exhibition, but Jorge Cáceres died one year later. Nevertheless, in 1950 Arenas published the only number of *Gradiva*. These were weak sparks that did nothing but bring out Matta's *out of frame* within this landscape, which was to become more evident in 1961, with the invitation to visit his country and the reception at the Hall of Honour at Chile University, where he was paid homage in view of his distinguished career. "This act went beyond the homage since the public, among which artists, critics and art historians were present, held a dialogue with the artist... a dialogue that was neither easy nor fluent due to his ideas on art and man far removed from common places. The public expected to find a painter who talked about painting and they found a speaker who discussed man, poetry, flowers, and summer. These interventions caused more than one person to doubt his ability as a painter..."[15]

Ultramar[16] magazine published an important interview of this occasion and he did a large mural for the Universidad Técnica del Estado [State Technical University]. This was his second trip back after going away, and it came before the one-day trip he took in 1968, which coincided with the important exhibitions of his work held by gallery director Carmen Waugh. He was not to return again until 1971 and 1972, invited by Salvador Allende. We could say that these are the years of his reunion working actively with the Brigada Ramona Parra [Ramona Parra Brigade] on street murals, bringing out the constant need for humour, and he did his mud paintings, and the newly enlarged Museum of Beaux Arts under the direction of Nemesio Antúnez opened an exhibition hall under his name.

In 1980, when asked about details of his trip in 1961, he answered, as he had to other people, that after his departure, his first trip was that one in 1968. This fact we relate to the previous dryness towards the world of his work that our landscape then exhibited. Also, and principally, it was owing to the absence of certain cultural bases that were related to the development of Surrealism, such as psychoanalysis and Marxism. In the case of the latter, it is difficult to grasp this from a country that hosts one of the oldest communist parties. Nevertheless, the link with America in Matta would always be constant.

Interviewed on the subject of his son Gordon Matta-Clarck, he said: "My idea consists in a six-sided space, like the four planes, the ceiling and the floor. Art must expand the universe instead of reducing it. The final question of this art is to understand others – to imagine a better world. I say of myself, 'I am prolific in the studio', but my works look more like sketches. Just like Gordon, how could I end these things I am doing when they are about to change? I live up to Lautréamont's identity principle. My change of mentality is prior to Surrealism because I am impossible to identify, 'I am not French, but colonial'".[17]

notes

1 BAUDELAIRE, Charles. "Du Paysage." *Critique d'Art*. París, Bibliothèque de Cluny; Librairie Armand Colin, 1965, p. 158.

2 WINDHAUSEN, Rodolfo A. "Un Retrato de Amo". En *Hernán Gazmuri. Pionero de la Modernidad*. Santiago, Museo de Arte Contemporáneo, 1994, pp. 22 and 24.

3 BINDIS, Ricardo. "Razon y Emocion." *Hernán Gazmuri. Pionero de la Modernidad*, op. cit., note 2, pp. 4–9.

4 HESS, Walter. *Documentos para la comprensión de la pintura moderna*. Buenos Aires, Ediciones Nueva Visión, 1959, p. 49.

5 *Exposición de pintura francesa contemporánea. De Manet hasta nuestros días*. Santiago, Museo Nacional de Bellas Artes; Editorial Universitaria S.A., 1950, p. 13.

6 DE FUSCO, Renato. "*Historia de la Arquitectura Contemporánea*." Madrid, Celeste Ediciones, 1994, pp. 224-5 and 293.

7 HAYTER, S.W. "Theory of the Line." En *New Ways of Gravure*. Londres; Nueva York; Toronto, Oxford University Press, 1966, pp. 231 and 247.

8 RAMIREZ, Juan Antonio. "*Duchamp. El amor y la muerte incluso*." Madrid, Ediciones Siruela, 1994, p. 72.

9 PONT, Jean-Claude. "Pintura y geometría en el Siglo XX". In AAVV. *Pensar la Matemática*. Barcelona, Tusquets Editores; Cuadernos Ínfimos 114, 1998, pp. 99–100.

10 Cited in OYARZUN, Pablo. "Pintura y posibilidad". In AAVV. *Tentativas sobre Matta*. Santiago, Delirio Poético Editores, 2002, pp. 15–16.

11 *Surrealistas en el exilio y los inicios de la Escuela de Nueva York*. Madrid, Museo Nacional Reina Sofía, 2000, p. 61.

12 Op. cit., note 10. "Pintura y Posibilidad." p. 19.

13 MERLAU-PONTY, Maurice. *Fenomenología de la percepción*. México, Fondo de Cultura Económica, 1957.

14 Op. cit., note 10. "Pintura y Posibilidad." p. 19.

15 ELLIOT, Jorge. Cit. in IVELIC, Milan & GALAZ, Gaspar. *Chile: arte actual*. Valparaíso, Ediciones Universitarias de Valparaíso, 1992, pp. 116–117.

16 ELLIOT, Jorge. Cit. in ibid.

17 *Gordon Matta-Clark*. Valencia, IVAM Centre Julio González, 1999, p. 324.

For pictures see pages 192-197

Lívio Abramo and Paraguay: Elective Affinities

Javier Rodríguez Alcalá
Curator

Introduction

Lívio Abramo (Araraquara, Brazil, 1903 – Asunción, Paraguay, 1992) represents a unique figure of reference in the 20th-century art scene of both Brazil and Paraguay. Since 1956, when he first came into contact with Paraguay, Lívio Abramo's work has been a fertile area of activity both in terms of drawing *from* the processes involved in Paraguay's cultural development, as well as contributing *towards* such processes.

We emphasize these two introductory points – for fear of syntactic correction – because both serve to explain the nature of the artist's relation to Paraguay. The first concerns the influence of his surroundings on his work. The second deals with the deep-rooted and intimate commitment to the visual culture of his adopted fatherland. Using these introductory details as points of departure, we would like to move on in order to summarize two aspects: the contribution made by Lívio Abramo to Paraguayan visual arts and, coextensively, the influence of the environment on his work.

Contributions

In September 1956, at the request of Instituto Cultural Paraguay-Brasil, Abramo brought to Asunción a sample of his works dating from between 1933 and 1951. The dates indicate that it was during this period that the artist presented the most substantial of his works.

Two years previously, in 1954, the local art group, Arte Nuevo [New Art], had organized, in the shop windows of Asunción, an exhibition, which would later be considered the de facto beginning of a modern art movement in the country. The exhibition was held during what was called the *Semana del Arte Moderno* [Modern Art Week], named, in all probability, after a similar event held in São Paulo in 1922. The date of the event (1954) provides a glimpse of the context into which the artist had been received, a fact which perhaps calls for an explanatory parenthesis.

The state of affairs

Modernism in Paraguay presented its own set of peculiarities. First of all in the form of its significantly late arrival on the regional art scene, developing over a relatively long period of time (between the 1940s and '60s), a fact which explains its continuities and disruptions.[1]

Lastly, local modernism emerged during a time coinciding with a turning point, which, on the continent, was signalled by two artistic movements known as the *identitarios* [focused on local artistic identities] (1920–1940) and the *internacionalistas* [internationalists] that spread through the region at the beginning of the 1950s.[2]

This temporal overlap, and the duality of formal and conceptual references (*identitarios* and *internacionalistas*) which inspired it, influenced the production of a singular type of art. For example: during the 1940s, local versions of the "return to order" movement coexisted with postimpressionist movements; in the 1960s, a kind of Social Realism shared the symbolic space with avant-garde experiments.

This heterogeneous cohabitation spoke of an incipient "system-art" reaching out to different modes of expression (with greater or lesser degrees of coherence of approach) subsequently to invest them with local content. "The burning issue in our painting," as pointed out at the time by Josefina Plá, theoretician of the group Arte Nuevo, "which is the same as that of all American painting, despite the fact that in most of these countries the issue had basically been resolved, is that of integrating the telluric rhythm with modern aesthetic premises."[3]

This same heterogeneity significantly pointed to a need – within system-art – requiring the bodies in charge of production and reproduction of visual imagery (pedagogical milieus) to be consolidated and coordinated with the body in charge of circulating and validating the aforementioned modernistic imagery (exhibitions, art criticism, exhibition spaces, etc.).

The importance of Abramo's contribution – which goes beyond the development of his own work, as we shall see later – is rooted in his ability to understand and to involve himself in the twin needs of the system, at this specific point in time. Abramo is believed to have contributed at the productive/reproductive level through his teaching, which was to cover three decades. His impact can be seen in the increased popularity measured by the attendance of his courses, which, up until today, occupy a distinguished position in the local artistic scene.[4]

In his capacity as a promoter of culture, he is believed to have organized an exchange with Brazil using a broad range of criteria, since such exhibitions included well-known figures of the modernist movement in his country of origin as well as "emerging" artists of the time.[5]

Lívio Abramo and modernist engraving in Paraguay

Abramo's trip to Asunción in 1956 is believed to have had as its objective the presentation of his works as well as the holding of seminars about issues related to art. However, the repercussions of these seminars, as well as the aforementioned environmental conditions, prompted a group of local artists to request a short course in engraving. For a period of fifteen days Abramo gave classes in woodcut followed by informal theoretical discussions, activities that led to the foundation of the Julián de la Herrería studio.

With Abramo's return to Brazil the studio continued to function through written instructions, which were sent from São Paulo, and thanks to the enthusiasm of his Paraguayan counterparts.[6]

When he returned for good in 1962 – this time as coordinator of the art section at the Brazilian Cultural Mission to Asunción – Abramo directed the Taller de Arte Moderno y el de Historia del Arte [Studio of Modern Art and Art History]. The institution became so well established that until today it continues to function, under the name of Taller de Grabado Yaparí y Tilcara del Centro de Estudios Brasileños [The Yaparí and Tilcara Studio of the Center for Brazilian Studies], under the direction of a third generation of artists and lecturers, themselves erstwhile students of the same studio.

Going back to the early stages of the studio, it is interesting to note that at this time engraving was regarded as something of a novelty in a country with a long graphic tradition (the first print shops, established in the late 17th century in Jesuit mission stations, produced, from the early 18th century, images affected by the conversion of the native peoples).[7] In the course of the Triple Alliance War (1865–1870), several illustrated newspapers appeared on the scene spreading official propaganda to the front lines.[8] Nevertheless, from the point of view of their continuity and impact on all Paraguayan modes of visual expression, these two significant chapters in engraving constitute important turning points.[9]

This discontinuity meant that engraving in Paraguay (at least as an autonomous means of expression, generated within the framework of relatively systematic and streamlined authorial/disciplinary production) did not become a widely used medium of expression within the visual arts until the beginning of the 1950s.[10] Lívio Abramo systematically developed the country's first experiments in modernist engraving, as graphic expression, breaking with its traditional illustrative function, as a language with all the ideological and aesthetic implications inherent in the multiple printing process, as an artwork that is the result of the careful use of the expressive possibilities of the carving tools and which, on a theoretical level, is supported by the autonomy of syntactical elements contained in visual language.

It was not therefore by chance that engraving was to occupy a preeminent position in the Paraguayan visual arts scene in the 1960s and '70s.[11] Nor was it coincidental that it was in the aforementioned studio that the main orientations, which would characterize local engraving over the forthcoming decades, were to be formulated.[12]

Heritage and identity

The task of appraising national art heritage represents a particularly important contribution by Lívio Abramo to Paraguay, whether considered as the preservation of local cultural art collections, or by his rescuing elements of national identity. This represented a significant turning point in the agenda of regional and local modernism. It was therefore left to Abramo to organize the first grand exhibition of engravings from the missionary studios to be held abroad in 1961 on the occasion of the 6th São Paulo Biennial.[13] The artist was later to organize other similar exhibitions, and, equally important, would propose alternative criteria by which to classify these works.[14]

Environment and work

Let us return one last time to 1956. It was generally believed that the works presented by Lívio Abramo were retrospective in nature, spanning a stage stretching from the phase denominated social expressionism (*Operário* [Worker] and *Meninas de fábrica* [Factory Girls], 1935) to experiments of a more lyrical nature,[15] which began with the series *Pelo sertão (Assombramento)* [Through the Hinterland – Amazement], ca. 1947, leading to later series entitled *Rio* and *Macumba* (*Copacabana* and *Macumba*, which went back to 1951 in the exhibition catalogue).

What we have essentially is an artist who had reached maturity and recognition in Brazil.[16] Acknowledging the impression that his surroundings were to have on him, Abramo completed his first works dealing with Paraguay in 1956, even before taking up permanent residence in the country. At a later stage – under the explicit title of *Serie Paraguay* [Paraguay Series][17] – he was to work on the aforesaid woodcuts until the 1970s.

Engravings: transformations

Contrasting the Brazilian engravings with those immediately preceding the local (Paraguayan) series, certain continuities become discernible: the explicit use of differences of scale, or the fidelity to landscape as a motif constantly subject to variation. Nevertheless, the influence of the local environment on Abramo's work was significant: the open and centrifugal exuberance of *Mandalas* and *Macumbas* of his Brazilian series gives way to more austere forms here, forms closed and centripetal in character; rhythms become more paused and, in the spirit of an *Miércoles de Ceniza* [Ash Wednesday], the *Festas* [Celebrations] disappear.[18] In fact, it is the human figure itself that practically disappears, its use being confined to portraits until it reappears in response to a set of different expressive needs in his later works.

Space and culture

In the course of several trips to the south of the country with the purpose of gathering sacred images (recorded in notes and sketches), Lívio Abramo showed special interest in the villages which made up the mission stations, in their physical structure – at the time, almost unaltered – and in their history, which went back to a past which was "closed" in the sense that the aforementioned urban structures (Jesuit and Franscisan) had been designed with the express purpose of keeping out the twin peril of external military aggression and the cupidity of local *encomenderos* [landowners], who sought to subject the indigenous peoples to a condition close to slavery,[19] and, no less importantly, to "discipline" those who had been evangelized.

It was from this perspective that the series would find their raison d'être (the urban structure and mission station architecture) based on "existential space" as a "correlate built upon sociocultural relations." Furthermore, architecture (in the broadest sense of the word) had not been absent from the artist's earlier interests: Abramo had at one stage of his life considered devoting himself to this profession; he illustrated, using perspective, the projects of architect Oswaldo Bratke, and he himself executed works closely associated with architectonic space.[20]

It can be taken for granted that Abramo, departing from a synthetic reinvention of these villages – closed off and, by worldly standards, off-limits – should attempt to take into account other social and cultural conditions, so much in evidence at the time. We have mentioned a given fact: that of a country seen as "an island surrounded by land," as expressed by Roa Bastos, in its search for an opening to the outside as an escape from the oppressive authoritarian regime within.[21]

From the internal and external influences of the artist and the environment respectively, and from an extremely schematic perspective, there exists in his local work firstly an inclination to structure the composition in an orthogonal fashion, while discrete elements comprising this orthogonal grid become progressively more synthetic. Secondly, a sort of "modularity" is used as a syntactical strategy, a fact which once again takes us back to the work-environment relationship and the balancing of form and content. The *lance*,[22] a module of colonial missionary and lay architecture, is reinterpreted and incorporated into the Paraguayan woodcuts. *Tiras*[23] of housing are worked and reworked, exposing the synthetic frontal elements of their façades through the use of representative procedures reminiscent of Cubist multifocality and the conventions of colonial cartography. Past and present (artistic and historic) merge in these expressive "tergiversations" bringing us closer to the true configuration of the spatial and cultural surroundings of these villages located in the country's hinterland.

Concurrently, the reinterpretation of local elements contained in the work also extend from the architectural to other forms of visual expression. Decorative motifs originating from popular textile prints (mostly with plantlike references) mingle with architectonic elements: the weft (referred to in this context as the natural) is closely linked to that of the urban layout in a cultural sense.

At a later stage this work/environment intertext is also intended to refer to natural phenomena. This is the case with the woodcut series *Lluvias*[25] [Rains] (ca. 1966). "These engravings are closely linked to my entire work, despite appearances to the contrary. Those straight lines," comments Abramo, "the high definition of the lights are the result of my new approach, despite a certain harshness in their execution, as I needed to give the impression of violence; rains in Paraguay are not simply rains, but storms (...) rain and wind are always exaggerated, possessing an extraordinary power, and it is that same impression of force that I seek to reproduce – of something that ravages."[26]

"The thing that ravages" was frequently used in reference to broader social conditions, of "contention, of a brake (...) to the violent repression and force of a freedom too long awaited."[27]

Yet this series blurs the frontiers between representative and abstract styles. Surfaces and lines – deployed almost self-referentially – stretch the subject to the limits of the recognizable; the gouge is used as a gesture with the violence of its incision in the matrix reinforcing violent connotations associated with the motif being worked on.

Strictly speaking, Abramo's work suggests that there is little use in approaching it from the perspective of mutually exclusive polarities (such as representation and abstraction, Expressionism and Constructivism, etc.). What is most important here is the synthesis used as a form of expressiveness, an aspect that will be taken up again at the end of this text.

Drawing

It has become almost a commonplace to highlight the importance of drawing in connection with Lívio Abramo's work. His own assertions contribute towards this: "I consider myself, contrary to common belief, to be more fortunate as a draughtsman than as an engraver, even when the latter is held in higher esteem."[28]

Paradoxes aside, the truth is that Abramo extensively and from an early stage used this medium of expression. An autonomous use of language may be inferred from the drawings dating back to the 1930s while the use of the pure line allows the drawing to fall into literal forms of realism.

Despite a brilliant and sensitive handling of linear perspective, the aforementioned architectural graphics carried out at the request of Bratke, the architect, prove that Abramo was always aware of the conventionality inherent in the use of perspective, which he would use liberally in preparatory jottings, illustrations, and in his autonomous drawings. The series of drawings that were worked upon between 1964 and 1991 deal with a different theme, despite the fact that the majority, in numerical terms, refer to the urban landscape.[29]

The immediacy of drawing contributed to a more direct and "calligraphic" expression of certain types of content, which in engraving were probably mediated by slowing down the process. Abramo's "draughtsman calligraphy" was unmistakeable and extremely economic when lending substance to different motifs, whether the vast horizontality of the scenery comprising the mission station or the inflections of the river surrounding the artist's "adopted" city – Asunción – a river in which the city is depicted as sluggish and impervious to the passing of time.

Lívio Abramo was able to get to know Asunción before the decay of the city's buildings set in during the 1970s as a negative effect of the economic boom that characterized the period. He always felt at home in this city and it is not improbable that he came to idealize it.

In contrast, in one of the last series to be carried out in the country, *Los frisos del Partenón* [The Parthenon Friezes], 1988, the artist expresses, with uncharacteristic force considering his 85 years, the direct opposite: the urban landscape of São Paulo – coercive rather than projective, as Abramo would suppose – which acts as a bleak scenario for the impersonal, everyday tragedy to which the city's inhabitants are subjected.

Constructivist rigor and expression

The hypothesis of Abramo as an antiexpressionist has been keenly put forward using the argument that his work, even that produced during the phase bearing the same name, consisted predominantly of clear, orderly, and economic forms.[30] Taking this observation a step further, while at the same time avoiding the use of the aforementioned exclusive polarities, we find that it is precisely the inseparable coexistence of constructive rigor and expressiveness (rather than the primacy of the first over the second) which constitutes the artist's signature.

One final digression: qualifying a landscape or a village as "picturesque," in its etymological rather than its conventional meaning, is the same as asserting that the real is named after the artifice in art. This artifice, used sensitively and rigorously, runs through Lívio Abramo's work, substantiating it with a rare plenitude: in a particularly personal graphic style and the frescos of his drawings and the violence expressed in his *Lluvias*; in the confined and elemental geometry of his mission villages; or in the symbiosis which joins the city to its river.

Calibrating with rare precision his structural and emotive components, the work of Lívio Abramo represents the bridge between the routine of appearance and surprise, which the revelation of the hidden holds in store. It has already been said that "the bridge names the river."

notes

1 It is possible to single out at least three distinct periods of modern art in Paraguay. The first, in the 1940s, of individual forays directed towards the automation of plastic forms, following the lines of a "return to order" (Jaime Bestard, Ofelia Echagüe Vera). The second, in the 1950s, with a strong presence of the group Arte Nuevo [New Art], posited the renovation of language by reinjecting into the work Cubist and Expressionist elements (Lili del Mónico, Olga Blinder, Josefina Plá, Laterza Parodi). The third period, at the beginning of the 1960s, put forward the formal updating through the local reworking of the River Plate and Brazilian avant-garde experience (William Riquelme, Enrique Careaga, Migliorisi, Krasniasky).

2 Designations proposed by Jorge Manrique, "¿Identidad o Modernidad?" in Damián Bayón (ed.), *América Latina en sus artes* (Mexico: Siglo XXI/UNESCO, 1994).

3 Comment made in the course of the XX Salón de Primavera, *El País* (Asunción, 1956). Reproduced in Ticio Escobar, *Una interpretación de las Artes Visuales*, vol. 2 (Asunción: CCPA, 1983), p. 127.

4 Although Abramo was never to prescribe such as a rigid orientation, his teaching referred to the precepts of historical figures of avante-garde art – Klee, Kandinsky – who had been brought up to date by later pedagogical and theoretical contributions by authors like Herbert Read and Mário Pedrosa, as observed from classroom jottings in the archives of the Museo Boggiani de San Lorenzo. Regarding this and other aspects of Abramo's trajectory see Maria Gloria Echauri, "Lívio Abramo y el arte de Paraguay. 1956/1992" (thesis, Instituto Superior de Arte, Asunción, 2002). With the exception of a few considerations, it is the most complete compilation of documents carried out to date in our country concerning the artist's work.

5 These names were to include the likes of Goeldi, Portinari, Clark, Fajardo, Resende, Bonomi, from Brazil, and Jiménez, Migliorisi, Krasniasky, Rivero, Morales, and several others from Paraguay.

6 The workshop continued under the stewardship of Olga Blinder Lotte Schulz and María Adela Solano López, until Edith Jiménez, another founder, took over in 1961. In 1962, Abramo settled permanently in Paraguay.

7 *De la diferencia entre lo temporal y lo eterno* [On the difference between the worldly and the eternal] was printed in Loreto in 1705. The hand of indigenous painters, albeit guided, can be seen in engravings such as those of Yaparí and Tilcara.

8 *Cabichuí*, *El Centinela*, and *Cacique de Lambaré* all carried woodcut illustrations, the formal characteristics of which varied between the transcription of an epic and allegorical rhetoric of the academic tradition introduced by the López group – a rhetoric which was understandable given the urgency and singularity of purpose of war propaganda – and seminal elements of a grassroots vision. Relevant among recently published bibliography on the subject is Roberto Amigo's *Guerra, anarquismo y goce* (Asunción: CAV/Identidades en Tránsito, 2002).

9 It was probable that Jesuit-inspired engraving came to an end due to the expulsion of the order towards the end of the 18th century. Propaganda newssheets for their part suffered the same fate as the country as a whole in the war of 1870, which was to witness the near-total destruction of the infrastructure and the 70-percent fall in population as a direct result of the conflict.

10 Despite the fact that local artists such as Andrés Campos Cervera, Josefina Plá, Wandurek, and Holden Jara were to include engravings among their work, their influence was not considered to be decisive. The same may be said for the several publications – *Rojo y Azul*, *Crónica*, *Guarania* – in which engraving was used as a form of illustration.

11 This led to the rise of the first generation of modern engravers: Edith Jiménez, Lotte Schulz, Jacinto Rivero, Leonor Ceccotto, and María A. Solano López. Contemporary engravers, who include Marcos Benítez, Carlo Spatuzza – the latter being a lecturer at the studio together with Edith Jiménez – also received their training from this institution.

12 Edith Jiménez (Asunción, 1917) held a scholarship in São Paulo in 1958, studying at Museu de Arte Moderna de São Paulo's Escola de Artesanato [Craftsmanship School] and later at the Ateliê de Gravura, founded by Lívio Abramo and Maria Bonomi in 1960. In Asunción, Jiménez showed the first abstract woodcuts belonging to the informalist movement in 1960 and her series *Viento* and *Troncos* [Wind and Trunks] anticipated later local trends based on the use of multiple matrices and the engraving of real objects. In *Edith Jiménez, Obra gráfica. 1956/2001* (Asunción: Embajada del Brasil/DHL, 2001).

13 In collaboration with Brazilian architect Saturnino de Brito and critic Ramiro Domínguez – at the request of São Paulo's Museu de Arte Moderna – Abramo presented a collection of 128 missionary works which were to have a major impact, as well as being subject to commentaries by critics such as Sweeney, Pedrosa, and Gomes Machado. Furthermore, steps were taken by the local authorities as well as UNESCO which were to lead to including the missionary collection as part of a universal heritage program. See catalogues *Esculturas de las Antiguas Misiones del Paraguay* (Asunción: Misión Cultural Brasileña, 1962) and *La fe y la flor* (Asunción: Centro de Estudios Brasileños, 1977).

14 The most common criterion was to identify the engravings according to whether their origin was Jesuit or Franciscan, presupposing, in the former, a stronger

adhesion to the Baroque style, and, in the latter, a greater preponderance of local Indian content. Abramo proposed, in addition to origin, organizing the works into four progressive levels of hybridization beginning with metropolitan Baroque and local content, a fact which allowed for a more systematic consideration of formal transformations of the colonial mission station engravings and to call for their preservation as part of the folk culture of saints, which has lasted until today. See *La fe y la flor*, op. cit.

15 Although Abramo was to adopt artistic trends according to his own sensibility and was to a great extent self-taught, a closer examination is required of the influence exerted on his work by sculptors like Adolphe Kohler, Marcelo Grassmann and Fayga Ostrower, as well as the period spent at Atelier 17, run by Stanley Hayter, in Paris, during the 1950s.

16 In the exhibition *Artistas brasileiros contemporâneos* [Contemporaty Brazilian Artists], held at the Museu de Arte Moderna de São Paulo in 1955, Abramo showed alongside Lasar Segall, Anita Malfatti, Di Cavalcanti, and Tarsila do Amaral. In the 1955 catalogue, reproduced by Echauri, op. cit., Abramo is considered, together with Osvaldo Goeldi, the founder of modernist Brazilian engraving.

17 *Paraguay, las plazas* [Paraguay, Town Squares] (1956); *Paraguay, síntesis* [Paraguay. A Synthesis] (1956); *Transparencias* [Transparencies] (1957); *La ciudad de las palmeras* [The City of Palms] (1957); *Paraguay, palmeras y ritmos* [Paraguay, Palm Trees and Rhythms] (1958–59); *Paraguay, ritmos y arquitectura* [Paraguay, Rhythms and Architecture] and *Paraguay, lo natural y lo metafísico* [Paraguay, the Natural and the Metaphysical] (both 1962); *Las ciudades perdidas* [The Lost Cities] (1964); *Arquitectura, Paraguay* [Architecture, Paraguay] (1964); *Paraguay, magia* [Paraguay, Magic] (1965); *Paraguay, visión* [Paraguay, Vision] (1965); *Paraguay, ciudad, río y tiempo* [Paraguay, City, River, and Time] (1965); *Paraguay, sinfonía* [Paraguay, Symphony] (1965); *Paraguay onírico* [Paraguay, Dreamful] (1966), and *Itagua, Paraguay* (1970). In Echauri, op. cit., in which the classification of engravings on metal and lithographs is omitted, it is necessary to take into consideration that at the time no definitive cataloguing of all Abramo's Paraguayan extant works had taken place. The most important collection of the artist's works (1003 by April 2001, donated by the artist's widow Dora Guimarães, soon after his death in 1992) is to be found at the Museo del Barro de Asunción. However, this collection remains inaccessible to the public for purposes of research and classification.

18 Certain local versions exist based on folk dances. They do not, however, adequately express the general character of the artist's Paraguayan phase.

19 The distribution of indigenous labor to the conquerors in exchange for "protection, pious instruction, and treatment," in actual fact meant the exploitation and the eventual extinction of the native people. The missionaries tried to rescue the Indians from the landowners, "reducing" them to villages under strict, albeit less cruel control. The Jesuit model became particularly successful. The villages formed a closed and autonomous state within the sociopolitical and economic structure of colonial Paraguay.

20 From the late 1940s, the artist completed mural panels at the residence of Oscar Americano, in São Paulo (today known as Fundação Maria Luisa e Oscar Americano), Universidade de São Paulo's Dental School, and the mosaics at the Hotel Termas Águas de Lindóia. Ilsa Ferreira, "Lívio Abramo" (master's thesis, Escola de Comunicações e Artes da Universidade de São Paulo, 1983) and Echauri, op. cit.

21 It may be said that from 1870 up until 1940 Paraguay was destined to be, in both cultural and economic terms, a "remote province of Argentina inserted into Brazilian geography." In 1954 the dictatorship of General Afredo Stroessner was installed, which sought rapprochement with Brazil within the framework of a "Pendulum Policy." The presence of Abramo in Paraguay could ultimately be attributed to the indirect results of such a policy, which would become consolidated only in the 1970s, through the binational hydroelectric schemes.

22 *Lance* was the designation given to the distance of approximately five meters between pillars. It is from this structural module that the composition of the façade is derived, as well as the interiors of Paraguayan colonial architecture and traditional country houses.

23 Derived from *oga* – a communal indigenous living quarters – the *tiras* (commonly used as "houses for Indians") formed the basic morphological and functional unit of the urban missionary structure.

24 Parallel exhibitions included those relating to Ñanduti weaving and other popular visual expressions of Paraguay.

25 Executed on different types of matrix.

26 *O Estado de S. Paulo* (1981). Appearing in the catalogue of the Museu Nacional de Belas Artes do Rio de Janeiro (1990). Reproduced in Echauri, op. cit.

27 Olívio Tavares de Araújo and Tício Escobar, *Lívio Abramo, 133 obras restauradas* (Asunción: the Brazilian Embassy, 2001).

28 Lívio Abramo, *Grabados, diseños y acuarelas. Catálogo de retrospectiva* (Asunción: Misión Cultural Brasileña, 1967) taken from C.E.B. archives and Echauri, op. cit.

29 *Misiones* [Mission Stations] (ca. 1964); *Caballos* [Horses] (varying dates); *Paraguay, interior* (ca. 1974); *Itaipu* (1980); *Asunción y el Rio* [Asunción and the River] (1981); *Los frisos del Partenón* [The Parthenon Friezes] (1988), and *Linea: homenaje a los artistas de la prehistoria* [Line: Homage to the Artists of the Prehistoric Era] (1991).

30 In Tavares de Araújo, op. cit.

For pictures see pages 204–209

The Universal and the Regional in the Art of María Freire

Gabriel Peluffo Linari
Curator

Geometrical contexts

"Kill the optical", said the surrealists, the last of the representational Mohicans. ELEVATE THE OPTICAL, we say (...) Concrete art makes man accustomed to his direct relationship with things as they are, and not in their fictitious state (...) NEITHER SEEK NOR FIND: INVENT.[1]

This was the spirit in which the *Manifiesto Invencionista* [Interventionist Manifesto] laid down its basic premises which were made known by the Argentine group Arte Concreto Invención in 1946.[2] Among the members of the original group which was formed between 1943 and 1945 there were also certain Uruguayans such as Rod Rothfuss, Valdo Wellington, Rodolfo Uricchio and Arden Quin; almost all of whom in the beginning had been drawn together by a love-hate relationship towards the teachings of Joaquín Torres García.[3]

Towards the end of 1943, while the "muchachos del café Rubí" [the fellows of Café Rubí] – who later were to constitute the core members of the magazine *Arturo* (1944) – planned the future concrete art to be built on the remnants of the constructivism of Torres García and the geometric elementarism of the European vanguard, María Freire visited Torres García in his Montevideo studio carrying under her arm a book by Cézanne. The master awakened in her both respect and admiration, but she nevertheless rejected what she considered to be the pedagogical limitations inherent in the teachings there. However, the works of Torres García confirmed her conviction that it was necessary to unlearn what had been learnt in the courses of Fine Arts which she had attended. In this way Freire unwittingly shared the spirit of the daily controversies of the Café Rubí de Plaza Once: she shared a partiality towards the geometric tradition of modern art at the same time as the need arose for a renewal of its historical credo.

The French magazines *L'Art Vivant* and *L'Art d'Aujourdui*, as well as the Argentine publication *Nueva Visión*, were all subscribed to by the Montevideo Faculty of Architecture, thus permitting María Freire to become acquainted with cubism, Russian constructivism and the Dutch neoplasticism which had come into existence in the first decades of the twentieth century. She also, however, started taking an interest in African masks, artefacts from Oceania and Indo-American iconography – an interest which Torres García had already laid claim to since 1936 – the investigation of which he sensed as a way out of the quagmire of traditional art. "What I learnt from Lipshitz showed me the way to a new universe", said María Freire, "human shapes, masks transformed into geometrical structures, formed the basis of my sculptures during the last years of the forties".[4]

In María Freire's early works (1938–1948), masks supplied a suitable excuse to set off on an exploration of the formal universe of modernity, while at the same time allowing her to recur to a sui generis mode of expressionism that formed part of her temperamental profile. As early as 1938 María Freire periodically visited the replica of the devilish *Faun* by Michelangelo in a room of the National Museum and took the memory of this image to one of her first masks done in polychrome plaster.

Oscillating between schematism and dramatism was an integral part of the European artistic movement where the issue of primitivism as a topos for modern art always lurked close to the surface. Unlearning the academic precepts proved to be a theme consistent with this modernist revision of *primitive art*, an idea which María Freire brings to her own work as a "journey from the beginnings of universal geometric abstraction towards its plastic development through particular formal solutions".[5] Certain sources of primitivist schematism were used to construct a plastic language pertaining to a peripheral modernity which, without departing from its local and regional dimension, aimed to leave its mark on Eurocentric universality.

Towards 1950 Freire appeared to be resolutely approaching a form of artistic expression unhindered by the demands of expressionism and with a disciplined attachment to geometric constructivism, while she gave drawing classes to high school students in the town of Colonia del Sacramento, a mere fifty kilometres from Buenos Aires.

Peronist populism concomitant with Argentina's industrial growth, together with the confidence in a productive Uruguay during the administration of Batlle Berres and the Jusceline Kubitscheck era in Brazil, which favoured national integration and development, were simultaneous historical junctures that set the scene both socially and politically for what would become a regional artistic climate, whose most innovative common denominator was the geometric movement.

In these three countries the artists were to approach the problem of geometry and that of the "nonfigurative" through explorations closely related to local issues, notwithstanding the unquestionable allure these artists felt towards the European constructivists. In Argentina, "concrete" artists affiliated to the magazine *Arturo* had drawn inspiration from a kind of technology-induced optimism which was homegrown and universal in scope, despite the fact that paradoxically, at the outset, the group had also worked with surrealist elements promoted in part by the works and personality of psychologist Pichón Rivière. In Brazil, geometrical artists of the early period like Mavigner and Serpa had worked during the forties on a program entitled "Art and Therapy" for the Dom Pedro II Psychiatric Institute of Rio de Janeiro. In Uruguay,

María Freire had begun her explorations into abstract art based on the collective experiments which she performed after 1945 with her pupils at the Colonia de Sacramento high school. These facts confirm that the gestation period pertaining to geometric abstraction that took place in the region did so under local conditions which favoured new forms of socialization of the aesthetic experience.

In the mid 1950s, Freire not only enjoyed an intimate relationship with the Madí group and its abstractionist-concretist subgroups inspired by Aldo Pellegrini in Argentina, but also shared an affinity with Brazilian concretist and neo-concretist artists, such as Amilcar de Castro, Luis Sacilotto, Lothar Charoux,[6] and even Lygia Pape herself, who in 1977 would bring together the works of the 1950s concretists in a retrospective exhibition entitled *Construir ou Reconstruir?* [Construct or Reconstruct?].[7] These international contacts were augmented in 1956 in Montevideo, on the occasion of an exhibition entitled *Pintura Brasileña Contemporánea* [Contemporary Brazilian Painting],[8] whose participants included names like Lygia Clark, María Leontina, Flexor, Iván Serpa and several other disciples of the latter belonging to Grupo Frente, such as José da Silva Costa, Mauro Ludolf and the then famous Hélio Oiticica. In the same year Freire and Costigliolo travelled to São Paulo and then on to Rio de Janeiro to exhibit at the Museum of Modern Art, while Tomás Maldonado, Almir Mavigner and María Freire, for different reasons and at different times, studied under Max Bill in Ulm. The Uruguayans José Pedro Costigliolo and María Freire were also to meet and be stimulated by the friendly atmosphere of the Vordemberge-Gildewart school which they visited in 1958.[9]

All this indicates the presence of a network of personal affiliations among artists who not only cohered internally to the regional Brazilian/River-Plate concretism, but also linked up with this movement bringing ideas that had been developed in Europe, particularly around the historical Bauhaus-Ulm axis.

Malleable signs

Though she began in 1951with a series of mobile and polymorphous sculptures which denoted certain affinities with Madí, as from 1952, in setting up her studio which she shared with José Pedro Costigliolo – who would thereafter become her inseparable companion – María Freire reverted to the discipline of the studio which would lead to her increasingly assiduous involvement with flat pictorial techniques. This artist duo became the focal point of the group Arte no Figurativo [Art in a Figurative Vein], which was founded in Montevideo in 1952. During this period the style of painting shared by both artists was at the extreme end of "hard" geometrism (although neither fostered radical forms of intolerance or exclusiveness), which became more evident in light of the other Uruguayan abstract painters, whose eclecticism smacked of figurative and expressionist leanings.[10]

For María Freire this "purist" attitude had presupposed as early as 1952 the abandonment of modelling techniques in favour of working directly with materials resulting from industrial processes, i.e., wire, iron, bronze, wood and Plexiglas. The importance given to the creative procedures of María Freire and Costigliolo during these years is significant, since the choice of technique possesses a significance which is practical while at the same time symbolic: to arrive at the perfect balance between the concept of form and its representation. If for Freire geometrism was the expression of certain mental absolutes, its material execution should visualize the perfect elegance inherent in mathematical forms – an idea which was to some degree associated with industrial imagery, seeing that mechanical serial production contained technological assumptions proper to this search for space and a materiality uncontaminated by the "impure" gesture of manual operations. It is therefore easy to explain why Freire mingled with the technical personnel at the Kraft Imesa factory in Montevideo, seeking to perfect her works made of metal, as well as her adoption of silk-screen printing for reproducing her work, since this technique allowed for the creation of homogenous chromatic surfaces and lines with high-definition profiles.[11] In their search for geometric "purification", Costigliolo and Freire had passed through a number of stages, stretching from intoxication with paint thinner in 1952 to the use of the electric blowlamp in order to apply pyroxylene varnish two years later.

The geometry cultivated by María Freire nurtured an ongoing dialogue between painting and sculpture throughout her work. This geometry constructed both shape and space simultaneously, in such a way that the forms frequently tended to constitute autonomous volumes, independent of the pictorial surface, something that had already been part of the "Perceptist" theory (1950) of Argentine artist Raúl Lozza. It is not a geometry conceived as a metaphysical subject of painting; nor is it an argument for a teleology, but rather something more "concrete": an instrument for the creation of plastic space, a tool for the plastic-constructive freedom of the artist.

This gave rise to the morphological malleability that provided María Freire with geometric support in the development and transformation of her work. The first of these transformations was to take place between 1957 and 1960, when Freire and Costigliolo travelled together to Europe. There they came into personal contact with Moore, Vantongerloo, Vordemberge-Gildewart, Ferrant, Pevsner, Calder and many others, and became acquainted with the work of Pollock at the Kassel Documenta. It was at this time that María Freire once again rethought the meaning of form as sign, as it had existed since her first clay masks. Medieval craftsmanship in metal, particularly that of keys and keyholes, awakened in her an interest in developing the geometric sign as a solid form, whose broken edges predispose it to the dovetailing, to the sequential dialogue revealed in a series entitled *Sudamérica* [South America].[12]

From this moment onward, María Freire's painting seems devoted to producing – and reproducing – archetypal forms and gestures. These signifying archetypes, however, possess a certain genetic starkness; their own visual appearance betraying the very same plastic operations which Freire makes use of in their execution. Just as at the end of the 1950s Amilcar de Castro produced sculpture through simple actions – *cutting* and *folding* a sheet of metal – in 1959 María Freire started working on a variable formal repertoire, yet one whose constructive codes could also be reduced to just a few actions: the cutting out of a plane bearing the polygonal construction of the sign (*Sudamérica* series, 1958–1960), the spatial perforation of the plane which yields to the nodal construction of a virtually infinite development (the *Capricornio* and *Córdoba* series, 1965–1975), and the volumetric disturbance of the plane by means of the subdivision of its surface, creating reliefs and vibrations in accordance with the sequences of chromatic modulation (the *Variantes* [Variant] and *Vibrantes* [Vibrant] series, 1975–1985).[13] These operations[14] are rarely "pure", since it is common for them to appear combined in a single work – especially in the early works – a theme that is not only recognizable in works of the period 1958–1978, but which became evident in the works executed from 1985 onwards, that is to say, after the death of Costigliolo.[15]

When analysing the works produced by María Freire over the last forty years it is common to find a dialogue between her sculpture and her painting, giving rise to a speculative counterpoint in which forms pass from volume to surface and vice versa, which might account for the predominantly frontal dimension characterizing most of her post-1960 sculpture.

The overall effect of this plastic work shapes a universe which, despite its extraordinary variation, remains faithful to that which might be called a plastic economy of the sign, faithful to a totally explicit strategy of schematisation, which boasts of being the sole subject of representation. This contains a slight variant with respect to the classical concretism of Madí's conception of the object, for example, where it represents itself as a finished object, imbued with meaning, in some cases still susceptible to physical transformations. María Freire's art, on the other hand, emphasizes not only the final form as such, but refers more particularly to Gestalt operations contained within it, strategies of formal syntheses ("plastic operations" as she would prefer to call them), and it is these which represent themselves on the pictorial surface or in the sculpting material. The meaning is lodged within the form, but only inasmuch as the latter is the carrier of the exposed plastic construction process, one of visually explicit verbalisation, which determines the character, in a certain "antiseptic" sense, of the results. The "black sculptures" or pieces of wood – corresponding to a series of paintings entitled *América del Sur* – which were done at the beginning of the nineties, were conceived at the margin of all magical seduction or ritual despite their totemic appearances, in the same way that they are stripped of all ornamental pretensions despite the use of this type of reference. In reality the appearance of these forms – their totemic as well as ornamental appearance – is residual. This appearance is the remnant of an earlier period from which these forms were derived with the purpose of conferring upon them a signifying autonomy.

This peculiarity placed the works of María Freire in a dissenting position vis-à-vis both

Sartrean lyricism, which sustained the ascetic and melancholic work of informalism, as well as the expressionistic violence which came to characterise Uruguayan art during the critical period of the sixties. This piece joins the 1980s as a naturally invited guest – without even knowing it – devoid of anachronisms, sharing strategies of self-reference, of lack of metaphysical or extra-artistic contents, of ornamental citations, among other mechanisms that mark the beginning of the postpictorial era, of the amnesiac era, even though María Freire has never forgotten the humanist and utopian premises of modern culture.

notes

1 BAYLEY, Edgar et al. "Manifiesto Invencionista" [Interventionist Manifesto]. *1º Exposición de la Asociación Arte concreto-invención*. Buenos Aires, Salón Peuser, 18 March to 3 April 1946.

2 Arte Concreto Invención [Concrete Invention Art] started as an association of artists led by Tomás Maldonado at the end of 1945, arising from a schism in the old group associated with the magazine *Arturo* (the sole edition of which was published in the "summer of 1944"), from which would also emerge, parallel to the Maldonado group, the Madí group , led by Gyula Kosice.

3 "(...) The fellows who met at the Café Rubí in 1943 (Kosice, Bayley, Rothfuss, Maldonado, Arden Quin and others) showed reverence towards Torres García and Piet Mondrian, while reserving – and exercising – the right to fervently question them (...)". RIVERA, Jorge B. *Madí y la vanguardia argentina* [Madí and the Argentine Vanguard]. Buenos Aires, Paidós, 1976, p. 15.
Yet the prolonged correspondence between Arden Quin and Torres García is another element which strengthened this link. Torres García Foundation archives. Collected letters.

4 FREIRE, María. Autobiographical notes; typed and dated "July 1996". Artist's archives.

5 PELUFFO, Gabriel. Interview with the artist. Montevideo, August 1997.

6 In 1979, the Brazilian Embassy in Uruguay organized a Charoux exhibition at the Gugelmeier Gallery in Montevideo, an opportunity used by María Freire to write an apologetic text in the exhibition catalogue.

7 The exhibition was held in the Museu de Arte Moderna [Museum of Modern Art] of Rio de Janeiro in July 1977 and was accompanied by a book edited by art historian and critic Aracy Amaral, who at the time occupied the position of Gallery Director.

8 The front page of this catalogue was designed by José Pedro Costigliolo, who at the time was making preparations for his trip to São Paulo together with María Freire, where both were to hold an exhibition at the Museu de Arte Moderna de São Paulo [São Paulo Museum of Modern Art].

9 To a certain extent, María Freire saw her stay in Germany as an imaginary return to the sources of sculptural expressionism which had sustained her during her adolescence through the works of Kolbe, Barlach and Lehmbruck, which, owing to family connexions, she had the privilege to receive via publications of the time.

10 This eclectic spectrum demonstrated by the range of Uruguayan abstract painting of the 1950s remains enshrined in the famous exhibition entitled *19 artistas de hoy* [19 of Today's Artists] held in Montevideo in 1955, which enjoyed the eager participation of Freire and Costigliolo. (The latter designed the front page of the exhibition catalogue.)
A similarly eclectic profile was expressed in the first instance by a group calling itself Artistas Modernos de la Argentina [Modern Artists of Argentina] (1952), with well-known concretists such as Tomas Maldonado and, in the second instance, by the Asociación Arte Nuevo [Association of New Art] (1955), who, though united at an early stage to the abstract and concrete "independientes" [independents], were later to drift towards the ranks of the informalists.

11 Raúl Pavlotzky, a Uruguayan artist affiliated to the group calling themselves Arte No Figurativo [Art in the Figurative Vein] and who pioneered the use of silk-screen techniques, printed a folder with the works of Freire and Costigliolo in 1955.
Gabriel Pérez-Barreiro has correctly pointed out that some of the works carried out manually with water-based tempera paints were executed by Freire with such elegance that the results could easily be confused with silk-screen printing.

12 The first works of this series were executed in Europe and exhibited in Belgium, at the Gallerie Les Contemporaines in 1959.

13 This last operation allows for the joining of María Freire's *Variantes* y *Variaciones* [Variants and Variations] series to the pictorial works of Hebert Bayer at the end of the sixties, although the artist herself made a point of drawing the boundaries: her series of chromatic radiations has an essentially dynamic optical effect, that of a wavy fabric in constant movement, which stands in contrast with the static and centripetal character of Bayer's work.

14 We have expressly declined to mention certain pictorial operations with material-based reliefs executed at the beginning of the sixties owing to their brief and relatively inconsistent experimental nature in relation to the overall body of work, which does not mean that we fail to recognise the significant effect produced on her by the informalists in inducing her to choose new constructive codes.

15 The last combined exhibition held by Freire and Costigliolo in Brazil took place at the Galeria Portal in the city of São Paulo in December 1976. This exhibition attracted the artist Odetto Guersoni, who while visiting Montevideo cemented a friendship with both artists. On the occasion of this exhibition, the couple took the opportunity to meet with old friends and make new contacts with the São Paulo members of the group of geometric artists (Charoux, Ianelli, Fiamingli, Araújo and others).

For pictures see pages 215-219

Contemporary Archaeology

Edgardo Ganado Kim
Curator

As we stroll around the large cities of Latin America – Buenos Aires, Mexico City, Havana, Tijuana, Lima, or São Paulo, for example – we come across a recurring phenomenon in the so-called Third World. It is possible that during our walk we find a series of things which have fallen into disuse, maybe because they no longer work, or because they have been left incomplete, or because somehow they are regarded as trash by a social or political class, which thus consigns them to oblivion.

These include objects ranging from tall buildings and urban paraphernalia to pulleys and bottle tops embedded in the asphalt, which, while regarded as waste by certain sectors, would be recycled in the First World. In our region these same objects are reused in their original form and space, simultaneously acquiring multiple functions and identities. An automobile unusable as such, becomes an ad hoc dwelling, the graffiti-sprayed doors of which function as signifiers, the seats, as armchairs in a living room. Wretched shelters made of material still featuring political propaganda exhort us to vote for a better world. Old or unfinished buildings run to seed become improvised parking lots. The fact that these constructions – especially the oldest ones – signify for many a stalled process of development has created, in the historical shells of these cities, a heterogeneous landscape in which modernity neither begins nor ends but is merely superimposed upon the past in an effort to deny it and look towards the future, thus only postponing it.

These resuscitated "corpses" acquire new meaning and use once they are refurbished and taken out of their context by means of a process similar to that performed by archaeology. By way of this process objects belonging to the past are discovered and attributed aesthetic, historical, and museological values they did not previously possess. This analogy becomes paradoxical if we think that these have always been visible and belong to a time which, still in the present, sets our notions of time and progress at odds with each other.

The tradition of archaeology in many Latin American countries is based on the search and study of the large material accomplishments of pre-Hispanic cultures for the elaboration of a glorious history legitimized through its artistic and political values. However, in more recent times, another type of Archaeology has cast its eyes on less grandiloquent, yet, interestingly enough, more revealing elements, ranging from the Maya *sacbé* [paths] – by now almost obliterated by jungle – to daily deposits of trash. In this sphere of knowledge a different world is revealed to us, one that is more complex and vital than the fascinating, exotic, and romantic American paradise, which official history for decades has set out to glorify.

Applying a similar attitude to the present, certain artists in Mexico have appropriated, without any scientific pretensions, methodologies that help us to ponder on a series of objects, structures, and practices which, by being taken for granted, are normally avoided. These seem to perpetuate themselves in both our urban and suburban realms.

Yet again objects, structures, and practices which stand for the materialization of the palimpsests of power between social classes, of the State, and of the colonization, both past and present, in which those located at the base are those approached by the object, the structure, or the practice in their final stages of life. An object, structure, or practice which also functions as a boundary beyond which only utter poverty exists.

These "archaeological" exploits practiced by some contemporary artists regarding present-day objects must invariably turn into a subject for philosophical, anthropological, economic, social, and political reflection. For this reason its creators, according to the Spanish art theoretician Anna María Guash, draw on many elements of the aforementioned disciplines. This is one way of approaching Latin American reality, which, skillfully and intelligently, might lead to a confrontational type of art in response to the homogenization of the ways of producing art from the power of the big cities, at the same time producing artworks removed from perennial folkloric forms that have set the emblematic tone for the regional art.

Naturally Mexican art is not restricted to such a description, nor is this selection enough to exemplify it. The intention of this curatorship is to gather some works linking us to other similar realities and issues in Latin America. Despite the fact that not all the artists present are Mexican, their presence and work within this context cover a long period, what turns them into significant examples of this approach. The tradition of foreign artists settling in Mexico goes back a long way and, generally speaking, the reception and integration of immigrants into the melting pot typified by our country has been successful, with cases such as Remedios Varo, Wolfang Paalen, and Arnold Belkin, to mention just a few.

On the occasion of the 5th Havana Biennial in 1994, Francis Alÿs (Amberes, Belgium, 1959) went on walks around the city wearing magnetic shoes. With these she randomly gathered a series of metal objects, which had gone unnoticed by the city's inhabitants and which she subsequently attached to the map tracing her daily outings. With *Zapatos magnéticos, La Habana 1994* [Magnetic Shoes, Havana, 1994], Alÿs indirectly converted the street into her "commuter's" universe, gradually accumulating the wastes of a community which throws away as little as possible.

In contrast we can imagine what would be collected in other cities; certainly not the same as in Havana. Without intending to, Alÿs's walks demonstrate something of the archaeological adventure with her appropriating a series of objects, a close examination of which may give us clues regarding the economic as well as cultural environment of a particular location.

Similar to Alÿs's piece, Fernando Llanos (Mexico, D.F., 1974) and Enrique Greiner (Santiago, Chile, 1963) in *Memory Full/Memory Fool* also walk around cities: Barcelona, Montreal, and Mexico City. With a video camera and a cassette recorder, following a predetermined route which on occasion forms a geometric pattern on a map, both artists capture sounds and images of the city and edit them separately and at different times into one single work, unifying their audio and visual perspectives. This piece reflects on the abundance and plethora of information produced by a city in all senses and on the impossibility of linking them together.

For several years Claudia Fernández (Mexico, D.F., 1965) has photographed façades of houses in Mexico City. With the passing of time she discovered that the chromatic range of these images formed recurrent patterns according to economic class and residential area. *La belleza oculta en la propiedad ajena* [The Hidden Beauty of Other People's Property] is a map of taste, or rather, the potential for taste. Cities such as Mexico City, and particularly their outskirts, are in an ongoing process of construction and reconstruction which makes the prominent feature of the housing not the final lick of paint, but the texture and the grayness of the materials: breeze blocks, sand, metal fittings, concrete, etc. The image of a skeleton that stands in for skin. This photographic mosaic presents the contrast between the color and ostentation of the middle class and the almost anodyne chromatic neutrality of the well-to-do.

The work of Richard Moszka (Toronto, Canada, 1968) *Un año de basura* [A Year of Waste], of all the works presented in this selection, is perhaps the one in which the archaeological undercurrent is not only more evident, but also criticized and ridiculed. The contents of the trash can accumulated by the artist in the course of a year are documented in 155 slides. Public reaction is clearly prompted by a series of objects of both a private and intimate nature, since they describe not only tastes and habits but also consumption and waste. Once again tension arises between aspirations and means. Moszka describes them as *no eventos* (nonevents), unnoticed and seemingly nontranscendental rituals, which, on the contrary, provide incontestable proof of life, proof that is nonetheless both partial and biased, since merely by looking at contents close to the surface of the trash can one may speculate as to what lies beneath. At times it is possible to guess at what might or might not exist through other images. Once again it is the surface that occupies the background.

Betsabeé Romero (Mexico, D.F., 1963) camouflaged an abandoned automobile – a frequent sight in the city – with green glass from wine bottles, alluding directly to the high protective walls that middle-class Mexicans erect around their houses, topped with broken glass to prevent access to the properties in question. They are boundaries that are put up to create an isolated and secure space for the inhabitants. *Verde botella–verde seguridad* [Green Bottle/Green Security], the name of the piece in question, was constructed on location, which is to say at the spot where the automobile was found, and with the help of the community it was covered with plaster of Paris and pieces of glass. It is not the first time the artist has chosen to work on projects such as this; in other cities like Mexico City and Los Angeles, in the U.S., she has set up similar works, giving certain cars their own identity, one that is shared by those who helped in their creation. Cars represent an unequivocal sign of the aspirations to modernity and social status. Here, their transformation confers the status of ownership upon those who can't afford to use them for their original purpose, but as an object which has been "reinvented" and invested with a new identity.

Violence and extreme poverty are fundamental to the work of Enrique Jezik (Cordoba, Argentina, 1961). The work consists of the model of a house built from scrap material: a wooden crate without doors or windows, that is to say, without entrance or exit, which has been shot at with hundreds of rounds of ammunition. It is the rescuing of an image that we find on the outskirts of sprawling Latin American cities; the *favela* [shanty], the lost city, the slum dwelling. *Estructura construida por albañiles y 500 cartuchos calibre 12* [Structure Built by Workers and 500 12-Gauge Cartridges] is an isolated scale model which rescues, in its criticism, the immobility of endemic poverty caused by daily violence generated on the streets and reproduced in the privacy of a dwelling. In this case the idea reveals itself with the impact which is produced when we come face to face with this hygienic staging, removed and reproduced outside its context in order to become a work of art.

For a number of years human remains have been the raw material for the works of Teresa Margolles (Culiacán, Sinaloa, Mexico, 1963), whose production has always been influenced by her interest in the transformation of the inert body. The subject is not death as such, but the changes of the flesh and its residues. The furniture of Teresa Margolles, made of cement and water that is used to wash corpses in a morgue, provides the key concerning the ultimate end of the anonymous human being, whose fate it was to end up in a common grave. A corpse discarded by the unequal society to which it belonged. The residues of dirt, blood, and other small quantities of fluid remain silent in these pieces of furniture which themselves are anonymous and collective. Thus human limbs and fluids coming from the body are reused and transformed into a useful object. The materials used by Margolles, for the most part organic, acquire a different value, being the product of bribery and exchanges, a reflection of what takes place in the corrupt legal systems of Latin America.

The group Tercerunquinto, formed by architects Julio Castro (Monterrey, Nuevo León, Mexico, 1976), Gabriel Cázares (Monterrey, Nuevo León, Mexico, 1978), and Rolando Flores (Monterrey, Nuevo León, Mexico, 1975), questions the logical functioning of traditional utilitarian architecture. By means of interventions – for the most part almost imperceptible – that rearrange our perception of the created space, they tilt the scale towards any of the *other* possible meanings and uses, reducing meaning to a paradox of modernity governed supposedly by the precepts of reason. In other cases the work is anchored in the simple signalling of an already altered order or one which remains incomplete, owing to a lack of planning or resources, which is most often the case in Latin America. This is what is highlighted by the twenty-five documentary slides of his work in recent years. *Intersección de espacios* [Intersection of Spaces] is an in situ project to replace one building placed within another, which is subsequently destroyed, as a way of commenting on the architectural meaning of reconstruction or re-creation in which flaws of interpretation are imposed.

For pictures see pages 224-239

Notes

Adriana Rosenberg
Curator

The subtraction of beauty as a standard for art hardly signals a decline of the authority of beauty. Rather, it testifies to a decline in the belief that there is something called art.

Far from the aesthetic and the ethical being poles apart, as Kierkegaard and Tolstoy insisted, the aesthetic is itself a quasi-moral project.

— Susan Sontag, *About Beauty*

A city

Every city has a feature, a small thread where, through the observation of small details, flashes of the past appear and one is able to anticipate dreams of the future. This presence of time seems fragmented in the anarchic and expansive interpretation of visual language. Every city has an archetypical image and an emblem.

Therefore, in this space of time we can put together the past with its history, the future with its dreams, with the present as a condenser. Likewise we can reveal its architectural details, with the anonymity, the hopes, frustrations, and the infinite labyrinthine movements of each passerby weaving a particular, unique, and remembered pattern.

Each pattern draws a distinct city, and the sum of all the patterns forms a hieroglyph that is extremely difficult to decipher.

It is on these patterns that this presentation from Buenos Aires, Argentina, is based: its utopian dreams, the intricate labyrinths of the personal journeys which together form a consolidated image that becomes a single compact and anguished mass; its images of the past, which denote its limits and appear as memories in the present. The individual drama immersed in the demands of survival. The dream of emigrating to a paradise so as to begin again with something new and different and escape from the asphyxia of the present and the anxiety-ridden challenge of existence. And also the brutal documentation of the intolerance, the violence, and the degradation brought about by the city.

All these themes can be seen in these works the aim of which is to offer a wide-ranging personal, existential, and historical look, and that together can perhaps provide a profile or a distinctive feature that describes our city.

The dreams

The Hydrospatial City by Gyula Kosice was one of the first urban projects from the art world in the 1950s in Argentina. Breaking the usual rules of space, time, gravity, place, north, south, east and west; laws of architectural construction and laws of behavior, Kosice proposes his hydrospatial city and his own habitat.

In the project, the artist organizes a system that consolidates the equation art = life, so cherished by artists in the forefront at the time. Contrary to the rules that weaken individual freedom, he presents us with an Edenlike place where art disappears when faced with daily life. He conceives a new place where the conjunction of these categories unearths the logical principles of thought: contradiction, opposites, and synthesis disappear.

The artist poses the question "Is this a utopian idealism?" and responds: "Not at all. Those who do not believe in its feasibility are still clinging to the cave, to wars, and deluges. Therefore to dissolve art into the dwelling place and into life itself is to herald synthesis and integration," he writes in his *Manifesto of the Hydrospatial City*.

He pronounces against functional and contemporary architecture: "Do away with cubicles that atomize man's personality, confining him within the limits of a cell (...) What we are in fact suggesting here is the construction of the human habitat, actually using space at a height of a thousand or a thousand and five hundred meters, (...) thus, it is not a question of overcoming the laws of gravity but of creating the support energy."

The project is a set of twelve mock-ups for the hydrospatial city; each mock-up with its own title. Places suggest infinite spaces where the artist defines new forms of human behavior, and questions the function of art. "What, then, is the use of painting, sculpture, indeed, of the 'object,' if all that is already contained in the dwelling that occupies space, the internal sense of that space, volume, color, movement?" And he enumerates new possibilities:

> A place to establish emotional, corporal, copulative, sexual, and erotic coordinates in sublimated levitation.
> A place to forget forgetfulness.
> Explosions of contained joy.
> To attest the downfall of experience.
> To climb the mast of absence.
> To abstain from having a history. To reemerge, always.
> A place to do away with anxiety.
> A place for the art of tomorrow, which is to forget all other arts.

"In the hydrospatial city we are determined to do away with anxiety and sickness, to rediscover the value of love, and recreations of intelligence, humor, play, sports, indefinite joys, mental possibilities yet unexplored, the abolition of geographical boundaries and of the limits imposed on thinking. Is this a utopian idealism? Not at all."

The fetish of identity

A flag is the symbol of a nation, a sign of our identity. It can be an abstract painting, an object to which we swear loyalty, a rectangle to which we offer our lives, before which we surrender offering all our rewards in the case of triumph, and for which we are ready to set out to battle. This act of commitment to an object, silent and inanimate, turns into something that moves the hearts of multitudes and forges collective commitments to high ideals. All these possibilities appear before the silence, the indifference of the object, before the lifelessness of a symbol that, like a large mirror, is able to reflect all our anxieties, illusions, and also our frustrations. But its essential feature is its inability to talk with us, its lack of voice, its lack of life.

When this symbol moves from inaction to action everything changes, each movement is observed and interpreted, and from the sum of these movements we can build a narrative and also establish a moral, political, and aesthetic judgment.

This is the intention of Sergio Avello, to give life to our Flag and bring it out of this state of silence and give it voice and movement.

He uses light to animate this symbol, like a cartoon: light as part of the tradition and one of the great themes in the history of painting and also of the religious iconography of our culture.

Avello invites us to examine a flag that by means of a series of electronic devices is able to produce multiple movements of light. For him, each one of them is part of a symphony of luminosity that tells us his idea of nationhood, his idea of identity, the present in the constructive thread of the history of his country. This symphony of light is both tragic and comic. His country, or his flag, is captured in all its splendor for just a moment, then attempts to light up with great effort, at times succeeding, at times failing. It then goes out and instantly makes another attempt, successively showing us his ideas on economy, idleness, impossibility, the surprise of being, and the complex world of circumstances that man has to go through in the fabric and weave that make up society.

The spectator, faced with a huge rectangle of plays of light, admires the narrative of history and of the present in the poetry of movement.

The archaeology of images

We can consider our memories one of the remotest regions of that which is not external.

— Juan José Saer

Visiting the past is part of the methodology of the study of history. The proposals are multiple. It can be done through the eyes of the present, which limits us to judging the past with the prejudices of the present. It can also be to regain the contemporary ways of observation and from there interpret events, bringing us up against another limit, which is the possibility of accomplishing it, or yet to build a "constellation," where events beyond a particular time and space engage in a dialogue in order to be understood. These and many other aspects unsettle the historian when he or begins sets to work.

The NECAH Project, undertaken by the photographer Res from 1996 to 2000, examines these possibilities of interpreting the past from the vantage point of the present, choosing a visual language for his work. He reconstructs a long journey and documents it in the present scenario. He then establishes a comparative interpretation: on the one side, the original photographs taken in 1880 by Antonio Pozzo; on the other, current photographs of the same spaces taken by himself.

In 1789, General Roca, joined by a large army, undertook the task of conquering territories belonging to the native Indians, in the area stretching from Buenos Aires to Patagonia. This was known as the *Campaña al Desierto* [Desert Campaign], and it is a key point in our history for understanding the conflict between local cultures and the great objectives of the conquest. This moment in history has been and continues to be studied and investigated in order to understand many issues regarding our own being.

Res's point of departure is the album of photographs taken by Pozzo in 1879 during the campaign. The album is priceless. Res's proposal is to reconstruct the same images a century later. He begins his journey and composes the same photos from the viewpoint of Pozzo, documenting the present. In the words of Dardo Castro: "If, on the one hand, the 'Terror of the State' rode alongside Pozzo, Res, on the other, found solitude, the extended solitude of a pampa devoid of Indians and raised lances. Devoid of soldiers and carts, with only the cold images of silos, buildings, monuments. The plain land, the rivers dark and calm." These devastating images raise questions about the ideals of the Campaign and show a current reality that is also in crisis. It is in the two images, that of the past and that of the present, that social drama and human conflict are still alive.

The images emerge from the depths of history, from the archaeology of our unconscious heritage, and at the same time place us at the time of the current observation, leading us to think that "what might have been and what has been / point to one end, which is always present," in the words of T. S. Eliot.

Public and private

An anonymous worker struggles for his independence and means of livelihood and places a small advertisement displaying his phone number, offering his services. This kind of advertisement – a subtle press campaign used by many laborers – appears all over the city, although it is not possible to statistically assess its repercussion. It can be seen posted on tree trunks and on a few forgotten walls. This appropriation of public space for the advertisement of an activity is a resource offered by the city.

This utilization of the city turns into the natural or ideal right of the citizen who wants to offer his services. Jorge Macchi takes these handmade cuttings, presenting a hesitant albeit attractive calligraphy, and uses them as raw material for his work. But he changes the scale. He takes this small inscription out of its natural habitat and places it on the large professional advertising billboards spread throughout the city. These private billboards within the public space have well-defined aesthetics, a specific aim, and are the outcome of a well-planned campaign by an advertising agency.

Macchi proposes the use of these private spaces to display the independent laborer in places where large corporations or big companies advertise their products.

He remains faithful to the original calligraphy, reproducing it exactly the same way he found it, and lets events unfold. It may be that the life of the laborer will change, or not, it may be that the ads will be regarded as a new aesthetics used by ad agencies, or perhaps they will simply disappear in the multitude of images that characterize the city's visual chaos. The result cannot be measured.

The work is a gesture in the void, a subversion of the traditional character of public space, of the traditionally agreed-upon aesthetics of advertising. As if in a new readymade, only this time the exchange is not between the private and the museum, but between the uses and customs of the private in the public spaces of the city.

Uses and customs

León Ferrari's blueprints are a series of zenithal observations of the city. Each of them presents a labyrinth, a new interpretation, a bird's-eye view from the heights looking at this conglomeration of characters and objects that cross the streets, large avenues, and open spaces.

In one of his blueprints, Ferrari takes away the roofs and lets us see the interiors of all these spaces in a seemingly normal way, except that in each of them the habits have been changed. We can see a man in a meeting room talking to toilets, or to washbasins. The whole contains the rules of urbanization and also the logic of architecture, but the uses have been modified, the spaces taken over by unconventional forms. A chaotic description of the city, where we cannot be sure whether it is man with his creativity that changes the rules, or whether it is the rules of this intrinsically complex construction that cause the individual to act irrationally.

In other works, groups of characters delimit avenues, large public spaces taken over by their inhabitants, breaking the limits of construction by the summation of overpopulation and anonymity that is the very character of the city.

All these works were made in the 1980s when the artist lived in São Paulo. For this end he used Letraset images used by architects in their blueprints, and custom-made stamps with figures designed particularly for that purpose. As if using a glutinous language, he composes his blueprints and then prints them using a photomechanical process.

A piece by his father Augusto Ferrari, who was a painter, architect, photographer, and muralist, is also included in León Ferrari's works. The project he selected for the exhibition is a photographic reproduction of a panorama taken at the time of the earthquake in Messina, Sicily, Italy. In this panorama one can see the debris of a city destroyed by natural causes, along with everything this implies. The pain, the crisis faced by man concerning his own construction and civilization.

In these exhibits, Ferrari takes the individual and private drama and confronts it with the idea of progress, of dreams of civilization. In one, it is in the small Italian city destroyed by an earthquake; in another, at the end of the 20th century, the existential drama of man in the big city, in the sedentary way of living that has characterized the century and the construction of these huge cities.

The desire for nonbeing

The project *Argentinos Seleccionados* [Selected Argentineans], organized by a multidisciplinary group of artists, arose as a response to the desire of Argentineans to emigrate due to successive economic and social crises.

As in a corporate project, they created a site on the Web, produced an outstanding catalogue of their product, marketed the product, published catalogues, and launched a press campaign. On the website they offered a space – without specifying place, date, or intention – where Exceptional Argentineans were to be selected for "we do not know what." The release was organized in various advertising media and they then waited for the response. The outcome was surprising: over 300,000 people visited the site asking for information and 30,000 sent in résumés. People from various professional backgrounds offered themselves for selection.

This selection will show all the visual components of the project – calling cards, catalogues, a capsule in which travel, clothes, objects, etc., were offered – and also the results of this. But beyond the implicit irony and the ingenuousness on the part of some of the participants, one can ponder on the behavior of man when faced with crisis, the desire to cease being part of a particular culture.

One can identify this project with the famous phrase: "the medium is the message," or the conventions imposed by the rules of the product, but what is undeniable is the response of man when confronted by chaos, the lack of future, the inability to project oneself in life. Man confronted by unbearable social, judicial, and political disorder, who prefers to leave with his illusions for another existential sphere.

This introductory text to each project is but a rudimentary tool with which to organize a discourse on the exhibition, where the multifaceted nature of the city is present in the individual drama, in the struggle for survival, in the wish to disappear, and in the presence of history. It is the works themselves that present us with as many interpretations as the infinite number of stories that individuals make of their city.

For pictures see pages 244-257

Bolivia

Deep cultural roots are the common denominator in the installations of the artists Ugalde, Lampo and Sanches, representing Bolivia in the 4th Mercosur Biennial of Art. They refer to an identity that transcends time, that is able to maintain its place in the face of modernity. The notion of universality is suggested by the singularities that mark the cultures of the region. They are cultures that live within us and in which we live; our past continues to live in our actions and thoughts. We remain the same. Our essence does not change, and we take pride in it. We seize the characteristics that make us unique, even though our roots are almost identical to those of the rest of Latin America. We are more alike than we seem. The pieces *Marcha por la vida* [Walk for Life] by Ugalde, *Testigos del Conocimiento* [Witnesses to Knowledge] by Lampo and *Tejidos* [Textures] by Sanches are spaces for reflection on contemporary man's construction of thought in these ancestral cultures that define us.

Cecilia Bayá Botti
Curator

Witnesses to Knowledge

This installation by Bolivian artist Cecilia Lampo places us in an introspective situation from the instant we enter a Cretan labyrinth whose walls are painted with *urucum* seeds from the Amazon, used symbolically in various indigenous cultures and which become the central axis of the work, together with "the words" and "that which is written" as relating directly to knowledge.

The labyrinth with its visually limited and confused individual pathway makes it difficult to enter the field of reason. Nevertheless, intuition leads us to the final objective.

The word "difficult" usually has negative connotations. In this case, the path taken allows us to remove ourselves from the surroundings, creating a state of anxiety as one concentrates on what will be found at the end of the path. We find a mountain of *urucum*, a seed from which an intensely red pigment is extracted and has been used since remote times by many indigenous groups in South America, including the Chiripá, the Paï and the Guaraní. The seed is used to paint their bodies, conferring on them an identity or singularity beyond mere ornamentation; they are codes with special or suggestive meanings when used during rituals, feasts, war or as protection against foreign agents, such as disease. Nowadays, the seed is also used in the cosmetic and food industries.

We can see half-buried, almost hidden phrases and words in the mountain of *urucum*, that construct concepts at the same time both ancient and contemporary, provoking reflection on how trapped in the past we are, or whether we are able to distance ourselves from history, or "overcome it." These shiny brass letters that we can't tell whether are emerging or losing themselves in time, speak of hope "EMET," of death "MET," and remind us of the well-known saying by the great philosopher

Wittgenstein: "About that which we cannot speak, we should remain silent."

Throughout history, human beings have expressed their thoughts and feelings through drawing and color. The written word as a prevailing and important medium of communication, almost indispensable to the attainment of knowledge, is a contemporary expression.

The restlessness of Cecilia Lampo nestles in the rule of reason and the written word to express knowledge, in addition to questioning society's constant search for certainty but not the truth (The Truth?). That which can be learned above all through intuition, feeling, art, myth and symbol.

The work investigates enigmas that deal with transforming the contemporary into an object of antiquity and vice versa.

Cecilia Lampo is a Bolivian who graduated from a German university. Until recently she dedicated herself exclusively to painting, but is now investigating new possibilities. Her form of expression is always minimalist, the origin of her work conceptual. She is a builder of ideas whose symbols and sign systems belong to a social memory, to atavistic feelings, able to be understood through both intuition and reason.

March for Life

The construction of this work took almost two decades and relates to the life of the people of the Andes and Bolivia's social problems. The proposal has taken various different forms in previous exhibitions; what is important is the discourse and the process, for the resulting object can vary much as life itself can change direction in an instant.

In this case, Ugalde presents a large piece of cloth measuring 6 meters x 20 meters, an assembled piece, where the components are colored textiles woven by indigenous peoples, collected from various ethnic groups from different regions of the Bolivian Andes. It can be seen as a way of recuperating values eroded by time.

Gastón Ugalde is a post-modern artist, pluralist and independent in his form of artistic expression. He uses many different materials, such as textiles, wood, minerals, coca leaves, pigments, etc. His work is not, however, centered on an idyllic past, his acts and thoughts are highly independent and contemporary. The language he uses knows no limits. He is a painter, engraver, video maker, architect and installation artist, making no distinction between these categories. He nevertheless leaves a highly individual and eloquent mark.

Cultural roots are one of the elements that pervade all his activities, as a way of evolving a collective consciousness, embedded in a solid, deeply rooted identity, which is nevertheless aware of its diversity.

Marcha por la vida [March for Life] is a work that is representative of cultural syncretism. On the one hand these are textiles of great purity; on the other, they are objects that reflect the impurities and influences to which we have been exposed, obtaining as a result a cultural stratigraphy that allows us to be aware of our identity and our situation regarding Latin America and the world. This is an assemblage that contains symbols, which, although varying in their meanings, continue to be signs of a given cultural structure.

The Andean textiles are a testimony to life, of cultural affairs; they include expressions from the Aymara and Inca indigenous groups in addition to incorporating, at certain historic moments, elements from the vice-regal, republican and contemporary periods (including written texts). We should emphasize the importance of the textiles, which serve to reaffirm ethnic identities; they stratify, unite and separate human groups, and are present in their religious rituals and in all the functions of the cycle of life.

The proximity and knowledge the artist shares with the peoples of the Andes have stamped Ugalde's work with authority and greatness in the Bolivian and international art scenes.

Textures

Joaquín Sánchez was born in Eusebio de Ayala, Paraguay, 28 years ago. He has been living in La Paz, Bolivia, for the past four years. Attracted to aesthetics, he worked as art director at a fashion magazine in Asunción, Paraguay, for two years, and subsequently trained in the audiovisual and stage directing fields in Buenos Aires.

This piece is a metaphor that speaks of the construction of the human being from the womb, passing through the cultural weave of the places that have touched us, ending up back at the origin.

In a darkened room, evoking a ritual that alludes to memory, the spectator is immersed in the work. It is a five-minute performance-installation – Body Art, or whatever you may call it. Time and space become relative, and we embark upon a trip through time.

Naked, and completely shaven, the artist's body, in the fetal position, is submerged in a circular capsule filled with water. Sound plays a role as important as the images of indigenous textiles decorated with signs and symbols, with images of lungs breathing and a heart beating. They are projected in perfect harmony on the liquid surface and on the skin. The body speaks without prejudices, incorruptible, "like an entity indivisible from the soul," as the writer María Soledad Quiroga would say.

The work engages us because we are not faced with just an aesthetic object. The body carries with it a world of meanings. It possesses discourse, a mysterious and inexhaustible language that we nevertheless find attractive. Sánchez performs a choreography of smooth, magical and ritual movements. It ends as it began, in the fetal position, back at our origins.

In some way, we leave feeling different.

Joaquín reveals his fascination for the spiritual life of South American indigenous communities, his admiration for their ways of giving meaning to their objects and customs, to their daily life. He prizes their expressions of identity, the uniqueness of their cultures and their awareness and presence of being.

He recognizes himself in them.

This is a complex installation, embracing the value of the intangible, a performance of great maturity.

For pictures see pages 262-267

Life Code/Art Code

Franklin Espath Pedroso
Curator

The theme of the 4th Mercosur Biennial of Visual Arts, *Archaeology of Contemporaneity*, has led us to question a little further as to the meaning of archaeology for the modern man, confronted with great transformations in every field of his existence. Thus, we draw the conclusion that today man seems more willing to search for answers to his anxieties in the unknown future than to find them among the comfortable certainties of the past. We then choose to select works that reflect on the concept of transformation and which settle a discussion about the future of man, through transformation, displacements, or suppositions.

Genetic archaeology

God created the universe and, at the same time, created the enigma that science has been trying to solve to this very day: the mystery of its origin. Up to this moment, all theories referring to the creation of the universe are just theories, still lacking some unquestionable proof of evidence. On the other hand, a certainty has finally been reached not about the origin, but about the intrinsic nature of man, of that which has been dubbed "the secret of life," encapsulated in the DNA, which was discovered half a century ago by scientists Crick and Watson. Many things have changed ever since, but only recently, in June 2002, a more conclusive profile of a "sketch" of the human genome was reached, to delineate a spectrum of never-ending possibilities.

It is known that we inherit the genetic configuration from our parents: the genome, the group of genes contained in one sole union of chromosomes, the twenty-three chromosomes present in a germinal human cell. Each of these chromosomes gathers approximately a thousand genes or double helix of DNA. This combined collection of DNA helix has a total of three billion base pairs.

Nowadays, everything seems to revolve around the DNA. As each day passes by, the press informs us that another celebrity was forced to recognize some unwanted parenthood due to the merciless divining DNA test, the dividing line between affection and fortune. With much deeper aims, science continues to broadly develop towards the equation of a variety of problems related to the DNA. Thus, in the very near future, it will be possible to foresee the kind of illnesses an individual will have a tendency to develop throughout his or her life. Consequently, it will also be possible to foresee the precautions that could attenuate or even eradicate the risk. In flora and fauna these changes occur faster, as agriculture is already producing genetically modified food, more resistant to plagues, at times more nutritious, and even fat free. The same happens in the field of biology, with the creation of new species, hybrid or derived from preexisting ones, in a scenario that evokes science fiction or fantastic literature.

There are so many controversial and debatable novelties, so devoid of new mechanisms of information and control that one African country, devastated by hunger, has refused the offer of genetically modified food for its starving population. It thus preferred the certainty of hunger and misery to the doubt of a hypothetical misdeed that food might cause.

Numerous researches are being carried out with modifications of the DNA and the "manufacture" of bacteria capable of fighting a variety of serious problems that ravage humankind, and there is plenty yet to come. Molecular biology seems to explain and describe, in an exemplary way, everything concerning the cell, the function of the DNA, and the consequences born out of all these innovations. Despite all this, only an insignificant percentage of the functions of the genome are known. Many things are yet to be discovered, though, paradoxically, this study can be seen as a kind of genetic archaeology. Only this way will we find out what we are, what we could have been, and what we will be. Many experiments still startle us, but soon nothing will be "impossible." There are lots of commentaries about multiple children, for science has helped parents with fertility problems, whereas some people have become real "living laboratories," at times suffering spontaneous mutations that are the cause of genetic defects. All these experiments are very much discussed at different levels: moral, ethical, legal. Where will man get with all these modifications? What is the limit that should not be trespassed?

What does this all have to do with art? What are the applications of science in art making? Everything and all of them. Art and science have walked side by side since the beginning of the 16th century, when Leonardo da Vinci (1452–1519) dared to defy the bull the by Pope Boniface VIII, running the risk of facing Inquisition, to take part in the experiment of dissecting human corpses promoted by Marco Antonio della Torre. In the following century, Rembrandt (1606–1669) brought this theme (no longer forbidden, but unanimously considered highly annoying) to the pictorial realm with his well-known *The Anatomy Lesson of Dr. Nicolaes Tulp*. In the 19th century, this dialogue between art and science deepened with the researches on chronophotography of Eadweard Muybridge (1830–1904), admirably summed up in the book *Animal Locomotion* (1887), which inspired a moment of rupture in the 20th century, when Marcel Duchamp (1887–1968) saw his *Nu descendant un escalier* – based on a chronophotograph – be refused in the Salon des Indépendants, in 1912. But it was with Salvador Dalí (1904-1989) that this dialogue between art and science reached its summit, as the artist, an avid reader of scientific works – interpreted by him in his own peculiar way, thanks to his "critical-paranoid" method – took them as a source of inspiration for many of his works. Dalí was one of the first artists to praise, in 1932, Jacques Lacan's thesis, *De la psychose para-*

noïaque dans ses rapports avec la personnalité. He visited and portrayed Freud in 1938, acclaimed the English scientist Dennis Garbor – 1971 Nobel Prize winner for his invention of holography – and executed six works with this process the following year. Regarding the theme of the present biennial, Dalí was a DNA enthusiast, and considered eroticism–one of the central themes of his oeuvre–"the monarchical principle which cybernetically 'flows' through the molecular structures of the desoxyribonucleic acid." His obsession with DNA led him to execute, in 1963, his canvas *Galacidalacidesoxyribonucleicacid*, which he described as the product of "the vision that would be Teilhard de Chardin's, if he could see the well-known spiral of Crick and Watson, conveyor of God's memory to the remotest of the living cells."

So, artists have always resorted to scientific concepts to explain and produce their works. Such a tendency only increases as the number of works of scientific vulgarization rises, and metaphysical or religious concepts are interpreted in the light of quantum physics. In the pieces selected for the Brazilian representation at the 4th Mercosur Biennial of Visual Arts, we present works that deal with the issue of human life. We can observe many of these relations with the genome, the DNA, the molecules, and with many possible modifications, imaginable or even unimaginable.

Janaína Tschäpe, for instance, presents a series of videos and pieces in which spontaneous mutations are clearly evident. Human bodies that turn into monsters through irreversible mutations. Many female figures who, dressed in a quite bizarre way, get out of the forest and, floating as in a ballet, transmute, inflating many parts of their bodies and, as they burst, it is as if they were reproducing and scattering their remains in the river. These spontaneous mutations occur in the birth and development of these forest beings and their congenital defects never cease to multiply. In a touch of sheer sensibility, Janaína Tschäpe's transformations are charged with visual poetry.

Ivens Machado has always made use of raw elements in his works, elements that can allude to the "beginning" of life according to the Bible, since man was made of clay, and woman derived from one of his ribs, in what can be considered the first process of human cloning. The work shown here is very similar to one of the helicoidal chains presented by Crick and Watson in the 1950s. These are inevitable relations, when dealing with this very theme, and his works always evoke sex, from where everything emanates: the origin of life. Perhaps Ivens Machado is the only artist in this exhibition who has linked archaeology – as a science dedicated to the study of the past through basic elements used in the making of his work – to the studies of DNA symbolism. The double helix of scientists Crick and Watson is redefined here by Ivens Machado in a far more aesthetical than scientific way, and he is able to beautifully give form to the rough, the natural.

The comma: it is with a series deriving from this punctuation mark that José Damasceno presents a questioning about the contemporary human being, when everything seems to be just a comma. Apart from exhibiting everything "with a comma" – as a sole definition seems little for any description – we can face the comma as a restriction or critical commentary on a given situation. The artist places us here in a situation of questioning and critique of changes and evolutions of the contemporary human being. This critique is presented by José Damasceno in a "text" overloaded with commas – a real code.

A cube inside a cube is what Laércio Redondo presents. Reflecting upon duplicity, upon the way a human being can be repeated, the artist is able to accomplish this feat without appealing to biological experiments. With sheer imagination and total simplicity, he duplicates all people who enter his mirror labyrinth. Not only people, but everything that surrounds them. In a certain moment, the visitor, as he/she comes into the second cube, leaves the vertigo of his/her own cloning and starts to observe the duplication of all the others. It is as if he/she came into a state of control on everything around him/her. In this work, entitled *Hotel solidão* [Hotel Solitude], Laércio Redondo tries to compel the viewer to think about proximity and distance between the people placed there.

In a very good-humored work, Lia Menna Barreto seems to play as she forms new species through various mutations. Animals that by a forced act of alteration become beautiful, despite their apparent defects, very different from those beings that terrify us with their congenital defects caused by spontaneous mutations. This does not happen here, as Lia Menna Barreto is able to transmute all these beings into objects imbued with sublime beauty. In the work shown here, she reveals her transforming act as she modifies these little beings through the use of heat. It is the heating process that turns these figures into totally deformed objects, which melt with each other resulting in one single piece of extreme beauty. The mutations undertaken by Lia Menna Barreto are not in fact spontaneous in a biological sense, but are impregnated with total and deliberate spontaneity.

A big set of white basins, with various colorful liquids, spread in a wide area represent DNA tests. Under these basins, rice and beans. Lygia Pape with her usual expertise proposes an interpretation for the DNA of the Brazilian people. Is it really possible to attest the predominance of any genetic trait in a nation, responsible for the fact that certain characteristics are diluted through the generations? The Brazilian is special par excellence. Globalization, so much in fashion these days, had already happened when this nation was formed and, despite all the miscegenation – still in permanent ebullition – the Brazilian bears his own traits that make him different. Lygia Pape shows that, deep inside, this race mixture is part of our culture. This is all shown in a beautiful, poetical act.

Rosana Paulino presents her mutants, which are part of her series *Tecelãs* [Weavers]. They are half women, half insect, resulting from the unfolding of the series *Aracnes, Casulos e Ovos* [Arachnids, Cocoons, and Eggs], in which women were always the focus of attention of the artist. The weavers were genetically modified with the aim of keeping their bodies. From their wombs, there emerges the matter that covers their mouths, their ears, their eyes, isolating them from the external world as if protecting them, in expectation of a physical transformation that will turn them into other beings. Rosana Paulino gives new meaning to form when she creates such beings; deep down, it is a development of a series of drawings by the artist, in which the woman generates something unknown inside her body, leading her to suffer a genetic mutation. Various beings, the weavers, are placed side by side as if in a mass production of this new being, the outcome of a mutant experiment.

Solange Pessoa works with a material that at first shocks for its quantity, since it is real human hair. This totally phantasmagoric work, which does not seem to end – as it crosses all the exhibition space – is impregnated with questions that have always concerned the artist. In each of its segments, various enigmas, mysteries, myths, and obscurities are slowly revealed. The gathering of hair originated from various lives and various deaths forms a big cap and reminds us at the same time of an extensive cloak, in which past is brought back to our own time. It is a total conduction of the human condition in its modifications and transmutations up to a level the artist considers to be religious.

Laura Lima also revives the past. Through a movement suggested in a canvas by a 16th-century unknown artist, she recreates this scene with new garments and composition. It is a ball in the court of Henry III, revised by her as if she were re-creating information and the senses by means of a temporal and material transposition of everything that was on the canvas. She establishes the codes of reference, expression, and communication in the passage from the first condition to the updated stage, as a heritage, a phenomenon of continuity. The transformation caused by this spatial and temporal displacement makes this new scene completely different, with new codes, new propositions, new allusions, even if it is possible to consider it a cloning of the scene fixed on the canvas.

For pictures see pages 272-289

The Other Side of the Copy: Symptoms of an Aural Desire

Francisco Brugnoli
Curator

Two well-known points of reference, the translation by José Bianco of the title of Henry James's work *The Turn of the Screw*[1] and the famous essay by Benjamin on the technical ability to reproduce art, allow us to investigate a symptomatology that is useful for understanding a situation where a new generation has managed to attain unpredictable levels of productivity, by displaying various artifacts that are not committed to partialities of genre, neither seem to be disturbed by possible historical antecedents, but simply appear and, by appearing, cause shouts of complaint. Eagerness to exhibit, consonant with this productive euphoria, gives rise to an unprecedented number of young artists, and we often see the same artist putting on exhibits in quite diverse places with short intervals between one and the other or even simultaneously.

The oddity of this situation can be better understood if we bear in mind that 40 years ago, in the '60s, when the media began transforming reality and industrialization increasingly permeated daily life, a semirural culture, in the most traditional sense of the word, was still present in Chile. Yet, nowadays we find ourselves in the midst of a sparkling landscape of malls, illuminating an export-driven neoliberalism, whose sparkle nonetheless obscures the ruins left by a history of successive modernization projects. These are the circumstances for our peculiar unawareness of history, which these successive projects themselves discredited.

Toward mid-19th century the newly created university took on the responsibility of founding the Academia de Bellas Artes, hiring Alessandro Ciccarelli, a Neapolitan artist and late follower of the neoclassical school of art, who arrived in Chile after a journey across the Americas that included the Brazilian court. Among his pieces are *Vista de Santiago desde Peñalolén* [View of Santiago from Peñalolén], with a view to a flat area before the mountains showing the city's regular configuration, while also showing toward the center of the canvas the painter himself, who, with his back to us, appears painting the varied landscape we see. It's an astonishing insight into the primacy of painting over any circumstance within the landscape and a milestone, anticipating a kind of art production where scarcity would bring openness to very significant operations.

There's also scarcity when it comes to the likelihood of a local history of art, such as a universal art history in Chile, because museums lack originals, which are critical sources to build a modern discourse and to enable the adoption of stances required by the discourse itself. It's not enough that other artists come to Chile or that local artists travel abroad. Not even the large French exhibit *De Manet a nuestros días* [From Manet to Our Days], in 1952, was sufficient. It brought for the first time not only the presence of valuable originals, but also showed a contemporary production of the time. Moreover, nowadays our museums, for several reasons, don't show enough of their own collections, which makes it more difficult to follow the trail leading to the heart of our own sense of place. Thus, critique on art production was made, if at all, from very scarce points of reference.

These conditions restrict the training of artists to knowledge of reproductions and to a dialog with those who in turn have reproduced them on a large scale. On the other hand, a condition of graphic reproduction is that it allows technical homogeneity with any other printed art, creating imaginary ties to a highly heterogeneous universe, where comics, illustration and advertising hold a special place. Nevertheless, the legacy of modernity is to prize the processes of an object's production, which the described imaginary situation, together with the current available supply, can be considered as one of the triggers of the current productive euphoria. Patterns that in addition to showing, in their application, the joy of the predictable, can also critically refer with sarcasm to its "equal."

However, another determining factor must be considered in the current landscape, and that is the development of a real art scene, given the progressive abundance of galleries – including some dedicated to advanced forms – museums of contemporary art and cultural centers that give preference to experimental forms, the appearance of numerous higher education art schools and also the cultural pages of magazines and newspapers dedicated to exhibition launches, which are treated as real events. This overproduction would therefore appear to signify an unheard-of demand, creating the fiction of a wished-for exhibition space which, in fact, is still, in many aspects, awaited.

In the midst of such a scenario the office of curator becomes an especially difficult task with risks that we are required to take, emanating from so-called critics that may enable us to handle such risks while immersed in their environment. It is in this way that we have first of all made the successive copy a priority, which in addition to its association with printed material in general, allows us to approach the art magazine from the angle of a "framed culture," which at times gives rise to the production of works in the realm of photogenics itself, while at the same time demonstrating the distance from the "here and now," involved in the production of these originals, rendering them desirable while searching the photogenic realm for their approximation. However, this awareness of remoteness is seen as fundamental with respect to the idea of a return to the origin as a construction of what is "original" which we could only contemplate through the development of its own constructive process. In such an endeavor it is helpful to refer to the translation of Bianco's *Otra vuelta de tuerca* [The Turn of the Screw]. This enigmatic and self-explanatory phrase suggests simultaneously remoteness and subversion of origin.

Coinciding with our interests, the invited artists differ both in terms of approach and generation. With the exception of Virginia Errázuriz and Pablo Langlois, these artists have been on the scene since 1995. Due to the need to work with difficult backgrounds and demonstrating indicators of a landscape that immediately preceded the present, yet which co-appears in the same scenario validating the attention drawn to it by the forthcoming generation, the former artists have been invited to appear. To this should be added their function as educators with respect to others who have been asked to participate.

On the occasion of the *Bienal de Grabado de Curitiba* [Curitiba Engraving Biennial], in 1996, Justo Pastor Mellado, Head of the National Curatorship, considered, as part of his consignment, a series of works demonstrating a shift in the technique involved in the selection process under the heading *Hecho en Chile* [Made in Chile], similar to an export stamp used by Chile to show off the improvement in its economy since it was restructured in 1980, the same year in which this work was produced. Virginia Errázuriz not only acknowledged through her gesture a particular place of origin, but also delivered, by means of work carried out using inadequate materials and a minimalist approach, the intractability of the landscape. This work might well be seen as emblematic of the curatorship on which we are about to embark. We have, however, requested her to make an installation which would include work on location, similar to those carried out in her last works, especially in *)Coincidencia(* [Coincidence], Galería Gabriela Mistral 1998, and in the Museo Nacional de Bellas Artes, 2000, in the exhibition of works covering the period 1973–2000, "Transparencia y densidad" [Transparency and density], the last part of a trio entitled *Chile: 100 años de Artes Visuales* [Chile: 100 Years of Visual Arts], also under the curatorship of Mellado, who requested a work based on *Paisaje* [Landscape], an installation to be found in the Galería Sur, 1983.

From the first installation made up of operations called "Rotinas" [Routines], "Encuentros" [Encounters] and "Apropriaciones" [Appropriations], we have considered the second through the fragment "Estante" [Being], described by the author as: "a collection of accumulated objects, identifiable by their origin, arbitrarily installed as an operation reflecting everyday, indeterminable situations."[2] In this it would be possible to recognize in that which is indeterminable in our daily lives, the absence of a project and subsequently, the submission of the artist to the observation of places through the experience of one recollection, which builds up like an absurd and infinite collection frenziedly conjuring up scenes that have been forgotten or merely seen, conferring the status of extraordinary upon the completed work. What is of interest to us in the second is the repetitive exploration of footprints and the installation of marks, illuminated by instruments of parody and reflected by mirrors which state the impossibility of materializing.

We have included *La lectura* [The Reading] from Pablo Langlois, an installation presented at *Extremo centro* [Extreme Center], MAC 2002, an exhibition that was coordinated among noncommercial galleries in the center of Santiago. The piece is constructed as a model of the painting by Cosme San Martín (1850–1906), of an academic character, highly descriptive and with a certain homely look, very typical of domestic production at the end of the 19th century. Constructed after the reigning models, it was also meant to be a paradigm of family life.

Langlois reconstructs the scene with metal rods, which despite the details alluding to the beauty of the "original," fails as a reproduction, dragging down the demonstration by its own example. The life-size model of the scene is mounted on glass panels, illuminated by a suspicious green neon light. Langlois' "copy" assumes an ambiguous stance, at first seeming to be parody, as a critical option to the point of reference, giving way to an upwelling of melancholic empathy in the face of irreparable loss.

The work of Langlois has achieved fame since the 1980s, when, in the hedonistic context of neo-painting, he installed a reflective and critical work on the representational procedures of painting, exhibited principally in a piece where the concept of ruin, as in the ruin of painting, is necessary for its own production.

The pieces of some of the participants can be grouped together in broad zones that do not disfigure their individuality, such as those that state an absence of the imaginary within a history of art and act from substitutes constituted by the imagery of consumption. Examples of this are Mario Z and Víctor Hugo Bravo who work from painting, due to a needed proximity in mimicking the models used. We have requested a portrayal from Bravo carried out with industrial paintings, called *La gran escena chilena* [The Great Chilean Scene]. This is the manual reproduction in large format of the largest illustration of what was his first school reading book and therefore also his first institutional behavioral manual. From Mario Z, who previously achieved fame with paintings whose images come from a woman's magazine of the 1930s, called *Margarita*, we are presenting a recent work, where the comic strip transfers to the canvas Las Chicas Todo Poderosas [The Powerpuff Girls], with an exhaustive use of procedures proper to the academic technique of painting, such as the use of "glazings," raising the banal to the history of painting, an attempt that reveals its impossibility.

Next to these works is the selection of Marcela Moraga *Playmobil Ediciones* [Playmobile Editions], where the sensations of reality provoked by urban scenes oppose the unreality of the characters, whose identities are possessed by accessory objects; a confrontation that is projected into the same space that we inhabit, irreducibly fragmenting it. Its achievement through photography, as an allusion to documentary faith, contributes to the troubling image-recognition basis.

We find the same sarcasm in the installation of Juan Céspedes, where a game arcade becomes a possibility, perhaps the only one, of identifying a factual reality that escapes us, in part by the use of the same means that allows a bombardment like the game of Nintendo preceding this work. The use of precarious videos also casts a blow at exemplary manifestations of video art, and captivates us with its playful minimalism.

The work of Yenniferth Becerra, *¿Qué hace que los hogares de hoy sean diferentes tan atractivos?* [What Makes the Homes of Today Different and So Attractive?], quoting the work of Richard Hamilton, acts as a metonymy of this "zero" as a place. The cardboard house, ambiguously parodying the proposals of the architecture of deconstruction, rises up thanks to a disproportionate pulley, causing the appearance of this artifact that, at first sight, alludes to the "cardboard house" of the urban homeless. The baroque unfolding of the house is also freed of any showiness by the noise of the pulleys and chains that reveal it. The house, as habitation, remains only as a faraway image, suddenly leaving just emptiness. The first known works of Claudia del Fierro consist of activities that dissolve the subject through an expropriation of other identities, like the secretary, or the modest employee of a neighborhood business, an action that to me should be called *Yo soy la otra otra* [I Am the Other]. But in the Valdivia MAC of 2002, she exhibited a video, entitled *Piezas y partes para susurrar* [Pieces and Parts for Whispering], in which this loss (of identity) is united with precise situational experiences, constituting the whole work from the same experience as "diffuse pieces and parts of faraway images. In the same way the amnesiac has lost the construction of his identity, these precarious recreated images have substituted my own memory."[3]

Carolina Ruff and Livia Marín have undertaken in situ experiences. One of Ruff's projects consisted of an intervention in front of the national palace, installing turf brought from a cemetery that was identical in form to the existing *parterres*, creating such a likeness that it is impossible to see, at first glance, the intervention that has been made. This cunning gesture is also present in the installation of small *petit-point* embroidered works that are present in the various structures of architecture, where they are surprisingly discovered. The paradox of this invisibility is created by the realization of a professional job that requires a repetitive rhythm and which constitutes its own worth. But if we recognize this worth, it is precisely for that which separates it from the original idea, since the embroideries have been made from patterns of banal images, it is on the weft that the pattern has been ordered.

The gesture of reiteration is also decisive in one of Livia Marín's works, which is applied to domestic objects in series, "supported by the hierarchy and category of the copy, the productive originality of art is today reinterpreted..."[4] These objects, disposable plastic cups, for example, are distributed or piled up, intervening in architectonic spaces, in which they are lost. Although they seem to want to borrow the material nobility of their guest, their own materiality ends up by annulling this possibility, the discovered inconvenience unveils its ephemeral condition, and, in addition, the repetitive nature of their order makes the uselessness of such an obsessively dedicated work apparent.

The youngest of the invited artists, Andrés Durán, has for over a year been drawing attention due to his works, where the concept of strangeness makes the aural need obvious. That which in the aforementioned artists happens in large measure due to an implicit expectation, in this case comes about through the creation of a clearly contemplative space, and immersed in it, a change surprises us, holding in suspension the presence of something that we must clearly identify. In the selected work, an ornamental architectural piece is illuminated by its own image projected onto it, until a change suddenly appears as a break between image and object. Deprived of the image, our gaze leaves the object and follows the projection of the image until it once more lights upon the object, leaving us immersed in an ambiguous experience of reality.

As regards the question of the archaeology of art in Chile, it seems to us that this can only be resolved from the virtual and paradoxical situation that we have shown here, that is, by considering the previously described lack of conditions for an art production, aggravated by the international isolation resulting from the military regime. All this leads us to postulate as a consequence a thesis of evident audacity, the attractiveness of which is unavoidable.

The distance from the original makes inevitable the question over another possible archaeology, which offers itself as a paradox, in terms of the loss, or the attrition, of the original due to its ability to be reproduced, or copied, according to Benjamin. This has led us to think that it is precisely this distance that creates space for the desire for a "re-auratization" of the work, a possibility in which one would be toying with local art. Even in its productive euphoria, which would, moreover, be perfectly coherent with the paradoxical procedural operations, in the "here and now" of its surface action. Among them the circumstantial condition and ephemera possessed by these works, develop a special empathy toward its ruin and finally its loss. It is the world of accelerated consumption that would make this melancholy possible, which acts as a compensation, of a world where the sign of loss prevails. It seems to us that it is from this melancholy of loss that the word archaeology appears appropriate.

notes

1 JAMES, Henry. *Otra vuelta de tuerca* (Translated by José Bianco). Buenos Aires, EMECE EDITORES S.A., 1945. Colección La Quimera. (We owe the calling of our attention to the peculiarity of this *turn*, in the translation, to Augusto Monterroso.)

2 ERRÁZURIZ, Virginia. "(Comentarios secundarios...)", in the catalog *)Coincidencia(*, Galería Gabriela Mistral, Santiago, Chile, 1998.

3 DEL FIERRO, Claudia. "Arte y catástrofe", in the catalog of the same title. Museo de Arte Contemporáneo, Valdivia, Chile, 2002.

4 MARÍN, Livia. "El objeto como propiedad." Unpublished text, 2002.

For pictures see pages 294-315

Paraguay

Photographic Imagery: Present Conjuncture and Approaches

Javier Rodríguez Alcalá
Curator

A retrospective examination of Paraguayan plastic arts in recent years reveals two predominant tendencies: object art and photographic imagery.[1] We have chosen the latter for this 4th Mercosur Biennial of Visual Arts, as we believe that it meets the requirement of being current (typical of biennial events of this nature), while allowing us to deal concisely with the context of local production from a less uneasy standpoint, through a type of "recent archaeology." We are not proposing an exhaustive or retrospective selection: the relatively high number of exhibitors is a response to the need to illustrate the dialectical diversity suggested by each work through a particular technical and/or conceptual repertoire.[2]

The Invisible Gaze

In Paraguay, since at least the 1970s,[3] photographic imagery has helped expand the traditional repertoire of representation (pictures, graphics and drawings) as it has allowed artists to continue dealing with reality through images which are not necessarily mimetic.[4] Despite its contribution, photographic imagery was late to be recognized in the central validating institutions.[5] This general "invisibility" of photographic imagery until well into the 1990s meant that it was produced via alternative agents and spaces; photojournalism was conducted as a parallel activity by artists who developed their better-known work through other media or with the help of foreign photographers who lived and worked in Paraguay.

Codification or Solipsism?

On the other hand, the selection criteria, which – as has already been stated – have sought to express a range of approaches, also correspond to a particular way of understanding the medium.

Photographic imagery could prove to be conceptually inappropriate given its heterogeneity – if one considers its material forms (heliostatic, photographic, magnetic/digital), its wide range of applications (authorial/expressive photography, photojournalism, publicity, ethno-anthropological records), or the spaces it inhabits and the coverage it is given in the media (press, traditional art galleries, public places, digital media and information networks). This "contaminated variety" is, rather than a disadvantage, a positive indication of a close connection to the social world, expressed in the different social uses of photographic imagery.[6]

If the work-of-art/society relationship was a contentious issue for modernity, the problem has currently gathered strength due to the need to recover at least partial control of the means of production of symbolic assets; at least through modest communicative and/or artistic acts (the need for partial recovery is even more imperative when one considers the current situation, where symbolic supply is often equivalent to global capital interests). Considering these suppositions and the difference suggested in the pragmatic definition of the photographic sign[7] (which prioritizes the subject/language relationship), the language/society relationship is a useful standpoint from which to examine the medium.

This means considering the semiotic act as a whole (that is, made up of syntax, semantics and pragmatics), as well as considering desirable the positioning of photographic imagery within the sphere of the collectively understandable – both in production (syntax) and its content and consumption (semantics), thus remaining within codifiable terrain, that is, linked to the collective meaning-assigning process carried out by the users of a language.

By minimizing the pragmatic approach, the social dimension of the photographic sign (while privileging the subject/language relationship) undergoes a kind of solipsist dissociation. In fact, it would constitute, to a large extent, the visual correlate of contemporary individualism – born of the discrediting of the redeeming causes of modernity, and finding expression in the current construction of identities through consumption – understood as the last frontier of freedom and self-realization (consolation?) of the subject.[8]

Obviously, today we cannot (nostalgically) assume that images can transform reality. But nor should we deny that they can facilitate our understanding of reality by enabling us to recover our gaze.

The Works

Public and Private

In *Fin de Zona Urbana* [End of Urban Zone] and *Entrecasa* [Around the House], Carlos Bittar points to what is public in a domestic context and, inversely, what is private in an anonymous urban generality. Bittar's city is a space of itinerant vendors and rural migrants seeking to recognize in it some kind of identifying mark. His images reflect a city in which "everything goes," where each person devises things as he or she wishes (or, in most cases, as he or she can) in order to survive, to stake out an intelligible place amidst the visual chaos that annuls a unified reading of the space.

In the series *Entrecasa*, the (increasingly weak) limits separating the public from the private are hidden. This intersection of territories materializes in the photographer's alternating adherence to different photographic tendencies. Sometimes the subjects close to him – his own family – become objects of a kind of "documentation" that refers to an event, typical of documentary photography. But the author simultaneously takes it upon himself to question the very notion of objectivity and element of surprise that underpins documentary registration. In these cases, Bittar minimizes the referential and descriptive components of his images and – metaphorically or literally – finds himself captured (re-presented) in the reality he depicts.

An Anonymous Time

Pedro Barrail's photo-calendar came about by chance: for reasons which are not relevant here, the artist had to photograph trivial incidents and details of his suburb. Later, this – more than a little obsessive – assiduous approach to photographic documentation led Barrail to establish certain empathetic relationships with the documented theme. A certain logic seemed to insinuate itself into the random collection of images of irrelevant subjects: the time of representation (of the shot itself) proposed a simultaneity with what was represented (the domestic cycle of washing and hanging out clothes) and ended up being identified with the subject itself.

Thus structured, the photo-calendar registers time (objective and autonomous) through the otherness of curious and heteronymous associations: Blankets/Monday; Shirts/Tuesday; Socks/Wednesday, etc. In other words, temporality – understood as the linear and numerically ordered succession of days and months – is identified with the random sequential variation of different garments hanging in the sun. Metonymically, the clothes allude to the sad local situation that has resulted from the country's worst economic and social crisis in forty years. On a more general level (can you know the world through your neighbor's clothesline?) the images – employing the same metonymical device – suggest the boredom of a mundane existence, anchored to an anonymous routine... Other inferences are also possible, arrived at through humor: a Sheets/Friday, for example, could be fun and sensually stimulating.

The Lens and the Other

Although they do not have anthropological intentions, Juan Britos's images contain interesting elements regarding photography as a means (expressive in this case) of dealing with a particular sociocultural situation – that of the country's indigenous communities. The story he suggests in his photographs does not follow a linear or even strictly documentary narrative logic, in the most common conception of the photo-essay (which does not preclude the chance inclusion of an event in the collection).

Although perhaps evident, it should be pointed out that the collection of images suggests the appropriate relationship between a recurrent artistic or compositional intention (expressed, for example, in the accentuation of depth of field allowed by a 20mm lens) and the recording of socially relevant conditions, which, while anchored in an intricate personal syntax, goes beyond a merely formalist notion of the photo-essay.

Construction and Obscenity

Claudia Casarino works with postcards that refer to Paraguay's recent political past (usually employing images representative of the propaganda of the Alfredo Stroessner regime, 1954–1989). The postcards depict the usual Stroessner concerns, not very different from those of other authoritarian regimes: there is the exaggerated nationalism, identity as a kind of folkloristic stereotype, the fetishistic glorification of material infrastructure ambiguously equated with social progress, among other things. Casarino places small objects in front of the postcards: toy soldiers that ironically interact with the images behind them. "If something cannot be used to tell a lie, conversely it cannot be used to tell the truth":[9] the artist constructs another scene using photographic images; a parallel and explicit fictional device that reveals the implicit and no-less fictional ideological construction of the postcards.

By recontextualizing a particular set of visual images and removing it from its original ideological/proselytizing setting (that is, removing the *obs*-scene from the scene), Casarino humorously deconstructs certain constructs of our recent political history – not at all attractive and quite obscene.

The Yavorai

We read Jesús Ruiz Nestosa's series *Bosques (Paisajes)* [Woods (Landscapes)] through two terms from contemporary Guarani: *yavorai* and *okápe*. The first term refers to the aggressive proliferation of dense undergrowth. But it is also a synonym for confusion and disorder. *Okápe* literally means outside, although it is also used in Paraguayan rural culture to mean *wild*.

The two meanings would appear to be contradictory, considering the predominantly rural context of this language and the close relationship that must exist between the rural and the natural. How can nature itself be "disordered"? Working from the idea of exteriority – encompassing both rural and urban landscapes – how can the word *outside* refer to what is *wild*?

However, the apparent contradiction in these pairs – Nature/Disorder, Nature/Exteriority – is no more than just that (as language does not usually contradict itself). From the rise of the Renaissance perspective, via romantic individualism – which saw "a state of spirit" in the landscape – to the impressionists' experimentation with perception, the concept of landscape was basically a projected invention.

Ruiz Nestosa's images – speaking in direct photographic language – give the congenital artificiality of the representation of the natural a new twist. His landscapes are those distant places "where food roams raw"; a chaotic space that is foreign to us; the same space that cannot even be structured through the meditated technical and compositional procedures of the photographer's plate camera. When the threshold of cultural certainty (representative convention) is crossed, a state of disorder – another threatening order – lies in wait.

The Digital Totem

With a theme similar to that of Ruiz Nestosa, Juan Carlos Meza's digital montage nevertheless suggests a paradox: it seeks to draw a parallel between the unlimited reproducibility of digital images and the unique, irreplaceable quality of natural objects.

The auratic quality of the object – according to Walter Benjamin – stemmed from the irremediable remoteness of its uniqueness. A uniqueness that was first ritual, the singular and irreplaceable object of worship (through which humans contacted gods or supernatural and alien forces). Enlightenment thinking shifted this aura from religious ritual to art (no less religious). The new secular religion (aesthetics) has reinstated the aura in its fetishistic veneration of the unique work of art. (It stands to reason that this worshiping of originality and personal genius – an opportune invention – runs parallel to the mythicization of such creations in museums). The reproducibility of photography would appear to have placed drastic limits on auratic uniqueness. Drastic, although not complete: the very existence of a negative (or prototype) still allows one to postulate – albeit weakly – the existence of an original and a copy. When dealing with digital prototypes, however, there is little point speaking in terms of copies and originals (moreover, there is also little to be gained by speaking in terms of prototypes, at least in the analogical sense of the positive/negative that guarantees the sameness of the reproductions).

Employing this (genetically untraceable) digital image, Meza orders fragments in order to reconstruct an emblematic natural referent. If one considers the political implications of ecology, it is probably the last (or only?) mobilizing social cause, the last surviving ideology in the scenario of the "death of ideologies." In this paradoxical context, the tree (an auratic neo-totem) seeks to define itself through disproportionate and dispensable digital reproducibility.

The Limits of Memory

Natalia Patiño's approach grew out of prior experiences in material painting. (To a certain degree, these pictorial precedents are still present in the application of paraffin wax and other attached objects that inform the reading of the photocopied images). But this gesture toward the past is not reduced to the mere repetition of material and pictorial resources. Patiño worked from family photographs – both her own and those of others – as they refer to similar themes: to the recording of the everyday and to personal memory, that is, the deployment of the subject in time. The external limits of her works may suggest stability (even rigidity) but within each image temporal perturbations – the unpredictable sleights of hand and tricks that time plays on the memory – are layered over photographic memory, the evidence of what actually happened. These deformations of image/memory (produced through the mediation of time) find their graphic/spatial correlate in other relationships: photomechanical reproduction falsifies the image, making the memory even more vague. The illusion of memory also produces monsters: absence and extinction.

The Personal and the Political

Jorge Sáenz's previous work has been strictly in the area of photojournalism. Two photo-essays he published in Paraguay, *Rompan filas* [Jump Queues] (1996) and *El embudo* [The Funnel] (1997), respectively, relate, in raw black-and-white images, the disastrous implications of compulsory military service and denounce the dramatic conditions of our prison system.

Fotografío por necesidad [I Photograph by Necessity] (which appears to have precedents in the photo-essay *El aburrimiento* [Boredom] of 1995, also shot on Polaroid film) represents a fundamental – if not reactive – departure from his previous photojournalistic focus ("I believe less and less in the validity of linear stories" – says Sáenz about this project).

Although every collection contains a story (very personal, which the photographer does not tell), the photo-essay suggests open readings through the multiple and circular combinations of the images on each panel. (Is it an anti-essay, as the fragmentation and multiplicity of possible meanings suggests the impossibility of depicting – through photography – an external reality that has actually taken place?)

The overall atmosphere of the work is dark, heavy with disenchantment at the progressive deterioration of the human condition and our environment; the images express frustration at unfulfilled promises of collective redemption. In contrast, however, we find that the centrality (protagonism) of the gaze suggests another possible reconstruction – more solidary than the real – through a personal viewpoint, which is also always political.

Thefts and Reappropriations

Carlo Spatuzza presents us with a photographic story-series that uses the medium in a performative manner. This performance is dual: it is expressed in the argument that unfolds within the digital images (in the "script" protagonized by the author himself) as well as – through its actual display – in the interaction between the series and the other works exhibited.

Collection and reappropriation have been recurrent strategies in Spatuzza's previous graphic and object-based work. The humorous series *Ejercicios nocturnos* [Nocturnal Exercises] tells the story of an imaginary robbery (appropriation), whose details are registered by the camera. The thief (the artist) removes objects from the house (the work) until it is almost empty. (It is worth noting that only a chair is overlooked in this pillage, an object that plays a role in another work by Spatuzza). However, parallel to this emptying process carried out by the "artist/thief" within the internal fiction of the story, in the real external space (the exhibition hall) spectators "fill in" the plundered work, as they figuratively read it in relation to the works of other artists (as a result of the interactive display). The limits of reappropriation and the identity of the work itself are some of the themes ironically suggested in Spatuzza's solitary and furtive *Ejercicios nocturnos* – in view of not only the alleged inbreeding of his specific artistic circle, but also the endless supply of fleeting and fickle icons on information networks. Considering – *mutatis mutandis* – the corollary proposed by Borges in "Funes, the Memorious," it would seem that in this era so much in need of visual silence and pauses, "to learn is to forget (to empty)."

Nomadic Rituals

Progressive social withdrawal – inherent in post-essentialist thought – forces the contemporary subject to reposition himself in relation to the collective, to rethink himself in the light of the uncertain continuity of old and eroded rituals. The options available do not appear very encouraging: seek consolation in a society given to spectacle, or reconstruct individual and group identities around consumption (not terribly different).

Gabriela Zuccolillo's *Los Rituales* [Rituals] simultaneously speaks of this impossibility and a possible alternative. As is characteristic of ritual, photography repeats a sequence of similar acts (shots), to ensure the fidelity of the images to an identical desired outcome. It is, however, a nomadic ritual, in which the photographer/celebrant, from the temporary safety of his or her table/altar (temporary as it is always located in foreign and ever-changing spaces), seeks to invoke the solitude implicit in the persistent absence of the other.

Using a different expository logic, the series *Lluvias y tormentas* [Rain and Storms] emphasizes the violence inherent in a meteorological event: understood as an incident. But it also implies that it is the eventuality itself, its contingent character – rather than its usualness and predictability – that constructs the meaning of the real. Contrary to the logic underpinning a concept, reality (natural or urban landscapes) is not the union of its essential, stable and objective characteristics, but the fleeting, emotive expression of the accidental. The images suggest an inversion in the meaning of the every-day/ordinary and the anomalous extra-ordinary.

notes

1 In its broadest sense, the concept encompasses images generated for different purposes and/or through a variety of procedures: optical/chemical (photographic), photomechanical, magnetic/digital and image/time (film or video, not included in this selection). Other related denominations: contemporary photography and post-photography.

2 For organizational reasons, authors who should be cited have not been included: Jorge Vidart, Pedro Caballero, Fernando Allen, Ricardo Maldonado, Luis Vera, Ricardo Migliorisi, Bernardo Krasniasky, Fredi Caso, Alicia Falabella, Paz Encina and Juan Carlos Maneglia, among others.

3 A role understood from the point of view of authorial photography (i.e., the exhibition *10 años de fotografía* [10 Years of Photography] by Jesús Ruiz Nestosa in 1969).

4 Expansion in a representational, rather than conceptual sense. Not mimetic, as the nature of a photograph, for example, does not lie "[...] in the effect of mimesis but in the relationship of immediate proximity between the image and its referent." BARTHES, Roland. "El mensaje fotográfico." In DUBOIS, Philippe. *El acto fotográfico*. Barcelona, Paidós, 1994.

5 Mainstream criticism had not previously dedicated much attention to the medium, as can be seen in an analysis of the literature. Conversely, the current overvaluation on behalf of these legitimizing institutions, with some exceptions, is largely a response to the need – extrinsic to the internal process – to fulfill the demand of international exhibition spaces.

6 "Photography is undoubtedly an impure art in the sense that it is often used for practical purposes: reporting, fashion photography, publicity, documentation, etc. [...]. On the other hand, however, the aesthetic interest that photography offers lies precisely in the intimate ties that it continuously generates with

action, work, communication and family. Finally, this has been the case with many arts in most cultures and historical eras." In SCHAEFFER, Jean Marie. "Sobre a arte fotográfica." *Imagens*, n. 7. Campinas, Unicamp, 1996, p. 42 ff.

7 A pragmatic definition is based on the indicative nature of a photographic image (Bazin, Barthes) to define it as an "image act". In DUBOIS. Op. cit. [note 4]. Although unquestionable from an "essentialist" point of view, this approach explains little about the production and reading of photographic imagery, both of which presume internalized cultural conventions on behalf of the producer and receiver which cannot be reduced to their indicative nature or pragmatic derivation.

8 Similar concepts are discussed, although with certain value judgments, in LIPOVESTKY, Gilles. *El imperio de lo efímero*. Barcelona, Anagrama, 1990, and GARCÍA CANCLINI, Néstor. *Consumidores y ciudadanos*. Mexico, Grijalbo, 1995.

9 ECO, Umberto. *A Theory of Semiotics*. Bloomington, Indiana University Press, 1976.

For pictures see pages 322-341

Uruguay

Revisitations

Gabriel Peluffo Linari
Curator

Many contemporary Uruguayan artists – working with diverse resources – communicate in poetics that are coherent with an "archaeology of the memory" (collective/individual), linking art with strategies of re-identification in a globalized society.

We have tried to mitigate the mistaken concept that classifies artists according to criteria of "nationality", and have chosen a group among which some have – or have had – for various reasons, intellectual training and lived as artists outside the country, in such a way as to crossbreed these experiences with those of a local tone, thereby adding dynamics to the virtual map of the territory we plan to explore.

We have established three theoretical fields that are not mutually exclusive, but rather complement each other, corresponding to the most important aspects of the selected works:

1) those that fundamentally use a strategy of *rediscovery and perpetuation* of the image as a mnemonic symbol;
2) those that construct *politics of their limits or of their disappearance* (in the sense of Paul Virilio); and
3) those that suggest in a clearer form the *politics of the look* as a criticism of power in relation to the social memory.

Transfiguration and perpetuity

Patricia Bentancur
Memorias sumergidas [Submerged Memories]

The first intervention covers the object with a homogenous paste, stripping it of its original aspect and meanings; but the second photographically re-iconizes it, opposing the insult of the immersion with the "purification" of a new image. The series moves on to a collection of iconographic shrouds stored in personal memory since childhood and throughout adulthood, allowing these surviving archetypal portrayals to cooperate in the current construction of this memory. The DVD shows the reproduction of this ritual matrix by other people with their own objects, offering a depersonalizing ethical way out to the possible narcissistic connotations of the project.[1]

The key is in the double gesture of the symbol-object: physical immersion that is reversed as it ascends into the virtual space of photography. Earthly swallowing followed by a rediscovery supposes a double metaphor, archaeological and baptismal, given that the return to the maternal breast implies hope of rebirth;[2] hope that is mocked when Bentancur portrays – in one of the photographs – the object's suicide. This act of frustration is an oblique way of portraying oblivion; with no guilt for who is forgetting, as it is the remembered object-person itself that is, of its own volition, leaving life.

Materiality affects just one of the pieces, *Wedding Ring*, a ring of thorns, an intimate objectivization of the martyrdom of marriage achieved through the miniaturization of the "crown of thorns." The ghost of swallowing resurfaces, but incarnated in a miniature whose hope of salvation is in the smallest cavity of the womb and of the crypt.[3]

Juan Angel Urruzola

Ausencias y presencias [Absence and Presence]

The accumulated remembering and forgetting become a social memory only when they are located within an imaginary structure – both historical and ethical – that gives them meaning. Our regional memory, charged with collective graves and amnesia, of scattered fragments of cultural history and vacuums left by the forced disappearances,[4] invokes an archaeological-critical attitude against forgetfulness.

Susan Sontag said that "all photographs are memento mori. To take a photograph is to participate in another person's (or thing's) mortality, vulnerability, mutability..."[5] This ontological condition of the photographic image assumes power when it shows – as in the case of Urruzola – a situation of social anamnesis.

The detention of time and the retention of the moment allow a *distance* of reflection.[6] Urruzola multiplies this distance by achieving two simultaneous activities: 1) using photography within photography; 2) using the length of his own arm – measurable and fixed – to separate the observer from the observed – which latter conditions are interchangeable.[7] Incorporating one photograph within another – a portrait within a landscape – charges the result with the sum of the static time in each of them.[8] But in addition, his physical involvement in the image determines that it is he, his arm that extends the portrait and exposes it. It is he that chooses the fragment of the city. It is his intellectual act that reinstates the disappeared person in the world, converting both into fiction.

This poetic and demiurgic act carries with it a social accusation, reminds us that photography is both a ritual against forgetfulness and an instrument of power, both a grammar and an ethic for sight.[9]

Origin and evanescence

Marco Maggi

Construcciones y demoliciones [Construction and demolition]

Zone 1: one hundred and twenty-five thousand sheets of letter format paper form a topography of "soft" floor that the visitor can cross. Zone 2: covered in writing in various materials and submitted to the protagonism of the light,[10] these generate a discontinuous map of curly lines. Both zones set up a sampling of meditative processes: "a Manual for the accumulation of sediment," says Maggi.

The magic consists in evading the informative data and showing only the mechanics of the statement. By this web of possible statements,[11] Maggi explores the crack opened by modern culture between knowledge and morality; a consequence of the 'technification' and systematization of knowledge. To suture it, he introduces into the emptiness of the techno-media statement the contrivances of a manual knowledge based on the writings and the incision – the operating codes of the *surgeon* – reinserting the problem of the ethical dimension in knowledge and in contemporary arts.

It *constructs* the most diaphanous skeleton of epistemological skepticism, and with its extremely fine incision *demolishes* and dematerializes the easy optimism of instituted knowledge. It proposes universal myopia as therapy against globalization, although its microphysics of the manual art assumes the pure and *minimal* appearance of cybertechnology.

The archaeological and urban analogy incorporates the visitor into the work. "The risk zone" that this minefield of rigorously structured paper implies, but at the same time altered by a slight disorder at its margins,[12] restores the environment of subjectivity, of nearness, of the territoriality of the place; although at the same time referring to its opposites: to the solitary tele-communicated individual, to the urban non-place, to the asepsia of an asocial place without any possible references to identity or scale.

Ernesto Vila

Imagen-ex [Image-ex]

"Language shows clearly that memory is not an instrument for exploring the past, but its theatre (...). The images, severed from all earlier associations, that stand like precious fragments or torsos in a collector's gallery in the prosaic rooms of our later understanding."[13]

Vila comes from painting and is still attached to it. When he takes as a *medium* water, paper, or fragile cardboard encrusted with urban waste, he questions the classical concept of *pictorial surface*, excavating and leaving bare the support behind the study of a fleeting image, sometimes on the edge of evanescence. But there is a second archaeological dimension to this work which does not refer to the procedures of materialization but rather to those of symbolization, as it operates with portraits, figures and elements belonging to the visual memory of urban Montevideo, extracted from the chaos of the new metropolitan and media visualization associated with a culture of unrootedness and disaffection. In his work roam silhouettes repeated ad infinitum (Carlos Gardel, José Gurvich, Pepe Schiaffino, Alfredo De Simone, or the faces of people that disappeared during the military dictatorship)[14] in a destiny of solitary yet comradely floating.

The result is the melancholy of the image; but also the melancholy of the painting that recognizes, through these fragments of world, its own limits in the memento mori of the language.

Place and power

Ricardo Lanzarini

Industria uruguaya [Uruguayan Industry]

Five hundred metal food cans exhibited as if in a supermarket.

At first sight Lanzarini evokes the work of Andy Warhol and his famous series of Campbell's Soup cans. But there are marked historical and ideological differences behind this facile analogy. The modern Montevideo of poverty has generated an infinite number of "people's stews" that Lanzarini collects and with which he lives. His work encloses the gesture of "packaging the crisis" as a "shoppingized" object.[15]

Lanzarini utilizes – like Maggi – the same formal strategy of the object that he is renouncing, creating a critical paradox of strong metaphorical power. He inverts the sense of the fetishlike accumulation of the industrial object for consumption, through an obvious parody. The cans all seem to be the same but are all in fact different and made by hand, as each label is hand drawn. But in addition, it incorporates photographs of excluded people on the "advertising" label of the product, causing the gaze of the art consumer visiting the exhibition to unexpectedly meet that of the "submerged consumer" of the "people's stews." It is this person that *looks out* from his frugal meal onto opulent society. Lanzarini grants a place in the fictitious world of consumption to the new popular speaker of hunger. This ethical construction of meaning in a place of social exclusion challenges the fatalism of commerce and puts forward a criticism of the hegemonic manipulation of languages by the market.

The work incites reflection on the relationship between alimentary capital and cultural capital, between food and communal memory, between philanthropy and exclusion.

Carlos Capelan

La marca y la mirada [The Mark and the Gaze]

The PCLA[16] proclaims that "if due to the fact of functioning within the systems of a category such as art, its objects are perceived as singular and different from the others, this perception is an instance of the power of the group that generates it."

Carlos Capelán, a Uruguayan living abroad for almost 30 years, a permanent migrant, possesses an oeuvre that is as extensive and complex as it is ideologically compact. His archaism is an anthropological memory that explores symbolic strategies of power.

The work shown restates the problem of *the gaze* as an instrument of power as it first appeared in *Being and Nothingness* by Sartre; a gaze that Capelán places in the self-portrait, a genre of long standing in the modern history of Western portrayal of the. His self-portrait is repeated in various ways in a single work – or in a single space – reminding us of "serial self-portraits."[17] Even when eluding the gaze of the spectator (normally they lack pupils), the repetition establishes a meditative game – in the sense of the strategies of domination implicit in all dialogs – between the "I-ism" of the artist and the inquisitive anonymity of the visitor. At the same time, Capelán makes the *gaze* suffer from a nostalgia of *place*[18] – the spectator does not linger, he moves on – in the metaphor of the covered chairs and in the language that he discovers in the marks or indicative traces on the walls, setting in motion a game of *similarities* and written statements that do not affirm, but only question.[19]

Pablo Uribe

Proyecto vestidor [Clothing Project]

The quotation from Juan Manuel Blanes is the end of the thread that winds this work by Uribe. Blanes, a 19th-century Uruguayan academic painter who iconized his native country in his painting, also made a large series of florid "Gauchos," for which he used Italian models from the city of Florence.

This fact brings us to the first theoretical interrogative that Uribe approaches: the identity of the model. The identity is not constituted solely by the bureaucratic dimension (whether Italian, Uruguayan, Argentinean...), but above all by the concomitant attributes: the dress and the landscape; the *mask* and the *context*. In the large video images – contrasting with the "miniatures" of Blanes – Uribe develops the idea of a *mutant identity*[20] to which end he eliminates the actual scene as such, by omitting – with the white background – all referential context. The mutant identity has no place, or his place is as fictitious as the landscape of Blanes.

Through mutability and simulacrum, Uribe seems to portray the reverse of all construction of identity. He deconstructs and ironically questions the *authenticity* of social archetypes, showing the epistemological weaknesses of a "visual anthropology."[21] But this questioning also resorts – as in the case of Lanzarini and of Capelán – to Sartre's politics of the gaze, given that it is directed toward the spectator himself by the frontal look – floating yet insistent – of the mutant character, who does not allow the voyeur to enjoy his act of transvestitism with impunity.

notes

1 This participation supposes the hope that objects cross from Freudian categories to the Jungian.

2 If we hold to the dualism that Gilbert Durand calls the *nocturnal regime* (descent) and *diurnal regime* (ascent) of the image, the iconography of Bentancur would be apart of both epistemological categories in the operative process of its construction. DURAND, Gilbert. *Las estructuras antropológicas de lo imaginario*. Madrid, Taurus, 1982.

3 This relationship between the miniature and the analogy of the cavern is almost a constant in the recent work of Bentancur, in whose installations this idea even acquires the form of a small house where the visitor can isolate himself. In the case of *Re-visitations*, the miniaturesque condition of all his cherished objects continues to be present in the photographic enlargement, as if the change of scale does not affect the ontological nature of the "state of miniaturization." Susan Sontag has established a poetic parallel between the *camera obscura* of the photographic camera and the Plato's cave.

4 Regarding this, there has been an abundant bibliography in recent years, among which should be mentioned: PERELLI, Carina & RIAL, Juan. *Mitos y memorias políticas*. Montevideo, Banda Oriental, 1986; BERGERO, Adriana & REATI, Fernando (compilers). *Memoria colectiva y políticas de olvido*. Rosario, Beatriz Viterbo, 1997.

5 SONTAG, Susan. *On Photography*. Delta, New York, 1978.

6 This critical distance had been perceived by anthropologists and iconologists at the end of the 19th century (just think of Boas or of Warburg) and is implicated in the "aura" of the image about which Walter Benjamin speaks.

7 The dispersed hanging of each image in the various museum spaces, as with their dispersal in urban "gigantographies," are also factors that reproduce this reflective distance through the repeated discovery of the icon at various scales and in various places.

8 This increase in monumentality should in fact be understood as a reinforcement of the aura of the image: "What is aura, actually? A strange weave of space and time: the unique appearance or semblance of distance, no matter how close the object may be." BENJAMIN, Walter. "A Small History of Photography". In *One Way Street and Other Writings*. Verso, London, 1985, p. 243.

9 SONTAG, Susan. Op. cit., p. 13.

10 According to Plotino – following the Platonic tradition – light is able to generate knowledge of the void, a knowledge without body as it operates a visual order of transparencies.

11 In the words of Foucault, this system constitutes "a finite body of rules that authorizes an infinite number of performances". FOUCAULT, Michel. *The Archaeology of Knowledge*. New York, Pantheon Books, 1972.

12 This geometric design on the floor, its rationality undone by an extreme disorder of arbitrary and unknown origin, reminds me of the "snake ritual" among the indigenous peoples of New Mexico, described by Aby Warburg in his famous conference of 1923 dictated in the psychiatric clinic to which he was confined. In this ritual, a live snake – symbol of a ray of light – is thrown over a web of geometric patterns drawn in the sand so that they are altered by the snake's contorsions. It deals with the portrayal of a mental order altered by phobic pulsations external to it. Something similar happens with the rite of the "Australian bird" mentioned by Deleuze and Guattari; a bird that is led to change its plumage and its melodic discourse through a complex dialog between body and territory.

13 BENJAMIN, Walter. "A Berlin Chronicle". In *Selected Writings 1927–1934*. Vol. 2. Boston, Harvard University Press, 2002.

14 The icons of Vila, repeatedly placed in serial form or in flat patterns is somewhat reminiscent of the famous *Atlas of Images* (la Mnemosyne) of Aby Warburg, the genial iconologist who died looking for the primordial image, the phobic origin of human memory and passions. The fact that Vila seeks to eliminate the carnality of the image also goes back to the thinking of Sartre when he mentions that the image is no more than a ghostly object; all the qualities of the imagination amount to nothing.

15 Can "shopping-mall-ization" and "museumization" be one and the same thing? Parodying the words of Rem Koolhaas on the symbolic neutrality of airports, one can say that, in terms of iconography/productivity, both the shopping mall and international biennials of contemporary art are a concentrate of the simultaneously hyperlocal and hyperglobal. KOOLHAAS, Rem. "Generic City". Cit. in IBELINGS, Hans. *Supermodernismo*. Barcelona, G. Gilli, 1998.

16 The "Post Colonial Liberation Army (rematerialization)" has the intention of being a programmatical seed for art, charged with political irony.

17 This subject refers to the portrait of doubles that Egon Schiele made around 1910. See GOTLIEB, Carla. "El autorretrato en el arte posmoderno". In *La iconografía en el arte contemporáneo*. Mexico, UNAM, 1982.

18 This spatially stable *place*, within which the dialectic of the gaze is produced, is the anti-panoptic of Foucault. Concerning the triad of gazes: "Sartrean," "Foucaultine" and postmodern, see JAMESON, Fredric. "Transformaciones de la imagen". In *El giro cultural*. Buenos Aires, Manantial, 1999.

19 For a discussion of the pertinence of the antagonistic concept of *similitud* and *semejanza* in the work of Capelán, see FOUCAULT, Michel. *Esto no es una pipa. Essay on Magritte*. Barcelona, Anagrama, 1981.

20 See GARCIA CANCLINI, Néstor. *Consumidores y ciudadanos*. Mexico, Grijalbo, 1995; PELLEGRINO, Adela (Compiler). *Migración e integración*. Montevideo, Tril-ce, 1999; CASTELLS, Manuel. *La era de la información. El poder de la identidad*. Madrid, Alianza Editorial, 1998, p. 27–90.

21 See GARCIA CANCLINI, Néstor. "Viajes e ima-gina-rios urbanos". In *Imaginarios urbanos*. Buenos Aires, EUDEBA, 1997.

For pictures see pages 347-359

José Clemente Orozco

★ Zapotlán, Mexico, 1883
† Mexico City, Mexico, 1949

Considered as one of the greatest painters of Mexican avant-garde, Orozco moved as a child to Mexico City, where he studied at the National School of Fine Arts. There, he met the engraver José Guadalupe Posada, who would influence all his work.

From 1910 to 1916 (the year of his first one-man show), he made caricatures and took part in a group of illustrators, and also did watercolors and paintings. With the revival of mural painting in 1922, Orozco made his first attempts in this medium and painted the mural of the Preparatory National School, the old Jesuit school of San Idelfonso. The series depicts the conquest, colonization and revolution in Mexico. Due to the political and social themes he depicted in his mural paintings, Orozco is considered to be a plastic interpreter of Latin American history. More specifically, he was a cunning narrator of Mexican history, portraying the indigenous world, the European conquerors – imbued in heroic and religious ideals, but full of violence – the vision of the slaughtered, the rise of the cities, dictatorship. The artist employed a heroic style in the approach of such themes, based on realism, linked to Mexican artistic traditions in a deliberate way, and full of a violent dynamism.

His art blossomed during the seven years he lived in the United States, from 1927 to 1934, where he painted murals in institutions such as Pomona College, in California, and the Baker Library of Dartmouth College, in New Hampshire. In the 1940s, Orozco's canvases presented some traits already seen in his mural paintings, such as the diagonal lines and the use of the color gray. He worked on prints between 1935 and 1944, and on lithography in three distinct periods, between 1926 and 1935. In the last years of his life, there came a simplification on his style, probably due to the search for a more dramatic, violent character, even closer to expressionism.

Antonio Berni

★ Rosário, Argentina, 1905
† Buenos Aires, Argentina, 1981

Son of an Italian father and an Argentinean mother, Berni studied drawing at the Centro Catalán de Rosario, in 1916, and did his first one-man show in 1920. In 1925 he won a scholarship for a trip to Europe. He then visited Madrid and settled in Paris, where he studied under the supervision of André Lhote and Othon Friesz. At that time, he was interested in socialist ideas, he joined the surrealists, and his painting started to follow this movement. In 1930 he came back to Argentina, and in 1932 he exhibited his surrealist works in Buenos Aires. Three years later, the Mexican muralist David Siqueiros visited the city, and Berni helped him with the only mural the Mexican artist did in Argentina, the *Ejercicio plástico* [Plastic Exercise]. In the mid 1930s, he founded a group of social realism, where he made use of big angulars and close-up takes, as well as austere protagonists similar to those of the Italian Renaissance. In 1939, together with Lino Enea Spilimbergo, he painted a mural for the Argentinean pavilion in the New York International Fair. In 1941, he traveled to the American Pacific coast and produced a series of works based on indigenous culture. Berni's interest in the proletariat and the poverty of his countrymen continued even when he abandoned the realist style in the 1950s. In the following decade, he created a famous series of big collages and assemblages based on a created character, a street boy called Juanito Laguna, and his girlfriend, the prostitute Ramona Montiel. These works, which make use of garbage and material found in the streets, combine surrealist collage techniques and his concerns in that period. In 1962, he won the grand prize for printmaking at the Venice Biennale. His work is represented in collections of museums worldwide.

Pierre Verger

★ Paris, France, 1902
† Salvador, Bahia, 1996

The photographer and ethnographer Pierre Verger set out for a trip around the world in 1932, and traveled for 15 years, collecting precious documentation about remote civilizations or those facing extinction, and concerning the profound changes that cultural traditions of a variety of human groups were undergoing. He visited Tahiti, Japan, China, many countries in Africa, as well as the Antilles, the Philippines, and Indochina (then constituted by Thailand, Laos, Cambodia, and the two Vietnams). In South America, he visited Guatemala, Ecuador, Argentina, Peru, Bolivia, and Brazil.

His minute, sensitive and consistent work as a photojournalist and researcher earned him fame in many places. Even though he did not finish secondary school, he obtained the PhD title by Sorbonne University (France) in 1968. He was a researcher at the Musée d'Ethnographie du Trocadéro (now Musée de l'Homme), director of research in the Centre Nationale de la Recherche Scientifique (Paris), a correspondent member of the Musée Nationale d'Histoire Naturelle de Paris, and a correspondent of the Alliance Photo agency.

In 1946, Verger settled down in Salvador, state of Bahia, Brazil, and deepened his studies on the population of African background. The Pierre Verger Foundation, created in 1989, in Salvador, has a rich library a well as his personal archive and more than 60,000 negatives of his production. The photographer published various books, which became a reference for the study of the slave trade in Brazil, and religions and cultures originated in Africa and rooted here.

Saint Clair Cemin

★ Cruz Alta, Rio Grande do Sul, 1951

A sculptor by vocation and profession, Saint Clair Cemin began his artistic training in Brazil and later studied at the École Nationale Supérieure des Beaux-Arts in Paris, France. Yet, his definitive encounter with sculpture took place in New York, where he settled in 1978.

In the early stages of his sculptural work, Cemin assumed total freedom to create small objects, and gradually developed into large-format pieces that bear no ties with classical sculpture. Eclecticism is a characteristic of his materials, subjects and forms sometimes derived from a repertoire of mythology, folk tales, the baroque art of Minas Gerais (a state in eastern Brazil), and by personal experience. Possibly on account of such polymorphism, Saint Clair Cemin is often viewed as a Surrealist. One would think that the lack of style consistency resulting from this choice for heterogeneity might make it difficult for viewers to recognize the sculptor's production. However, this is not what occurs. Cemin's work, which is not meant to render an illustration, theory, or narrative, relays signals from the artist's unconscious to the spectator.

To Cemin, style is directly related to communication and intrinsic to the work. "I shift from one style to another on account of expressivity, which is what attracts me," he says. This complete freedom in the use of materials is attributed to the Latino influence in the artist's work despite his having lived abroad for more than two decades. To those who seek to identify a Brazilian reference in his works, the sculptor tells about the existence "of a framework, a mentality at the base of this freedom, of the use of materials, and of concept" that he views as "inherent to Brazilians." A member of the artistic generation of the 1980s, Saint Clair Cemin now reaches beyond the circumstances that spawned the movement in which he once belonged, while still enjoying public respect and praise for his work.

Cemin was only acknowledged for his ouvre in Brazil in 1992, when he was selected to represent the country at Documenta in Kassel, Germany. Today his works integrate important collections, such as for example that of the Whitney Museum of American Art, in New York; the Hakone Open-Air Museum, in Japan, and the FNAC – Fonds National d'Art Contemporain, in Paris. Saint Clair Cemin has been commissioned with public works in Norway, Sweden, and the United States.

Roberto Matta

★ Santiago, Chile, 1911
† Civitavecchia, Italy, 2002

Son of a Basque mother, Roberto Matta graduated in architecture from the Catholic University of Santiago. He then moved to Paris, France, where he worked in the studio of Le Corbusier. While on a trip to Italy, Russia and Spain, he met the poet Federico García Lorca, who gave him a presentation letter to Dalí. In the end of the 1930s, Matta exhibited his first drawings and became part of the Surrealist group guided by André Breton. He was always attracted to the inner self and to the unconscious. His paintings developed with the surrealist movement and depicted the imagery of the unconscious. Figurative drawings evolved into abstraction, with references to artists of that time, such as Dalí and Picasso, with the influence of El Greco. His work changed direction when he met Marcel Duchamp. At the same time, Matta was fascinated with the relationship between the modern man and the technological world.

In 1960, he became a French citizen. His work became more expressionist and reflected one of his main concerns at that time: political themes, though still pursuing the unconscious. Considered one of the most important artists of the surrealist movement, Matta worked until the 1990s, which encompasses a period of more than 50 years of artistic activity.

Lívio Abramo

★ Araraquara, Brazil, 1903
† Assunción, Paraguay, 1992

Son of Italian immigrants, Abramo grew up in a liberal and cultivated environment. His maternal grandfather, a follower of anarchism, contributed to the settlement of political-humanist ideals that characterized his plastic work and his political activity. He started to draw as a teenager, in 1917, and studied with Enrique Vio. He abandoned his studies in 1921, and five years later he got married and had three children. At this time, he got in touch with European artistic and architectonic avant-garde work, as well as with the Brazilian modernist avant-garde. His first woodcuts date from 1926. He also developed intense political-social and journalistic activities at the same time. He was a member of the Brazilian Communist Party, of the Socialist Party, and was the founder of the São Paulo Journalist Trade Union. He worked as an illustrator and a writer in the newspaper *Diário da Noite* from 1931 to 1962.

From 1940 on, when he met Adolphe Kohler, his print work underwent an important formal and technical refinement. A year later, he made his first one-man show at the Clovis Graciano Gallery. In that same decade, he created architectonic illustrations, as well as panels and mosaics. In 1948, he met Dora Guimarães, who was to become his companion to the end of his life. In 1950, he was awarded a scholarship to study in Europe, where he lived between 1951 and 1953. He frequented museums and Stanley Hayter's Atelier 17, where he worked on metal engravings. In 1953, he won the best printmaker prize at the 2th Bienal de São Paulo, and started teaching at the Artcraft School of the São Paulo Museum of Modern Art. In 1956, he founded the Taller de Grabado Julián de la Herreria, with Paraguayan artists. In 1961 he organized an exhibition of missionary sculpture at the 6th Bienal de São Paulo. The next year, he settled in Paraguay, and, until just before he died, he carried out an exceptional activity as a teacher and cultural promoter there. He exhibited in many countries of South America and Europe, in the United States, and Japan. His work is part of the collections of museums such as the Louvre, the Bibliothèque Nationale in Paris, and the British Museum Library, as well as many private collections.

María Freire

★ Montevideo, Uruguay, 1917

María Freire discovered the pleasure of drawing very early. At the age of 21, she started studying sculpture with Antonio Pena and continued afterwards in the Círculo de Bellas Artes. In 1943, she abandoned her studies and began to search for a personal path in art. She moved to Cologne, Germany, where she taught drawing and art history. There, she got in touch with Cubism and the so-called African art forms. She also got in touch with Constructivism, Neo-plasticism and the work of artists such as Lipchitz, Mondrian and van Doesburg. At the end of the 1940s, the artist had already been working for ten years with ice and clay masks that, from 1945 on, constituted a conscious way of approaching the formal synthesis by means of geometry in her work.

In 1952, she met the Uruguayan painter José Pedro Costigliolo, who had been, since 1946, working with geometric abstraction. He had a very important role in her life. Together, they took part in exhibitions in Montevideo, Rio de Janeiro and São Paulo, where they got in touch with concretist artists and the Brazilian geometric-abstractionists. They traveled together to Europe between 1957 and 1960. This allowed them to acknowledge some artists and works of the postwar avant-garde.

A trip to Córdoba, Argentina, in 1967 allowed her to recover the idea of the archetypical sign, to which she had recurred nine years before. In the mid 1970s, her work gained another kind of flat investigation, based on the chromatic sequences contained in a rigorous subdivision of the surface according to orthogonal parts.

After the death of Costigliolo in 1985, María Freire entered a period of meditation that led her to retake her work by means of a renewed revision of her own work. Thus, there appeared series such as *América del Sur* and *El oro de los tigres*. "The forms/ tendencies of the past invaded my thoughts and took me back to painting. But they came back demanding renovation, with the demands of another modernity," said the artist.

Martin Chambi

★ Coaza, Peru, 1891
† Coaza, Peru, 1973

Martin Chambi came of age at a time when Peru was performing a great transformation in its social and economic structure. He was born in a peasant family that eventually left the potato and coca plantations to work in a gold mining company. That was where Chambi first came in contact with photography, by the hand of a photographer, who worked for the mining company and taught him the rudiments of the trade. This strike of luck enabled him to leave the region and try making a living in Arequipa, in 1908.

In his new city of residence, Chambi took up a job as apprentice in a photo studio, where he worked for nine years. In Arequipa, he developed into a great photographer and showed his first photos. However, his career gained definitive impulse after he moved to Cuzco in 1920 and established his own studio. His first Andean landscapes and other famous photos date of that time. They were sold by the thousands and used to illustrate postcards, a medium that Chambi pioneered in his home country. His practice as a portraitist and landscape photographer secured for him a masterful use of photographic technique, in addition to revealing his prodigious gift for the use of light, an extreme sensibility to portray human groups, and a sense of original composition. He became the photographer of the elites and, at the same time, of his native people, the Peruvian Indians, who also came to his studio and posed before his camera lens. However, dramatic intensity gained a new dimension when Martín Chambi took up portraiture without resorting to set design. The same effect is seen in his renditions of natural scenes, architectural vestiges of the Inca Empire, and different aspects of the Quíchua culture.

The international acknowledgment of his work came in the late 1940s thanks to U.S. anthropologist and photographer Edward Ranney, who classified the 14,000 glass sheets conserved in the artist's archives. The results of this investigation were shown in a major exhibition at the Museum of Modern Art, of New York, as well as in several capital cities worldwide including London, Paris, and Zurich.

Tato Taborda

★ Curitiba, PR, Brazil, 1960

Tato Taborda is a composer, pianist and teacher who participated as a student and later as a teacher in nine renditions of the program Latin American Courses of Contemporary Music, which travel in different countries of Latin America. From 1980 to 1986, he organized and directed the group Juntos-Música Nova that played a contemporary repertory, particularly music by the new generation of composers. As a composer, he has performed in festivals and group shows such as the Contemporary Brazilian Music Biennial, the São Paulo International Biennial, the *Festival Anacrusa-Chile* (Chile), *Donaueschinger Musiktage* (Germany), *Ensemble für Neue Musik Zürich* (Switzerland), *The Festival of Perth* (Australia) and *Ressonance Contemporaine* (France), among others. In his work for television and theater, he produced the soundtrack for more than 40 theater plays. He created and organized a number of events and festivals, such as the cycles *Música de Invenção* (1995), *Fronteiras* (2000) and *Diálogos* (2002) at CCBB in Rio de Janeiro, and the festival *ESCUTA! – Um Abraço Sonoro na Cidade* (1998/2000), also in Rio.

Tato Taborda teaches at the university and in cultural events such as music workshops and festivals.

Produção Executiva
Arte3

Coordenação Geral
Ana Helena Curti

Coordenação de Produção
Angela Magdalena

Gerência de Produção
Fernanda Cardozo

Equipe de Produção
Daniel Davila Harthmann
Denyse Motta
Janice Martins
Jaqueline Beltrame
Juliana Angeli
Lutti Pereira
Malvina Castro
Maria Bastos
Morayma Ferreira
Patricia Scossi
Priscila Buschinelli
Renata Timm
Rosa Andrea Miranda (Chile)
Violeta Quesada

Arquitetura
Tangram Arquitetura e Design Ltda.

Ceres Storchi
Nico Rocha
Marta Felizardo

Projeto Luminotécnico
Ceres Storchi

Manoel Souza Coelho
Nico Rocha
Paulo Jorge Ries Silva

Projeto Museográfico
Tangram Arquitetura e Design Ltda.

Ceres Storchi
Nico Rocha

Colaboração
Marta Felizardo

Montagem Museográfica
Comcept

Coordenação
Carlos Hernandez
Sandro Torquetti

Comunicação Visual
Homem de Melo & Troia Design

Eliana Troia
Francisco Homem de Melo
Renata Domingos

Adaptação de Armazéns

Substituição Integral da Cobertura e Obras Civis
Engex Engenharia Execuções Ltda.

Projeto de Elétrica
Elétrons Comércio e Instalações Elétricas Ltda.

Instalação do Projeto de Elétrica
Motter Engenharia Ltda.

Planejamento de Obras Civis e Instalações
Ivo Rizzo Construtora

Fiscalização das Obras
Renato Schmidt

Administração

Coordenação
Volmir Luiz Gilioli

Gerência Administrativa Operacional
Cláudia Krüger

Assistência Operacional
Ana Paula Elias da Luz

Coordenação de Captação de Recursos
Marta Magnus

Assistência de Captação de Recursos
Francine Crocoli Longhi
Lilian Geisel Gavillon

Compras e Orçamentos
Suzana Marques

Tesouraria e Contabilidade
Luisa Schneider
Terezinha Abruzzi

Secretária Executiva
Adriana Stiborski

Equipe
Everton Santana Silva
Marcos Vinícius Cardoso de Oliveira
Patricia Airoldi Lourenço
Priscila Esquiam

Assessor da Presidência
José Pedro Mattos Conceição

Assessor Jurídico
Ruy Remy Rech

Planejamento da Comunicação e da Captação de Patrocínio
Articultura Comunicação

Direção
Yacoff Sarkovas

Coordenação
Daniella Giavina-Bianchi
Sharon Hess

Gerência
Marcília Ursini

Ação Educativa

Supervisão Geral
Gisa Picosque
Mirian Celeste Martins

Coordenação Geral
Fabio Coutinho

Coordenação de Formação
Mônica Zielinsky

Coordenação Operacional
Laura Fróes

Coordenação de Relacionamento
Emília Viero

Supervisão do Espaço Arte-Educação-Cultura
Ivone Rizzo Bins

Agendadores
Cristina Fogaça Rocha
Fernanda Machado Hegner
Joana Scalco
Luciane Padilha Pereira

Assistentes
Graziela Salvatori
Laura Meirelles Cogo
Marina Camargo
Vivian Paulitsch

Divulgadoras
Ana Ligia Becker
Fernanda Moscarelli
Maria Helena Saraiva da Cunha
Tatiana Rodrigues

Supervisores de Mediadores
Adriana Daccache
Alice Bemvenuti
Claudia Zanatta
Ilana Peres Azevedo
Letícia Maria Lau
Maria Helena Gaidzinski
Mariângela Felippe
Michele Bohnenberger
Mônica Hoff Gonçalves
Nei Vargas
Tânia Bondarenco
Viviane Gueller

Mediadores
Adriana Ganzer
Aida Terezinha C.Alves
Alexandre Bem Rodrigues
Alexandre Marques Velho
Alexandre Pereira Macedo
Alexandre Soares B. da Silva
Aline Cristiane Grisa
Aline Severo da Silva
Ana Carla C. de Andrade
Ana Cristina A. Sempe
Ana Paula Martins
Ana Paula Pereira Barreto
André Mubarack
André Venzon
Andréia Rodrigues da Rosa
Anelise de Macedo Martins
Anelise Vieira Bonatto
Ariadna Saraiva Coelho
Barbara Costa Bardini
Beatriz Chaves Olschowsky
Bibiana Rossoni
Bruno da Silva Teixeira
Cacilda Costa
Camila Dall 'Agnese
Carina Dias Borba
Carina Sehn
Carla Angeli da Rosa
Carla Fernanda Meyer
Carlos Eduardo T. Nascimento
Carlos Frederico D'avila Pinto
Carmen Isis Krauspenhar
Carolina L. Ferrandis
Carolina Russowsky
Caroline Teixeira
Cesar Fernando C. da Silva
Cibele Soares Grassi
Cíntia S. Stanieski
Clávia Castilhos Oliveira
Cristiane Bilhalva
Cristiane Feijó Correa
Cristiane Inácio Mença
Cristiano Pereira
Cristiano Pluhar
Daniel Francisco de Bem
Daniel Matheus L. Ferreira
Daniel Scherer Escobar
Daniela da Rosa Longoni
Daniela Marques Strauss
Daniela Vargas da Rosa
Danielle Garay Pinto
Débora Martins Padilha
Débora Miguel Figueiró
Denise Lamberts
Dione Marques Campello
Dirce Vargas Zalewski
Edemilson da Rosa Leite
Edinara Ferreira de Souza
Eduardo Von Saltiel
Elaine Teresinha Savian
Elisabete Gerber
Elise de Castro Hilmann
Everton Luciano S. Santos
Fábio Neves Martins
Fátima Izolina M. Lopes
Fernanda Albuquerque Ramos
Fernanda Gehrke
Fernanda Nunes Schann
Fernando Stefano
Flávia Freitas Coelho
Francisco Pablo Paniagua
Gabriela Regina Gluitz
Germana Konrath
Gerusa Marques Figueira
Gisele Garcia Lopes
Graziela Seganfredo
Gustavo Nunez
Gustavo Santos de Araújo
Heloisa Helena Branã Fortes
Humberto Teixeira Damilano
Ianny Munari Bastos
Iara Nunennkamp
Ilita Patricio
Iná Ilse de Lara
Isaira Alves de Oliveira
Ivete Cesa e Silva
Janaína de Lima Czolpinski
Janaína Hartz Alvez
Janaisa Cardoso
João Dalla Rosa Junior
João Fernando Cabral Filho
João Ricardo da Cunha Santos
Jocimario R. de Almeida
Julia Marion Fernandes
Juliana Cupini
Juliana Ines Ceni
Juliana Marques Velho
Juliana Spielmann
Juliana Vieira Costa
Juliano C. Silva Straliotto
Karen Kopper M. Martins
Kassia Cortinaz Pereira
Katia Ozorio
Kelly Cristina Rodrigues
Ledir Carvalho Krueger
Lenir Perondi
Leonel Guterres Radde
Letícia Coronel Jardim
Leticia de Cassia C. de Oliveira
Letícia G. Mottola
Leticia Hernandes da Silva
Licia Heydrich
Lilian Janice Leite
Lisandro Bellotto
Lisiane Flath
Livia Verdi Lampert
Lucas Graeff
Luciana Knijnik
Luciane Silva Brucksdriker
Luciano Coronet Laner
Luis Francisco Wasilewski
Luiz Eduardo Hall
Luiza Barcellos
Luiza Schramm Moraes
Magda Gabriele B. Aguiar
Marcelo Gotuzzo de Castro
Marco A. Fillipin Rodrigues
Marco Eugenio de Matos Barcelos
Maria Adalete Collares Ruwer
Maria Alice Matusiak
Maria Aparecida L. Moreira
Maria Cristina Cavalcanti
Maria Cristina R. Pastor
Maria Helena Cavalheiro
Maria Helena S. Madeira
Maria Luisa Gimenes de Mesias
Maria Pia B. de Albuquerque
Maria Regina Teixeira
Mariana Pereira Barboza
Mariana Pinto Vieira Vellinho
Mariana Ruduit
Mariane Rotter
Marina Vargas de Oliveira
Marlene da Silva Chaves
Maroni Klein
Martina Klemm
Mauricio Osório Krebs
Mayra Martins Redin
Mery de Assunção Olmedo
Michal Kirschbaum
Michelle de O. Rodrigues
Mirela Souza Pazzini
Mônica Benedetti dos Santos
Mônica Vergara
Muriel Rodrigues de Freitas
Nara Lúcia Barbosa
Natalia Rosa Ferreira
Natalie Bastos dos Santos
Natasha Jerusalinsky
Neila Zelinda Borges Vieira
Nicole Isabel dos Reis
Patricia Beal Fuentes
Patricia de A. Tomazoni
Patricia Knevitz
Patricia Silveira Teixeira
Paula Costalunga Lima
Paula Giovana Ames
Paula Santoro Gahrmann
Paulo Eduardo Funari
Paulo Frederico M. da Silva
Paulo Jose Brody
Pedro Isaias Lucas Ferreira
Rachel Fatturi Duarte
Rafael Bertrand de Souza
Raquel Lima de Paula
Raquel Martini Carriconde
Raquel Stone Jacondino
Regina Martins de Castro
Renata Chimango Pereira
Renata Savaris
Ricardo Luis Assoni
Rita Neto Previtali
Roberta Camila Perin
Roberto Silveira da Silva
Rodrigo Balan Uriartt
Rodrigo Lourenço da Silva
Rodrigo Mathias Teixeira
Roger Alex K. Prates
Rosa Padilha Troglia
Rosangela Mazzoni Abel
Rui Lourenço de Lima Carneiro
Sandra Hellen B. Meyer
Sandra Mara Alves Conceição
Sandra Rosa Baldin
Silvia Leite Simões Pires
Sonia Beatriz Bueno
Sonia Beatriz Kury Lopes
Suzana Schneider
Taís Gonçalves Avancini
Tania Valéria Meurer Tipa
Tatiana Cecim
Tatiana de Araújo Stumpf
Telma Scherer
Thais Miceli P. de Mattei
Tiago Ramires
Vanessa Grandi da Silva
Vinícius F. de Menezes
Vitor Domingues Hausen

Agência de Publicidade
Dez Propaganda

Agente de Carga
ABJ Assesssoria em Feiras e Eventos
Arthur Benedetti Junior

Transporte no Brasil
Alves Tegam

Assessoria de Imprensa Rio Grande do Sul

Coordenação
Luciano Alfonso

Ana Brambilla
Ana Letícia Wiederkehr
Edison Vara
Maria Emília Aragón Borne
Nídia Klein
Sean Hagen

Assessoria de Imprensa Brasil
Editor Comunicação

Coordenação
Edson Paes de Mello

Jefferson Alves de Lima
Sylvio Novelli

Coordenação Aduaneira
Celiberto Comissária de Despachos
Luiz Carlos Aydos Celiberto

Coordenação e Edição da Revista da Bienal
Neiva Mello

Desenvolvimento do Site
Box 3

Adriana Tubino
Luciano Antunes de Oliveira

Catálogo

Organizador
Nelson Aguilar

Coordenação Editorial
Victoria Murat

Produção
Ana Helena Curti
Angela Magdalena
Gustavo Marinsek
Violeta Quesada

Desenho Gráfico
Homem de Melo & Troia Design

Revisão
Cida Silva *(português)*
Fabiana Pino *(português)*
Gênese Andrade *(espanhol)*
John Norman *(inglês)*
Kátia Brito Pereira *(português / inglês)*
Patricia Artundo *(espanhol)*
Regina Stocklen *(inglês)*
Tereza Gouveia *(português)*

Tradução
Alina Tortosa *(espanhol / inglês)*
Alison Entrekin *(espanhol / inglês – português / inglês)*
Ana Magalhães *(português / inglês)*
Andre Wilig *(português / espanhol)*
Andrea Justino *(português / espanhol)*
Carlos Caminada *(espanhol / inglês)*
Christopher John Ainsbury *(espanhol / inglês)*
Gênese Andrade *(espanhol / português)*
Izabel Burbridge *(português/ inglês)*
Margareth Santos *(espanhol /português)*
Patricia Artundo *(português /espanhol)*
Peter Musson *(espanhol / inglês)*

Impressão
Pallotti Editora Gráfica

Agradecimentos Especiais

Luíz Inácio Lula da Silva
Presidente do Brasil
Gonzalo Sanches de Lozada
Presidente da Bolívia
Jorge Batlle Ibañes
Presidente do Uruguai
Néstor Carlos Kirchner
Presidente da Argentina
Nicanor Duarte Frutos
Presidente do Paraguai
Ricardo Lagos Escobar
Presidente do Chile
Vicente Fox Quesada
Presidente do México

Cecilia Soto González
Embaixadora do México
Celso Amorim
Ministro das Relações Exteriores
Germano Rigotto
Governador do Rio Grande do Sul
Gilberto Gil
Ministro da Cultura
João Verle
Prefeito de Porto Alegre
Olívio Dutra
Ministro das Cidades
Roberto Átila Amaral Vieira
Ministro da Ciência e Tecnologia
Tarso Genro
Secretário de Desenvolvimento Econômico e Social
Walfrido dos Mares Guia
Ministro do Turismo

Aloysio Antônio Castelo Guapindaia
Coordenador da Secretaria de Patrimônio, Museus e Artes Plásticas
Berfran Rosado
Deputado Estadual (RS)
Eneida Braga Rocha de Lemos
Coordenadora do Mecenato
Felipe Ehrenberg
Adido Cultural da Embaixada do México
Gilberto Carvalho
Chefe do Gabinete Pessoal do Presidente da República
Hans Peter Gerwy
Assessor de Projetos Especiais da Secretaria de Estado da Cultura (RS)
Ibsen Pinheiro
Secretário Extraordinário para Assuntos de Comunicação Social (RS)
Jair Henrique Foscarini
Secretário de Estado dos Transportes (RS)
Joaquim Kliemann
Secretário Municipal da Saúde de Porto Alegre
Joaquim Paiva
Conselheiro do Ministério das Relações Exteriores
José Alberto Réus Fortunati
Secretário de Estado da Educação (RS)
José Nascimento Júnior
Coordenador de Museus e Artes Plásticas
Luís Augusto Barcellos Lara
Secretário de Estado do Turismo (RS)
Luiz Carlos Mello
Chefe de Gabinete do Governador (RS)
Luiz Fernando Ligiero
Diretor Geral do Departamento Cultural do Ministério das Relações Exteriores (in memorian)
Manuel Claudio Borba
Diretor Administrativo da Secretaria de Estado da Cultura (RS)
Márcio Augusto Freitas de Meira
Secretário do Patrimônio do Ministério da Cultura
Márcio Souza
Chefe de Gabinete da Secretaria de Desenvolvimento Econômico e Social
Marutska Martini Moesch
Secretária Municipal do Turismo de Porto Alegre
Mauro Vieira
Chefe de Gabinete do Ministério das Relações Exteriores
Roque Jacoby
Secretário de Estado da Cultura (RS)
Sofia Cavedon
Secretária Municipal da Educação de Porto Alegre
Tito Celso Viero
Diretor de Portos - Superintendência de Portos e Hidrovias – Secretaria de Estado dos Transportes (RS)
Túlio Luiz Zamin
Secretário Municipal dos Transportes de Porto Alegre
Vitor Paulo Ortiz Bittencourt
Secretário Municipal de Cultura de Porto Alegre

Embaixada da Argentina
Embaixada do Brasil no Paraguai
Embaixada do Brasil no México
Embaixada da Bolívia
Embaixada do Chile
Embaixada do México
Embaixada do Paraguai
Embaixada do Uruguai
Memorial do Rio Grande do Sul
Museu de Arte do Rio Grande do Sul Ado Malagoli
Santander Cultural (Porto Alegre)
Usina do Gasômetro (Porto Alegre)
Consejo Nacional para la Cultura y las Artes CONACULTA
Consulado da Argentina (RS)
Consulado do Chile (RS)
Consulado do Paraguai (RS)
Consulado do Uruguai (RS)

Agradecimentos

Adolpho Leirner
André Blaistein
Atelier Livre (Porto Alegre, RS)
Banco Central del Uruguay
Carlo Spatuzza
Carlos Suero
Carmen Arellano
Carmen Barcalari
Carmen Waugh
Casa do Conde
Centro Cultural CEEE Érico Veríssimo (Porto Alegre, RS)
Centro Municipal da Cultura (Porto Alegre, RS)
Charles Narloch
Coordenadoria Geral de Vigilância Sanitária (Porto Alegre, RS)
Cristane Olivieri
Cristiana Barros Barreto
Daisy Viola
Departamento Médico Legal de Porto Alegre
DIBAM – Dirección de Bibliotecas, Archivos y Museos (Chile)
Edith e Oscar Landmann
Elena Ana M. Berni
Enoir Zorzanello
Equipe de Controle Sanitário de Águas (Porto Alegre, RS)
Evandro Salles
Festival de Arte de Porto Alegre
Festival de Cinema de Gramado
Francini Barros
Fundação Pierre Verger (Salvador, BA)
Gabriela López
Galeria Animal (Chile)
Galeria Aninat (Chile)
Galeria Avril (México)
Galeria Fortes Vilaça (São Paulo, SP)
Gilberto Chateaubriand
Gisela Von Teuhmen
Graciela Mayor
Heitor Reis
Heloísa Crocco
Heloisa Maia
Hugo Richards
Ingrid Mancilla Wangnet
Instituto Cultural Banco Santos (São Paulo, SP)
Instituto do Patrimônio Histórico e Artístico do Estado (RS)
Instituto do Patrimônio Histórico e Artístico Nacional
Instituto Cultural Cabañas (México)
Instituto Geral de Perícias (Porto Alegre, RS)
Instituto Goethe
Instituto Lina Bo e Pietro Maria Bardi
Instituto Nacional de Bellas Arte y
Literatura – INBA (México)
Isabel Aninat
Jane Cravo
Jesús Ruiz Nestosa
João Hoffmann
Jorge Castillo
Jorge Mara
Jorge Vera
José Carlos Garcia
Julio Landmann
Jussara Figueiredo
Kátia Machado
Laboratório Piracema de Design (Porto Alegre, RS)
Leila Makarius
Liliana Segovia
Livia Monte
Lucy Yegros
Luiz Marques
Luli Codas
Marga Puntel
Margarita, Genoveva e Liliana Ocampos
Maria Castellanos
Maria Elena Pereira Johannpeter
María Freire
Maria Gloria Echauri
Marilda Coutinho
Marta Fernandez
Mauro Luiz Iecker Vieira
Mauro Saraiva
Miguel Angela Fernández
Miguel Carbajal
Mireya Escalante
Moacir dos Anjos
Museo de Arte Alvar y Carmen T. de Carrillo Gil (México)
Museo de Arte Contemporáneo "El País" (Uruguai)
Museo de Arte Contemporáneo do Chile
Museo de Arte Moderno da Ciudad de Mexico
Museo de Arte Sacro Juan Sinforiano Bogarín (Paraguai)
Museo Franz Mayer (México)
Museo Municipal Juan Manuel Blanes (Uruguai)
Museo Nacional de Bellas Artes (Chile)
Museu de Arqueologia e Etnologia da
Universidade de São Paulo
Museu de Arte Contemporânea da Universidade de São Paulo
Museu Julio de Castilhos (Porto Alegre, RS)
Natalio Jorge Povarche
Neusa Mendes
Onice Moraes de Oliveira
Paço Municipal de Porto Alegre
Paola Parcerisa
Paula Pape
Pedro Karp Vasquez
Pinacoteca do Estado de São Paulo
Porfirio Thierry Muñoz Ledo
Ricardo Estéves
Robson Viana
Ronaldo Barbosa
Ruben Méndez
Secretaria Municipal do Meio Ambiente (Porto Alegre, RS)
Sociedade Psicanalítica de Porto Alegre
Teo Allain Chambi
Teresa Márquez
Tito Lívio Jaime Goron
Tomás Andreu
Universidade Federal de Pelotas
Universidade Federal de Santa Catarina
Vera Helena Schmuziger
Verónica Torres

Sobre a capa

A capa foi produzida a partir das folhas usadas no acerto das máquinas no momento da impressão das páginas internas. Normalmente, essas folhas são descartadas após a conclusão do serviço. Constituem, portanto, lixo industrial. Em consonância com a temática geral da 4ª Bienal do Mercosul — Arqueologias Contemporâneas —, o objetivo foi transformar o que seria lixo em informação. Trata-se de uma informação genética sobre o próprio livro que o leitor tem em mãos. As capas dos diversos volumes são diferentes umas das outras, pois foram produzidas a partir de folhas usadas em momentos distintos da impressão das 432 páginas do miolo, em um processo análogo ao da genética. As imagens do miolo passam a constituir 'ima-gens' da capa do livro que elas integram. Recupera-se desse modo a particularidade de cada indivíduo-livro. Todos nascem do mesmo conjunto de imagens e do mesmo processo, mas cada um tem uma particularidade que lhe é exclusiva. Essa particularidade também é conhecida pelo nome de 'identidade'.

Colofão

Este catálogo foi composto nas famílias tipográficas Filosofia e The Sans, impresso em papel cuchê 170 g/m^2, pela Gráfica Editora Pallotti , em Porto Alegre, RS, em setembro de 2003.

?

¿

Catalogação na Fonte do Departamento Nacional do Livro
Fundação Biblioteca Nacional

Aguilar, Nelson (org.)
4a. Bienal de Artes Visuais do Mercosul
Porto Alegre: Fundação Bienal de Artes Visuais do Mercosul, 2003
432 p., 272 ilust.

ISBN 85-87594-05-2 CDD 708

1. Artes 2. Bienal de Artes Visuais
3. Nelson Aguilar (org.)

ISBN 85-87594-05-2
9 788587 594051